TRANSCONSTITUCIONALISMO

TRANSCONSTITUCIONALISMO

Marcelo Neves

wmf **martinsfontes**

SÃO PAULO 2018

*Copyright © 2009, Editora WMF Martins Fontes Ltda.,
São Paulo, para a presente edição.*

1ª edição *2009*
5ª tiragem *2018*

Acompanhamento editorial
Helena Guimarães Bittencourt
Revisões gráficas
Renato da Rocha Carlos
Helena Guimarães Bittencourt
Edição de arte
Katia Harumi Terasaka
Produção gráfica
Geraldo Alves
Paginação
Studio 3 Desenvolvimento Editorial

Dados Internacionais de Catalogação na Publicação (CIP)
(Câmara Brasileira do Livro, SP, Brasil)

Neves, Marcelo
   Transconstitucionalismo / Marcelo Neves. – São Paulo : Editora WMF Martins Fontes, 2009. – (Biblioteca jurídica WMF)

   Bibliografia.
   ISBN 978-85-7827-200-5

   1. Constitucionalismo 2. Constituição 3. Direito constitucional 4. Direitos fundamentais 5. Direitos humanos 6. Estado de direito I. Título. II. Série.

09-09931	CDU-342.4

Índices para catálogo sistemático:
1. Constituição : Teoria geral : Direito constitucional   342.4
2. Transconstitucionalismo : Teoria geral :
      Direito constitucional   342.4

Todos os direitos desta edição reservados à
Editora WMF Martins Fontes Ltda.
*Rua Prof. Laerte Ramos de Carvalho, 133 01325-030 São Paulo SP Brasil
Tel. (11) 3293.8150 Fax (11) 3101.1042
e-mail: info@wmfmartinsfontes.com.br http://www.wmfmartinsfontes.com.br*

SUMÁRIO

Abreviaturas XI
Prefácio XV
Introdução XIX

CAPÍTULO I **Pressupostos teóricos** 1
1. Constituição como metáfora? 1
2. A formação social hierárquica pré-moderna 6
3. O período de transição: cartas de liberdade ou pactos de poder 17
4. A sociedade moderna multicêntrica 22
5. Dos acoplamentos estruturais à racionalidade transversal 34

CAPÍTULO II **Da Constituição transversal...** 53
1. A Constituição do constitucionalismo 53
2. A Constituição transversal do Estado constitucional . 62
3. Constituições transversais além do Estado? 83
   3.1. Modelos de Constituição supranacional global e a constitucionalização no plano da ordem internacional 85
   3.2. Constitucionalismo supranacional no plano regional 99
   3.3. As "Constituições civis" transnacionais 108

CAPÍTULO III ... **Ao transconstitucionalismo entre ordens jurídicas** 115

1. O transconstitucionalismo entre ordens jurídicas como modelo referente ao tratamento de problemas constitucionais 115
2. Transconstitucionalismo entre direito internacional público e direito estatal 132
3. Transconstitucionalismo entre direito supranacional e direito estatal 152
4. Transconstitucionalismo entre ordens jurídicas estatais 166
5. Transconstitucionalismo entre ordens jurídicas estatais e transnacionais 187
6. Transconstitucionalismo entre ordens jurídicas estatais e ordens locais extraestatais 216
7. Transconstitucionalismo entre direito supranacional e direito internacional 229

CAPÍTULO IV **O transconstitucionalismo em um sistema jurídico mundial de níveis múltiplos** 235
1. Transconstitucionalismo multiangular entre ordens da mesma espécie e ordens de tipos diversos 235
2. Transconstitucionalismo pluridimensional dos direitos humanos 249
3. Esboços de uma metodologia do transconstitucionalismo 270

CAPÍTULO V **Excurso: limites e possibilidades do transconstitucionalismo entre condições empíricas, exigência funcional e pretensão normativa**... 279
1. Condições empíricas: transconstitucionalismo *versus* assimetria das formas de direito 279
2. Exigência funcional: além de utopia constitucional e fragmentação – promoção de uma "ordem diferenciada de comunicações" (integração sistêmica) .. 286
3. Pretensão normativa: além de hegemonia e comunidade – promoção da inclusão ("integração social") 289

Observação final: o ponto cego, o outro pode ver 295
Bibliografia 299
Tabela de casos e decisões 345
Índice onomástico 353

*Aos amigos
Hauke Brunkhorst e
Franz von Weber,
com gratidão*

"Existe um nível inviolável – denominemo-lo *nível I* –, no qual residem as convenções de interpretação; existe também um nível entrelaçado – o *nível E* –, no qual reside a hierarquia entrelaçada. Assim, esses dois níveis ainda são hierárquicos: o nível I controla o que acontece no nível E, mas o nível E não afeta nem pode afetar o nível I. Não importa que o nível E seja, ele próprio, uma hierarquia entrelaçada – mesmo assim ele é controlado por um conjunto de convenções externo a ele. E esse é o ponto importante.

Como, sem dúvida, você já percebeu, não há nada que nos impeça de fazer o 'impossível' – ou seja, entrelaçar o nível I e o nível E, tornando as próprias convenções de interpretação sujeitas à revisão, de acordo com a situação no tabuleiro de xadrez. Mas, para levar a cabo este 'superentrelaçado', você teria de estar de acordo com seu adversário quanto a convenções ulteriores para ligar os dois níveis – e o ato de fazê-lo criaria um novo nível, um novo tipo de nível inviolável, acima do nível 'superentrelaçado' (ou abaixo dele, se você preferir). E isto poderia continuar indefinidamente. Com efeito, os saltos que estão sendo dados são muito semelhantes aos registrados na *Cantata de aniversário* e na gödelização repetida aplicada a vários aperfeiçoamentos da TNT. Cada vez que você pensa ter encontrado o fim, há alguma nova variação sobre o tema 'do salto para fora do sistema' que requer uma certa criatividade para ser identificada."

DOUGLAS R. HOFSTADTER

ABREVIATURAS

AB	Appellate Body [Órgão de Apelação] (OMC)
ACO-AgrR	Agravo Regimental na Ação Cível Originária
ADPF	Ação de Descumprimento de Preceito Fundamental
ADI	Ação Direta de Inconstitucionalidade
All ER	All the England Law Reports (coletânea de decisões das cortes britânicas); o número anterior à abreviatura refere-se ao volume do respectivo ano; o número posterior, à página inicial do julgado.
BGE	Entscheidungen des Bundesgerichts [Decisões do Tribunal Federal]; coletânea oficial do Tribunal Supremo da Suíça; após a abreviatura, os números referem-se, respectivamente, ao volume, ao tomo e à página inicial do julgado.
BGH	Bundesgerichtshof [Tribunal de Justiça Federal] (Alemanha)
BGHZ	Entscheidungen des Bundesgerichtshofs in Zivilsachen [Decisões do Tribunal de Justiça Federal em Matéria Cível]; coletânea oficial desse Tribunal alemão; o número anterior à abreviatura refere-se ao volume; o número posterior, à página inicial do julgado.
BVerfGE	Entscheidungen des Bundesverfassungsgerichts [Decisões do Tribunal Constitucional Federal]; coletânea oficial dessa Corte alemã; os números posteriores à abreviatura referem-se, respectivamente, ao volume e à página inicial do julgado.
CA	Court of Appeal (Inglaterra)
CAAD	Comisión de Apelación y Arbitraje del Deporte (México)
CADH	Convenção Americana de Direitos Humanos
CEDH	Convenção Europeia de Direitos Humanos

CIAS	Conseil International de L'Arbitrage en matière de Sport
CIDH	Corte Interamericana de Direitos Humanos
CNCDD	Comité Nacional de Competición y Disciplina Deportiva (Espanha)
coord.	coordenador/a
coords.	coordenadores
DJ	Diário da Justiça (Brasil)
DJe	Diário da Justiça Eletrônico (Brasil)
ed.	edição
EUA	Estados Unidos da América
Ext.	Extradição (Brasil)
FIFA	Fédération Internationale de Football Association
FMF	Federación Mexicana de Fútbol
HL	House of Lords (Inglaterra)
HC	Habeas Corpus
ICANN	Internet Corporation of Assigned Names and Numbers [Corporação da Internet para Atribuição de Nomes e Números]
ICJ Reports	International Court of Justice, Reports of Judgments, Advisory Opinions and Orders (coletânea oficial de decisões da Corte Internacional de Justiça)
IGF	Internet Governance Forum
IGPA	International General Produce Association
impr.	impressão
IP	Interpretación Prejudicial (Tribunal de Justiça da Comunidade Andina)
Mercosul	Mercado Comum do Sul
Moder.	Moderador/a
NTIA	National Telecommunications and Information Administration (EUA)
OIT	Organização Internacional do Trabalho
OMC	Organização Mundial do Comércio
ONU	Organização das Nações Unidas
org.	organizador/a
Org.	organização de
orgs.	organizadores
p.	página
p. ex.	por exemplo
pp.	páginas
QO	Questão de Ordem
RE	Recurso Extraordinário (Brasil)
RFEC	Real Federación Española de Ciclismo
reimpr.	reimpressão
s.	seguinte

ABREVIATURAS XIII

SALR	The South African Law Reports (coletânea oficial das decisões da Corte Constitucional e do Supremo Tribunal da África do Sul, e dos supremos tribunais e tribunais superiores da Namíbia e do Zimbábue); o número anterior à abreviatura, entre parênteses, refere-se ao volume do respectivo ano; o número posterior, à página inicial do julgado.
ss.	seguintes
S.C.R.	Canada Supreme Court Reports (coletânea oficial da Suprema Corte canadense); o número anterior à abreviatura refere-se ao volume do respectivo ano; o número posterior, à página inicial do julgado.
STC	Sentencia del Tribunal Constitucional (Espanha)
STF	Supremo Tribunal Federal (Brasil)
T.	Turma (Brasil, Supremo Tribunal Federal)
t.	tomo
TAS	Tribunal Arbitral du Sport
TEDH	Tribunal Europeu de Direitos Humanos
trad. al.	tradução alemã
trad. bras.	tradução brasileira
trad. esp.	tradução espanhola
trad. ingl.	tradução inglesa
trad. port.	tradução portuguesa
TJCE	Tribunal de Justiça das Comunidades Europeias
TP	Tribunal Pleno (Brasil, Supremo Tribunal Federal)
TRIPS	Agreement on Trade-Related Aspects of Intellectual Property Rights [Acordo sobre Aspectos dos Direitos de Propriedade Intelectual Relacionados ao Comércio]
UCI	Union Cycliste Internationale
U. S.	U. S. Reports (Coletânea oficial de decisões da Suprema Corte americana); o número anterior à abreviatura refere-se ao volume; o número posterior, à página inicial do julgado.
VfSml.	Erkenntnisse und Beschlüsse des Verfassungsgerichtshofes [Julgamentos e Decisões do Tribunal Constitucional]; coletânea oficial do Tribunal Constitucional austríaco; após a abreviatura, seguem o volume, o número da decisão e a página inicial do julgado.
vol.	volume
vols.	volumes
WADA	World Anti-Doping Agency
WT/DS	World Trade/Dispute (controvérsia de direito internacional – OMC)

PREFÁCIO

A primeira ideia de elaboração do presente livro surgiu durante a minha estada, na qualidade de *Jean Monnet Fellow*, no Instituto Universitário Europeu, em Florença, no outono e inverno boreal de 1999/2000. O debate com os colegas e estudantes, em seminários e colóquios dos mais frutíferos, levaram-me a reflexões diversas daquelas que havia desenvolvido até então, vinculadas predominantemente ao constitucionalismo estatal. No período posterior, fiz algumas incursões tangenciais no tema[1], mas o envolvimento em outros projetos adiou o início deste trabalho, destinado a esboçar uma concepção abrangente do transconstitucionalismo.

Mais tarde, em períodos como professor e pesquisador visitante nas Universidades de Frankfurt sobre o Meno, de Hamburgo, de Flensburg e Humboldt (Berlim), na Alemanha, e de Friburgo, na Suíça, aprofundei meus estudos a respeito do tema. Nesse contexto, o diálogo com os colegas Hauke Brunkhorst, Gunther Teubner, Karl-Heinz Ladeur, Ingeborg Maus, Andreas Fischer-Lescano, Dieter Grimm, Christian Joerges e Rüdiger Voigt, para destacar apenas alguns, foram fundamentais para a compreensão e o esclarecimento de questões relevantes sobre o constitucionalismo no âmbito da sociedade mundial contemporânea.

---

1. Neves, 2001; 2005; 2006a, pp. 259-83; 2007a, pp. 191-200; 2007b; 2009a; 2009b; 2009d.

Já residindo novamente no Brasil, em agosto de 2008, dei início à redação final do presente trabalho. Nessa fase, foram fundamentais os diálogos travados com Deisy Ventura, Thales Morais da Costa, Virgílio Afonso da Silva, José Afonso da Silva, Régis Dudena e Rodrigo Mendes. Especialmente nas questões referentes ao direito europeu, os comentários de Deisy, Thales e Régis foram esclarecedores em vários pontos. No que diz respeito ao direito transnacional em sentido estrito (ordens jurídicas construídas por atores privados ou quase públicos), Régis e Rodrigo trouxeram aportes importantes. Virgílio e José Afonso apoiaram-me com indicações bibliográficas referentes ao debate constitucional contemporâneo, no exterior e no Brasil.

Por fim, em dezembro de 2008 e janeiro de 2009, em situação de isolamento e trabalho concentrado, concluí, na qualidade de bolsista-pesquisador do Instituto Max Planck de Direito Comparado e Direito Público Internacional, em Heidelberg, o presente livro. Essa estada de pesquisa, a convite de Armin von Bogdandy, diretor do Instituto, que me ofereceu condições excepcionais de pesquisa e estudo, foi decisiva para a conclusão do trabalho. As discussões incisivas com os colegas do Instituto contribuíram para que fossem evitadas certas formulações demasiadamente peremptórias. Contei com o marcante apoio da excelente biblioteca do Max Planck, cujas bibliotecárias, sobretudo Sara von Skerst, não mediram esforços para ajudar-me na conclusão do trabalho.

Concluída a primeira versão do trabalho em janeiro de 2009, Aline Nunes e Pedro Souza procederam a uma revisão linguística e técnica percuciente. O texto ganhou, com isso, clareza e precisão. Junto com Pedro e Aline, Marina Lima e Pedro Henrique Ribeiro contribuíram no levantamento de material doutrinário, jurisprudencial e legislativo (inclusive de documentos internacionais) concernente ao tema da monografia.

Às instituições e pessoas acima mencionadas sou imensamente grato pelo apoio que recebi nesta jornada. Além delas, cumpre-me agradecer ao Serviço Alemão de Intercâmbio Acadêmico (DAAD) e à Fundação Alexander von Humboldt, que me propiciaram várias estadas de pesquisa na Alemanha. Também sou muito grato ao amigo Franz von Weber, com quem travei, durante muitos anos, na Suíça, no Brasil e na Alemanha, diálogos elucidativos sobre o tema do presente livro.

Este trabalho foi apresentado como tese para o concurso de professor titular de direito constitucional da Faculdade de Direito da Universidade de São Paulo, realizado em maio de 2009. Às bibliotecárias da Faculdade, em nome de Luciana Napoleone, expresso minha gratidão pelo importante apoio que me deram no desenvolvimento das pesquisas.

Na redação do texto, confrontei-me com a necessidade de citar trechos de obras teóricas e jurídico-dogmáticas, assim como de jurisprudência e legislação estrangeiras. Traduzi essas passagens para o português. Na bibliografia, quando disponíveis – e avaliei-as razoáveis –, fiz menção a traduções das obras para o português ou para línguas mais acessíveis ao leitor. Em algumas citações, indiquei também, nas notas de rodapé, as páginas correspondentes na tradução de que dispus. Em ambos os casos, as referências não significam que tenha sido adotada a solução seguida nas versões citadas, pois, frequentemente, afastei-me delas. Com essa prática, antes pretendi facilitar ao leitor sem acesso ao original a eventual confrontação com o conteúdo da obra referida e as suas pesquisas ulteriores sobre os temas tratados, como fiz em outras obras[2].

Com frequência, indiquei a data da publicação original, entre colchetes, após a menção do ano da edição utilizada. Dessa maneira, pretendi oferecer ao leitor informações sobre o contexto histórico de surgimento da teoria, argumento ou tese a que se remete ou sobre a cronologia do desenvolvimento teórico ou jurídico-dogmático do autor citado e do respectivo paradigma.

---

2. Neves, 2006a; 2007a.

Mais recentemente, realizei uma breve revisão e atualização do trabalho para fins desta publicação. Nessa fase de desfecho, contei com um estímulo inestimável, indizível: a presença de Elvira e Bernardo.

São Paulo, 7 de setembro de 2009
MARCELO NEVES

INTRODUÇÃO

A partir do final do século passado, constitucionalistas de diversas tradições teóricas e de países os mais diferentes, vinculados fortemente ao estudo das Constituições estatais, passaram a preocupar-se com os novos desafios de um direito constitucional que ultrapassou as fronteiras dos respectivos Estados e tornou-se diretamente relevante para outras ordens jurídicas, inclusive não estatais. Assim, por exemplo, nos Estados Unidos, Bruce Ackerman, reconhecendo o "provincialismo enfático" da "prática e teoria americana", sublinhou que "nós deveríamos resistir às tentações de um particularismo provinciano"[1]. Por sua vez, Mark Tushnet, mais recentemente, em palestra no Instituto para a Internacionalização do Direito de Haia, sustentou a "inevitável globalização do direito constitucional"[2], esclarecendo que não estava tratando da existência da chamada Constituição global ou internacional, mas sim da globalização do direito constitucional doméstico[3]. Do outro lado do Atlântico, Canotilho, com base em Lucas Pires, refere-se à "interconstitucionalidade", restringindo-se, porém, à relação da ordem jurídica da União Europeia com as ordens constitucionais dos seus Estados-membros[4].

---

1. Ackerman, 1997, pp. 773 e 794 [trad. bras. 2007, pp. 91 e 109].
2. Tushnet, 2008.
3. Tushnet, 2008, p. 2, nota 7.
4. Canotilho, 2006, pp. 265 ss.; Lucas Pires, 1997, pp. 101 ss.

Por seu turno, na Alemanha, Pernice, também tendo em vista especialmente a experiência europeia, desenvolveu o modelo de um constitucionalismo de níveis múltiplos[5].

Fora do âmbito dos constitucionalistas vinculados à tradição estatal, passou a ser lugar comum a utilização do termo "Constituição" em outras áreas disciplinares, para referir-se a situações as mais diversas: Constituição europeia[6], Constituição da comunidade internacional[7], "constituições civis da sociedade mundial"[8] etc. Dessa maneira, o uso inflacionário do termo tornou-o muito vago, perdendo o seu significado histórico, normativo e funcional. Nesse contexto, "a importância de se chamar Constituição"[9] tomou o primeiro plano, persistindo o equívoco do nominalismo, a que se referiu Ackerman em relação ao constitucionalismo comparado. Daí por que cabe também aqui afirmar: "Diferenças importantes são frequentemente obliteradas em discurso vago que invoca um rótulo comum."[10]

No presente trabalho, pretendo afastar-me dessa tendência de sempre identificar a existência de uma nova Constituição quando surge uma ordem, instituição ou organização jurídica na sociedade contemporânea. Partindo da sólida noção de que a Constituição em sentido estritamente moderno vincula-se ao constitucionalismo que resultou das revoluções liberais dos fins do século XVIII na França e nos Estados Unidos e, de maneira atípica, da evolução político-jurídica britânica, procurarei determinar quais problemas se apresentaram como condição de possibilidade histórica do surgimento do Estado constitucional. Fixados os problemas, cabe indagar qual foi a resposta funcional e normativa que se pretendeu consubstanciar nas constituições do Estado moderno. É exatamente essa relação entre problema e

---

5. Pernice, 1999; 2002.
6. Entre muitos, Weiler, 1999.
7. Cf., p. ex., Fassbender, 1998; Tomuschat, 1995, p. 7.
8. Teubner, 2003a.
9. Maduro, 2006, pp. 335 ss.
10. Ackerman, 1997, p. 794 [trad. bras. 2007, p. 109].

solução de problema que vai viabilizar a fixação do conceito de Constituição do constitucionalismo. Como veremos, dois problemas foram fundamentais para o surgimento da Constituição em sentido moderno: de um lado, a emergência, em uma sociedade com crescente complexidade sistêmica e heterogeneidade social, das exigências de direitos fundamentais ou humanos; de outro, associado a isso, a questão organizacional da limitação e do controle interno e externo do poder (inclusive mediante a participação dos governados nos procedimentos, sobretudo nos de determinação da composição de órgão de governo), que também se relacionava com a questão da crescente especialização das funções, condição de maior eficiência do poder estatal. O fato é que, mais recentemente, com a maior integração da sociedade mundial, esses problemas tornaram-se insuscetíveis de serem tratados por uma única ordem jurídica estatal no âmbito do respectivo território. Cada vez mais, problemas de direitos humanos ou fundamentais e de controle e limitação do poder tornam-se concomitantemente relevantes para mais de uma ordem jurídica, muitas vezes não estatais, que são chamadas ou instadas a oferecer respostas para a sua solução. Isso implica uma relação transversal permanente entre ordens jurídicas em torno de problemas constitucionais comuns. O direito constitucional, nesse sentido, embora tenha a sua base originária no Estado, dele se emancipa, não precisamente porque surgiu uma multidão de novas Constituições, mas sim tendo em vista que outras ordens jurídicas estão envolvidas diretamente na solução dos problemas constitucionais básicos, prevalecendo, em muitos casos, contra a orientação das respectivas ordens estatais. Além do mais, surgem permanentemente relações diretas entre Estados para tratar de problemas constitucionais comuns. A exceção, nos dois casos, passou a ser a regra.

Em face dessa situação, introduzo o conceito de transconstitucionalismo[11]. Não se trata, portanto, de constitucio-

---

11. O transconstitucionalismo não se confunde com um mero transjuridicismo, que pode ser observado inclusive na relação entre ordens jurídicas

nalismo internacional, transnacional, supranacional, estatal ou local. O conceito aponta exatamente para o desenvolvimento de problemas jurídicos que perpassam os diversos tipos de ordens jurídicas. Um problema transconstitucional implica uma questão que poderá envolver tribunais estatais, internacionais, supranacionais e transnacionais (arbitrais), assim como instituições jurídicas locais nativas, na busca de sua solução. Para tratar do transconstitucionalismo, recorro ao conceito de "razão transversal" de Wolfgang Welsch[12], mas me afasto um tanto desse ambicioso conceito, para analisar os limites e possibilidades da existência de racionalidades transversais parciais ("pontes de transição") tanto entre o sistema jurídico e outros sistemas sociais (Constituições transversais) quanto entre ordens jurídicas no interior do direito como sistema funcional da sociedade mundial. Além disso, ao tratar do transconstitucionalismo, não o considerarei apenas como exigência funcional e pretensão normativa de uma racionalidade transversal entre ordens jurídicas, mas também levarei em consideração, empiricamente, os aspectos negativos dos entrelaçamentos transconstitucionais, inclusive em caso de o problema envolver situações de ordens ou práticas anticonstitucionais, ou seja, contrárias à proteção dos direitos humanos e fundamentais, assim como ao controle e limitação do poder[13]. Da mesma maneira, serão discutidas práticas anti-

---

no pluralismo medieval, sobretudo entre direito canônico (e romano), direito urbano, direito régio e direito feudal (cf. Berman, H., 1983, figura 2, pp. 522-6 [trad. bras. 2006, pp. 646-50]), pois, na experiência medieval, não se tratava de problemas constitucionais no sentido moderno, ou seja, nem de questões de direitos fundamentais nem de limitação e controle jurídico-positivo do poder, muito menos de pretensões diversas de autofundamentação do direito (em última instância e em geral, o direito tinha um fundamento sacro – cf. *infra* pp. 8-10 e 16, nota 63).

12. Welsch, 1996; 2002, pp. 295-318.

13. Nesse sentido, cabe distinguir o transconstitucionalismo (gênero), que inclui relações entre ordens constitucionais e anticonstitucionais, do interconstitucionalismo (espécie), que só comporta relações entre ordens jurídicas que satisfazem as exigências constitucionalistas.

constitucionais presentes em ordens de Estados tipicamente constitucionais[14].

No primeiro capítulo, fixarei os pressupostos teóricos, iniciando por uma crítica ao uso metaforicamente arbitrário do termo "Constituição", para enfatizar a necessidade de precisa localização histórica e delimitação semântica do conceito. Em seguida, considerarei a formação social hierárquica pré-moderna, na qual a noção de Constituição em sentido moderno é inconcebível. Posteriormente, farei uma breve referência ao período de transição, esclarecendo por que os pactos de poder e as cartas de liberdade do limiar da era moderna não correspondiam a uma Constituição no sentido moderno. Então, será considerado o caráter multicêntrico da sociedade moderna como condição para o surgimento do constitucionalismo. No final do primeiro capítulo, proporei uma superação do conceito de acoplamento estrutural entre sistemas funcionais da sociedade moderna (Niklas Luhmann) mediante o conceito de racionalidade transversal, que implica um aprendizado recíproco entre esferas da sociedade.

No segundo capítulo, tratarei da Constituição moderna como uma instituição de racionalidade transversal entre o direito e outro sistema social. Em um primeiro passo, apresentarei o conceito de Constituição que se delineou historicamente no contexto do movimento constitucionalista. Em seguida, considerarei a Constituição do Estado não apenas como um acoplamento estrutural entre sistemas político e jurídico (Luhmann), mas também como um mecanismo da racionalidade transversal entre política e direito. Por fim, discutir-se-ão os limites e as possibilidades da aplicação do conceito de Constituição transversal além do Estado. Será considerada não apenas a temática da Constituição internacional, global e supranacional, mas também a questão das Constituições transnacionais em sentido estrito.

No terceiro capítulo, o tema central será enfrentado de maneira mais direta: o transconstitucionalismo entre ordens

---

14. Cf., p. ex., Scheppele, 2006; Roach, 2006; Gross, 2006.

jurídicas. A esse respeito, considerarei os limites e possibilidades do desenvolvimento de racionalidade transversal no interior do sistema jurídico e no plano específico do direito constitucional: em que medidas ordens jurídicas podem tratar conjuntamente de problemas constitucionais de maneira transversalmente racional, ou seja, sem atuar de forma destrutiva ou bloqueante em relação a outras ordens jurídicas envolvidas na questão ou a si mesmas? Considerarei, com base em casos concretos, os entrelaçamentos que se têm desenvolvido entre ordens jurídicas para solucionar problemas constitucionais concretos, tanto nos casos de relações conflituosas quanto nos de cooperação.

No capítulo quarto, passarei a considerar o transconstitucionalismo não apenas entre duas ordens jurídicas, da mesma espécie ou de tipos diferentes, mas também entre uma pluralidade de ordens jurídicas em um sistema mundial de níveis múltiplos, caracterizado por hierarquias entrelaçadas. Também com base em casos jurídicos de natureza constitucional, serão discutidas situações em que diversas ordens estão envolvidas, simultaneamente, na solução de um caso. A esse respeito, terá relevância particular o transconstitucionalismo pluridimensional dos direitos humanos, envolvendo uma multiplicidade de ordens jurídicas. Concluirei esse capítulo com a apresentação de um esboço metodológico do transconstitucionalismo.

Em um breve excurso, tratarei, no capítulo quinto, das perspectivas do transconstitucionalismo, levando em consideração os seus limites e possibilidades tanto em face das condições empíricas de sua realização e desenvolvimento quanto tendo em vista o fato de apresentar-se como uma exigência funcional e pretensão normativa da sociedade mundial hodierna. No que diz respeito às considerações empíricas, o foco será o problema da assimetria das formas de direito como condição negativa do transconstitucionalismo. Em relação à exigência funcional, considerar-se-á o transconstitucionalismo como fator da integração sistêmica da sociedade hipercomplexa da atualidade: promoção de uma "ordem diferenciada de comunicações". No que concerne à pretensão normativa, o transconstitucionalismo é fundamental à integração social da sociedade de hoje, ou seja, para enfrentar o problema da inclusão/exclusão de pessoas.

O transconstitucionalismo não toma uma única ordem jurídica ou um tipo determinado de ordem como ponto de partida ou *ultima ratio*. Rejeita tanto o estatalismo quanto o internacionalismo, o supranacionalismo, o transnacionalismo e o localismo como espaço de solução privilegiado dos problemas constitucionais. Aponta, antes, para a necessidade de construção de "pontes de transição", da promoção de "conversações constitucionais", do fortalecimento de entrelaçamentos constitucionais entre as diversas ordens jurídicas: estatais, internacionais, transnacionais, supranacionais e locais. O modelo transconstitucional rompe com o dilema "monismo/pluralismo". A pluralidade de ordens jurídicas implica, na perspectiva do transconstitucionalismo, a relação complementar entre identidade e alteridade. As ordens envolvidas na solução do problema constitucional específico, no plano de sua própria autofundamentação, reconstroem continuamente sua identidade mediante o entrelaçamento transconstitucional com a(s) outra(s): a identidade é rearticulada a partir da alteridade. Daí por que, em vez da busca de uma *Constituição hercúlea*, o transconstitucionalismo aponta para a necessidade de enfrentamento dos *problemas hidraconstitucionais* mediante a articulação de observações recíprocas entre as diversas ordens jurídicas da sociedade mundial.

Capítulo I
Pressupostos teóricos

1. Constituição como metáfora?

O tratamento do transconstitucionalismo supõe uma delimitação semântica do conceito de Constituição, ao qual se associam as noções de constitucionalismo e constitucionalização. Tendo em vista que estão envolvidos termos intensamente ambíguos (no plano conotativo) e extensamente vagos (no plano denotativo), também aqui persiste o risco de cair-se em "falácias de ambiguidade"[1], como também "o perigo do uso inflacionário e da perda de contorno"[2]. Relacionado a isso, vem-se desenvolvendo, mais recentemente, a concepção de que a Constituição consiste em uma metáfora do discurso ou da retórica política[3]. A ela poderia recorrer-se discursivamente em contextos estruturais os mais diversos. Essa abordagem, que, de certa maneira, está vinculada aos modelos pós-modernos e ao desconstrutivismo[4], parece-me pouco frutífera para o tratamento dos problemas jurídico-políticos da sociedade moderna (mundial), na

---

1. Copi, 1961, pp. 73 ss. [trad. bras. 1978, pp. 91 ss.].
2. Wahl, 2002, p. 191. Cf. também Biaginni, 2000, p. 452, referindo-se à Europa.
3. Cf. Wahl, 2002, pp. 200 s.
4. Mas o próprio Derrida (1967, p. 382), embora enfatize que "a linguagem é originariamente metafórica", reconhece que "uma linguagem justa e exata deveria ser absolutamente unívoca e própria: não metafórica".

qual a semântica constitucionalista relaciona-se com mudanças na estrutura social.

Cabe admitir que, em certa medida – entendida a metáfora não simplesmente como "deslocamento de palavras", mas sim como "uma transação entre contextos", ou seja, "uma interação [...] entre dois conteúdos semânticos, aquele da expressão no seu emprego metafórico e o do contexto literal circunvizinho"[5] –, todo uso de linguagem natural carrega uma carga metafórica maior ou menor. Nesse sentido, não há dúvida de que "Constituição" é uma das metáforas da semântica social contemporânea. Porém isso não redunda forçosamente em um vazio de significado, a saber, em um "significante flutuante" ou "valor simbólico zero"[6], ou em um "significante vazio"[7]. O constitucionalismo como uma construção da sociedade moderna envolve certos contornos de sentido que impedem uma absoluta desconexão entre semântica constitucional e transformações estruturais, e possibilitam relacionar as crises na semântica com problemas emergentes no plano das estruturas. De fato, há tensões entre a semântica desenvolvida no nível da autodescrição ou reflexão da sociedade e o plano estrutural da delimitação seletiva das operações possíveis, mas é evidente que mudanças na estrutura influenciam mudanças do artefato semântico e vice-versa[8]. Cabe observar não só que as inovações semânticas relacionam-se com transformações estruturais[9], mas também que a obsolescência de semânticas específicas pode estar associada ao esgotamento das estruturas respectivas, pois, "se o nível de complexidade da sociedade modifica-se, a semântica orientadora do vivenciar

---

5. Ducrot e Schaeffer, 1995, p. 488, referindo-se a "teorias contemporâneas da metáfora" (pp. 488-91).
6. Lévi-Strauss, 1973 [1950], pp. XLIX s., nota 1 [trad. bras. 1974, p. 35, nota 37].
7. Laclau, 1994.
8. Cf. Luhmann, 1980, especialmente pp. 17, 22 e 34.
9. Cf. Luhmann, 1990a, p. 177, invocando Skinner, 1989.

PRESSUPOSTOS TEÓRICOS

e agir precisa adequar-se a ele, porque, senão, ela perde a conexão com a realidade"[10].

A Constituição não pode, portanto, ser caracterizada como uma *mera* metáfora, desvinculada de certas implicações estruturais. Neste contexto, denomino "mera metáfora" aquela carente de função ou valor descritivo em virtude de as possibilidades de seu deslocamento serem ilimitadas, arbitrárias ou aleatórias. Também poderia ser denominada "metáfora arbitrária". Ela não se distingue apenas de um conceito no sentido estrito[11], mas também de uma "metáfora conceitual"[12] ou de uma metáfora vinculada à história dos conceitos[13]. Isso significa que não se pode recorrer, indiscriminadamente, ao conceito de Constituição em contextos sociais os mais diversos, convertendo-o em um componente de "jogos de linguagem estranhos" à respectiva "forma de vida" no sentido wittgensteiniano[14], ou seja, sem suporte estrutural[15]. Sem negar a existência nem a re-

---

10. Luhmann, 1980, p. 22.
11. Sobre a distinção entre metáfora, que deixa em aberto "elementos fundamentais" da descrição, e conceito, que está associado à descrição "precisa", ver Möllers, 2005a, pp. 286 s.
12. Alt, 2002.
13. Em outro contexto e a partir de outros pressupostos, Blumenberg (1998, pp. 10 e 13) refere-se à "metáfora absoluta": "a verificação e análise de sua função assertória não separável de conceitos" constituiriam "uma peça essencial da história dos conceitos (no sentido assim ampliado)" e estariam em uma relação de "prestabilidade" para com a "história dos conceitos (no sentido terminológico estrito)".
14. Considerando que "representar uma linguagem significa representar-se uma forma de vida", Wittgenstein afirma que "o emprego incompreendido de uma palavra é interpretado como expressão de um *processo* estranho", esclarecendo que "a frase parece estranha apenas quando se representa, em relação a ela, um jogo de linguagem diferente daquele no qual nós a empregamos efetivamente" (Wittgenstein, 1997 [1945-1949], pp. 246 e 380, §§ 19, 195 e 196 [trad. bras. 1979, pp. 15 e 86]).
15. Não se desconhece aqui a existência de jogos de linguagem sem relação direta com a estrutura social, como ocorre com a ficção literária, que podem, portanto, utilizar livremente "metáforas arbitrárias". Mas as ciências sociais e os saberes jurídicos não podem reduzir-se a uma simples ficção literária, sem que, com essa afirmação, pretenda-se negar a importância dos estudos sobre a relação entre direito e literatura (a respeito, cf., p. ex., Posner, 1988).

levância social de jogos de linguagem metafóricos, parece-me, porém, que eles podem ter uma relação inadequada com os contextos estruturais, na medida em que não servem à compreensão nem à solução oportuna dos problemas sociais que emergem de deficiência das estruturas. A Constituição em sentido moderno depende, no plano estrutural, de amplos pressupostos e exige, no nível semântico, clareza conceitual, para que seja uma categoria apta a servir ao esclarecimento de problemas decisivos da sociedade mundial contemporânea.

Não apenas pela questão semântica da vagueza e ambiguidade, mas sobretudo pela dimensão pragmática do seu emprego, "Constituição" tem sido uma expressão prestes a usos arbitrariamente metafóricos. Já no âmbito do constitucionalismo revolucionário liberal, o termo "Constituição" passou a ser vinculado a desejos e interesses os mais abrangentes[16]. No número 20 do jornal *Révolutions de Paris*, de 21 a 28 de novembro de 1789, constava a seguinte asserção: "Uma Constituição é objeto do anseio de todos. E para alcançar isso os cidadãos sacrificam seus bens, seus negócios pessoais e sua tranquilidade [...]"[17]. Associado a esse anseio por Constituição, proliferavam no período revolucionário as "Sociedades de Amigos da Constituição", que eram mais conhecidas por Clubes Jacobinos[18], e a Constituição era designada como o "catecismo do gênero humano"[19]. Também nos Estados Unidos, a "maravilhosa Constituição" era chamada de "pergaminho mágico"[20], que estava presente em

---

16. A esse uso associa-se um certo "fetichismo constitucional" (Walker, 2002, pp. 324-7), hoje redivivo como "global" (Fischer-Lescano, 2005, p. 208). Nesse contexto, Maduro (2006, pp. 335 ss.) refere-se à "importância de se chamar Constituição".

17. Trecho citado por Schmale, 1988, p. 13. Cf. também Preuss, 1990, p. 12; Biaggini, 2000, p. 445.

18. Schmale, 1988, pp. 64-6.

19. Schmale, 1988, p. 13. Cf. Biaggini, 2000, pp. 445 s.

20. Em discurso proferido, em 1913, pelo advogado nova-iorquino Henry R. Estabrook, citado por Gabriel, 1951, p. 419; Bickel, 1978, p. 15; Preuss, 1990, p. 11; Biaggini, 2000, p. 446. Bickel (1978, pp. 14 s.) refere-se à declaração de

quase toda família como "a Bíblia política do Estado"[21]. Esse entusiasmo constitucionalista original perdurou e, com o tempo, abriu espaço para uma certa tendência a que o conceito de Constituição ou constitucionalismo perdesse qualquer contorno, deixando de ser um "conceito-guia" para se tornar um "conceito-panaceia"[22].

Esse problema relaciona-se com o fato de que a Constituição passou a ser "suporte de esperança"[23] e o seu conceito, assim como o de constitucionalização, partiu para uma "ofensiva vitoriosa"[24], assumindo o caráter de um "conceito político de luta"[25]. Enquadra-se, portanto, no âmbito do que Reinhart Koselleck denominou "conceitos antitéticos assimétricos", os quais desqualificam moralmente os que se lhes opõem, ao introduzirem "um significado depreciativo" que, para os seus contrários, "pode equiparar-se linguisticamente a uma privação, facticamente a uma espoliação"[26]. Na medida em que "Constituição" em sentido moderno invoca originariamente o "oposto de uma ordem política de opressão"[27], ou seja, sugere emancipação, tornou-se usual a sua utilização retórica como rótulo da razão e correção daqueles que a defendem e daquilo que ela designa. Essa situação conduz a uma tendência a aplicar-se a instituições e realidades políticas e jurídicas muito distintas, em contextos os mais diferentes, o termo "Constituição". Dessa maneira, realmente, a Constituição passa a ser uma metáfora contextualmente ilimitada. Nesse sentido, a noção desvin-

---

George Sutherland, então Juiz da Corte Suprema americana, em 1936, na qual este afirmava ter aprendido, na sua juventude, que a Constituição "era inspirada divinamente", acrescentando: "Eu penso realmente que ela é."

21. Paine, 1992 [1791-1792], p. 149. Cf. Preuss, 1990, p. 17; Vorländer, 1999, p. 9; Biaggini, 2000, p. 446.
22. Wahl, 2002, p. 191.
23. Biaggini, 2000, p. 465.
24. Biaggini, 2000, pp. 447 ss.; Wahl, 2002, p. 191.
25. Biaggini, 2000, p. 464.
26. Koselleck, 1989, pp. 211 e 213 [trad. bras. 2006, pp. 191 e 193]. Cf. Preuss, 1990, p. 73; Biaggini, 2000, p. 464.
27. Preuss, 1990, p. 74.

cula-se da história do conceito, desatrela-se de sua base estrutural, descaracterizando-se como um artefato semântico sem referência reflexiva a uma estrutura social determinada.

Evitar essa tentação é fundamental. No presente trabalho, não se trata de discutir simplesmente se há "Constituição sem Estado"[28] ou se "a Constituição no processo de desestatização" é transferível para o nível internacional[29], um debate que muito contribui para o uso arbitrário de metáforas constitucionais. Antes cabe examinar o significado e a função da Constituição em sentido moderno, para enfrentar questões referentes aos novos desafios do desenvolvimento constitucional, assim como seus limites e possibilidades no âmbito da sociedade moderna do presente. Para isso, é fundamental a precisa localização histórica e a rigorosa delimitação semântica do contorno conceitual de "Constituição" e "constitucionalismo", como pretendo fazer nos demais itens deste capítulo.

2. A formação social hierárquica pré-moderna

O conceito de Constituição, em sentido moderno, relaciona-se com as transformações estruturais que levam à diferenciação funcional da sociedade, inconcebível na formação social pré-moderna. Nessa, a estrutura hierárquica manifestava-se sob dois aspectos fundamentais da integração da sociedade: a integração sistêmica, referente à relação de dependência entre as esferas de comunicação; a integração social, referente à relação das pessoas com os sistemas de comunicação.

No que concerne à integração sistêmica, o cume da sociedade era composto pelo amálgama da estrutura política de dominação, reproduzida com base na diferença entre poder superior e inferior[30], e da semântica moral-religiosa,

---

28. Biaggini, 2000, p. 457.
29. Grimm, 2004a, p. 163.
30. Luhmann, 1986a, p. 199.

construída com base na distinção (moral) entre o bem e o mal[31], que era indissociável da diferença (religiosa) entre o transcendente e o imanente. Esse amálgama prevalecia sobre todas as outras esferas de comunicação, que assim permaneciam indiferenciadas, determinadas heteronomamente. A semântica do bem apontava, sobretudo, para a parte superior da estrutura de dominação social (política), residindo na "nobreza" ou em uma camada funcionalmente equivalente; a semântica do mal referia-se, especialmente, ao polo inferior da estrutura de dominação, expressando-se na "plebe" ou em funcional equivalente. Os "de baixo" só praticariam o bem enquanto atuassem de acordo com modelos comportamentais que lhes fossem determinados pelos "de cima". Estes só cometeriam o mal se atuassem conforme os padrões daqueles. As demais esferas e os seus respectivos códigos de comunicação estariam subordinados a esse arcabouço supremo, composto de moral impregnada religiosamente e de dominação política: a arte, o saber, o direito e a economia estavam semanticamente subordinados à diferença entre o bem e o mal, assim como orientados pelos critérios do poder superior ou inferior. Assim sendo, a diferença entre licitude e ilicitude (direito) não se distinguia nitidamente da diferença entre bem e mal, antes se confundia amplamente com esta; o seu lado positivo estava associado com a superioridade na dominação e o seu lado negativo, com a inferioridade. O mesmo se passava com as diferenças "ter/não ter" (economia), "verdadeiro/falso" (saber) e "belo/feio" (arte).

No que se refere à integração social, a distinção entre estamento superior e inferior importava diferentes maneiras de consideração dos homens pela sociedade como sistema social mais abrangente. De um lado, isso implicava um modelo em que os homens pertencentes aos estamentos superiores eram socialmente *incluídos* como membros plenos da sociedade, detendo, pois, amplo acesso aos be-

---

31. Luhmann, 1997, t. 2, pp. 939 s. e 1036 [trad. esp. 2007, pp. 745 e 821].

nefícios e às prestações dessa. Do outro lado, os homens pertencentes aos estamentos inferiores eram socialmente *excluídos* como não membros da sociedade, sem acesso, portanto, aos seus benefícios e às suas prestações. Evidentemente poderia haver situações intermediárias, mas essa era a estrutura básica da integração social. Como a sociedade se confundia com a própria organização política territorial, a distinção inclusão/exclusão identificava-se com a diferença membro/não membro[32]. O conceito de pessoa, que está associado à semântica moderna da individualidade, não estava presente, uma vez que não se distinguia claramente entre homem e sociedade-organização: o homem era concebido como membro ou não membro, conforme a sua pertinência a uma camada social[33]. Inexistente o conceito de pessoa em sentido moderno, a integração social não poderia relacionar-se com a instituição de direitos, mas sim com a atribuição de privilégios de *status*.

O poder legitimava-se mediante o direito sacro, que era indisponível[34]. Essa indisponibilidade não significava, a rigor, uma limitação jurídica do poder. O direito sacro servia antes como justificação da investidura, titularidade e exercício do poder pelo soberano (individual ou coletivo). Mas prevalecia a máxima *princeps legibus solutus est*. Isso não im-

---

32. Sobre a diferenciação de níveis de sistema entre interação (fundada na diferença entre presentes e ausentes), organização (baseada na diferença entre membros e não membros) e sociedade como o sistema social mais abrangente (construído conforme a diferença entre comunicação e não comunicação), ver Luhmann, 1986b; 1997, t. 2, pp. 813-47 [trad. esp. 2007, pp. 643-72]; Luhmann e De Giorgi, 1992, pp. 316-34. Pode-se afirmar que, enquanto as sociedades arcaicas (diferenciadas segmentariamente) estão ancoradas na interação, as sociedades das culturas avançadas pré-modernas (diferenciadas hierarquicamente) apoiam-se na *organização* política territorialmente centralizada; só com a sociedade moderna (diferenciada funcionalmente) distinguem-se nitidamente interação, organização e sociedade (cf. Luhmann, 1997, t. 2, pp. 634 ss. [trad. esp. 2007, pp. 502 ss.]; Luhmann e De Giorgi, 1992, pp. 260 ss.; Neves, 2006a, pp. 6 ss. e 18 ss.).

33. Cf. Luhmann, 1997, t. 2, p. 688 [trad. esp. 2007, p. 545]; 1989, pp. 156 s.

34. Habermas, 1992, pp. 582 s. [trad. bras. 2003, vol. II, pp. 231 s.].

plicava que o soberano não sofresse algumas limitações jurídicas quando atuava como pessoa privada[35] (e, portanto, precisamente, não como soberano) e que condições jurídicas e de fato não limitassem, em certa medida, a sua atuação[36]. Significava que, no fundo, não havia limitações jurídico-positivas relevantes ao soberano no exercício do *jus imperium*, ou seja, limitações normativas estabelecidas e impostas por outros homens à sua ação coercitiva.

Nesse contexto, pode-se falar de uma subordinação do direito ao poder. O chamado "direito sacro" é antes um epifenômeno do poder legitimado pela moral assentada na religião. A subordinação do jurídico ao político, em uma formação social na qual o poder está no centro da sociedade, leva a uma relação assimétrica entre o poder superior e o poder inferior ou entre o soberano e os súditos. Nas camadas localizadas no topo da pirâmide social, destacam-se os privilégios estamentais ou as prerrogativas soberanas a serem gozados ou exercidas em detrimento das camadas inferiores. Para estas, carentes de privilégios ou prerrogativas, resta o dever de sujeição ou obediência. Configura-se, assim, uma estrutura de dominação fundada na semântica re-

---

35. Cf., p. ex., Grotius, 1950 [1625], pp. 90, 171 e 270. Solon (1997, p. 31) sustenta que, "mesmo em Bodin, o conceito de soberania não encontra uma expressão absolutista, pois os príncipes deveriam submeter-se às leis divinas e naturais, estando os contratos de direito privado incluídos nesta última categoria". A respeito, cf. Bodin, 1986 [1576], especialmente pp. 190 e 192 s. Cabe observar, porém, que, para Bodin, em relação às normas de direito positivo, o soberano era ilimitado (cf. 1986 [1576], especialmente pp. 191 s. e 306 ss.). E, quanto aos contratos e convenções (não só de direito privado) com os súditos, a pessoa do "príncipe" não se encontrava, em princípio, na condição de soberano (cf. 1986 [1576], pp. 195 e 217 ss.). Segundo Esmein (1913, pp. 205 s.), haveria esferas do direito privado que, em Bodin, a máxima *princeps legibus solutus est* prevalecia sem essas restrições; ele se reporta, por exemplo, a Bodin, 1986 [1576], p. 219: testamentos e doação celebrados pelo rei Philippe de Valois. Porém, antes de aludir a esses casos e outros semelhantes, Bodin refere-se a uma decisão judicial de 1531, conforme a qual o príncipe poderia afastar-se das leis civis, "desde que os direitos dos particulares não fossem prejudicados" (*ibidem*).

36. Cf. Esmein, 1913, acompanhado, neste particular, por Luhmann, 1993a, p. 271, nota 69.

ligiosa do direito sacro, que, para a manutenção desses traços estruturais da formação social hierárquica, é indisponível.

Essa indisponibilidade, no âmbito de uma sociedade orientada primariamente conforme o cristalizado no passado[37], implica a ideia de um direito verdadeiro e imutável no plano das normas gerais e abstratas[38]. Essa ordem já se distingue do direito arcaico inteiramente indiferenciado, no qual inexistia tanto o procedimento de legiferação quanto o de aplicação jurídica: o direito afirmava-se expressivamente pela comunidade ou por seus membros, de maneira difusa, nas formas concretas de represália e reciprocidade, uma vez que não havia uma distinção entre norma e ação, entre o normativo e o cognitivo[39]. A diferenciação de um procedimento de aplicação importa um passo evolutivo na passagem para o direito da formação social hierárquica pré-moderna[40]. Principalmente no direito romano, desenvolveram-se intensamente procedimentos complexos de solução de casos jurídicos, mas o direito "permanece assentado na ordem social geral, permanece dependente de estruturas sociais que servem também a outras funções (por exemplo, da família e de uma moral protegida religiosamente)"[41]. Não havia, porém, as condições estruturais para a diferenciação de um procedimento legislativo, que implicaria um direito alterável no plano das normas gerais e abstratas. A imutabilidade ou indisponibilidade estrutural do direito relacionava-se diretamente com a manutenção da ordem social hierárquica e a inquestionabilidade dogmática do *status quo* político dominante[42]. O direito sacro imutável e indisponível e o po-

---

37. Nesse sentido, cf. Tönnies, 1979, especialmente p. 73, opondo a comunidade (antiga) à sociedade (nova).
38. Cf. Luhmann, 1987a, pp. 183 e 185.
39. Cf. Weber, 1985, pp. 445 s.; Schluchter, 1979, p. 146; Luhmann, 1987a, pp. 150 e 154-7; 1993a, p. 257; Habermas, 1982a, vol. I, pp. 349 e 351; vol. II, pp. 261 s.; 1982b, p. 135; Neves, 1992, p. 25; 2006a, pp. 20 s. e 54.
40. Cf. Luhmann, 1987a, pp. 171 ss.; Habermas, 1982a, vol. II, pp. 264 s.; Neves, 2006a, pp. 21 s.; 1992, p. 26.
41. Luhmann, 1993a, p. 58.
42. Cf. Luhmann, 1997, t. 1, p. 553 [trad. esp. 2007, p. 437]; Luhmann e De Giorgi, 1992, p. 238.

der fáctico não criticável e incontrolável alimentavam-se reciprocamente[43].

O modelo típico da formação social hierárquica pré-moderna apresenta-se mais evidente no antigo Estado oriental, também chamado "teocrático", que tinha uma fundamentação imediata na divindade. Georg Jellinek distinguiu duas espécies básicas dessa organização política territorial. Na primeira, "o soberano é considerado representante do poder divino e, assim, sua vontade é considerada semelhante à da divindade". Nesse tipo, "o próprio Estado toma o caráter de um objeto submetido a um poder que lhe é estranho e superior" e, por conseguinte, "impõe-se um dualismo peculiar", na medida em que "o Estado precisa de um complemento transcendente, isto é, supra-humano, mediante o qual ele realmente adquire capacidade de viver"[44]. Na segunda espécie do antigo Estado oriental, o soberano (poder humano) "é limitado pelo poder divino, que manifesta sua vontade supraestatal através de outros órgãos", afirmando-se um dualismo interno, em que o poder ao qual se atribui origem divina, administrado pelos sacerdotes, não só limita o poder humano, mas é capaz de dominá-lo[45]. Em ambos os casos, toda vida social estava submetida imediatamente à diferença entre poder superior e inferior, que, por sua vez, se fundava diretamente na cosmovisão religiosa orientadora da diferença entre bem e mal.

Na Grécia antiga, é possível observar-se um grau maior de diferenciação da formação social. Mas, tendo em vista que o modelo de diferenciação hierárquica era incompatível com a Constituição em sentido moderno, não cabe associar esta ao conceito grego de *politeía*. Embora no pensamento grego a noção de *politeía* tenha variado muito, de tal maneira que não só no conjunto da obra de Aristóteles, mas

---

43. Cf. Habermas, 1992, pp. 177-9 [trad. bras. 2003, vol. I, pp. 180-2].
44. Jellinek, 1966, pp. 289 s. [trad. esp. 1973, p. 217].
45. *Ibidem*. Jellinek aponta o antigo Estado israelita como o mais importante exemplo do segundo tipo, afirmando a existência de "tendências democráticas da legislação israelita": *ibidem*, pp. 290 s. [trad. esp., pp. 217 s.].

também no interior da própria *Política*, encontram-se "contradições mesmo, que o autor não procurou eliminar"[46], a definição que passou a ser recepcionada no debate constitucional moderno foi particularmente aquela contida no livro IV da *Política*, referente à ordem básica da *pólis*: "... Constituição (*politeía*) é a ordem (*táxis*) dos Estados em relação aos cargos governamentais (*arkhé*), como eles hão de distribuir-se, e à determinação do poder governamental supremo no Estado, como também do fim (*télos*) da respectiva comunidade (*koinonía*)"[47]. Essa definição referia-se tanto descritivamente a elementos da estrutura real de poder[48] quanto à dimensão teleológica[49] da organização da *pólis*. Mas, até o fim do século XVIII, o termo "*politeía*" foi traduzido mais aproximativamente pelo vocábulo inglês "*government*"[50]. É estranho que a palavra grega tenha passado a ser vertida em "*constitution*" precisamente no período revolucionário, quando as transformações estruturais tornavam tal tradução plenamente inadequada. A semântica do constitucionalismo referia-se a uma conquista, construção ou invenção da sociedade moderna, incompatível com a noção de *politeía* na antiga Grécia, que apontava para um modelo hierárquico e excludente de indiferenciação entre política e direito.

A noção grega de *politeía* não era um conceito holístico, abrangente de todo o social; ela já supunha uma distinção entre *pólis* e *oikía* ou *oîkos*. No sentido moderno, *aquela* não pode ser compreendida como toda a sociedade. Espaço dos cidadãos iguais subordinados a uma mesma lei de igualdade, a *pólis* era formada apenas pelos senhores dos *oîkoi* ou das *oikías*. Aqui cabe um parêntese: o *oîkos* (os *oîkoi*) era(m) mais abrangente(s) que a(s) *oikía(s)*, pois incluía(m) também as coisas que o(s) respectivo(s) senhor(es) possuía(m)

---

46. Bordes, 1967, p. 436.
47. Aristóteles, 1968, pp. 124 s. (IV, 1, 1289 a); cf. também pp. 80 (III, 1, 1274 b) e 91 s. (III, 6, 1278 b).
48. McIlwain, 1940, p. 28; Maddox, 1989, p. 51.
49. Cf. Mohnhaupt, 1995, p. 9.
50. Stourzh, 1975, pp. 99 ss., ou 1989, pp. 3 ss.; Mohnhaupt, 1995, p. 8.

fora desta(s) como espaço(s) físico(s) doméstico(s)[51]. O *oîkos* como espaço de dominação dos senhores não fazia parte da *pólis*. Esta era o espaço "público" *excludente* das relações entre os senhores dos *oîkoi* ou das *oikías*, não existindo nas aldeias, que constituíam apenas agregados de *oikías*[52]. O *oîkos*, por sua vez, era o espaço social doméstico (privado) de pleno arbítrio do respectivo senhor sobre a sua família, servos e seus bens (inclusive os escravos), esfera do *dominium* sobre coisas e *potestas* sobre dependentes. Assim como a *oikía* ou o *oîkos* grego (grande espaço social doméstico das relações "familiais" ou da "grande" família, fundado no poder arbitrário do senhor) não corresponde nem ao espaço doméstico da "pequena" família moderna (o "privado" no sentido familiar), nem ao espaço do mercado mundial (o "privado" no sentido econômico), a *pólis* excludente (dimensão do "público" no sentido grego) não deve ser confundida com o sistema político da sociedade moderna, muito menos com a esfera pública includente e pluralista no sentido contemporâneo[53].

A concepção aristotélica de *politeía* referia-se, estritamente, à ordem básica da *pólis* como dimensão da comunidade política, espaço dos cidadãos racionais. Dela estavam excluídos todos aqueles subordinados aos senhores no *oîkos* enquanto espaço doméstico das relações "familiais", os familiares, escravos ou servos. Estes, de certa maneira, seriam seres vis, ou seja, indivíduos de natureza inferior ao membro da *pólis* como *zôon politikón*[54]. Assim sendo, a *politeía* implicava uma estrutura de distinção de dois estamentos ou tipos de homem: os incluídos na *pólis*, isto é, os senhores dos *oîkoi* ou das *oikías*, os cidadãos (*zôon politikón*); os

---

51. Cf. MacDowell, 1989, p. 10.
52. Cf. Luhmann, 2000a, p. 7.
53. A tendência a relacionar e mesmo confundir a diferença grega entre *pólis* e *oîkos* com a distinção simplificada entre público e privado na sociedade moderna associa-se à obra de Hannah Arendt (cf. 1989 [1958], pp. 28 ss. [trad. bras. 1993, pp. 37 ss.]).
54. Aristóteles, 1968, pp. 10 s. (Livro I, Cap. I, 1253 a).

excluídos da *pólis*, dependentes ou objetos dos senhores no espaço familial doméstico. Essa diferença implicava uma distinção hierárquica, na integração social, entre seres racionais (superiores) e seres vis (inferiores). E, para a justificação dessa estrutura, atuava a forte semântica de uma moral fundada na religião. A esse respeito, pontuava Fustel de Coulanges: "Quando as famílias, as fratrias e as tribos concordaram em unir-se e adotar o mesmo culto comum, fundava-se imediatamente a urbe [*ville*] para representar o santuário desse culto comum. Assim, a fundação da urbe [*ville*] foi sempre um ato religioso."[55] Mas não só o direito sacro servia de esteio à manutenção da estrutura de dominação hierárquica e excludente. A própria filosofia dominante na Grécia antiga servia de anteparo semântico para o modelo estrutural da *pólis*, atuando na autorreflexão da cosmovisão (identidade) da cidade-estado grega.

Por sua vez, o Estado romano surge com a *civitas* (comunidade dos cidadãos), formada pelas famílias gentílicas, e desenvolve-se também na forma de *res publica* (comunidade do povo), constituindo simultaneamente uma comunidade de culto[56]. Jellinek chega a afirmar que tudo por ele dito sobre o Estado grego vale, em princípio, a respeito do Estado romano, "que também se desenvolve a partir de uma cidade-estado e mantém os traços de sua origem até seus últimos tempos"[57]. Uma diferença residiria na *potestas* absoluta do *pater familias* sobre os seus familiares, de maneira vitalícia, inclusive sobre os filhos, que, por exemplo, no mundo grego, só estariam subordinados ao poder familiar até

---

55. Fustel de Coulanges, 1908 [1864], p. 151 [trad. bras. 1975, p. 106]; especialmente para a cidade grega, cf. 1908 [1864], pp. 157 ss. [trad. bras., 1975, pp. 109 ss.]. Esclarece Fustel de Coulanges: "Cidade [*cité*] e urbe [*ville*] não eram palavras sinônimas no mundo antigo. A cidade era a associação religiosa e política das famílias e das tribos; a urbe, o lugar de reunião, o domicílio e sobretudo o santuário dessa sociedade" (1908 [1864], p. 151 [trad. bras. 1975, p. 106]).

56. Jellinek, 1966, p. 312 [trad. esp. 1973, p. 234].

57. *Ibidem*. Quanto à comunidade de culto, cf. também Fustel de Coulanges, 1908 [1864], pp. 151 ss. [trad. bras. 1975, pp. 106 ss.].

alcançarem a maioridade[58]. Entre os romanos, a distinção hierárquica básica consistia na diferença entre patrícios e plebeus, excluídos os escravos. É verdade que havia categorias intermediárias, como, por exemplo, a dos clientes[59]. Não obstante, apesar de amplo desenvolvimento desde a Realeza, passando pela República, até o Império, a diferença entre patrícios e plebeus permaneceu dominante. Embora o direito romano atribuísse *majestas, imperium* e *potestas* ao *populus*[60], o poder deste, a rigor, era exercido predominantemente pela comunidade restrita dos patrícios, com raras exceções. Além disso, havia a distinção jurídica entre os cidadãos romanos e os peregrinos, que eram membros de outras cidades, excluídos do direito romano no Império[61]. Assim sendo, o poder hierarquicamente diferenciado, ancorado na comunidade de culto, era a base de reprodução do Estado.

Cabe lembrar que, em Roma, já havia a presença de uma certa diferenciação do direito em relação à política. Mas, como já foi adiantado acima, a diferenciação do complexo direito romano referia-se à dimensão dos procedimentos de aplicação jurídica. O direito permanecia assentado na tradição e em princípios de natureza religiosa. Não constituía um direito alterável permanentemente por decisão, o que só se torna realidade com a diferenciação do procedimento legiferante no Estado moderno, associada ao surgimento da Constituição como instância reflexiva do sistema jurídico.

No período medieval, a organização política territorial confronta-se com duas tendências díspares: por um lado, a

---

58. Jellinek, 1966, p. 313 [trad. esp. 1973, p. 235].
59. Cf. Mommsen, 1982, pp. 10-6; Cintra, 1963, pp. 18 ss. De forma mais complexa do que a distinção entre patrícios e plebeus, Mommsen (1982 [1907], pp. 29 ss.) distingue entre as "classes de cidadãos privilegiados" e as "classes de cidadãos preteridos"; a dos patrícios constituía a base daquelas (*ibidem*), enquanto a dos plebeus era primária a estas (pp. 40 ss.).
60. Solon, 1997, p. 21.
61. Cintra, 1963, pp. 35 ss. Essa situação altera-se formalmente com o Edito de Caracala, em 212, que estendeu a cidadania aos peregrinos, mantendo, porém, algumas categorias deles fora do *status civitatis* (cf. *ibidem*, pp. 53 s.).

força interna da desintegração feudal; por outro, a pressão externa do poder papal. Embora este último só tenha se afirmado a partir do fim do século XI, em decorrência da chamada "revolução papal"[62], pois anteriormente "o clero da cristandade ocidental – bispos, padres e monges – estava, em regra, muito mais submetido à autoridade de imperadores, reis e senhores feudais do que à dos papas"[63], o caráter tradicional do direito perpassou toda a Idade Média: "Todo direito obtém seu modo de validade a partir da origem divina do direito natural entendido em termos cristãos. [...] Na qualidade de juiz supremo, o soberano está submetido ao direito sacro. Somente assim pode transmitir-se a legitimidade deste direito ao poder secular."[64] Portanto, também na formação social da Idade Média, a semântica religiosa serve de justificação à estrutura hierárquica de dominação, que se orientava na diferença primária entre poder superior e inferior, expressa em distinções como suserano e vassalo, soberano e súdito, poder divino e poder secular.

Em suma, em todos os tipos de formação social hierárquica pré-moderna, em cujo cume se encontram entrelaçadas a estrutura de dominação fundada na distinção "poder superior/poder inferior" e a semântica moral religiosa baseada na diferença "bem/ mal", não pode estar presente uma

---

62. Berman, H., 1983, pp. 85 ss. [trad. bras. 2006, pp. 111 ss.].

63. Berman, H., 1983, p. 88 [trad. bras. 2006, p. 114]. Não me parece, porém, que seja correta a asserção de que, com as transformações ocorridas na Europa Ocidental entre os séculos XI e XIII, o direito "tornou-se autônomo [disembedded]", "tanto como instituição política quanto como conceito intelectual", ou seja, que "a Europa Ocidental viveu [...] o desenvolvimento do conceito de direito como um conjunto de procedimentos e princípios jurídicos autônomos" (*ibidem*, p. 86 [trad. bras., p. 112]). Só com o constitucionalismo, pode-se falar de direito como sistema autônomo, sem amparo no direito natural. A autonomia a que se refere Berman era parcial, referindo-se às profissões jurídicas, em um plano *semântico* de reflexão sem a contrapartida na autonomia *estrutural*. A esse respeito, Luhmann apresenta-se ambíguo: em um trecho parece admitir a tese de Bermann (Luhmann, 1993a, p. 62), em outro afirma que "a Constituição fecha o sistema jurídico" (1990a, p. 187). Cf. *infra* pp. 59 s. e 62.

64. Habermas, 1992, p. 582 [trad. bras. 2003, vol. II, pp. 232 s.].

Constituição no sentido moderno. Quando se utiliza o termo "Constituição" em relação a uma dessas experiências, aponta-se, descritivamente, para a estrutura social ou política que caracteriza uma dada sociedade, nos termos de um conceito empírico válido para toda e qualquer formação social[65].

3. O período de transição: cartas de liberdade ou pactos de poder

O surgimento do Estado moderno não significa ainda o advento do constitucionalismo. O absolutismo monárquico na emergente ordem estatal dos inícios da modernidade não admite ainda a diferenciação funcional entre política e direito. No plano da semântica filosófica, persistia-se, em parte, em relacionar essa indiferenciação ao fundamento sacro ou divino do poder dos príncipes[66], associado à fórmula rediviva *princeps legibus solutus est*, que implicava a não subordinação do soberano a leis postas por outros homens. Não obstante, o que surgia como novo era a tendência à superação dos fundamentos sacros do poder, a saber, a dessacralização do direito[67]. Dessa maneira, a tensão entre instrumentalidade e indisponibilidade do direito torna-se evidente[68].

No absolutismo, essa tensão pendular balança fortemente para a instrumentalização política do direito, que não é obstaculizada pela semântica do novo direito natural, sem referência ao transcendente: a invocação aos princípios metajurídicos do jusnaturalismo (considerados imutá-

---

65. Cf., p. ex., Grimm, 2004a, p. 146; Biaggini, 2000, p. 461.
66. Cf. Bodin, 1986 [1576], especialmente pp. 295 ss.
67. Nessa tendência, Hobbes, por exemplo, afirmava que "a lei, em geral, não é um conselho, mas um comando. E também não é um comando dado por qualquer um a qualquer um, mas sim um comando que é dado por quem se dirige a alguém já anteriormente obrigado a obedecer-lhe" (1992, p. 183 [1651, p. 137]).
68. Habermas, 1992, pp. 582 s. [trad. bras. 2003, vol. II, pp. 232 s.].

veis), na prática política das monarquias absolutistas, servia antes para legitimar um espaço juridicamente livre para o soberano, no âmbito do qual ele tinha o poder de estabelecer, aplicar e impor o direito. A esse respeito, embora em outra perspectiva quanto às consequências dessa transformação no limiar da sociedade moderna, salienta Habermas de maneira esclarecedora: "O direito reduz-se a uma dimensão única e passa a ocupar apenas o lugar reservado até então ao direito burocrático da autoridade dominante. O poder político desta emancipa-se da vinculação ao direito sacro e torna-se soberano. A esse poder cabe preencher por conta própria, mediante legislação, a lacuna deixada pelo direito natural administrado teologicamente. Por fim, todo o direito deve emanar da vontade soberana do legislador político. A legislação, a execução e a aplicação das leis tornam-se três momentos no interior de um único processo circular regulado politicamente."[69]

Com o absolutismo, passa-se de uma indiferenciação sacramente fundada de poder e direito para uma subordinação instrumental do direito à política. Nesse contexto, remanesce a estrutura hierárquica da ordem tradicional, na relação entre soberano e súditos. Em termos típico-ideais, o primeiro era detentor de poderes, prerrogativas e privilégios na relação com os segundos, sem que lhe fossem imputados deveres e responsabilidades juridicamente exigíveis por estes. Portanto, faltavam aos súditos direitos perante o soberano, restando-lhes apenas deveres e responsabilidade para com este. É claro que o período absolutista já implica uma relevante juridificação (por normas positivas, a saber, postas e alteráveis por decisão) das relações horizontais entre os privados. Essa primeira "fornada da juridificação" não importava, porém, direitos subjetivos públicos acionáveis contra o soberano[70]. E, relacionado a essa dimensão jurídi-

---

69. Habermas, 1992, p. 583 [trad. bras. 2003, vol. II, pp. 232 s.].
70. Habermas, 1982a, vol. 2, pp. 525-7. Em relação a um contexto inteiramente diferente, o antigo Estado oriental, Jellinek (1966, p. 289 [trad. esp.

ca, o polo superior do poder não era cindível, sendo insuportável a ideia de uma oposição política institucionalizada[71]. O questionamento da identidade do núcleo do poder violava a "razão de Estado" e constituía crime de "lesa-majestade". A insuportabilidade institucional da oposição, em uma sociedade que já alcançara um elevado grau de complexidade e, pois, já envolvia uma variedade de cosmovisões, levou forçosamente à ideia de revolução e aos movimentos revolucionários. Nesse sentido, o próprio constitucionalismo pressupôs revolução[72].

Mas já em relação ao período absolutista não se podem excluir plenamente contornos jurídicos positivos aos detentores de poder. As cartas de liberdade ou pactos de poder[73], que encontram suas primeiras manifestações no período medieval, sendo exemplar a Carta Magna de 1215, desenvolvem-se no âmbito dos conflitos de interesses dos barões feudais e da burguesia emergente contra o monarca no âmbito do Estado absoluto. Mas esses pactos de poder não devem ser confundidos com a Constituição em sentido moderno. Seja na perspectiva sociológica das dimensões social (das pessoas envolvidas), material (dos temas regulados) e temporal, seja na linguagem jurídica dos âmbitos de validade pessoal, material e temporal[74], não se devem distinguir os pactos

---

1973, p. 216]) observa analogamente que "o direito do indivíduo não pode fazer-se valer perante o soberano, mas sim em face daquele que está no seu mesmo nível". Mas não nos parece que se possa, a rigor, falar de direitos individuais exigíveis por um súdito perante outro de forma autônoma, na formação social do Estado antigo. O exercício do direito, também nesse caso, dependia de uma outorga do detentor do poder superior.

71. Cf. Luhmann, 1987b, especialmente p. 127, advertindo, porém, que a teoria do Estado absoluto já se ocupava com o problema paradoxal de "uma singular falta de poder dos detentores de poder e, do outro lado, poder dos carentes de poder", que a diferenciação democrática entre governo e oposição viria a desparadoxizar: "A oposição não tem o poder de governar; justamente por isso, ela pode fazer valer o poder de sua falta de poder."

72. Cf. Grimm, 1987, pp. 45 s. e 56 s.; 1989, colunas 633 s.

73. A respeito, cf. Böckenförde, 1983, pp. 7 ss.

74. Relaciono, neste contexto, os conceitos sociológicos ou teórico-sociais luhmannianos de dimensões social, material e temporal (Luhmann, 1987a,

de poder dos fins da Idade Média e da época do absolutismo com a Constituição em sentido moderno. A esse respeito, cabe invocar a análise de Dieter Grimm relativamente às diferenças entre os dois modelos de regulação política[75].

Na dimensão social ou no âmbito pessoal de validade os pactos de poder eram "particulares", referindo-se a certos acordos entre o monarca e a nobreza ou parte da burguesia. As Constituições modernas, ao contrário, têm a pretensão de ser "universais", pois se referem, includentemente, a todos os membros da respectiva organização jurídico-política, atribuindo-lhes direitos fundamentais. Em outras palavras, pode-se afirmar que os pactos de poder implicam uma linguagem particularista e excludente no nível pragmático dos que estão facultados a empregá-la e dos que são seus destinatários, enquanto a Constituição moderna pretende ser uma linguagem pragmaticamente universalista, apesar da diferença entre nacionais e estrangeiros.

No âmbito de validade ou na dimensão material, os pactos de poder eram "pontuais", referindo-se a determinados temas específicos da política e do direito estatal. As Constituições em sentido moderno são "abrangentes" no seu conteúdo, tendo em vista que se referem aos diversos ramos do direito e aos diferentes processos de tomada de decisão política. Em terminologia de teoria da linguagem, enquanto os pactos de poder dispõem semanticamente de um âmbito de conotação e denotação estrito, as Constituições carregam uma amplitude de significados e de referentes, o que torna muito mais complexa a tarefa de interpretação de seu texto e concretização de suas normas.

---

pp. 94 ss.) com os conceitos jurídicos de âmbitos pessoal, material e temporal de validade (Kelsen, 1960, pp. 12 ss. e 291 s. [trad. bras. 2006, pp. 13 ss. e 319 s.]), sem desconhecer que os pressupostos e as implicações das respectivas categorias são bem diversos. Mas parece-me ser possível constatar uma certa analogia entre ambos os modelos conceituais.

75. A propósito dessas diferenças entre pactos de poder, *leges fundamentale* ou cartas de liberdade e Constituições em sentido moderno, expostas a seguir, partimos de Grimm, 1987, especialmente pp. 48 ss.; 1989, colunas 633 s.; 1995a, pp. 100 ss.; 2004a, pp. 150 e 154.

Grimm também afirma que os pactos de poder eram "fácticos". Isso não pode ser compreendido evidentemente no sentido de que não continham normas jurídicas, mas sim como expressão de que eles não envolviam uma diferenciação funcional entre política e direito, constituindo uma simples manifestação jurídica das relações reais de dominação. Relacionado a isso, os pactos de poder eram, no âmbito de validade ou na dimensão temporal, apenas "modificadores do poder", uma vez que exprimiam mudanças que ocorreriam na estrutura de dominação. Por sua vez, as Constituições em sentido moderno são "normativas", não simplesmente porque se compõem de normas jurídicas, mas, especificamente, por apontarem para a diferenciação funcional entre direito e política, implicando a vinculação jurídica do poder, o que possibilita o seu limite e controle pelo direito. Nesse sentido, as Constituições, em sentido moderno, são "constituintes" de poder no âmbito de validade ou na dimensão temporal, na medida em que instituem uma nova estrutura política, renovando-lhe a fundamentação normativa, positivada juridicamente.

A esse respeito, cumpre acrescentar uma outra distinção fundamental. Os pactos de poder ainda conviviam com a suposição de um direito natural que, embora considerado imutável e, portanto, subordinado primariamente à estrutura das expectativas cognitivas, servia à justificação da ampla mutabilidade do direito pelo soberano. Dessa maneira, eles se apresentavam como direito mutável subordinado ao direito natural imutável e verdadeiro dos príncipes. Isso significa que a distinção entre expectativas normativas e cognitivas ainda não se afirmava com nitidez na formação social do limiar da sociedade ocidental moderna, no âmbito do Estado absoluto. A Constituição em sentido moderno pressupõe precisamente a distinção clara entre o normativo e o cognitivo no contexto da positivação do direito[76], ou seja,

---

76. Luhmann, 1983b, pp. 138 ss. Sobre essa distinção, ver Luhmann, 1987c, pp. 436-43; 1987a, pp. 40-53; cf. também Neves, 1992, pp. 22 s.

de um direito que se transforma para se tornar permanentemente alterável por decisão[77]. O problema que surge é o seguinte: superados os fundamentos do direito natural institucionalizado, como fundamentar o próprio direito, evitando que ele se torne mero instrumento do eventual detentor de poder? Essa indagação nos coloca em face da questão referente ao próprio surgimento do constitucionalismo. Mas, antes de tratar desse tema, cabem algumas observações preliminares sobre o tipo estrutural da sociedade moderna.

4. A sociedade moderna multicêntrica

A diferenciação funcional em face do amálgama pré-moderno de política e moral religiosa no topo da pirâmide social ocorre inicialmente no âmbito da economia (a eficiência lucrativa distingue-se do bem e do politicamente dominante), da ciência (a verdade independente da moral religiosa e do poder) e da arte (o "belo" ou apropriado esteticamente torna-se autônomo em relação à bondade moral religiosamente fundada). Trata-se de processos sociais traumáticos, com consequências destrutivas para o ambiente biológico e psíquico dos sistemas sociais, para "corpo" e "alma": basta pensar em Galileu Galilei no âmbito da ciência (não nos esqueçamos, porém, em um campo bem diverso, de *Romeu e Julieta*, alegoria trágica da pretensão moderna de autonomia do amor em relação à política e à família, pretensão que só vai realizar bem mais tarde, impulsionada também pela literatura romanesca[78]). Evidentemente, esses processos de luta pela autonomia de esferas sociais, no início da era moderna, ainda não implicam a autonomia operacional

---

77. Luhmann, 1981a, pp. 113-53; 1987a, pp. 190 ss.; 1983a [1969], pp. 141-50 [trad. bras. 1980, pp. 119-25]; Neves, 1992, especialmente pp. 27-30.
78. Cf. Luhmann, 1990b [1982], especialmente pp. 11 s. [trad. port. 1991, p. 10]; 1997, t. 2, p. 731 [trad. esp. 2007, p. 579].

do direito em relação ao poder enquanto dominação. Só no bojo do constitucionalismo revolucionário dos fins do século XVIII inicia-se o processo moderno de diferenciação entre política e direito. De fato, os pactos de poder ou leis fundamentais na Inglaterra (*Magna Carta*, *Habeas Corpus Act*, *Bill of Rights*), conforme já foi tratado no item anterior, apontavam para um desenvolvimento funcionalmente equivalente ao que conduziu às Constituições revolucionárias nos Estados Unidos e na França, mas não eram, isoladamente, expressões semânticas do constitucionalismo, tendo sido antes elementos de um processo evolutivo de diferenciação entre direito e política, o qual resultou em um constitucionalismo atípico nos séculos XIX e XX.

O constitucionalismo relaciona-se com transformações estruturais que engendraram as bases para o surgimento da sociedade moderna. O incremento da complexidade social levou ao impasse da formação social diferenciada hierarquicamente da pré-modernidade, fazendo emergir a pretensão crescente de autonomia das esferas de comunicação, em termos de sistemas diferenciados funcionalmente na sociedade moderna. Há não só um desintrincamento de lei, poder e saber[79], nem apenas a obtenção da liberdade religiosa e econômica pelo homem[80], mas um amplo processo de diferenciação sistêmico-funcional.

Mediante esse processo, a sociedade torna-se "multicêntrica" ou "policontextural"[81]. Isso significa, em primeiro lugar, que a diferença entre sistema e ambiente desenvolve-se em diversos âmbitos de comunicação, de tal maneira que se afirmam distintas pretensões contrapostas de autonomia sistêmica. E, em segundo lugar, na medida em que toda diferença se torna "centro do mundo", a policontexturalidade implica uma pluralidade de autodescrições da sociedade, levando à formação de diversas racionalidades par-

---

79. Lefort, 1981, p. 64 [trad. bras. 1987, p. 53].
80. Marx, 1988a [1844], p. 369.
81. Cf. Luhmann, 1987c, p. 284; 1997, t. 1, pp. 36 s. [trad. esp. 2007, pp. 21 s.].

ciais conflitantes. Falta, então, uma diferença última, suprema, que possa impor-se contra todas as outras diferenças. Ou seja, não há um centro da sociedade que possa ter uma posição privilegiada para sua observação e descrição; não há um sistema ou mecanismo social a partir do qual todos os outros possam ser compreendidos.

Isso leva a uma pluralidade de códigos-diferença orientadores da comunicação nos diversos campos sociais. A diferença "ter/não ter" prevalece no sistema econômico[82], o código "poder/não poder" tem o primado no político[83] e a distinção "lícito/ilícito" predomina no jurídico[84]. Na ciência, arte, educação, religião e no amor, têm o primado, respectivamente, os códigos "verdadeiro/falso"[85], "belo/feio" ("afinado *versus* desafinado esteticamente")[86], "aprovação/reprovação" (enquanto código-limite da diferença gradual "aprender/não aprender", expressa nas notas e predicados)[87], "transcendente/imanente"[88] e o código amoroso ("prazer/amor" ou "amor/desamor")[89], que serve de base à formação da família nuclear moderna[90]. É claro que isso leva a tensões, pois dessa maneira as diversas racionalidades confrontam-se com outras racionalidades, cada uma delas com pretensão de universalidade[91]. Portanto, qualquer forma de "autismo" desenvolvido em uma esfera pode ter efeitos destrutivos nas outras esferas sociais e, por fim, também sobre

---

82. Luhmann, 1988a, pp. 181 s., 184 e 187 ss.
83. Luhmann, 1988b [1975], p. 56 [trad. bras. 1985, p. 46]; 1990a, p. 193.
84. Luhmann, 1986a; 1993a, pp. 165 ss.
85. Luhmann, 1990c, pp. 194 ss. [trad. esp. 1996, pp. 143 ss.].
86. Luhmann, 1996, pp. 309 ss. [trad. esp. 2005, pp. 317 ss.]; 1997, t. 1, p. 562 [trad. esp. 2007, p. 444].
87. Cf. Luhmann, 2002a, pp. 64 ss.; 1997, t. 2, p. 750 [trad. esp. 2007, p. 594]; 2004 [1986], pp. 27 ss.
88. Luhmann, 2000b, pp. 77 ss.
89. Luhmann, 1990b, pp. 107 ss. [trad. port. 1991, pp. 111 ss.]; 1997, t. 2, p. 750 [trad. esp. 2007, p. 594].
90. Cf. Luhmann, 1997, t. 2, pp. 730 s. [trad. esp. 2007, pp. 578 s.]; 1990b, pp. 183 s. [trad. port. 1991, pp. 193 s.].
91. Cf. Teubner, 1996a [trad. bras. 2002]; Fischer-Lescano e Teubner, 2006.

a integração social e sistêmica de uma sociedade complexa. Diferenciação não significa isolamento, mas antes importa uma intensa capacidade cognitiva perante o entorno. Assim sendo, ao afastar-se a possibilidade de um ponto de observação único ou privilegiado do social, cumpre insistir, do ponto de vista da teoria dos sistemas, que nem mesmo a política é um centro ou um lugar privilegiado da sociedade, mas um sistema em concorrência com outros[92]. A visão oposta, ao pôr a política no centro como supersistema da sociedade moderna, só tem levado a desilusões. E a própria teoria da sociedade constitui apenas uma observação/descrição parcial da sociedade, a sua observação mais abrangente apenas do ponto de vista do sistema científico. Também a religião, a política, a economia, a família, a arte, a educação etc. fazem suas observações da sociedade como um todo, que concorrem com a observação da teoria social. Esta será tanto mais adequada socialmente enquanto descrever essa multicentricidade do social na modernidade.

---

92. De maneira diversa, sustenta Lyotard, 1983, p. 200: "Si la politique était un genre et que ce genre eût prétention à ce statut suprême, on aurait vite fait de montrer sa vanité. Mais la politique est la menace du différend. Elle n'est pas un genre, elle est la multiplicité des genres, la diversité des fins, et par excellence la question de l'enchaînement. (...) Elle est, si l'on veut, l'état du langage, mais il n'y a pas *un* langage. Et la politique consiste en ce que le langage n'est pas un langage, mais des phrases." ["Se a política fosse um gênero [de linguagem] e se esse gênero tivesse pretensão a ser o estatuto supremo, haveria de mostrar-se rapidamente o seu caráter vão. Mas a política é a ameaça da diferença. Ela não é um gênero, é a multiplicidade dos gêneros, a diversidade dos fins e, por excelência, a questão do encadeamento. (...) Ela é, caso se queira, o estado da linguagem, mas ela não tem *uma* linguagem. E a política consiste em que a linguagem não é uma linguagem, mas sim frases."] A partir dessa assertiva, Nassehi propõe a ampliação do conceito funcional da política, chegando a sustentar – também com apoio no conceito de "sociedade política", proposto por Greven (1999) – que, "de fato, quase não há limites para o político" (Nassehi, 2002, pp. 43 s.). No âmbito dessa discussão em busca de um conceito funcional mais abrangente, entra em jogo a concepção schmittiana da política como "domínio de todos os domínios", conforme formulação de Göbel (1995, p. 282), em referência a Schmitt, 1996 [1932], especialmente p. 24, e com base em Meier, 1994, pp. 59 e 62. Cf. Nassehi, 2002, pp. 39 ss.

Mas a sociedade moderna nasce como sociedade mundial[93], apresentando-se como uma formação social que se desvincula das organizações políticas territoriais, embora estas, na forma de Estados, constituam uma das dimensões fundamentais à sua reprodução. Ela implica, em princípio, que o horizonte das comunicações ultrapassa as fronteiras territoriais do Estado. Formulando com maior abrangência, tornam-se cada vez mais regulares e intensas a confluência de comunicações e a estabilização de expectativas além de identidades nacionais ou culturais e fronteiras político-jurídicas[94].

A sociedade mundial constitui-se como uma conexão *unitária* de uma *pluralidade* de âmbitos de comunicação em relações de concorrência e, simultaneamente, de complementaridade. Trata-se de uma *unitas multiplex*[95]. Não se con-

---

93. Luhmann, 1975; 1987a, pp. 333 ss.; 1993a, pp. 571 ss.; 1997, t. 1, pp. 145-71 [trad. esp. 2007, pp. 108-29]; Luhmann e De Giorgi, 1992, pp. 45-54; Heintz, 1982; Stichweh, 2000. A respeito de diversas facetas da sociedade mundial, ver Heintz, Münch e Tyrell (orgs.), 2005. No âmbito da teoria dos sistemas, Willke (1997, pp. 9 s.) não admite o conceito de sociedade mundial, sustentando que o conceito de sociedade importa "uma unidade delimitada territorial e normativamente", em condições de estabelecer as "estruturas profundas de sua (auto)regulação", acrescentando: "Enquanto não houver nenhuma instância, nenhum procedimento nem regras que possam estabelecer normas vinculantes de autorregulação para o mundo, não tem sentido o discurso da sociedade mundial." Para Willke, a "totalidade das comunicações reciprocamente acessíveis seria, então, o 'mundo', não, porém, a sociedade". Ele refere-se, então, a "sistemas mundiais laterais" (cf., 1992, especialmente p. 356; 2001, pp. 131 ss.; 2002, especialmente p. 190). Mas o específico da sociedade mundial é que ela ainda se reproduz primariamente com base nas expectativas cognitivas estabilizadas globalmente, como observaremos adiante. Além do mais, afirmar o vínculo a uma territorialidade delimitada como característica de uma sociedade implica desconhecer até mesmo a existência de sociedades nômades no passado, especialmente no caso de comunidades arcaicas. Embora Willke admita sociedades supranacionais, como no caso da União Europeia (1992, p. 366), parece-me que a sua crítica seria mais adequada em relação à existência de uma "estatalidade mundial", tal como propõem Albert e Schmalz-Bruns (2009; Albert, 2007; 2005). O próprio Willke utiliza o conceito de "sociedade mundial" em vários trechos de suas obras (cf. Willke, 2001, p. 17 e *passim*; 2002, pp. 84, 119 e 207).
94. Neves, 2006a, p. 217.
95. A respeito da discussão em torno do emprego do "singular" ou "plural" relativamente ao tema "globalização e sociedade mundial", ver Tyrell, 2005.

funde com a ordem internacional, pois essa diz respeito fundamentalmente às relações entre Estados[96]. A ordem internacional é apenas uma das dimensões da sociedade mundial. Também não se deve confundir o conceito de sociedade mundial com a noção controversa de "globalização". Não simplesmente porque essa, frequentemente, contém uma forte carga prescritiva, no âmbito de uma discussão ideologicamente carregada; tampouco apenas porque, quando tem pretensão descritiva, refere-se, muitas vezes, a um sistema de relações entre diversas sociedades regionais e parte de um conceito de sociedade centrado no Estado Nacional[97]. Antes cabe considerar a globalização como resultado de uma intensificação da sociedade mundial. Esta, que começa a desenvolver-se a partir do século XVI e consolida-se estruturalmente com o surgimento de "um único tempo mundial" na segunda metade do século XIX, em um processo de transformações paulatinas, que se torna finalmente irreversível[98], alcança um grau de desenvolvimento tão marcante, no fim do século XX, que aquilo já assentado no plano das *estruturas* sociais passou a ser dominante no plano da *semântica*: a sociedade passa a (auto-)observar-se e (auto)descrever-se como mundial ou global[99]. Essa situação relaciona-se com a intensificação crescente das "relações sociais"

Eisenstadt procura um denominador comum com a expressão "multiplicidade da modernidade" no singular (2000a), mas também utiliza o plural "modernidades múltiplas" (2000b), conforme enfatiza Tyrell, 2005, pp. 13 s.

96. Cf. Luhmann, 1975, pp. 57 s.; 1997, t. 1, pp. 159 s. [trad. esp. 2007, pp. 119-21]; 1998, pp. 375 s.; 2000a, pp. 221 s.

97. Cf. Luhmann, 1997, t. 1, pp. 159 s. [trad. esp. 2007, p. 120]; 1998, pp. 374 s.; 2000a, pp. 220 s.; 1995a, p. 117, nota 30; Teubner, 1996b, p. 258, nota 1 [trad. bras. 2003, p. 12, nota 11].

98. Luhmann, 1997, t. 1, p. 148 [trad. esp. 2007, p. 111]; Luhmann e De Giorgi, 1992, p. 47.

99. Nesse sentido, Brunkhorst (1999, p. 374) admite, por um lado, que se possa conceituar "a sociedade moderna, desde o início, como *sociedade mundial*", salientando, por outro lado: "Somente no fim do nosso século a *globalização* [...] tornou-se tão evidente que a sociedade pode, na sua descrição, reconhecer a si mesma como sociedade mundial [...]".

e das comunicações suprarregionais mundializadas, com reflexos profundos na reprodução dos sistemas político-jurídicos territorialmente segmentados em forma de Estado[100]. Assim sendo, as "resistências contra o conceito de sociedade mundial perdem em força de convencimento na medida em que, cada vez mais, características típicas da modernidade têm de ser incorporadas ao conceito de 'tendências globalizantes'"[101], ou seja, a "globalização" apresenta-se no plano semântico da reflexão ou autodescrição (da estrutura) da sociedade mundial.

Embora a sociedade mundial não possa ser identificada economicamente com o sistema capitalista mundial no sentido de Immanuel Wallerstein[102], pois ela é multicêntrica, cabe defini-la como uma sociedade que se desenvolve *primariamente* com base nas expectativas cognitivas (economia, ciência e técnica)[103]. Formulando de maneira mais específica, ela pode ser caracterizada por "um primado social da economia" ou como uma "sociedade econômica"[104]. Não se trata de um primado "onticamente essencial"[105] nem forçosamente de perda da autonomia dos outros sistemas sociais, mas cumpre considerar que, nos ambientes dos diversos sistemas parciais da sociedade mundial (moderna), a economia (associada à técnica e à dimensão da ciência a esta

---

100. "Pode-se definir globalização no sentido de uma intensificação de relações sociais mundiais", sustenta Giddens (1991, p. 64), partindo, porém, de um conceito de sociedade moderna centrado no Estado Nacional (1991, especialmente p. 13).

101. Luhmann, 1998, p. 374; 2000a, p. 221; cf. 1994, p. 4.

102. Wallerstein, 2006, especialmente pp. 23 ss.; 1979; Hopkins e Wallerstein, 1979.

103. Luhmann, 1975, especialmente pp. 55 e 57 s.; 1981a, pp. 32 e 149 ss.; 1973a, p. 5; Neves, 1992, pp. 75 s. Luhmann afasta-se posteriormente dessa posição, para enfatizar a horizontalidade dos sistemas autopoiéticos, propondo, assim, uma radicalização da tese da autopoiese (cf., p. ex., 1988a, especialmente p. 27; 1997, t. 2, especialmente pp. 747 e. e 762 s. [trad. esp. 2007, pp. 591 s. e 604]. No âmbito da teoria dos sistemas, Fischer-Lescano e Teubner (2006, p. 7) retomam recentemente a antiga posição.

104. Luhmann 1981a, p. 150.

105. Luhmann, 1975, pp. 63 s.

vinculada) constitui o mais relevante fator, a ser observado primariamente. Em outras palavras: a economia está equipada com o mais forte código binário entre um "sim" e um "não", a saber, a diferença entre "ter" e "não ter". Em alguns casos, especialmente nas situações em que há enormes desigualdades e ampla exclusão relativamente ao sistema econômico, esse primado pode levar a experiências de desdiferenciação economicamente condicionada no âmbito da sociedade mundial, um problema que é persistente na constelação social da modernidade periférica[106].

Se, no plano estrutural, é possível afirmar o primado da economia, cabe observar que, no nível da semântica, a saber da autodescrição da sociedade, o sistema dos meios de comunicação de massa assume o primado na sociedade mundial. Isso porque esse sistema, que se reproduz com base na diferença "informação/não informação", atua seletivamente em face das diversas possíveis autodescrições da sociedade[107]. A respeito, salienta Luhmann: "Nas mensagens que os meios de massa difundem no dia a dia e de fato a fato, cristaliza-se o que, na comunicação societária, é tratado como 'saber'."[108] Assim sendo, o "saber" religioso, o pedagógico, o jurídico e o político, mas também os "saberes" científico, técnico e econômico, só ganham significado na "opinião pública" quando passam pelo filtro seletivo da mídia[109]. Pode-se afirmar que o próprio saber científico dominante na "opinião pública" é aquele determinado pelos meios de comunicação de massa. Isso não significa, porém, a validade imediata do saber selecionado pela mídia nas diversas esferas sociais, pois ter o primado não significa ser o

---

106. Neves, 1992, especialmente pp. 72 ss.
107. Cf. Luhmann, 1997, t. 2, pp. 1096 ss. [trad. esp. 2007, pp. 868 ss.].
108. Luhmann, 1997, t. 2, p. 1106 [trad. esp. 2007, p. 876]. Com base em outros pressupostos teóricos (noção de "híbridos"), Latour (1997, p. 9) afirma que "a leitura do jornal cotidiano é a prece do homem moderno".
109. A opinião pública é compreendida aqui como o "meio" produzido e reproduzido pelo sistema de comunicações de massa (cf. Luhmann, 1997, t. 2, p. 1098 [trad. esp., 2007, p. 870]).

centro da semântica da sociedade. A ciência, a educação, a economia etc. não se reproduzem forçosamente pela construção midiática, podendo haver reações "críticas" no interior de cada esfera social aos "absurdos" e "simplificações" produzidas pelos meios de massa. Mas essas reações só serão tratadas como expressão de "saberes" no plano da comunicação societária mais abrangente se forem novamente selecionadas e transmitidas pela mídia. Ou seja, os "saberes" científicos, educacionais, médicos, econômicos e técnicos que valem na "opinião pública" produzida e reproduzida pelos meios de massa não se identificam (muitas vezes divergem radicalmente) dos "saberes" da ciência, da educação, da medicina, da economia, embora aqueles predominem sobre esses, constituindo "saberes" da sociedade em contraposição aos "saberes" especializados dos experts.

Um aspecto importante a ser considerado em relação à sociedade mundial refere-se ao fato de que os sistemas que detêm o primado no plano estrutural e semântico, isto é, a economia (associada à técnica e à ciência) e a mídia, respectivamente, não dependem de segmentação territorial para se reproduzirem. No caso da política, a situação é distinta. Embora seja um sistema da sociedade mundial, a sua reprodução ainda depende fortemente da segmentação territorial em Estados. A política diferencia-se primeiramente como sistema funcional da sociedade mundial, distinguindo-se de outras esferas de comunicação. A essa forma primária de diferenciação do sistema político mundial, a funcional, associa-se secundariamente a sua diferenciação *segmentária* em "sistemas políticos (territoriais)". Esses, por sua vez, passam por uma terceira diferenciação mediante a distinção entre o Estado e as outras organizações políticas do respectivo sistema territorial, conforme o esquema "centro/periferia"[110]. A rigor, os Estados constituem as organizações que possibilitam que o sistema político da sociedade mundial, diferenciado primariamente conforme o modelo

---

110. Luhmann, 2000a, p. 244.

funcional, seja diferenciado internamente, de forma segmentária, em diversos subsistemas delimitados territorialmente. Conforme Luhmann, essa segunda diferenciação do sistema político, condicionada estatalmente, persiste hodiernamente porque os pressupostos para a legitimação política ainda estão vinculados aos contextos regionais, não havendo perspectivas de uma política mundial abrangente que possa prescindir da formação de Estados; isto é, porque as chances para a tomada de decisões coletivamente vinculantes ainda permanecem fortemente dependentes de processos políticos que, em primeiro lugar, se desenvolvem no respectivo plano regional[111]. Essas observações referentes à política podem ser analogamente aplicadas ao direito, na medida em que "o acoplamento estrutural do sistema político e do sistema jurídico através de Constituições não tem correspondência no plano da sociedade mundial"[112]. De certa maneira, essa dependência persistente da segmentação territorial em Estados, especialmente no que concerne ao problema da legitimação, torna a política e o direito relativamente fracos diante dos sistemas que se reproduzem no plano mundial de forma cada vez mais intensa, desenvolvidos primariamente com base em expectativas cognitivas, seja no plano estrutural (economia, técnica e ciência) ou no nível semântico (meios de comunicação de massa), sem dependerem de segmentação territorial.

Mas a força crescente dos sistemas baseados primariamente em expectativas cognitivas, seja no plano estrutural (economia, técnica e ciência) ou semântico (meios de comunicação de massa) da sociedade mundial, tornou praticamente imprescindível a emergência de uma "nova ordem mundial" concernente não só a processos de tomada de decisão coletivamente vinculante, mas também a mecanismos de estabilização de expectativas normativas e regulação jurídica de comportamentos. Isso significa uma transformação

---

111. Cf. Luhmann, 1998, pp. 375 s.; 2000a, pp. 222 s.; 2005, p. 72.
112. Luhmann, 1993a, p. 582.

no sentido de uma contrapartida normativa à expansão dinâmica do momento cognitivo da sociedade mundial.

Em relação a essa nova ordem mundial, destacam-se duas compreensões básicas, conforme a dimensão em que se põe o acento. Em uma vertente, ela é concebida fundamentalmente como "uma ordem baseada em uma rede tridimensional intrincada de conexões entre instituições estatais desagregadas." Nesse sentido, afirma Anne-Marie Slaughter:

> Uma ordem mundial desagregada seria um mundo emalhado por inumeráveis redes governamentais. Estas incluiriam redes horizontais e redes verticais, redes para coletar e partilhar informações de todos os tipos, para coordenação política, para execução de cooperação, para assistência e treinamento técnico, talvez, finalmente, para produção de normas. Elas seriam bilaterais, plurilaterais, regionais ou globais. Tomadas em conjunto, forneceriam o esqueleto ou a infraestrutura da governança global.[113]

Por um lado, segundo Slaugther, essas redes governamentais devem distinguir-se nitidamente das redes de organizações globais não governamentais: embora os atores governamentais possam interagir com uma ampla variedade de atores não governamentais, sejam esses representantes das grandes corporações ou dos movimentos cívicos, as linhas divisórias entre ambos não deveriam ser apagadas, pois os primeiros "devem representar todos os seus diferentes eleitores", enquanto os últimos "podem ser conduzidos, respectivamente, por lucros e paixões"[114]. Por outro lado, as redes governamentais não se confundem com o sistema internacional clássico, localizado acima dos Estados, pois não se trata de uma ordem destinada a regular os Estados: "Em um mundo de redes governamentais, ao contrário, os mesmos agentes que estão julgando, regulando e

---

113. Slaugther, 2004, pp. 15 s.
114. Slaugther, 2004, p. 10.

legislando domesticamente estão, também, procurando alcançar os seus parceiros para ajudar a enfrentar os problemas de governança que surgem quando atores e questões nacionais ultrapassam as suas fronteiras."[115] Em suma, conforme esse modelo, a nova ordem mundial relaciona-se especificamente com o trabalho em redes de cooperação e administração de conflitos entre diversos agentes estatais, tendo em vista a emergência de problemas que vão além das fronteiras dos respectivos Estados.

Em outra orientação, a ênfase é dada às redes de atores privados e quase públicos no plano global. Embora o modelo de análise referente às colisões entre regimes autônomos de regulação aponte para redes amplas que incluem a confluência de atores, organizações e regimes privados e públicos no contexto da fragmentação do direito global[116], essa perspectiva tem, de certa maneira, subestimado a dimensão estatal no âmbito das novas ordens normativas mundiais. Nesse particular, destaca-se a seguinte afirmativa de Gunther Teubner: "A globalização corta os vínculos íntimos do direito ao discurso político democraticamente legitimado do Estado Nacional."[117] E, ao afirmar que, "apesar de toda a internacionalidade da política e de todo o direito internacional público, o ponto principal da política e do direito reside ainda hoje no Estado Nacional"[118], ele acrescenta: "Na via da globalização, a política foi claramente ultrapassada pelos outros sistemas sociais [...], não apenas perdeu o seu papel de liderança, mas regrediu nitidamente em comparação com outros âmbitos parciais da sociedade."[119] Daí por que se exige que o direito se desvincule da política democrática no âmbito estatal, enfatizando-se as "constituições civis" da sociedade mundial[120].

---

115. Slaugther, 2007, p. 16.
116. Fischer-Lescano e Teubner, 2006.
117. Teubner, 1996c, p. 248.
118. Teubner, 1996b, p. 259 [trad. bras. 2003, p. 12].
119. *Ibidem*.
120. Teubner, 2003a. Ver *infra* Cap. II.3.3.

Parece-me que esse diagnóstico não tem sido confirmado empiricamente. A diminuição da capacidade regulatória do Estado com a emergência de novos problemas globais relaciona-se, paradoxalmente, com o incremento das tarefas que se apresentam ao Estado em face dos novos desafios da sociedade mundial. Nesse sentido, parece-me mais frutífera uma análise que, sem desconhecer a emergência de novos atores, sistemas, "regimes" ou "redes" globais com pretensão de tomar decisões coletivamente vinculantes e produzir normas jurídicas, leve em conta que o Estado ainda é um foco fundamental da reprodução da nova ordem normativa mundial. Porém, no que diz respeito ao modelo de Slaugther, também se me afigura problemática a ideia de fronteiras nítidas entre redes governamentais e redes privadas ou quase públicas de atores globais[121]. Antes, o que tem ocorrido é um entrelaçamento de ordens estatais, internacionais, supranacionais, transnacionais e locais no âmbito de um sistema jurídico mundial de níveis múltiplos, a partir do qual se tem desenvolvido o transconstitucionalismo da sociedade mundial.

5. Dos acoplamentos estruturais à racionalidade transversal

A sociedade moderna multicêntrica, formada de uma pluralidade de esferas de comunicação com pretensão de autonomia e conflitantes entre si, estaria condenada à própria autodestruição, caso não desenvolvesse mecanismos

---

[121]. Analogamente à distinção entre um modelo que põe o acento nos atores estatais (Slaughter) e um modelo que enfatiza os atores não estatais (Teubner) da nova ordem mundial, Tushnet (2008, pp. 4 ss.) distingue uma perspectiva que privilegia os processos "*top-down*" (Slaughter) e uma outra que salienta os processos "*bottom-up*" ("por meio de processos do mercado", Tushnet, pp. 7 ss., em referência a Law, 2008) de "globalização do direito constitucional", mas essa imagem hierárquica dos processos não parece ser a mais adequada à compreensão de fenômenos emergentes em uma sociedade mundial heterárquica.

que possibilitassem vínculos construtivos de aprendizado e influência recíproca entre as diversas esferas sociais. Mas não são suficientes meios que possibilitem relações pontuais e momentâneas no plano das operações do sistema, os chamados "acoplamentos operativos". É imprescindível que haja vínculos estruturais que possibilitem as interinfluências entre diversos âmbitos autônomos de comunicação.

A esse respeito, Niklas Luhmann, com base na teoria biológica de Humberto Maturana e Francisco Varela[122], desenvolveu o conceito sociológico de acoplamento estrutural[123]. Esse acoplamento serviria à promoção e filtragem de influências e instigações recíprocas entre sistemas autônomos diversos, de maneira duradoura, estável e concentrada, vinculando-os no plano de suas respectivas estruturas, sem que nenhum desses sistemas perca a sua respectiva autonomia. Os acoplamentos estruturais são filtros que excluem certas influências e facilitam outras. Há uma relação simultânea de independência e de dependência entre os sistemas acoplados estruturalmente. As estruturas de um sistema passam a ser, mediante os acoplamentos estruturais, relevantes e mesmo indispensáveis à reprodução das estruturas de um outro sistema e vice-versa.

Na relação externa entre sociedade e consciência, Luhmann define a linguagem como acoplamento estrutural[124]. Ela permitiria a instigação e influência recíproca entre comunicação e representações mentais, excluindo mútua e seletivamente alguns fluxos de sentido e admitindo a incorporação de outros em cada um dos sistemas acoplados.

---

122. Cf. Maturana e Varela, 1980, pp. XX s.; 2006 [1984], pp. 49 ss. [trad. bras. 2001, pp. 87 ss.]; Maturana, 1982, pp. 143 ss., 150 ss., 251 ss. e 287 ss.

123. Ver, em geral, Luhmann, 1990c, pp. 38 ss. e 163 ss. [trad. esp. 1996, pp. 33 ss. e 121 ss.]; 1993a, pp. 400 ss.; 1997, t. 1, pp. 100 ss.; t. 2, pp. 778 ss. [trad. esp. 2007, pp. 72 ss. e 617 ss.]; 2002b, pp. 118 ss. [trad. esp. 2007, pp. 127 ss.]; Luhmann, 2000a, pp. 372 ss.; 2000c, pp. 397 ss.; Luhmann e De Giorgi, 1992, pp. 33 ss.

124. Luhmann, 1997, t. 1, pp. 108 ss. [trad. esp. 2007, pp. 79 ss.]; 2005, pp. 106 ss.; Luhmann e De Giorgi, 1992, pp. 36 ss.

A linguagem torna possível que os conteúdos das comunicações, como unidades elementares formadas pela síntese de mensagem, informação e compreensão, sejam percebidos no interior da consciência, dando-se, porém, uma comutação interna de sentido. Nas relações dos subsistemas da sociedade, Luhmann vai eleger diversas formas de acoplamentos estruturais, que vinculam estavelmente processos sociais de sistemas autônomos.

Assim, na relação entre economia e direito, a propriedade e o contrato são apresentados como acoplamentos estruturais entre os sistemas econômico e jurídico[125]. No âmbito do direito, o contrato e a propriedade servem como critério orientador da definição entre lícito e ilícito; no campo da economia, são instrumentos, critérios e programas para orientação do lucro conforme a diferença binária entre ter/não ter. O sentido econômico e o jurídico do contrato permanecem específicos a cada um dos sistemas, um primariamente normativo e outro primariamente cognitivo. Não obstante, a economia moderna não pode prescindir desses institutos jurídicos para o seu desenvolvimento, assim como o direito moderno pressupõe uma dinâmica veloz de trocas, circulação e apropriação econômica de bens e valores para manter e inovar permanentemente os institutos do contrato e da mutação de propriedade.

Na relação entre sistemas econômico e político, apresenta-se sobretudo o regime fiscal de despesas e receitas como acoplamento estrutural[126]. Aos agentes econômicos é imprescindível que a política de arrecadação e despesas esteja presente para que os negócios econômicos desenvolvam-se. Ao mesmo tempo, o funcionamento regular da eco-

---

125. Luhmann, 1993a, pp. 452 ss.; 1997, t. 2, pp. 783 s. [trad. esp. 2007, pp. 621 s.].

126. Luhmann, 1997, t. 2, p. 781 [trad. esp. 2007, pp. 618 s.]; 2000a, pp. 383 s. Também no banco central e na relação entre êxito político (eleitoral) e conjuntura econômica, podem ser observados acoplamentos estruturais entre política e economia (1993a, p. 451; 1997, t. 2, pp. 781 s. [trad. esp. 2007, pp. 619 s.]; 2000a, pp. 385 s.).

nomia é imprescindível para que haja um sistema equilibrado de despesas e receitas que possibilite a manutenção do Estado. Entretanto, enquanto para o sistema político trata-se de condições para o preparo e a tomada de decisões coletivamente vinculantes, o regime fiscal interessa à economia sob a perspectiva do lucro.

Além desses, Luhmann considera os seguintes acoplamentos estruturais entre sistemas parciais: a assessoria dos expertos na relação entre política e ciência; a universidade no vínculo entre educação e ciência; os diplomas e certificados na relação entre economia e educação; as galerias de arte na ligação entre economia e arte; os atestados médicos no relacionamento entre medicina e economia; a opinião pública na conexão entre política e sistema dos meios de massa[127]. Por fim, aponta para a Constituição como acoplamento estrutural entre política e direito[128], questão a que retornarei no próximo item.

Os acoplamentos estruturais constituem fundamentalmente mecanismos de *interpenetrações* concentradas e duradouras entre sistemas sociais. No âmbito da teoria luhmanniana, as interpenetrações possibilitam apenas que cada sistema ponha reciprocamente à disposição da autoconstrução do outro complexidade desordenada, ou seja, o sistema receptor tem à sua disposição "complexidade inapreensível, portanto, desordem"[129]. Fica excluída a possibilidade de que, reciprocamente, a "complexidade preordenada"[130] e a própria racionalidade processada por um dos sistemas sejam postas à disposição do outro, tornando-se acessíveis

---

127. Luhmann, 1997, t. 2, pp. 784 ss. [trad. esp. 2007, pp. 622 s.]; Luhmann, 2000a, pp. 382 e 393 ss. Entretanto, segundo Luhmann (1997, t. 2, p. 787 [trad. esp. 2007, p. 624]), "existem sistemas funcionais – como o da religião – que quase não formaram acoplamentos estruturais".
128. Luhmann, 1990a, pp. 193 ss.; 1993a, especialmente pp. 470 ss.; 1997, t. 2, pp. 782 s.; 2000a, pp. 389-92 [trad. esp. 2007, pp. 620 s.].
129. Luhmann, 1987c, p. 291.
130. Teubner, 1989, especialmente p. 110 [trad. port. 1993, p. 179]; 1988, pp. 55 ss.

a este enquanto sistema receptor. É isso que permite a construção de uma racionalidade transversal entre esferas autônomas de comunicação da sociedade mundial. E aqui não se trata apenas de "interferências" *operativas* no sentido de Teubner[131], mas antes de mecanismos *estruturais* que possibilitam o intercâmbio construtivo de experiências entre racionalidades parciais diversas, que, conforme o tipo e a singularidade dos respectivos sistemas ou discursos e de acordo com suas relações específicas, variará intensamente na forma e no conteúdo. Portanto, no sentido ora empregado, os conceitos de racionalidade transversal e acoplamento estrutural são afins, pois a afirmação da primeira supõe a existência do segundo. No entanto, a noção de racionalidade transversal importa um *plus* em relação à de acoplamento estrutural.

Recorro neste contexto ao conceito de razão transversal proposto por Wolfgang Welsch[132], para reconstruí-lo à luz de outros pressupostos teóricos. Seguindo Lyotard, Welsch considera a sociedade multicêntrica sob o ponto de vista da heterogeneidade dos "jogos de linguagem"[133]. Isso significa que não há um discurso supraordenado, imposto aos outros como regulador. A imposição de um dos campos de linguagem aos outros importaria a própria destruição da heterogeneidade das esferas discursivas e dos respectivos sistemas de comunicação. Mas ele não aceita a concepção pós-moderna da inexistência de um metadiscurso ou de

---

131. *Ibidem*.
132. Welsch, 1996; 2002, pp. 295 ss.
133. Welsch, 1991; 1996, pp. 401 ss. Lyotard (1979, pp. 20 ss.) refere-se a alguns tipos de jogos de linguagem, conforme a espécie de enunciado dominante, a saber, o denotativo, o performativo e o prescritivo, assim como a interrogação, a promessa, a descrição literária e a narração, apontando que eles são determinados por um "complexo de regras" (p. 22). Por sua vez, na conceituação dos jogos de linguagem Lyotard baseia-se em Wittgenstein (1997 [1945-1949], p. 250, § 23 [trad. bras. 1979, pp. 18 s.]), que enfatiza serem os tipos de jogos de linguagem múltiplos e inumeráveis. Cf. também Teubner, 1996a, especialmente p. 218 [trad. bras. 2002, pp. 124 s.]; Ladeur, 1992, especialmente pp. 41-5.

uma metanarrativa que sirva de referência orientadora dos discursos particulares, especialmente nas relações entre si.

Nessa perspectiva, Welsch propõe o conceito de "razão transversal", que "não tem o *status* de um hiperintelecto, mas sim, precisamente, o *status* de razão – o *status* de uma faculdade não de impor decretos, senão de fazer transições"[134]. Ou seja, trata-se de uma razão que não é outorgada aos jogos de linguagem particulares, mas, ao contrário, está envolvida com entrelaçamentos que lhe servem como "pontes de transição"entre heterogêneos[135]. Dessa maneira, Welsch fala de uma "metanarrativa pós-moderna". Diferentemente da "velha"metanarrativa, que se imporia, mediante opressão, aos respectivos discursos particulares, o seu efeito sobre estes não seria "voluntária ou involuntariamente opressivo, senão conscientemente liberador"[136]. Ele acrescenta: "Poder-se-ia dizer diretamente: ela é a única *meta*narrativa verdadeira – as outras eram mesmo meramente narrativas particulares convertidas funcionalmente em metanarrativas."[137]

Para Welsch, essa metanarrativa seria "inteiramente vazia de conteúdo", expressando-se tanto na perspectiva descritiva quanto na normativa. Do ponto de vista descritivo, ela poderia ser apresentada mediante o seguinte enunciado: "Há distintas formas de vida, sistemas de orientação, tipos de discursos etc. com diferenças basais."Normativamente, caberia expressá-la mediante este enunciado: "As diversas concepções não devem ser medidas, descreditadas ou coativamente unidas em nome de um supermodelo – que, na verdade, só poderia ser um modelo parcial (correspondente a uma narrativa particular)."[138] A dimensão normativa aponta para uma vinculação da razão transversal com a justiça, concebendo-se esta como "nova ideia con-

---

134. Welsch, 1996, p. 759; cf. 2002, p. 296.
135. Welsch, 1996, p. 754.
136. Welsch, 1991, p. 178.
137. *Ibidem*.
138. Welsch, 1991, pp. 178 s.; cf. 2002, pp. 227 ss.

dutora"daquela[139]. Seria uma "justiça sem consenso"[140], ou mais precisamente, enquanto "justiça em face do heterogêneo"[141], basear-se-ia "no consenso primário sobre o fato de que, no plano secundário, o do conteúdo, são legítimos dissensos graves", ou, formulando de forma mais radical, em um "consenso justamente sobre o fato de que está em jogo um dissenso de base, a partir do qual não é mais possível acordo *relativo ao conteúdo*"[142]. Ele esclarece:

> Pois, nas condições hodiernas, deve-se precisamente contar com a possibilidade de que a atividade da razão não leva, por fim, a um consenso, mas sim à articulação de dissensos basais. Certamente, também nesse caso, a intenção para o entendimento ainda é orientadora – mas ela termina com o entendimento sobre a impossibilidade de um acordo último a respeito do conteúdo.[143]

Em primeiro lugar, a justiça teria o papel de atuar corretivamente nas formas particulares da racionalidade e também de intervir na relação entre estas, impedindo exclusões, "majorações"e totalizações, assim como possibilitando o intercâmbio e o caráter racionais dos conflitos entre elas[144]. Em última instância, ela serviria para manter a "pluralidade do todo"[145], ou seja, a diferença nos diversos níveis de um mundo discursivo complexamente heterogêneo.

Nesse particular, o modelo de justiça proposto por Welsch aproxima-se das concepções de justiça de dois autores com pressupostos teóricos bem diversos entre si. Por um lado, a compreensão de justiça nos termos da "desconstrução" como fórmula teórica de Derrida, autor com influên-

---

139. Welsch, 1996, pp. 698 ss.
140. Welsch, 1996, p. 323, nota 37, invocando Lyotard, 1979, p. 106.
141. Welsch, 1991, p. 176, com base em Lyotard, 1983, p. 256.
142. Welsch, 1991, pp. 179 e 181.
143. Welsch, 1996, p. 937.
144. Welsch, 1996, pp. 702 ss.
145. Welsch, 1996, pp. 707-15.

cia sobre Welsch[146]. Segundo essa concepção, a justiça, ao contrário do direito, não seria "desconstruível", pois consistiria na própria "desconstrução"[147]. Assim como na ideia de justiça em termos de metanarrativa, a justiça enquanto desconstrução teria um lugar privilegiado. Por outro lado, a ideia de esferas de justiça proposta por Michael Walzer[148] teria certa semelhança com a formulação de Welsch. Isso se manifesta especialmente na definição de igualdade complexa por Walzer: "O que a norma da igualdade exige é uma sociedade em que aqueles homens que têm mais dinheiro, mais poder ou mais saber técnico (e esses homens vão sempre existir) sejam impedidos de, apenas por isso, se porem na posse de qualquer outro bem social."[149] Mas a concepção de Welsch é mais abrangente e pretensiosa, pois põe a justiça a serviço da razão transversal enunciada em uma metanarrativa compreensiva do todo.

Welsch não nega que o "metadiscurso pós-moderno" tenha uma posição supraordenada relativamente às correspondentes narrativas particulares: "Uma metanarrativa é, *per definitionem*, uma narrativa que está estruturalmente acima das narrativas particulares e, implícita ou explicitamente, refere-se também a essas, tendo consequências para o seu feitio e proporção."[150] Nesse particular, afasta-se, a rigor, do paradigma pós-moderno, segundo o qual, ao admitir-se um discurso não relacionado à heterogeneidade dos jogos de linguagem, como no caso da política para Lyotard (ver *supra* nota 92), considera-se que esse "não discurso" ameaçaria a multiplicidade dos gêneros discursivos e a disputa entre eles. Ao contrário, conforme Welsch, o metadiscurso supraordenado seria garantidor e promotor da heterogeneidade dos jogos de linguagem.

---

146. Cf. Welsch, 1996, pp. 245-302.
147. Derrida, 1994, p. 35 [trad. bras. 2007, p. 27].
148. Walzer, 1983.
149. Walzer, 1998, p. 12.
150. Welsch, 1991, p. 177.

Embora Welsch se refira a uma metanarrativa que "é altamente formal, não vinculada a conteúdos como as narrativas particulares"[151], seus conceitos de uma razão transversal abrangente e de uma metanarrativa pós-moderna supraordenada parecem-me discutíveis nas condições de reprodução de uma sociedade mundial multicêntrica, policontextural. Tendo em vista que diversas diferenças, pretensões de autonomia e autodescrições da sociedade encontram-se em relações recíprocas muito distintas, a ideia de uma razão abrangente e de um respectivo metadiscurso torna-se sem sentido para os domínios diferenciados de comunicações. Todo âmbito de comunicações, ao pôr-se em conexão com um outro, pode desenvolver seus próprios mecanismos estáveis de aprendizado e influência mútuos. Então, cabe falar de racionalidades transversais parciais, que podem servir à relação construtiva entre as racionalidades particulares dos sistemas ou jogos de linguagem que se encontram em confronto. Cada racionalidade transversal parcial está vinculada estruturalmente às correspondentes racionalidades particulares, para atuar como uma "ponte de transição" específica entre elas.

A racionalidade transversal, assim como o acoplamento estrutural, é uma forma de dois lados. O lado negativo do acoplamento estrutural são os bloqueios recíprocos das autonomias sistêmicas mediante corrupção dos sistemas envolvidos. Aqui o código de um dos sistemas é sabotado pelo código de um outro sistema, de tal sorte que aquele perde sua capacidade de reprodução consistente. Assim, se o código "ter/não ter" (economia), por via do processo eleitoral ou dos procedimentos fiscais e tributários, corromper as regras do jogo democrático, sabotando diretamente o código da política (diferença governo/oposição construída democraticamente), dar-se-á a corrupção sistêmica se houver incapacidade do sistema político de reagir, conforme seus próprios critérios e programas, à sobreposição negativa da

---

151. Welsch, 1991, p. 178.

economia. Mas, inversamente, subsídios politicamente concedidos para grupos econômicos ineficientes que apoiam o governo podem ser vistos como corrupção política da economia, sabotagem política do código econômico. Analogamente, ocorre na relação entre direito e economia. A "compra" de sentença, de um indiciamento policial ou de uma denúncia do Ministério Público (assim como dos respectivos arquivamentos) constitui corrupção do direito pela economia, impondo-se o código binário "ter/não ter" diretamente sobre a diferença "lícito/ilícito" na solução de problemas primariamente jurídicos. Se o direito não tem capacidade de reagir a essa intrusão, surge um episódio de corrupção sistêmica. Também cabe tratar a corrupção política do direito, naqueles casos, por exemplo, em que o poder, por força de pressão ilícita, é capaz de obter decisões judiciais, policiais ou do Ministério Público juridicamente inconsistentes, sem que o direito tenha condições de reagir com seus próprios códigos e critérios. Há inumeráveis fenômenos de corrupção sistêmica, como a face negativa dos acoplamentos estruturais, inclusive a corrupção sistêmica do direito e também da política pelo código familiar "parente/não parente", pelo código amoroso "amor/desamor", assim como pela diferença difusa entre amigo e inimigo.

A respeito, Luhmann – embora afirme a fragmentação da moral como forma especial de comunicação, por entender que o código binário da moral, a saber, a diferença entre consideração e desprezo por pessoas, não se combina com critérios ou programas generalizados[152] – refere-se à corrupção sistêmica como o problema moral da sociedade mundial contemporânea: "Em suma: a autonomia dos sistemas funcionais, assegurada mediante codificações binárias próprias, exclui uma metarregulação por um supercódigo moral, *e a moral mesma aceita e, inclusive, re-moraliza essa condição.* Pois, agora, sabotagens de código tornam-se o problema moral – como a corrupção na política e no direito, o *do-*

---

152. Luhmann, 1990d; 1993b.

ping no esporte, a compra de amor ou a fraude de dados na pesquisa empírica."[153] Assim sendo, apesar de descartado o "supercódigo", afastada a "integração moral da sociedade" e, portanto, afirmada a "forma policontextural de auto-observação da sociedade", a moral, ao concentrar "a sua atenção nas patologias"[154], atua difusamente no contexto dos sistemas sociais mediante um código binário que contribui para assegurar-lhes a autonomia, na medida em que alerta e "denuncia" a sabotagem dos respectivos códigos e as correspondentes corrupções sistêmicas.

A corrupção sistêmica pode permanecer no plano operativo, sendo momentânea e eventual. A questão torna-se problemática quando alcança o nível estrutural, atuando no plano da estabilização das expectativas. Nesse caso, já se conta com uma certa garantia de que o sistema corrompido não tem condições de reagir aos episódios de corrupção. E o problema torna-se grave, em contextos sociais da sociedade contemporânea hipercomplexa, quando a corrupção estrutural de um sistema por outro(s) tem uma tendência à generalização. Nessa hipótese, não está presente apenas o perigo da desdiferenciação: há um episódio concreto de desdiferenciação sistêmica. No âmbito da teoria dos sistemas, referi-me a essa situação como caso de alopoiese do direito; isso significa que esse sistema é determinado diretamente (não apenas condicionado) por outro(s), sendo incapaz de uma autoprodução consistente ou fechamento operativo[155]. De certa maneira, embora insista no primado da diferenciação funcional da sociedade moderna[156], Luhmann admite essa relação entre corrupção sistêmica extrema e falta de autopoiese: "No caso extremo de corrupção, não se pode mais falar de fechamento auto-

---

153. Luhmann, 1997, t. 2, p. 1043 [trad. esp. 2007, p. 826]. Cf. Teubner, 1998a, pp. 21 s. [trad. bras. 2005a, p. 250].
154. Luhmann, 1997, t. 2, p. 1043 [trad. esp. 2007, p. 826].
155. Neves, 1995; 2007a, pp. 140 ss.
156. Cf., p. ex., Luhmann, 1997, t. 2, pp. 743 ss. [trad. esp. 2007, pp. 589 ss.]; 1994, pp. 4 s.; 1993a, p. 572.

poiético [...]."[157] Assim sendo, ausente a autonomia operacional de um dos sistemas envolvidos, corrupção sistêmica extrema impede a construção do respectivo acoplamento estrutural. E, nesse caso, para amplos contextos sociais e regiões do globo terrestre, trata-se – parafraseando com uma respeitosa ironia Erich Fromm – de uma "patologia da normalidade"[158], sem que, por isso, trate-se de sociedades tradicionais, diferenciadas hierarquicamente, nas quais a noção de corrupção sistêmica não está presente e, portanto, não se constitui o correspondente problema moral[159]. Na sociedade mundial contemporânea, mesmo onde ocorre a corrupção sistêmica como "patologia da normalidade", o problema da sabotagem de códigos reaparece, de perto ou à distância, como problema moral.

Dando um passo adiante e considerando a racionalidade transversal, cabe observar que o seu lado negativo não se esgota na corrupção sistêmica. Essa se refere à quebra da capacidade de reprodução consistente (autorreferência) por força de bloqueios externos, minando a função seletiva dos acoplamentos estruturais. No nível dos entrelaçamentos que servem às racionalidades transversais como "pontes de transição" entre esferas heterogêneas (aprendizado e intercâmbio recíproco entre racionalidades parciais mediante interferências estruturais), o lado negativo encontra-se especificamente no autismo e na expansão de um âmbito de racionalidade sem reconhecimento do outro. A alteridade é negada, tendo em vista que uma esfera de racionalidade perde a capacidade de aprendizado em relação a outra ou atua negativamente para o desenvolvimento dessa.

No primeiro caso, o problema se associa ao "perigo da atomização"[160]. Uma dinâmica orientada excessivamente na especialização leva a uma letargia em relação às outras

---

157. Luhmann, 1993a, p. 82. No âmbito do direito, isso importa inclusive a impossibilidade de um "aprendizado cognitivo em relação a normas" (*ibidem*).
158. Fromm, 1956, pp. 12 ss. [trad. bras. 1961, pp. 26 ss.].
159. Cf. Luhmann, 1983a, pp. 64 s., nota 10.
160. Cf. Welsch, 1996, pp. 433-5.

formas de racionalidade presentes na sociedade. O "antídoto" contra a atomização, a saber, a construção de "entrelaçamentos"[161], não se impõe nesses casos, antes há uma indiferença e uma apatia do sistema "autista" a respeito deles. De certa maneira, cabe, usando uma expressão alemã, associar essa situação à estabilização de um *"Fachidiotismus"* ["idiotismo da especialidade"] no plano sistêmico das comunicações e expectativas. Duas consequências decorrem de tal problema. Por um lado, a consistência interna transforma-se em algo absoluto, desconsiderando a necessidade de adequação do sistema ao seu ambiente. Em outras palavras, há excesso de redundância e baixo grau de variedade[162]. O sistema ou discurso tende ao insulamento e à cristalização. Relacionado a isso, há, por outro lado, um efeito negativo ou inadequado sobre as outras esferas sociais. Um sistema tem uma certa incapacidade de, mediante entrelaçamentos, oferecer suas estruturas como critérios a serem incorporados construtivamente por um outro. Evidentemente, impõe-se a chamada *re-entry* (reentrada)[163], desde que a incorporação implique uma comutação discursiva de informações no sistema receptor. Fundamental é, porém, um certo grau de inadequação externa na resposta ao outro, por força de um limite na heterorreferência. Ambos os aspectos da "atomização", ao atuarem como lado negativo de uma racionalidade transversal específica, prejudicam as respectivas racionalidades particulares dos sistemas envolvidos, pois o conceito de racionalidade refere-se elementarmente à capacidade de reprodução internamente consistente e externamente adequada de um sistema ou jogo de linguagem qualquer. Excesso de consistência em detrimento da adequação importa irracionalidade[164].

---

161. Welsch, 1996, pp. 434 s.
162. A respeito da combinação equilibrada de redundância e variedade como condição de autonomia, ver Atlan, 1979. Cf. Neves, 1992, pp. 80 s.
163. Spencer Brown, 1971, pp. 56 s. e 69 ss.
164. A irracionalidade decorrente da corrupção sistêmica pode ser definida no sentido inverso: excesso de adequação externa em detrimento da consistência (sujeição ao outro).

Além da "atomização", há o perigo da "expansão imperialista" de uma racionalidade contra as demais. Usando uma metáfora à francesa, dir-se-ia: uma árvore tende a crescer de tal maneira no jardim, que suas raízes e ramos poderão impedir ou prejudicar a sobrevivência das demais[165]. Mas não se trata aqui forçosamente de corrupção sistêmica por sabotagem de código. Como lado negativo da racionalidade transversal, essa situação pode significar apenas a fragilização de códigos de comunicação pela força excessiva de um outro, sem que haja a quebra da consistência interna de um sistema por bloqueios externos. No caso da sociedade contemporânea, como já salientado acima, essa tendência contrária à racionalidade transversal encontra-se sobretudo na economia e na mídia, que têm, respectivamente, o primado no plano estrutural e semântico. Mas não é suficiente o primado de uma esfera para que se caracterize a "expansão" de um campo sem reconhecimento da relevância da racionalidade singular de outro. A "hegemonia" de um campo não significa sua "expansão imperial"[166]. Pode haver o primado, sem que se desconheça a importância da outra esfera comunicativa ou discursiva, ou seja, sem que se despreze consequentemente o seu significado para a sociedade heterogênea. A "expansão imperial" como lado negativo da racionalidade transversal ocorre quando o sistema que dispõe de um código forte, ao relegar um outro à insignificância, não só prejudica as "pontes de transição", como também dificulta que os respectivos sistemas atuem adequadamente em relação à sociedade: um por força da tendência hipertrófica; o outro, por força de uma propensão à atrofia. A esse respeito, tratando da questão da justiça em trabalho recente, Teubner aponta a "economicização", a "politização", a "cientifização", a "medicamentalização", mas também a "juridicização" (pode-se acrescentar a "midialização"), como "funestos imperialismos das racionalidades",

---

165. Cf. Deleuze e Guattari, 1976, pp. 12 ss.; Welsch, 1996, pp. 356 ss.
166. Cf., em outro contexto argumentativo, Buckel, 2007, pp. 221 ss.

que levam a processos de autorregulação "unidirecionais", incompatíveis com a heterogeneidade da sociedade: "Todos eles prometem que podem produzir, com os seus meios, uma boa sociedade, embora só possam dar respostas parciais para o seu campo."[167] Dessa maneira, a racionalidade parcial expansiva não reconhece os seus limites e, portanto, não se dispõe a integrar-se construtivamente nos entrelaçamentos promotores de racionalidades transversais, prejudicando as outras esferas naquilo que elas poderiam prestar adequadamente à sociedade heterogênea.

Assim como a corrupção sistêmica, lado negativo dos acoplamentos estruturais, constitui problema moral da sociedade mundial contemporânea, a "atomização" e a "expansão imperial" de uma racionalidade particular, lado negativo das racionalidades transversais, podem levar a questões morais. Aqui se trata de uma moral do dissenso estrutural, reproduzida difusamente, que exige o intercâmbio e o respeito à pluralidade de perspectivas de observação e descrição da sociedade. Isso implica a presença de uma certa "razão moral" que, sem constituir um "supercódigo", perpassa transversal e fragmentariamente as diversas racionalidades particulares e "ordena que se olhe adiante, que alternativas e dissensos sejam incluídos e que se reflita sobre sua relação"[168]. Dessa maneira, como já considerado acima, "só pode apresentar-se, *de forma legítima*, um consenso sobre o dissenso"[169] entre tipos diversos de racionalidade. Essa moral fragmentária do dissenso atua como condição de possibilidade de autonomia e racionalidade dos sistemas e discursos particulares – tanto do lado interno quanto do externo –, na medida em que é condição de possibilidade da emergência, manutenção e desenvolvimento de racionalidades transversais na sociedade multicêntrica. A "autossuficiência" ou o "imperialismo" de uma determinada

---

167. Teubner, 2008, pp. 32 s.
168. Welsch, 1996, pp. 941 s.
169. Welsch, 1996, p. 322 (grifo meu). Cf. Neves, 2006a, pp. 136 ss.

racionalidade parcial e particular tende a levar, em qualquer parte do globo terrestre, de perto ou à distância, a reações de desprezo, mas também de choque, indignação. Também nesse caso pode-se falar de uma "patologia da normalidade", especialmente mediante episódios contínuos de "imperialismo" da racionalidade econômica, política ou midiática em detrimento de outras racionalidades[170], mas isso não exclui as persistentes reações morais de desprezo nos diversos contextos da sociedade mundial. Sem dúvida, a racionalidade transversal é um "produto escasso" do mundo social contemporâneo, mas isso não exclui que seja tanto uma exigência funcional como uma pretensão normativa característica da sociedade mundial hodierna.

Cumpre observar que, assim como os acoplamentos estruturais, os entrelaçamentos que servem às racionalidades transversais como "pontes de transição" variam imensamente em suas características, proporções e significados, conforme o tipo dos sistemas envolvidos. Mas a existência de um acoplamento estrutural, embora seja condição necessária, não é condição suficiente para que esteja presente a racionalidade transversal. Os acoplamentos estruturais servem antes para a garantia das autonomias recíprocas mediante a seletividade das influências, relacionando complexidades desordenadas na observação recíproca (interpenetração estável e concentrada). Os entrelaçamentos promotores da racionalidade transversal servem sobretudo ao intercâmbio e aprendizado recíprocos entre experiências com racionalidades diversas, importando a partilha mútua de complexidade preordenada pelos sistemas envolvidos e, portanto, compreensível para o receptor (interferência es-

---

170. Também há fortes tendências de expansão destrutiva da religião na forma de "fundamentalismo" (Ladeur e Augsberg, 2008), mas essas já implicam a desdiferenciação interna do próprio sistema religioso, pois se dirigem a eliminar a sua "diferenciação segmentária" em várias religiões (Luhmann, 2000b, p. 272; cf. Tyrell, 2005, pp. 43 s., com restrição à adequação do conceito de diferenciação segmentária no caso da pluralidade de religiões) e, portanto, são necessariamente irracionais também do ponto de vista interno da religião.

tável e concentrada no plano das estruturas). Por exemplo, do contrato e da propriedade, acoplamentos estruturais que permitem a irritação e a influência recíproca entre economia e direito, não surge necessariamente uma racionalidade transversal. Essa só estará presente se esses institutos estiverem estruturados de tal maneira que eles contribuam positivamente para o desenvolvimento de ambos os sistemas: regulação jurídica economicamente inadequada dos contratos e da propriedade não implica racionalidade transversal; inversamente, regime de contrato e de propriedade bem estruturado do ponto de vista econômico pode atuar negativamente contra a racionalidade jurídica referente ao direito dos envolvidos ou de terceiros. Da mesma maneira, o regime fiscal de receitas e despesas, acoplamento estrutural entre política e economia, pode não levar à racionalidade transversal, desde que a política fiscal seja prejudicial à economia ou, ao ser superadequada economicamente, atue negativamente sobre a legitimidade democrática das decisões políticas. O mesmo se pode dizer da Constituição como acoplamento estrutural entre política e direito: pode contribuir ou não para a construção de uma racionalidade transversal entre ambos os sistemas, destacando-se a segunda hipótese nos casos de tendências à judicialização da política e à politização do direito.

Por fim, deve-se considerar que, na teoria sistêmica de Luhmann, o acoplamento estrutural é apresentado bilateralmente como um mecanismo entre dois sistemas autônomos. A respeito da racionalidade transversal, pode-se sugerir que elas implicam, em certos casos, o entrelaçamento de mais de dois sistemas. Se observarmos o regime fiscal, por exemplo, poderemos verificar que, nele, há um entrelaçamento trilateral entre política, economia e direito. O tributo é um fato econômico, jurídico e político, assim como o orçamento é um instituto envolvido diretamente na economia, no direito e na política. A racionalidade transversal importa, então, um grau de aprendizado e intercâmbio construtivo entre esses três sistemas. O mesmo se pode dizer do banco central, assentado na política, na economia e no direito. Analogamente, cabe verificar que, assim como a eleição, nos seus resultados, depende das condições econômicas e as influencia (cf. *supra* nota 126), ela está diretamente vinculada, no Estado de direito, à sua regulação jurídica, implicando também a exigência de uma racionalidade transversal que viabilize o intercâmbio construtivo entre política, direito e economia. Em alguns casos, porém, não se trata de trilateralidade, mas antes de organizações que possibilitam vários acoplamentos estruturais. Assim, por exemplo, a universidade não só exige uma racionalidade transversal entre sistemas científico e educacional, mas, conforme a faculdade, o instituto, o departamento ou laboratório, desenvolve também entrelaçamentos bilaterais que servem a distintas racionalidades transversais: entre educação e medicina na faculdade de medicina (ou, mais abrangentemente, entre sistema de saúde e educação no centro de saúde); entre direito e educação na faculdade de direito; entre educação e arte no centro de artes; entre economia e educação na faculdade de economia; entre educação e técnica no sentido estrito na faculdade politécnica etc.

A compreensão desses pressupostos teóricos é imprescindível para a argumentação a ser desenvolvida a seguir a partir dos conceitos de Constituição transversal e transconstitucionalismo, que supõem não só acoplamentos estruturais, mas também entrelaçamentos como "pontes de transição". Sem essas, mesmo que superadas as corrupções sistêmicas no plano estrutural, permaneceremos em um constitucionalismo autista, provinciano[171], autossuficiente (perigo da atomização), ou caminharemos para um constitucionalismo imperial como *ultima ratio* do social.

---

171. Inclusive conforme a assertiva de um renomado constitucionalista norte-americano, "deveríamos resistir às tentações de um particularismo provinciano" (Ackerman, 1997, p. 794 [trad. bras. 2007, p. 109]).

Capítulo II
Da Constituição transversal...

1. A Constituição do constitucionalismo

O conceito de Constituição em sentido moderno relaciona-se originariamente com o constitucionalismo como experiência histórica associada aos movimentos revolucionários dos fins do século XVIII. O constitucionalismo apresenta-se inicialmente como *semântica* político-jurídica que reflete a pressão estrutural por diferenciação entre política e direito no âmbito da emergente sociedade multicêntrica da modernidade. Mas a semântica constitucionalista reagiu construtivamente no plano das *estruturas*, servindo como "ideologia" revolucionária para o surgimento das Constituições como artefatos possibilitadores e asseguradores da diferença entre sistemas político e jurídico. Embora a semântica constitucionalista tenha surgido no centro da emergente sociedade burguesa, sobretudo na Inglaterra e na França, a afirmação de Constituição no nível estrutural apresentou-se primeiramente "em 1776, na periferia do mundo ocidental de então, na América do Norte", só se configurando "treze anos mais tarde, em 1789, na Europa"[1]. Como já foi observado acima (ver *supra* p. 23), na Inglaterra o processo de constitucionalização teve um caráter evolutivo, não se po-

---

1. Grimm, 2004a, p. 146. Cf. também Luhmann, 1993a, p. 470.

dendo caracterizar a Revolução Gloriosa de 1688 como fundadora de uma Constituição em sentido moderno, pois "foi uma revolução para defesa da velha ordem, nomeadamente dos direitos do parlamento, contra as intenções transformadoras da coroa"[2]. Isso se associa com o fato de que a conversão prática da semântica constitucionalista em estruturas constitucionais pressupôs a ocorrência de revolução no sentido de rupturas com a velha ordem de poder[3].

Portanto, não se trata aqui de um conceito histórico-universal de Constituição[4]. Normalmente, esse conceito apresenta-se no plano empírico, para apontar que em toda sociedade ou Estado há relações estruturais básicas de poder, determinantes também das formas jurídicas. Conforme essa concepção, que se encontra em autores tão díspares como Engels, Lassale e Weber[5], não se pode excluir a presença de uma Constituição de qualquer ordem social, inclusive das sociedades arcaicas, pois, também nelas, haveria estruturas básicas do "poder difuso"[6]. Mas o conceito histórico-universal apresenta-se também na concepção da Constituição em sentido material como conjunto de normas jurídico-positivas supremas[7], pois um núcleo normativo su-

---

2. Grimm, 2004a, p. 149.
3. Cf. Grimm, 1987, pp. 45 s. e 56 s.; 1989, colunas 633 s.
4. Canotilho, 1991, p. 59. Conforme esse conceito histórico-universal, vale a fórmula: "nenhum Estado sem Constituição" (Biaggini, 2000, p. 447). Em uma perspectiva de história da Constituição, Koselleck (2006) amplia o conceito para incluir "todas as instituições juridicamente reguladas e suas formas de organização, sem as quais uma comunidade social de ação não é politicamente capaz de agir", esclarecendo: "Minha proposta de que a história da Constituição deveria abranger todos os domínios que se caracterizam pela repetibilidade em virtude de regras jurídicas visa a superar, portanto, a fratura entre histórias pré-modernas do direito e histórias modernas da Constituição e, assim, tematizar inclusive fenômenos pós-estatais e, em certa medida, supraestatais, não apenas interestatais, de nossa época" (2006, pp. 370 s.).
5. Engels, 1988 [1844], especialmente pp. 572 ss.; Lassalle, 1987 [1862], p. 130; Weber, 1985 [1922], p. 27 [trad. bras. 2004, vol. I, p. 35].
6. Burdeau, 1949, pp. 249-51.
7. Kelsen, 1960, pp. 228-30 [trad. bras. 2006, pp. 247-9]; 1946, pp. 124 s. [trad. bras. 2005, pp. 182 s.]; 1925, pp. 251-3.

premo pode ser detectado em qualquer ordem jurídica. Um conceito desse tipo poderia excluir ordens jurídicas primitivas, na medida em que nelas faltariam as normas secundárias de organização, sobretudo a regra última de reconhecimento, que atuaria como uma Constituição em sentido material; não obstante, para todo e qualquer Estado, haveria uma Constituição (regras últimas de reconhecimento)[8]. Por fim, também pode ter um caráter histórico-universal o conceito culturalista, seja quando define a Constituição do Estado como "dialética" da normalidade política e normatividade jurídica[9] ou quando a concebe como "processo de integração"[10], pois tal "dialética" e tal "processo" são encontráveis em qualquer tipo de Estado, inclusive no pré-moderno, no absolutista e no autoritário. A análise da especificidade do sentido e da função da Constituição, como uma das "poucas conquistas da civilização moderna" que são "o resultado de um planejamento intencional"[11], fica prejudicada com esses conceitos de perfil histórico-universal[12].

Também o conceito decisionista não se presta à análise da Constituição em sentido moderno. Ao definir a "Constituição em sentido positivo" como "decisão de conjunto sobre modo e forma da unidade política"[13], Schmitt subordina o direito imediatamente à política, especialmente porque as leis constitucionais ("conceito relativo de Constituição")[14] tem uma posição subalterna em relação à decisão política fundamental[15]. Na perspectiva do constitucionalismo, esse conceito não seria, a rigor, histórico-universal, pois ele só se

---

8. Cf. Hart, 1994, pp. 91-123 ss., especialmente p. 107 [trad. port. 2001, pp. 101-35, especialmente pp. 118 s.]. Hart fala também de "questões constitucionais" em relação às regras secundárias de alteração (1994, p. 60 [trad. bras. 201, p. 69]).
9. Heller, 1934, pp. 249 ss. [trad. bras. 1968, pp. 295 ss.].
10. Smend, 1968 [1928], especialmente pp. 136 ss. e 189-91.
11. Luhmann, 1990a, p. 176.
12. Cf. Luhmann, 1990a, p. 212.
13. Schmitt, 1993 [1928], pp. 20-36.
14. Schmitt, 1993 [1928], pp. 11-20.
15. Cf. Schmitt, 1993 [1928], especialmente p. 22.

aplicaria a Estados em que não houvesse a diferenciação funcional entre direito e política, sendo aquele um epifenômeno em relação a esta. Não é um conceito que serve para a análise e compreensão da Constituição do constitucionalismo, pois essa supõe uma diferenciação entre sistemas político e jurídico e, consequentemente, a autonomia operacional do direito em face da política.

No bojo do processo amplo de transformação da forma primária de diferenciação social em determinados âmbitos espaciais da sociedade moderna, do tipo hierárquico para o funcional, a ideia de um poder político supremo acima do direito, que orientava a noção absolutista de soberania, perde o seu significado em face da pressão decorrente dos movimentos pela diferenciação do direito em relação à política. Esse desenvolvimento não é linear: implicou reações e só se realizou plenamente em partes muito restritas do globo terrestre. Relacionou-se com o surgimento da Constituição como uma construção social da modernidade. A Constituição é o mecanismo que possibilita a diferenciação entre política e direito no âmbito dos Estados; trata-se, porém, de um mecanismo cujo desenvolvimento depende de amplos pressupostos sociais. Sem um certo contexto social de diferenciação funcional e de inclusão social, não há lugar para a Constituição como mecanismo de autonomia recíproca entre direito e política. Sem a diferenciação funcional das diversas esferas sociais e sem a distinção, clara e radical, entre sociedade e indivíduo enquanto pessoa, não se podem conceber os direitos fundamentais como resposta do sistema jurídico a esses processos sociais de diferenciação[16]. Da mesma maneira, sem autonomia da política em relação aos valores particulares de grupos familiares, étnicos e religiosos e aos interesses econômicos concretos, não se pode construir a democracia como apoio generalizado que possibilita o fechamento operativo do sistema político.

Ao mesmo tempo que possibilita a diferenciação entre política e direito, a Constituição atua como acoplamento

---

16. Luhmann, 1965.

estrutural entre esses dois sistemas funcionais da sociedade moderna[17]. A Constituição, por um lado, torna o código-diferença "lícito/ilícito" relevante para o sistema político; isso implica que as exigências do Estado de direito e dos direitos fundamentais passam a constituir contornos estruturais da reprodução dos processos políticos de busca pelo poder e de tomada de decisões coletivamente vinculantes, inclusive na medida em que decisões majoritárias democraticamente deliberadas podem ser declaradas inconstitucionais. Por outro lado, torna o código-diferença "poder/não poder" ou, em termos contemporâneos, "governo/oposição" relevante para o sistema jurídico. Isso significa que o processo democrático de tomada de decisão política, no sentido de formação da maioria, passa a constituir variável estrutural da reprodução dos procedimentos jurídicos de solução e absorção de conflitos, inclusive na medida em que a produção de normas jurídicas legislativas fica dependente das decisões políticas deliberadas democraticamente e tomadas majoritariamente.

Esse acoplamento estrutural concretiza-se e realiza-se mediante procedimentos constitucionalmente instituídos, a saber, os judiciais, os administrativos, os legislativo-parlamentares, os eleitorais e os democráticos diretos, numa escala que vai de uma ênfase na racionalidade jurídica nos primeiros (judiciais) a uma prevalência da racionalidade política nos últimos (parlamentares, eleitorais e democráticos diretos). Dessa maneira, há uma legitimação política (democrática) do direito e uma legitimação jurídica (*rule of law*) da política. Evidentemente, a relação estabelecida pela Constituição enquanto acoplamento estrutural não é de harmonia, mas sim uma relação paradoxal de complementação e tensão recíprocas. Estado de direito e direitos fundamentais sem democracia não encontram nenhuma garantia de reali-

---

17. Luhmann, 1990a, pp. 193 ss.; 1993a, especialmente pp. 470 ss.; 1997, t. 2, pp. 782 s. [trad. esp. 2007, pp. 620 ss.]; 2000a, pp. 389-92. A respeito, cf. Neves, 2006a, pp. 95 ss.

zação, pois todo modelo de exclusão política põe em xeque os princípios jurídicos da legalidade e da igualdade, inerentes, respectivamente, ao Estado de direito e aos direitos fundamentais[18]. Por seu turno, a democracia sem Estado de direito e direitos fundamentais descaracteriza-se como ditadura da maioria. Essas são as dimensões da complementaridade. De outro lado, o fato de as leis deliberadas democraticamente e aprovadas majoritariamente serem declaradas inconstitucionais, por ofenderem o Estado de direito e os direitos fundamentais garantidos constitucionalmente, aponta para a tensão permanente entre política democrática e direito positivo no Estado constitucional. Essa tensão também se apresenta, no caso-limite, quando irrompe o poder constituinte democrático como impulso político para a reconstrução geral e refundamentação do sistema jurídico estatal. Assim sendo, a Constituição enquanto acoplamento estrutural envolve complementaridade e tensão permanentes, bem como rupturas, entre política e direito. Mas, com isso, ela exclui a subordinação estrutural de um sistema a outro, especialmente do direito à política, desenvolvendo uma relação horizontal ou ortogonal entre ambos.

Essa ambivalência da Constituição possibilita que ela possa ser vista tanto como instância do sistema político quanto como instituto do sistema jurídico[19]. No primeiro caso, trata-se de processos decisórios básicos de construção e reconstrução do Estado, os processos constituintes, parlamentares, administrativo-governamentais e eleitorais ou democráticos diretos. A Constituição implica, então, uma *circulação e contracirculação estrutural básica entre administração* (no sentido amplo dos procedimentos dos órgãos competentes para a tomada de decisão política e sua execução), *política* (no sentido estrito, como os processos de formação de programas partidários e escolha entre pessoas e progra-

---

18. Cf. Luhmann, 1965, pp. 136 s.
19. "Uma certa síntese funcional de política e direito é [...] indispensável – mas justamente com base em funções diversas" (Luhmann, 1993a, p. 153).

mas), *público* como receptor das decisões e *povo* como o público enquanto reage ativamente às decisões da administração[20]. Nesse conceito político de Constituição, *o povo fecha o sistema político*. A esse respeito, invocando uma fórmula clássica de Rousseau[21], afirma Luhmann: "O fechamento do sistema ocorre no ponto em que o público formado de indivíduos, grupos e organizações, recebedor de ordens, importunado administrativamente, torna-se povo; no ponto em que a *volonté de tous* torna-se *volonté générale*"[22]. Isso significa que, além do *povo constitucional*, construção procedimental da Constituição, não há legitimação política como apoio generalizado da circulação do poder, mas sim os particularismos e personalismos negadores ou corruptores da democracia. Nessa perspectiva, pode-se dizer que o processo circular da democracia é a Constituição em sentido político, ou seja, é a dimensão política da Constituição como acoplamento estrutural.

Do ponto de vista do direito, a Constituição é a instância reflexiva mais abrangente do sistema jurídico, permeando-lhe todos os âmbitos de validade, o material, o temporal, o pessoal e o territorial. Enquanto norma(s) de normas, ela perpassa transversalmente todo o sistema jurídico, dando-lhe consistência. A Constituição importa um nível reflexivo do código "lícito/ilícito" no interior do sistema, o código "constitucional/inconstitucional". À legalidade sobrepõe-se a constitucionalidade[23]. Nesse sentido, a Constituição em sentido moderno implica a superação dos fundamentos jusnaturalistas, externos, do direito. O direito autofundamenta-se constitucionalmente. Assim, ela "fecha o sistema jurídico"[24], estabelecendo normativamente os procedimentos

---

20. Luhmann, 2000a, pp. 253 ss.; cf. também, ainda sem referência ao "povo", 1981b, pp. 42-9; 1981c, p. 164.
21. Rousseau, 1922 [1762], Livro II, Cap. III, especialmente p. 162.
22. Luhmann, 2000a, p. 265.
23. Nesse sentido, pode-se afirmar que a Constituição tem primazia normativa e é autovinculante na ordem jurídica do Estado constitucional (cf. Wahl, 2002, p. 198).
24. Luhmann, 1990a, p. 187.

básicos mediante os quais se pode ingressar no direito. Ela admite o reingresso da política no direito mediante os procedimentos constitucionais, especialmente o legislativo. Observada a outra face da mesma moeda, isso quer dizer que a Constituição estrutura a abertura cognitiva do sistema jurídico, delimitando-lhe a capacidade de aprendizado e reciclagem, sobretudo por meio do estabelecimento dos procedimentos de reforma constitucional. Mas o núcleo de identidade constitucional (as chamadas "cláusulas pétreas") é limite insuperável da capacidade de aprendizado do respectivo ordenamento jurídico, exigindo-se, no caso-limite de sua negação abrangente, ruptura política, na forma de poder constituinte que reconstrua o acoplamento estrutural do Estado de direito com a democracia, em um novo modelo de Constituição. Dessa maneira, estabelece-se uma nova relação entre o fechamento do sistema jurídico pelo direito constitucional e o fechamento do sistema político pelo povo constitucional.

A Constituição enquanto acoplamento estrutural e, ao mesmo tempo, como mecanismo de diferenciação funcional entre política e direito ou, em outras palavras, de desintrincamento entre poder e lei, que surgiu na esteira de transformações radicais da estrutura social na modernidade, foi – como já salientado – fator e produto de uma nova semântica, o constitucionalismo. Essa semântica constitucionalista expressa-se de maneira paradigmática no art. 16 da Declaração de Direitos do Homem e do Cidadão, aprovada pela Assembleia Constituinte Francesa em agosto de 1789: "Toda sociedade em que não esteja assegurada a separação de poderes, nem os direitos e garantias individuais, não tem Constituição." Na experiência americana, a fórmula semântica apresenta-se analogamente na afirmação da Constituição como "gramática da liberdade"[25]. No sentido

---

25. "As Constituições americanas foram para a liberdade o que a gramática é para a linguagem" (Paine, 1992 [1791-1792], p. 64). Cf. Vorländer, 1999, p. 7; Biaggini, 2000, p. 458.

mais amplo, a semântica constitucionalista manifestava-se na concepção de soberania popular, *rule of law* e direitos dos homens e dos cidadãos. Essa semântica, embora tenha servido para consolidar e fortificar as novas estruturas políticas e jurídicas, também teve um papel simbólico relevante, muitas vezes de natureza ideológica.

A existência do voto censitário durante o século XIX em quase todos os países chamados constitucionais, o que se relacionava com a exclusão de amplas massas do processo político, é uma prova indiscutível de que havia um descompasso entre a semântica da soberania popular e os limites estruturais da democracia política. A presença da escravidão legal até a segunda metade do século XIX, assim como a segregação racista institucionalizada que perdurou oficialmente até a decisão do caso *Brown v. Board of Education* (1954)[26] e realmente até o advento das ações afirmativas nos anos sessenta[27], é prova inquestionável do desnível abismal entre a semântica constitucionalista e os limites estruturais dos direitos fundamentais nos Estados Unidos[28]. Por fim, caberia lembrar a restauração francesa, os poderes governamentais da coroa britânica até o início do século XX e o co-

---

26. *Brown et al. v. Board of Education of Topeka et al.*, 347 U.S. 483 (1954). Para um breve comentário desse julgamento como "ato de política constitucional", ver Ackerman, 1991, pp. 133 ss. A respeito do seu legado para o constitucionalismo americano, ver Tushnet, 2004. Em relação ao contexto internacional, ver Ginsburg, 2005a.
27. Cf. Kaufmann, 2007, pp. 129 ss.
28. Referindo-se às "falhas de fundação" do sistema constitucional americano, afirma Ackerman (1998, p. 88): "A mais evidente é a política excludente praticada pelos fundadores. Para conquistar o direito de falar pelo povo, os federalistas não supunham que eles precisassem apelar para mulheres, escravos ou indígenas." Adverte, então: "Mas o projeto de fundação, no que concerne à democracia dualista, teria perdido toda a credibilidade se os americanos não tivessem evoluído muito além da estreita concepção fundadora expressa na fórmula 'Nós o Povo'" (1998, pp. 88 s.). Por "democracia dualista" (ou "Constituição dualista"), Ackerman compreende a característica do sistema constitucional americano de procurar "distinguir entre duas diferentes decisões que podem ser tomadas em uma democracia. A primeira é a decisão pelo povo americano; a segunda, pelo seu governo" (1991, p. 6).

lonialismo como limites estruturais à *rule of law* em face da semântica constitucionalista. Entretanto, essa defasagem entre estruturas constitucionais e semântica constitucionalista não deve obscurecer o fato de que esta semântica, nos Estados da modernidade central, levou à consolidação paulatina daquelas estruturas. Dessa maneira, apesar de todas as limitações estruturais, vale a seguinte autodescrição dos Estados constitucionais: *"a Constituição fecha o sistema jurídico"* e *o povo fecha o sistema político*, autolegitimando-os.

2. A Constituição transversal do Estado constitucional

Ultrapassando-se o puro conceito de acoplamento estrutural, pode-se compreender a Constituição do Estado constitucional não apenas como filtro de irritações e influências recíprocas entre sistemas autônomos de comunicação, mas também como instância da relação recíproca e duradoura de aprendizado e intercâmbio de experiências com as racionalidades particulares já processadas, respectivamente, na política e no direito. Isso envolve entrelaçamentos como "pontes de transição" entre ambos os sistemas, de tal maneira que pode desenvolver-se uma racionalidade transversal específica. Se pensarmos em termos de jogos de linguagem, cabe afirmar que ocorre aqui uma síntese e, simultaneamente, uma comutação de sentido. O reingresso (*re-entry*) do político implica um "espaço imaginário" comum que possibilita a comutação discursiva[29]. O que é predefinido politicamente é compreensível juridicamente mediante a Constituição. Diversos procedimentos constitucionais servem a esse intercâmbio e aprendizado mútuo, possibilitando que a consistência jurídica e a adequação política do direito contribuam para a consistência política e adequação jurídica da política.

---

29. Teubner (2008, pp. 10 s.) sublinha recentemente a conexão entre *"re-entry"* e "espaço imaginário" na obra de Spencer Brown (1971, pp. 69 ss.).

Cabe observar que a Constituição transversal não se restringe a uma conexão estrutural no nível da observação de primeira ordem entre os sistemas. Ela pressupõe que a política e o direito se vinculem construtivamente no plano reflexivo, implicando observações recíprocas de segunda ordem. Há formas de transversalidade estruturais no plano de uma legislação ordinária específica, de um regulamento concreto etc. Mas nesse caso não há uma pretensão de reflexidade abrangente em nenhum dos dois sistemas. No caso da Constituição transversal, o vínculo ocorre entre dois mecanismos reflexivos estruturais: por um lado, a Constituição jurídica como conjunto de normas de normas, ou melhor, processo ou estrutura de normatização de processos de normatização; por outro, a Constituição política como decisão de decisão, ou melhor, processo e estrutura decisórios sobre processos de tomada de decisão coletivamente vinculante[30]. Essa transversalidade reflexiva possibilita uma intensificação do aprendizado, mas pode, eventualmente, atuar parasitariamente para um ou ambos os sistemas.

Mas como se constroem as racionalidades particulares que são vinculadas transversalmente mediante a Constituição estatal? Do lado do direito, cabe definir a sua racionalidade específica como "justiça"[31]. Essa implica, em relação ao sistema jurídico, a "consistência jurídica" no plano da autor-referência (fechamento normativo) e a "adequação" ou "adequada complexidade" à sociedade (abertura cognitiva), especialmente dos processos de decisão de casos jurídicos[32], sendo caracterizada como uma "fórmula de contingência" porque motiva a ação e a comunicação no âmbito jurídico[33].

---

30. A respeito de mecanismos reflexivos ou reflexividade como autorreferência processual, ver, respectivamente, Luhmann, 1984a; 1987c, pp. 601 e 610-6. Cf. também Neves, 2007a, pp. 131 s.

31. É claro que o conceito de "justiça" tem um sentido mais abrangente, como referência normativa relativa às diversas esferas sociais (ver *supra* pp. 39-41; cf. também Teubner, 2008), mas há também uma especificidade jurídico-sistêmica no problema da justiça.

32. Luhmann, 1993a, pp. 225 s.; 1988c, pp. 26 s.; 1981a, pp. 374-418.

33. Luhmann, 1993a, pp. 214 ss.

Sem que possa contar com uma solução juridicamente consistente, o sistema perde a sua racionalidade. Isso significa que, sem um sistema jurídico orientado primariamente na constitucionalidade (e, correspondentemente, no princípio constitucional da legalidade), isto é, sem "justiça constitucional interna", não cabe falar de racionalidade jurídica em uma sociedade complexa. As decisões vão subordinar-se, então, a fatores particularistas os mais diversos, sem significado jurídico específico para a orientação do comportamento e a estabilização das expectativas normativas. A racionalidade do direito exige, pois, consistência constitucional do sistema jurídico.

Além disso, a justiça como racionalidade jurídica envolve a adequação social do direito. Evidentemente, essa é uma questão difícil, pois no ambiente do direito há várias pretensões de autonomia sistêmica em conflito. Uma adequação econômica do direito, por exemplo, pode ter impactos negativos na educação, no ambiente, na arte e na ciência e vice-versa. Também há valores e perspectivas morais as mais diversas no mundo da vida fragmentado da sociedade mundial complexa do presente. Algo que se apresenta adequado a um grupo pode parecer inadequado a outro. E não há, nem no plano dos sistemas funcionais nem no plano do mundo da vida, um projeto hegemônico único, como observa Sonja Buckel: "Não existe apenas um único projeto desse que poderia dominar o contexto social, mas sim projetos concorrentes, em correspondência com a multiplicidade das diferenças antagônicas."[34] A adequação social do direito, constitucionalmente amparada, não pode significar, portanto, uma resposta adequada a pretensões específicas de conteúdos particulares, mas sim a capacidade de possibilitar a convivência não destrutiva de diversos projetos e perspectivas, levando à legitimação dos procedimentos constitucionalmente estabelecidos, na medida em que esses servem para reorientar as expectativas em face do direito, so-

---

34. Buckel, 2007, p. 223.

bretudo daqueles que eventualmente tenham suas pretensões rejeitadas por decisões jurídicas. Em geral, a adequação social constitucionalmente fundada do direito, isto é, a justiça constitucional externa mediante procedimentos, exige uma capacidade cognitiva altamente aguçada do sistema jurídico, considerando a complexidade e mesmo a fragmentação do ambiente. Em relação à política, isso implica um modelo constitucional que suporte o pluralismo em relação a partidos, a grupos de pressão, à opinião pública etc.

Não se pode, porém, imaginar um equilíbrio perfeito entre consistência jurídica e adequação social do direito, a saber, entre justiça constitucional interna e externa. A justiça do sistema jurídico como fórmula de contingência importa sempre uma orientação motivadora de comportamentos e expectativas que buscam esse equilíbrio, que sempre é imperfeito e se define em cada caso concreto. Por um lado, um modelo de mera consistência constitucional conduz a um formalismo socialmente inadequado. O excesso de ênfase na consistência jurídico-constitucional pode levar a graves problemas de inadequação social do direito, que perde, então, sua capacidade de reorientar as expectativas normativas e, portanto, de legitimar-se socialmente. Por outro lado, um modelo de mera adequação social leva a um realismo juridicamente inconsistente. Na falta de valores, de morais e de interesses partilhados congruentemente na sociedade moderna supercomplexa, a ênfase excessiva na adequação social tende a levar a subordinação do direito a projetos particulares com pretensão de hegemonia absoluta. Nesse sentido, embora sempre defeituoso, pois nunca é alcançado plenamente e depende da experiência de cada caso[35], o equilíbrio entre justiça constitucional interna e externa serve como orientação para os envolvidos na rede de comunicações do sistema jurídico estatal. Trata-se de um paradoxo funcional do direito, pois o aumento da consistência jurí-

---

35. Nesses termos, cabe uma referência a Derrida: "A justiça é uma experiência do impossível" (1994, p. 38 [trad. bras. 2007, p. 30]).

dica implica, em regra, a redução da adequação social do direito e vice-versa. Esse paradoxo pode ser processado e solucionado nos casos concretos, mas ele nunca será superado plenamente, pois é condição da própria existência do direito diferenciado funcionalmente: como fórmula de contingência, a superação do paradoxo da justiça implicaria o fim do direito como sistema social autônomo, levando a uma desdiferenciação involutiva ou ensejadora de um "paraíso moral" de plena realização da justiça, assim como o fim da escassez como fórmula de contingência da economia[36] conduziria a um "paraíso da abundância", a saber, ao fim da economia.

A consistência jurídica e a adequação social do direito, isto é, a justiça constitucional interna e externa, dependem do princípio da igualdade[37]. O próprio direito é compreendido como "mecanismo do tratamento igual/desigual"[38]. É claro que aqui não se trata de textualizações, nem de igualdade como simples forma de observação da diferença entre igual e desigual, mas sim de estruturas normativas concretizadas e realizadas[39], na qual prevalece a preferência pelo lado positivo da forma, a igualdade. Enquanto norma, a igualdade serve para a imunização do direito em face de diferenças juridicamente irrelevantes, mas relevantes em outras esferas da sociedade. Isso não significa que o direito não construa suas próprias diferenças assimétricas, como, por exemplo, autor e réu no processo, credor e devedor no direito das obrigações, empregador e empregado no direito do trabalho, condenado e absolvido no direito penal. Utilizando-se do conceito de igualdade complexa proposto por Walzer (cf. *supra* p. 41) em relação específica ao direito, pode-se afirmar que o princípio jurídico-constitucional da igualdade significa que diferenças econômicas, educacionais, religiosas, políticas, culturais, referentes ao saber etc., mesmo

---

36. Cf. Luhmann, 1988a, pp. 64 s., 70 e 191 s.
37. Cf. Luhmann, 1993a, pp. 110 ss. e 223 ss.
38. Teubner, 1996a, p. 211 [trad. bras. 2002, p. 112].
39. Cf. Luhmann, 1991; 1993a, pp. 111 s.; Neves, 2006a, pp. 168 s.

que legítimas nos respectivos campos do contexto social do direito, não *devem* transitar imediatamente para o direito, sobretudo se forem assimétricas (desigualdades). Essa é a dimensão da igualdade que se relaciona com a consistência jurídica. Mas também os critérios da igualdade jurídica não *devem* transitar imediatamente para os outros campos sociais, impedindo ou dificultando que, neles, diferenças sejam construídas e desenvolvidas legitimamente, inclusive se assimétricas. Nesse sentido, impõe-se que a igualdade jurídico-constitucional seja adequadamente complexa, conforme a esfera social a que ela está relacionada: à família, à economia, à política, ao esporte, à educação. Assim, por exemplo, ela seria complexamente inadequada se o princípio da igualdade implicasse a negação das normas do pátrio poder em relação à família, prejudicando a assimetria familiar entre pais e filhos; se negasse a eficiência ou ineficiência de setores e empresas, impondo uma igualdade contrária a diferenças legítimas no campo da economia; se desconhecesse a distinção entre maioria e minoria na política democrática; se negasse as assimetrias esportivamente relevantes entre atletas, destruindo as competições desportivas; desconsiderasse absolutamente as assimetrias na capacidade de aprendizado entre alunos e de ensino entre docentes, prejudicando as seleções legítimas no âmbito da educação. Na dimensão da adequação, a igualdade complexa exige sempre uma abertura construtiva com variações e adaptações permanentes, para que não leve a uma igualdade jurídica "imperial", uma pseudoigualdade.

Embora o princípio jurídico da igualdade não implique nem se destine a uma igualdade de fato, nem mesmo, a rigor, a uma igualdade de direitos concretos (há sempre assimetrias entre o polo ativo e o polo passivo das relações jurídicas), mas antes à imposição contrafactual do acesso igualitário a direitos e remédios jurídicos[40], não se pode negar que fortes assimetrias em outros campos sociais podem mi-

---

40. Neves, 2006a, pp. 166 s.

nar a igualdade jurídica. Nesse caso, as desigualdades abismais transitam imediatamente em detrimento do princípio da igualdade jurídica complexa. O direito perde a capacidade de imunizar diferenças decorrentes de outras esferas sociais, o que implica privilégios e discriminações juridicamente ilegítimos. Especialmente no caso das grandes desigualdades econômicas e de poder político, como também no campo educacional, assimetrias abismais erodem a concretização do princípio da igualdade jurídica, levando a que alguns (sem dinheiro, sem poder, sem educação) tenham acesso limitado a direitos, enquanto outros contam com um acesso amplíssimo a direitos, mas frequentemente não se subordinam a imposições de deveres pelo sistema jurídico. Essa questão referente ao plano da consistência jurídica exige, portanto, que a igualdade jurídica seja adequadamente complexa para possibilitar o acesso equânime a direitos. Nesse sentido, o princípio jurídico da igualdade torna-se inócuo se não oferece direitos que possibilitem igualdade de oportunidades nas outras esferas da sociedade.

Na concepção da teoria dos sistemas de Niklas Luhmann, a norma de igualdade exige, no seu sentido jurídico, "que os *casos* sejam tratados igualmente", enquanto, no seu "uso político", "que *homens* sejam tratados igualmente"[41]. Dessa maneira, Luhmann reduziria a norma jurídica da igualdade à exigência da regularidade da aplicação jurídica, o que, com a positivação do direito, constitui o princípio da legalidade. Isso, porém, não corresponde à compreensão do princípio da igualdade no plano reflexivo da Constituição. Como norma de norma, tanto no plano dinâmico da reprodução do sistema jurídico (Constituição/lei) quanto no nível da estática jurídica, a saber, dos conteúdos normativos do ordenamento (princípio/regra), o princípio constitucional da igualdade supõe o tratamento igual de casos, mas não se limita a isso. Nessa perspectiva, cabe reconstruir a formulação de Luhmann à luz da seguinte assertiva:

---

41. Luhmann, 1993a, p. 113.

"O mandamento de igualdade da Constituição pode levar ao fato de que a igualdade política seja interpretada juridicamente como igualdade/desigualdade de casos."[42] Se utilizamos a linguagem de Kelsen neste contexto, cabe afirmar que o princípio da igualdade, na sua dimensão estritamente jurídico-legal, importa a igualdade *perante* a lei, enquanto o chamado "princípio da igualdade política" como conteúdo de prescrições constitucionais significa a igualdade *na* lei[43]. E, quando se fala do princípio constitucional da isonomia como expressão da racionalidade no âmbito do direito, o que se encontra no primeiro plano é a igualdade na lei. O tema do debate é primariamente a inclusão igualitária dos homens como pessoas na ordem jurídica e só secundariamente o tratamento igual de casos jurídicos.

Com o princípio constitucional da isonomia como expressão da racionalidade jurídica no plano da coerência interna e adequação externa do direito, passa-se da igualdade como forma lógica para a igualdade como norma. Isso significa que, enquanto forma de dois lados, implicando a diferença "igual/desigual", a igualdade como norma importa a preferência pelo tratamento igual, exigindo-se do tratamento desigual uma sobrecarga argumentativa[44]. Nesse caso, impõe-se a comprovação de que o tratamento igual em um contexto promove, leva ou mantém o tratamento desigual ilegítimo em outros contextos mais abrangentes, como ocorre especialmente na justificação das chamadas "ações afirmativas": dada a sedimentação e cristalização de *discriminações sociais negativas* que impedem ou dificultam o acesso a direitos fundamentais, impõe-se a *discriminação jurídica positiva* para que se afirme o princípio da igualdade[45].

---

42. *Ibidem*.
43. Cf. Kelsen, 1960, pp. 146 e 396 [trad. bras. 2006, pp. 158 s.].
44. Cf. Luhmann, 1993a, pp. 111 s.
45. Cf. Neves, 2006a, pp. 168-75. Com pressupostos diversos, mas com resultados semelhantes, ver Bandeira de Mello, 1993; Dworkin, 1991, pp. 223-39 [trad. bras. 2002, pp. 343-69].

Do lado da política, pode-se caracterizar a democracia como sua racionalidade particular tanto no plano da autorreferência (consistência política) quanto na dimensão da heterorreferência (adequação à sociedade). No que concerne à autorreferência, a questão se localiza no plano reflexivo da orientação dos processos decisórios a partir do povo constitucional. Apesar de todo o simbolismo que se lhe possa emprestar, fórmulas como "*we the people*"[46] ou "todo poder emana do povo e em seu nome será exercido" têm um significado prático relevante na construção da racionalidade política na sociedade complexa da modernidade. Nesse aspecto, cabe invocar novamente a circulação e contracirculação entre administração, política, público e povo (ver *supra* pp. 58 s.), um processo que possibilita a seleção de decisões no interior do sistema político. Esse processo se fecha no ponto em que o público como pluralidade converte-se em povo como unidade procedimental construída constitucionalmente: a "vontade de todos torna-se vontade geral". As decisões políticas esgotam o seu limite de justificação no povo procedimental. Não se legitima *internamente* no sistema político democrático a decisão que se funda na asserção ou no argumento de que o povo errou ou não está em condição de tomar decisões. Salvo se houver desrespeito às regras do jogo, o povo constitucional é o limite da democracia, embora esteja envolvido na circulação e contracirculação do poder. Se o povo como instância procedimental é questionado ou os correspondentes procedimentos deturpados, a democracia como racionalidade do sistema político é abolida ou, no mínimo, está em crise. Prevalecerá a mani-

---

46. Referindo-se a Ackerman (1991, 1998), Grimm (2004b, pp. 455 s.) aponta para o significado simbólico do "momento constitucional" expresso nessa fórmula para a própria força normativa da Constituição americana. O próprio Ackerman (1991, pp. 34 ss.) refere-se antes ao "mito bicentenarial", que, segundo ele, não deve ser confundido com "mistificação", pois, como "mito", "a narrativa que fazemos a nós mesmos sobre as raízes de nossa Constituição é um ato profundamente significativo de autodefinição coletiva" (1991, p. 36).

pulação do sistema político pelos interesses particularistas, em detrimento do "apoio político generalizado", assentado especialmente nas eleições democráticas[47]. Para que esse apoio se estabeleça é imprescindível, porém, uma cisão no polo superior mediante a institucionalização da diferença "governo/oposição" como forma de dois lados abrangente das forças políticas existentes (ver *supra* pp. 18 s.). Só assim se torna possível um mínimo de neutralização dos particularismos políticos que persistem em detrimento do apoio generalizado. Nesse sentido, a democracia como racionalidade do sistema político importa uma legitimação por *input*: cadeia ou rede de procedimentos circularmente conectados, que vincula as decisões políticas ao apoio e ao controle do povo constitucional como instância procedimental que fecha o sistema político. Essa é a dimensão da racionalidade interna como consistência democrática do sistema político.

Mas na democracia a legitimação por *input* está relacionada à legitimação por *output*[48]. Isso aponta para a dimensão da adequação social da política democrática. Não se trata de corresponder aos diversos interesses particulares presentes no ambiente do sistema político, mas sim de possibilitar o convívio de forças antagônicas em uma esfera pública política abrangente. Nesse sentido, pode-se afirmar que, *enquanto o povo constitucional fecha o sistema político, a esfera pública abre esse sistema*[49]. Essa é a instância de sua heterolegitimação, pois pressupõe procedimentos políticos suscetíveis e abertos às suas instigações e influências. Não se confunde com o "público" como dimensão do sistema político, nem é constituída de sistemas funcionais que fazem parte do ambiente da política e do direito enquanto sistemas sociais acoplados estruturalmente pela Constituição. A esfera pública política é formada pelo conjunto de *valores*,

---

47. Cf. Luhmann, 1983a, pp. 164 s.
48. Brunkhorst, 2002, p. 187, recorrendo à distinção, proposta por Scharpf (1999, pp. 16 ss.), entre "legitimação orientada por *input*" ("dominação pelo povo") e "legitimação orientada por *output*" ("dominação para o povo").
49. Neves, 2009c, pp. 664 ss.; cf. também 2006a, pp. 131 ss.

interesses, expectativas e *discursos* que emergem dos diversos sistemas funcionais e do chamado "mundo da vida" (operacionalizado mediante as inumeráveis interações cotidianas não estruturadas sistêmico-funcionalmente nem sistêmico-organizacionalmente, e reproduzido por meio da linguagem natural não especializada)[50] e perdem a sua pertinência de sentido específica às respectivas conexões sistêmicas de comunicações e às referências concretas do mundo da vida, com a pretensão e a exigência de influenciar os procedimentos de tomada e execução de decisões políticas no Estado constitucional. Dessa maneira, os conflitos intersistêmicos de racionalidade transformam-se, na esfera pública, em dissenso estrutural *em torno* de procedimentos de tomada e execução de decisões coletivamente vinculantes no sistema político. Não obstante, a força heterolegitimadora da esfera pública em relação aos procedimentos políticos do Estado constitucional não pode ser pensada, unilateralmente, a partir dos condicionamentos externos dos sistemas jurídico e político. É imprescindível que os procedimentos políticos estejam de tal maneira estruturados para absorver o dissenso da esfera pública, sem eliminá-lo, antes possibilitando-lhe e promovendo-lhe a emergência. Isso significa que, embora o povo constitucional, como instância procedimental de fechamento, tenha uma forte função seletiva em face da pluralidade complexa de valores, interesses, expectativas e discursos que se relacionam dissensualmente na esfera pública, os procedimentos político-constitucionais só encontram sua heterolegitimação se permanecem abertos ao dissenso presente na esfera pública.

Mas também aqui não há um equilíbrio perfeito entre a consistência da autolegitimação pelo povo constitucional como instância procedimental e a adequação complexa à sociedade mediante a heterolegitimação decorrente da esfera pública pluralista. Analogamente com o que se passa no sistema jurídico, ocorre um paradoxo funcional da polí-

---

50. Cf. Neves, 2006a, pp. 125 ss.

tica: caso haja um excesso de legitimação por *input* do sistema político, fica enfraquecida a sua legitimação por *output* e vice-versa. Essa questão relaciona-se com o fato de que a *legitimidade* como fórmula de contingência que serve à motivação da ação e comunicação no sistema político[51] constitui um paradoxo não superável definitivamente, mas apenas controlado e solucionado em casos procedimentais concretos. A respeito, salienta Luhmann: "Isso quer dizer, então, que a política torna-se ativa sob as condições da legitimidade, assim como a economia com vista ao problema da escassez." E, apontando para a "função limitada de tais fórmulas" em virtude "da diferenciação, do fechamento operativo e da contingência estruturalmente instituída do sistema", acrescenta: "E enquanto a política tem de ver isso no sentido de que, se não houver necessidade de legitimação, a política tornar-se-á desnecessária, a descrição externa vê a situação ao contrário: sem sistema político diferenciado, não há problema com legitimidade."[52] Daí por que a eliminação do paradoxo da legitimidade como fórmula de contingência importaria o fim de um sistema político diferenciado, seja por força de uma desdiferenciação regressiva no sentido de uma política tradicional (presente ainda no início da era moderna: Estado absoluto) orientada para o "bem comum"[53] ou em virtude da construção do "paraíso" da desnecessidade de legitimidade decorrente de um consenso moral comunitário, modelos incompatíveis com a política complexa da sociedade mundial do presente.

A questão que se põe a respeito da conexão constitucional entre o direito e a política é a seguinte: como se vinculam as racionalidades particulares dos respectivos sistemas mediante a Constituição transversal? Isto é: como se relacionam construtivamente o princípio da igualdade e a democracia no plano constitucional?

---

51. Cf. Luhmann, 2000a, pp. 122 ss.
52. Luhmann, 2000a, p. 126.
53. Luhmann, 2000a, pp. 120-2.

Por um lado, cumpre observar que a Constituição do Estado moderno estabelece a relevância do princípio da igualdade para a democracia. A igualdade primariamente jurídica incorpora-se ao sistema democrático mediante as comutações procedimentais estabelecidas na Constituição como "ponte de transição" que possibilita "*re-entries*" construtivas entre racionalidades jurídica e política no plano estrutural. Sem cidadãos com direitos políticos iguais, a democracia não tem nenhum sentido. Sem o voto igual, desvinculado de outras posições e papéis sociais do eleitor, falta a racionalidade política da democracia. Então, outras diferenças politicamente ilegítimas impõem-se no campo da política, levando ao domínio dos particularismos incompatíveis com o apoio generalizado. Essa desvinculação do processo político do voto universal e igual persistiu amplamente até os fins do século XIX, especialmente no caso do voto censitário, tendo resistido ainda no século XX, como na proibição do voto das mulheres e dos analfabetos[54]. A superação desses problemas na democracia ocidental não importa igualdade política real de influência ou de poder de participação. Isso constitui uma ilusão. Aqui também é fundamental considerar que a igualdade dos direitos de cidadania tem uma função imunizadora ou neutralizadora do sistema democrático contra a atuação de diferenças politicamente ilegítimas, especialmente quando assimétricas, no interior dos procedimentos político-constitucionais. A força imunizadora da institucionalização da igualdade de direitos políticos depende de fatores sociais externos, como abrangente inclusão social, ou seja, acesso efetivo aos benefícios e prestações dos diversos sistemas funcionais. Presente ampla exclusão social de pessoas e grupos ou desigualdades abissais, especialmente de caráter econômico e educacional, a tendência é que a força imunizadora e neutralizadora da igualdade de direitos políticos torne-se imensamente débil. Os procedimentos passam a ser ocupados praticamente por intrusões

---

54. No mesmo sentido, Zolo, 2006, p. 77.

de diferenças não legitimadas democraticamente. Nessa hipótese, a Constituição transversal, no sentido de possibilitar a apropriação da racionalidade jurídica pela política democrática, fica prejudicada em seu processo de concretização.

Por outro lado, a garantia da concretização normativa do princípio jurídico-constitucional da igualdade depende dos procedimentos democráticos de legislação, eleição e participação direta (plebiscito e referendo), assim como da diferença entre política e administração no plano do sistema político. No que diz respeito aos procedimentos democráticos, isso significa que a maioria democrática eventual não pode suspender ou destruir o princípio constitucional da isonomia, sob pena não só de destruir a própria justiça como fórmula de contingência do sistema jurídico, mas também de impossibilitar o apoio político generalizado em uma sociedade complexa e heterogênea, ao negar os direitos políticos iguais. A igualdade jurídica pressuposta pela política democrática exige, mediante a Constituição transversal, que a maioria procedimental sirva de suporte para a sua manutenção, assegurando os direitos iguais das minorias e neutralizando a diferença "governo/oposição" em relação ao sistema jurídico. Tanto se essa diferença for suspensa na política quanto se ela passar a ser determinante no âmbito da solução de casos jurídicos, a isonomia jurídica perde o seu significado prático. Por sua vez, a diferença entre política e administração "possibilita a aplicação prática do princípio da igualdade" no âmbito da burocracia estatal[55]. Dessa maneira, os funcionários têm condições de aplicar a lei igualitariamente, independentemente dos interesses concretos daqueles que detêm mais poder no jogo político ou que dispõem de maior influência política em virtude de outras variáveis sociais (econômicas, familiares, científicas etc.). É evidente que, onde a diferença entre política e administração não se realiza satisfatoriamente ou não tem relevância prática, a força imunizadora da igualdade jurídica é insignificante e, portanto, a Constituição transversal está ausente.

---

55. Luhmann, 1965, p. 155.

A Constituição estatal moderna surge como uma "ponte de transição" institucional entre política e direito e, assim, serve ao desenvolvimento de uma racionalidade transversal específica, que impede os efeitos destrutivos de cada um desses sistemas sobre o outro e promove o aprendizado e o intercâmbio recíproco de experiências com uma forma diversa de racionalidade. Mas, assim como a Constituição como acoplamento estrutural possui o seu lado negativo na corrupção sistêmica, a transversalidade constitucional entre política e direito é uma forma de dois lados, que envolve irracionalidades alimentadas reciprocamente. Nesse sentido, cabe observar os fenômenos da politização (em detrimento) do direito e da juridificação (em prejuízo) da política[56]. São dois modelos de expansão sistêmica em detrimento da relevância de uma racionalidade diversa. Não se trata aqui necessariamente da corrupção sistêmica, referente à consistência, pois se incluem também dificuldades recíprocas de dar respostas adequadas a outro sistema: o excesso de democracia enfraquecendo o Estado de direito, orientado pelo princípio jurídico da igualdade; o excesso de Estado de direito, em detrimento do jogo democrático. Os procedimentos constitucionais podem não ser aptos a imunizar o direito contra a política em sua ação de parasita[57]; por sua vez, o direito pode atuar como um parasita em face de outro parasita[58]. Nessas hipóteses, a prática constitucional passa a ser inadequada para a outra esfera e para a sociedade em geral: judiciário com pretensão de ocupar o espaço da legitimação política; parlamento e governo com aspiração de serem referências para a solução de casos jurídicos – duas alternati-

---

56. Não se deve confundir esse problema com a referência de Möllers (2003, pp. 3-18) a duas dimensões parciais da Constituição ("tipos"), uma concernente à "Constituição como politização do direito" e outra relativa à "Constituição como juridificação da política", ambas implicando a "Constituição com acoplamento entre política e direito". Ver *supra* pp. 56 ss.

57. Cf. Luhmann, 2000d, pp. 45 ss. [trad. bras. 2004, pp. 88 ss.] Luhmann recorre aqui a Serres, 1997 [1980].

58. Luhmann, 2000d, p. 47 [trad. bras. 2004, pp. 90 s.].

vas subcomplexas, que levam tanto à desconsideração da justiça como igualdade assegurada pelo Estado de direito quanto ao desprezo à legitimidade política fundada democraticamente.

Trata-se do paradoxo da transversalidade entre Estado de direito e democracia, que, embora não seja solucionável definitivamente, é suscetível de ser controlado e solucionado nos casos concretos da emergência de conflitos entre a racionalidade jurídica e a política. Nesse particular, é fundamental o papel dos tribunais constitucionais. Embora constituam a cúpula de um dos sistemas funcionais acoplados, o direito, eles são "organizações extravagantes em que o problema do acoplamento estrutural manifesta-se de forma concentrada"[59]. Além de sua função de filtragem seletiva de influências e irritações, eles servem ao bom funcionamento da Constituição como "ponte de transição" entre racionalidades diversas. De certa maneira, pode-se dizer que eles atuam como fiscalizadores da legitimidade das passagens nos dois sentidos dessa "ponte", servindo à realização da racionalidade transversal nos casos constitucionais[60]. Embora contribuam casuisticamente para o controle e a solução do paradoxo decorrente do entrelaçamento constitucional entre política e direito, eles não podem abolir esse paradoxo definitivamente, pois isso significaria a abolição da Constituição. E, muitas vezes, podem acentuar irracionalmente esse paradoxo, seja por uma atitude judicializante ou por uma postura politizante.

Como já observei especificamente em relação à igualdade jurídica e à política democrática (*supra* pp. 66 ss.), a formação de constituições estatais como instituições da racionalidade transversal depende de amplos pressupostos

---

59. Luhmann, 2000c, p. 398.
60. Considerando a propensão dos tribunais constitucionais a expandirem-se em sua função controladora, particularmente na experiência alemã, Maus (1989 [trad. bras. 2000]) referiu-se criticamente ao "Judiciário", de maneira abrangente e peremptória, "como o superego da sociedade".

sociais. Não há espaço para constituições como "pontes de transição" entre direito e política quando não existe um contexto social de diferenciação funcional e de inclusão social abrangente.

Na perspectiva do direito, caso dominem mecanismos de desdiferenciação funcional das diversas esferas sociais e esteja presente a exclusão abrangente e primária[61] no âmbito da reprodução da sociedade no respectivo território estatal, não é possível a imunização do sistema jurídico perante desigualdades juridicamente irrelevantes, a saber, não se afirma estruturalmente a força normativa do princípio constitucional da igualdade. Não é suficiente a textualização em dispositivos constitucionais para que algo tão cheio de pressupostos transforme-se em norma jurídica[62]. Impõe-se a concretização normativa generalizada na solução de casos jurídicos para que um princípio como norma de normas tenha algum significado prático para a ordem jurídica. Se a diferença "inclusão/exclusão" afasta sistematicamente a validade do código jurídico "lícito/ilícito", o princípio da igualdade torna-se uma ilusão textual. E, relacionado a esse problema, a presença sistemática de bloqueios (imediatos) da autonomia do direito, sistema orientado primariamente pelo código "lícito/ilícito", por outras diferenças sistêmicas, como "ter/não ter" ou "governo/oposição", faz com que a norma da igualdade perca o seu significado funcional, pois ela, de certa maneira, pressupõe e garante a autonomia operativa do sistema jurídico[63].

---

61. Müller (1997, pp. 50 ss. [trad. bras. 1998, pp. 96 ss.]) distingue entre "exclusão primária", que tem efeitos destrutivos sobre a validade do código jurídico, e "exclusão secundária", que "restringe 'apenas' a abrangência efetiva da sua vigência" (p. 51 [trad. bras. p. 98]).

62. Sobre a distinção entre texto normativo e norma, ver, entre muitos, Müller, 1994, especialmente pp. 147-67 e 234-40; Grau, 2002, especialmente pp. 71-3; Carvalho, 2008, pp. 126-31. Alexy (1986, pp. 42 ss.) distingue, analogamente, entre enunciado normativo e norma.

63. Conforme Luhmann (1993a, p. 112), a diferenciação funcional da sociedade relaciona-se com a "interpretação da forma como norma" da igualdade.

Por sua vez, caso falte a autonomia da política perante os valores particulares de grupos familiares, étnicos ou religiosos e os interesses econômicos concretos, não se pode construir a democracia enquanto apoio generalizado ao sistema político, condição de possibilidade do fechamento desse sistema. E, vinculado a essa questão, a prevalência do código "inclusão/exclusão" pode erodir de tal forma a igualdade dos direitos políticos, levando àquelas situações em que a democracia reduz-se a uma fórmula política ou é fortemente deficitária. É claro que isso não exclui a presença da chamada "poliarquia"[64]. Mas essa em nada garante a presença de democracia como exigência funcional e pretensão normativa do Estado moderno. E, mesmo se utilizássemos um conceito procedimental realista de democracia[65], não seria suficiente a existência de textos constitucionais, eleições, grupos de pressões etc. para que se caracterizasse a presença do regime democrático: se as regras do jogo não forem regularmente respeitadas (por exemplo, se houver sistematicamente fraudes e financiamentos ilícitos de campanhas eleitorais), os procedimentos tornar-se-ão rituais[66], o "método" democrático deixará de ser orientador da luta "poliárquica" pelo poder.

Nesse contexto, a subordinação estrutural de um sistema a outro, especialmente do direito à política, impede que se construa e se desenvolva uma Constituição transversal

---

64. Mas a nossa pretensão ao utilizar esse termo não deve ser confundida com uma admissão plena da distinção entre o conceito empírico ou real de "poliarquia" e o conceito normativo ou ideal de democracia, proposta por Dahl (1972, especialmente p. 8 [trad. bras. 2005, p. 31]). Antes, parece-me que é mais frutífero vincular o conceito de "poliarquia" ao funcionamento de "técnicas governamentais" abertas às diversas forças políticas, mesmo que as influências diretas dos particularismos e interesses privilegiados deturpem sistematicamente as regras do jogo, prevalecendo estruturalmente a corrupção sistêmica no plano dos procedimentos políticos. O conceito de democracia exige bem mais pressupostos, mas, no mínimo, implica, como fundamental, a regularidade no respeito às regras procedimentais do jogo democrático, estabelecidas ou fundadas na Constituição.
65. Schumpeter, 1942, pp. 269 ss.
66. Cf. Luhmann, 1983a, especialmente pp. 51 s. e 172 s.

apta a promover o aprendizado e o intercâmbio recíproco, construtivo e duradouro de experiências com as racionalidades próprias de cada um desses sistemas. Na falha do acoplamento estrutural como seu pressuposto, não se pode desenvolver a respectiva racionalidade transversal. O surgimento, a formação e o desenvolvimento de Constituição transversal do Estado podem ser bloqueados em diversos níveis.

No caso dos chamados *"failed states"*[67], o problema reside já na estatalidade da política. Na falta de uma organização política territorial centralizada, não há Estado como endereço de comunicações nem para a política interna nem para a internacional[68]. A fragmentação das contendas políticas entre grupos dispersos – como se tem apresentado tipicamente nas experiências dos países africanos – não permite o surgimento do poder estatal como "unidade política de ação e decisão", isto é, impede a existência do Estado "como unidade organizada de decisão e ação" no sentido de Heller[69], de tal maneira que não se pode sequer imaginar uma Constituição transversal nesse contexto. Os bloqueios destrutivos recíprocos entre direito e política, relacionados com as lutas "tribais" que importam uma dispersão territorial do poder, impossibilitam a formação do Estado como organização política territorial e, portanto, o surgimento da correspondente Constituição estatal.

Também nos regimes autocráticos não se pode desenvolver uma Constituição transversal, seja na forma radical do totalitarismo ou nas variantes autoritárias. Nesses casos, há apenas, conforme a terminologia de Loewenstein, "constituições semânticas" como instrumentos dos eventuais detentores de poder[70]. Trata-se, em outras palavras, de "cons-

---

67. A esse respeito, ver Thürer, 1996; Herdegen, 1996; Geiss, 2004; 2005, especialmente pp. 42-6; Brooks, 2005; Gordon, 1997, crítica em relação às implicações "neocoloniais" do conceito.
68. Cf. Luhmann, 2000a, pp. 194, 196 s., 225 s., 241 ss. e 244.
69. Heller, 1934, pp. 228 ss. [trad. bras. 1968, pp. 273 ss.].
70. Loewenstein, 1975, pp. 153 s.

tituições instrumentalistas"[71]. Nas situações típicas, a subordinação heteronomizante do sistema jurídico à política ocorre diretamente com a outorga de textos constitucionais ou leis "supraconstitucionais" de exceção. Nos casos-limite, isso significa que as autoridades supremas não estão vinculadas aos mecanismos jurídico-constitucionais de controle do poder, seja porque os próprios dispositivos (supra)constitucionais mantêm os órgãos políticos supremos fora de qualquer limite ou controle jurídico, ou porque alterações constitucionais são impostas "casuisticamente" para impedir a invocação de eventuais instrumentos de controle. Portanto, o desenvolvimento de uma Constituição transversal já é bloqueado no nível da outorga de leis (supra)constitucionais. O efeito destrutivo da política sobre o direito afeta não apenas a racionalidade jurídica, mas também produz consequências autodestrutivas para a própria racionalidade política democrática. Na medida em que a diferença "lícito/ilícito" não funciona como segundo código do poder[72], a política passa a ser bloqueada por intrusões de particularismos os mais diversos, assim como pela pressão imediata de outras esferas sociais, especialmente da econômica. Nessas circunstâncias, não estão presentes as condições para um aprendizado com a racionalidade do outro; antes, afirma-se a opressão do direito pelo poder político ilimitado jurídico-constitucionalmente.

No caso da constitucionalização simbólica[73], ocorre igualmente uma expansão da esfera política em prejuízo do desenvolvimento autônomo da racionalidade jurídica. Mas, nesse caso, a politização desdiferenciante do sistema jurídico não decorre inerentemente do conteúdo das disposições constitucionais. Ao contrário, o diploma constitucional proclama um modelo político-jurídico conforme o qual a racio-

---

71. Neves, 1992, pp. 69-71.
72. A respeito da diferença entre lícito e ilícito como segundo código do poder, cf. Luhmann, 1986a, p. 199; 1988b [1975], pp. 34, 48 ss. e 56 [trad. bras. 1985, pp. 29 s., 40 ss. e 45 s.].
73. A respeito, ver, de maneira abrangente, Neves, 2007a.

nalidade jurídica estaria garantida. Não obstante, no decurso da concretização do texto constitucional, ocorre o bloqueio da reprodução autônoma do sistema jurídico. De um lado, o catálogo de direitos fundamentais contido na carta constitucional, fundado no princípio da isonomia, não encontra apoio generalizado no cotidiano do respectivo Estado, não servindo sequer à estabilização generalizada de expectativas normativas dos agentes estatais. De outro, os procedimentos democráticos previstos no modelo textual de Constituição são bloqueados com tanta frequência por outras variáveis sociais que também a própria racionalidade jurídica é afetada. Dessa maneira, a Constituição permanece um artefato de fachada simbólica da política referente ao direito, na medida em que são obstruídas as "pontes de transição" que podem servir à racionalidade constitucional transversal.

Diante do exposto, pode-se afirmar que a Constituição do Estado moderno como promotora da racionalidade transversal específica entre a racionalidade particular do direito e a da política só se desenvolveu de maneira significativa em regiões muito limitadas do globo terrestre. Assim como vale em geral para as racionalidades transversais, cabe afirmar que as constituições transversais do Estado são "produtos escassos" da sociedade atual (cf. *supra* p. 49). Além disso, cumpre ainda questionar se as tendências a uma paradoxal "periferização do centro" na sociedade mundial hodierna podem levar a uma situação em que, a rigor, as Constituições transversais do Estado democrático de direito do ocidente desenvolvido transformem-se ou deformem-se em constituições simbólicas[74]. Nesse contexto, apresentam-se cada vez mais intensamente os esforços práticos e teóricos a respeito da emergência de constituições além do Estado, às quais se atribui a função de desenvolver novas formas de racionalidades transversais.

---

74. Neves, 2007a, pp. 191 ss. Sobre as tendências à "periferização" ("brasilianização") do Ocidente desenvolvido, ver Beck, 1997, pp. 266-8; 1999, pp. 7 ss. e 94 ss. Cf. também Zolo, 2006, p. 79.

3. Constituições transversais além do Estado?

A emergência de ordens jurídicas internacionais, transnacionais e supranacionais, em formas distintas do direito internacional público clássico, é um fato incontestável que vem chamando a atenção e tornando-se cada vez mais objeto do interesse de estudos não apenas de juristas, mas também de economistas e cientistas sociais em geral. O que intriga a "ciência" jurídica tradicional é a pretensão dessas novas ordens jurídicas de se afirmarem impreterivelmente, seja como ordens jurídicas que prescindem do Estado[75], seja como ordens jurídicas que prevalecem contra os Estados, pondo em xeque o próprio princípio da soberania estatal, viga mestra do direito internacional público clássico. É nesse contexto que surge a discussão sobre Constituições transversais além do Estado, no âmbito da qual não é suficiente a referência nem à noção de juridificação[76] nem a um conceito histórico-universal de Constituição, pois está em jogo a controvérsia sobre o surgimento de instituições que configurem equivalentes funcionais à Constituição transversal do Estado constitucional.

Embora as Constituições estatais modernas já tenham surgido como mecanismos *estruturais* da racionalidade transversal entre direito e política, a semântica do constitucionalismo transversal somente tornou-se significativa em decorrência dos novos problemas com os quais a atual ordem internacional e as emergentes ordens supranacionais e transnacionais estão confrontadas cada vez mais intensamente. A esse respeito, podem ser designados como exemplares os âmbitos da política de segurança, do comércio mundial, do direito ambiental e dos direitos humanos. Nesse contexto, a Constituição estatal é posta, inicialmente, no segundo plano, mas, em outro momento, entrelaça-se novamente com as constelações internacionais, supranacionais e transnacionais[77].

---

75. Teubner (org.), 1997.
76. Grimm, 2004a, pp. 164-6; Wahl, 2002, pp. 201 e 205.
77. Cf., p. ex., Walter, 2000, pp. 2-4.

A expressão "transnacionalidade" é semanticamente ambígua. Muitas vezes é utilizada para se referir, de maneira abrangente, não apenas a ordens, instituições e problemas transnacionais no sentido estrito, mas também a ordens, instituições e problemas internacionais e supranacionais[78]. O núcleo básico desse conceito genérico reside na noção de dimensões que ultrapassam as fronteiras do Estado. No sentido mais estrito (sem que se negue aqui que haja empregos intermediários), a que dou preferência neste trabalho, a mesma expressão refere-se ao *trans*nacional no sentido proposto por Teubner, que aponta para ordens normativas privadas ou quase públicas que surgem e se desenvolvem no plano global independentemente tanto do Estado e de suas fronteiras quanto de ordens construídas com base em Estados, ou seja, supranacionais e internacionais[79]. Por sua vez, restringirei o termo "supranacional" a ordens abrangentes na dimensão temporal, material e social, nas quais, exceto o tratado fundador e suas alterações, as respectivas normas e decisões, fundadas nesse tratado, vinculam diretamente os cidadãos e órgãos dos Estados-membros, sendo paradigmática a União Europeia. A respeito das novas instituições internacionais que também dão ensejo ao debate sobre constituições além do Estado, a questão diz respeito à presença de formas de vinculatoriedade mais intensas do que o modelo eminentemente dispositivo do direito internacional público clássico, como, por exemplo, o *jus cogens*, o princípio *erga omnes* e as novas regulações do comércio internacional no âmbito da Organização Mundial do Comércio (OMC).

A seguir considerarei, em primeiro lugar, o tema da emergência de novas normas, instituições e organizações

---

78. Nesse sentido, Jessup usava "o termo 'direito transnacional' para incluir todo direito que regula ações e eventos que transcendem as fronteiras nacionais. Tanto o direito internacional público quanto o privado estão incluídos, assim como outras normas que não se enquadram inteiramente nessas categorias-padrão" (1956, p. 2). Cf. nessa orientação Friedman, 2004; Zumbansen, 2006.

79. Cf. Teubner, 1996b [trad. bras. 2003]; 1998b [trad. bras. 2005b]; 2000 [trad. bras. 2005c]; 2003a; 2006; Fischer-Lescano e Teubner, 2006; Calliess, 2002, especialmente pp. 186-9; Fischer-Lescano, 2003; 2005; Ladeur, 1997; 2004a.

que levam ao debate sobre constitucionalização do direito internacional, assim como terei em vista as propostas para a criação de uma Constituição supranacional no plano global (3.1). Em seguida, analisarei a questão do constitucionalismo supranacional no plano regional, considerando sobretudo a experiência da União Europeia (3.2). Por fim, examinarei as possibilidades e os limites das chamadas "constituições civis" transnacionais estudadas por Teubner (3.3).

3.1. Modelos de Constituição supranacional global e a constitucionalização no plano da ordem internacional

Uma tendência teórica paradigmática aponta para o surgimento de um constitucionalismo internacional ou supranacional no plano global. A esse respeito, os enfoques são os mais diferentes e fundamentam-se em construções teóricas muito diversas. Vão desde modelos de Estado mundial, passando por concepções de "política interna mundial", até a caracterização da Carta da ONU como Constituição da comunidade internacional.

Um modelo orienta-se normativamente em favor da ideia de uma "República mundial federal e subsidiária"[80] ou, semelhantemente, para uma estatalidade mundial como nível supremo perante a estatalidade continental e a nacional[81]. A preocupação central dirige-se à manutenção e garantia da paz, remontando à noção kantiana de "um federalismo de Estados livres"[82], mas indo além dela, na medida em que se afirma um modelo hierárquico na relação entre o Estado ou a República mundial e as unidades políticas territoriais continentais ou nacionais. É claro que, nesse modelo, impõe-se a questão da respectiva Constituição mundial. Mas, de certa maneira, o debate permanece no

---

80. Höffe, 2002a, pp. 225 ss.; 2002b; 2008.
81. Lutz-Bachmann, 2002, especialmente pp. 43 ss.
82. Kant, 1993 [1795], pp. 208-13.

plano da idealização filosófica. Faltam os elementos empíricos que apontem para a realização de uma ordem política unitária conforme esse modelo, tendo em vista que a sociedade mundial é imensamente assimétrica e fragmentada no nível político.

Também o projeto de "uma política interna mundial sem um governo mundial", proposto por Habermas[83], importa a discussão em torno da "constitucionalização do direito internacional público", de "uma Constituição para a sociedade mundial pluralista"ou de uma "Constituição cosmopolita sem República mundial"[84]. Embora vá além do modelo "internacional"kantiano de um "federalismo de Estados livres", Habermas, ao contrário de Höffe e Lutz-Bachmann, argumenta com base nas instituições e organizações internacionais já existentes, propondo que sejam amplamente reformadas, especialmente no âmbito da ONU, para que se construa uma "política interna mundial" capaz de explorar procedimentos e instituições que promovam uma "cidadania mundial"fundada em uma "consciência da solidariedade cosmopolita compulsória"[85]. Isso implicaria a representação dos movimentos de cidadania em uma espécie de câmara baixa da Assembleia Geral da ONU, assim como um modelo de divisão de poderes fundado na reforma do Conselho de Segurança e na fortificação dos tribunais internacionais e da Assembleia Geral[86]. Esse projeto poderia levar a um "regime global de bem-estar", decorrente da transferência para esferas supranacionais de funções que até agora foram realizadas pelo Estado social no âmbito de regiões limitadas do globo terrestre[87], assim como conduzir a uma

---

83. Habermas, 1998a, pp. 156 e 165 [trad. bras. 2001, pp. 132 e 139]; 2004, pp. 133 s.; 2007, p. 452; ver também 1996; 2000. Com formulação análoga, cf. Ferrajoli, 2002, p. 54.
84. Habermas, 2004; 2005; 2007, especialmente pp. 447 ss.
85. Habermas, 1998a, pp. 88 s. e 168 [trad. bras. 2001, pp. 73 s. e 141]; 1998b, pp. 77 s.
86. Cf. Habermas, 2000, p. 60; 2005, pp. 352 ss.; 2007, pp. 450 ss.
87. Habermas, 1998b, pp. 75 e 80; 1998a, p. 86 [trad. bras. 2001, pp. 70 s.].

regulação normativa da chamada "intervenção humanitária"[88]. Como já observei em trabalho anterior[89], o modelo habermasiano da Constituição da política interna mundial parece-me sobrecarregado por uma visão idealizada que parte fundamentalmente da experiência positiva da supranacionalidade[90] na Europa ocidental. Sobretudo as noções de um "regime global de bem-estar" e de uma "consciência da solidariedade cosmopolita compulsória", em uma sociedade mundial impregnada de conflitos geopolíticos, enormes assimetrias de poder, desigualdades econômicas abismais e dispersiva fragmentação cultural, são indícios de que a ideia de uma "Constituição cosmopolita sem República mundial" nos termos de Habermas pode, antes, servir para encobrir problemas graves que dependem de variáveis bem mais complexas para serem enfrentados adequadamente na arena política e jurídica.

Com pretensão descritiva a respeito da sociedade mundial, o modelo de uma estatalidade mundial *inclusiva* (que "não implica o desaparecimento de outras formas de estatalidade"[91]) refere-se à "simultaneidade de processos de constitucionalização e processos de fragmentação no sistema político, assim como no sistema jurídico da sociedade mundial"[92]. De fato, não se trata, nesse caso, de um processo orientado de maneira finalística, sendo antes um processo evolutivo; mas ele também pode ser descrito como um "um projeto de uma política *na sociedade mundial*, cercado de um sopro de utopia"[93]. Nesse contexto, argumenta-se que funções típicas do Estado moderno estão sendo ou estão

---

88. Habermas, 1996, pp. 225 s.; 2000.
89. Neves, 2006a, pp. 269 ss.
90. Cabe advertir que, embora enfatize a supranacionalidade, Habermas admite que, em um sistema mundial de níveis múltiplos, deve ser considerada a dimensão da transnacionalidade (cf. 2004, pp. 134 s.; 2005, p. 346; 2007, pp. 452-5).
91. Albert, 2007, p. 11.
92. Albert e Schmalz-Bruns, 2009, p. 57.
93. Albert, 2005, p. 236.

em condições de ser assumidas por instâncias políticas no nível da sociedade mundial[94]. É inegável que têm sido abertas para instâncias internacionais e supranacionais funções até pouco tempo realizadas por entidades estatais territorialmente delimitadas. Pode-se falar mesmo de uma partilha de tarefas em um sistema de múltiplos níveis. Daí não me parece que se possa inferir a emergência de uma estatalidade. O conceito de Estado implica a noção de uma organização central do sistema político territorialmente segmentado, de tal maneira que suas funções são realizadas sob essas condições. Portanto, não é teoricamente aconselhável nem frutífero que se aplique o conceito de estatalidade ou Estado para uma ordem fortemente descentralizada e mesmo fragmentada como a da política mundial, na qual várias organizações estão em conflito e concorrência permanente. Assim sendo, também não se torna claro quais seriam os processos de constitucionalização no plano dessa estatalidade global. Caso seja um Estado mundial, caberia antes falar de *uma* Constituição global estruturada em termos análogos ou funcionalmente equivalente à Constituição do Estado. Mas, nesse caso, reduziríamos nossa perspectiva a um projeto ideal, altamente controverso também em uma perspectiva de adequação às exigências da sociedade mundial.

No plano do direito internacional público, o debate assume uma outra perspectiva, pois se trata de atribuir caráter constitucional à ordem já existente ou emergente. Já em 1926, Alfred Verdross, com base na experiência da Liga das Nações, referia-se à "Constituição da comunidade jurídica internacional"[95]. Posteriormente, com a fundação da ONU, disseminou-se a noção de uma Constituição da comunidade internacional, seja mediante a atribuição dessa função à

---

94. Albert, 2007, p. 9; 2005, p. 229.
95. Verdross, 1926. Um pouco mais tarde, na década de 1930, aparecia esparsamente a expressão "direito constitucional internacional" (cf. Mello, 2000, pp. 3 ss., apontando para a ambiguidade dessa expressão).

própria Carta da Nações Unidas[96], seja por considerarem-se de maneira mais abrangente as instituições do direito internacional público e da política internacional[97]. Sem desconhecer que não se trata de uma Constituição "fechada" como a Constituição estatal, aponta-se para conteúdos ju-

---

96. Fassbender, 1998; 2007, pp. 281 ss.; Dupuy, 1997. A respeito, Giegerich (2003, p. 11) afirma que "a Carta das NU apresenta-se, atualmente, como a única Constituição mundial capaz de consenso". Bem mais cedo, Alf Ross (1950) já utilizava a expressão "Constituição das Nações Unidas". Verdross e Simma (1984, pp. 69 ss.) também se referiam à "Constituição das Nações Unidas".

97. Cf., p. ex., Tomuschat, 1995, p. 7, que também se refere ao "direito internacional como Constituição da humanidade" (1997). Com certas restrições, Kadelbach e Kleinlein (2008) propõem um modelo de princípios constitucionais do direito internacional. Verdross e Simma (1984, pp. 59 ss.) referiam-se também à "Constituição da comunidade de Estados não organizada" e de "princípios constitucionais da comunidade de Estados". Outros preferem falar de "direito constitucional internacional" (cf. Uerpmann, 2001; Mello, 2000; Piovesan, 2008a), embora se trate de uma expressão utilizada de forma muito ambígua. Alguns, mais cautelosos, tratam da constitucionalização do direito internacional público como um processo (Wahl, 2002, pp. 192 e 199 ss.; Biaggini, 2000, pp. 470 ss.; Frowein, 2000; Giegerich, 2003, pp. 2 s.). Bogdandy (2004a, p. 242) reconhece a fragilidade de um "constitucionalismo internacional", mas salienta o seu potencial em face de outras alternativas. Peters (2006) afasta-se de um modelo de afirmação de uma Constituição do direito internacional e propõe um "constitucionalismo internacional" para compensar a desconstitucionalização no plano doméstico, mas sua tese aponta, a rigor, para o desenvolvimento de um constitucionalismo global de nível múltiplo (p. 610). Por sua vez, Koskenniemi (2004, p. 206), discutindo o problema da hegemonia no direito internacional, sustenta que algo como a constitucionalização do direito internacional não poderia parecer com a formação de Constituição no espaço doméstico, não apenas pela falta de um poder constituinte no âmbito internacional, mas porque "a Constituição que fosse promulgada seria não a de um domínio internacional, mas sim a de um domínio imperial". Por seu turno, Tushnet (2008) mantém distância do debate sobre a existência de uma Constituição global ou internacional (p. 2, nota 7) e sustenta que "a globalização do direito constitucional doméstico é inevitável" (pp. 4 e 22), considerando "a convergência e (às vezes) harmonização, mas não uniformidade" "entre sistemas constitucionais nacionais em suas estruturas e em suas proteções dos direitos humanos fundamentais" (p. 3), não apenas por força de processos "de cima para baixo" (pp. 4 ss.), nem somente em virtude de processos "de baixo para cima" (pp. 7 ss.), mas num contexto mais amplo e complexo de pressões e contrapressões (pp. 11 ss.), no qual ocorrem "corridas para cima, para baixo e para outras direções" (pp. 19 s.); e conclui no sentido de vincular a globalização do direito constitucional doméstico ao problema da separação de poderes (pp. 20 ss.).

rídico-constitucionais do direito internacional público nas dimensões da estrutura organizacional e dos elementos materiais, assim como indica-se um direito constitucional em sentido formal[98]. No que diz respeito ao nível organizacional, assinala-se a presença de uma pluralidade de órgãos com força de autoridade no âmbito de funções legislativas, jurisdicionais e executivas[99]. Em relação aos elementos materiais, salientam-se os tratados e convenções sobre os direitos humanos, destacando-se a Convenção Europeia de Direitos Humanos (CEDH), e o direito econômico internacional, com ênfase na OMC[100]. E no que se refere ao direito constitucional em sentido formal a ênfase é dada ao princípio do *jus cogens*, nos termos expressos do art. 53 da Convenção de Viena sobre o Direito dos Tratados (1969)[101], e à decisão definidora das obrigações *erga omnes* no julgamento do caso *Barcelona-Traction* pela Corte Internacional de Justiça, em 1970[102], que acresceram uma verticalidade parcial no sistema horizontal do direito internacional público[103].

---

98. Uerpmann, 2001, p. 565.
99. Uerpmann, 2001, pp. 566-9.
100. Uerpmann, 2001, pp. 569-71.
101. O título do art. 53 da Convenção de Viena, que foi adotada em 26/05/1969 e entrou em vigor no âmbito internacional em 27/01/1980, é o seguinte: "Tratado em Conflito com uma Norma Imperativa de Direito Internacional Geral (*Jus Cogens*)". Esse dispositivo prescreve: "É nulo um tratado que, no momento de sua conclusão, conflite com uma norma imperativa de Direito Internacional geral. Para os fins da presente Convenção, uma norma imperativa de Direito Internacional geral é uma norma aceita e reconhecida pela comunidade internacional dos Estados como um todo, como norma da qual nenhuma derrogação é permitida e que só pode ser modificada por norma ulterior de Direito Internacional geral da mesma natureza."
102. *Barcelona Traction, Light and Power Company, Limited (New Application: 1962) (Belgium v. Spain), Second Phase, Judgment, I.C.J. Reports*, 1970, p. 3, §§ 33 e 34 (p. 32) (julg. 05/02/1970).
103. Fischer-Lescano, 2003, p. 718. Cf. *idem, ibidem*, pp. 743 ss.; 2005, especialmente pp. 20 s., 185 s., 220 e 230; Uerpmann, 2001, pp. 571 s.; Giegerich, 2003, p. 2; Fassbender, 2007, pp. 276 ss.; Dupuy, 1997, pp. 4 ss.; Ragazzi, 1997, especialmente pp. 1 ss., 43 ss. e 189 ss.; Frowein, 1994, especialmente pp. 363-5; 1983, especialmente pp. 257 ss.; Münch, 1983; Kadelbach, 1992, especialmente pp. 23-35; Hannikainen, 1988, especialmente pp. 1-16 e 269-77; Oeter, 2007, associando o *jus cogens* diretamente à proteção dos direitos humanos.

O caráter cogente é atribuído sobretudo à proibição de uso da força, à proibição do genocídio e a um núcleo dos direitos humanos. No caso das obrigações *erga omnes*, as partes que pactuam em tratados e convenções não se vinculam apenas entre si, mas ficam obrigadas perante toda e qualquer pessoa ou organização que venham a enquadrar-se na hipótese de incidência da norma de proteção respectiva[104]. Trata-se de uma estrutura complexa, na qual se pode observar a presença de problemas cujo enfrentamento ensejou o surgimento do Estado moderno: controle do poder e afirmação dos direitos humanos.

Não obstante, põe-se a seguinte questão: as transformações estruturais no plano internacional são realmente adequadas à formação de um equivalente funcional para a Constituição em sentido moderno, apto a servir à racionalidade transversal entre direito e política? Em um sentido muito abrangente da palavra, todas as sociedades (e seus sistemas parciais), organizações e interações têm uma Constituição[105]. Também o conceito jurídico de Constituição como conjunto normativo-jurídico supremo é universal e pode ser transportado para qualquer ordem jurídica. Mas, quando se fala de Constituição como "aquisição evolutiva da sociedade moderna"[106], emprega-se, como salientado no item 1 deste capítulo, o conceito de Constituição em um sentido estrito. Caso se admita que "o acoplamento estrutural do

---

104. Em relação às normas afetadas, Uerpmann (2001, p. 572), utilizando conceitos discutíveis de Alexy (1999, pp. 252 s.), fala de "prioridade frágil" dos deveres *erga omnes* e de "prioridade forte" do princípio do *jus cogens*, para sustentar que, no primeiro caso, há nulidade da norma, enquanto no segundo só há a caracterização de ilicitude do ato jurídico desviante.

105. Nesse sentido, enquadra-se o conceito de Mosler (1980, p. 16): "Toda sociedade, por mais que possa ser não organizada, deve ter uma regra constitucional essencial, na ausência da qual não seria uma comunidade, mas simplesmente uma coleção de indivíduos." Cf. Fischer-Lescano, 2003, p. 718, nota 10. No mesmo sentido, afirma Uerpmann (2001, p. 566): "Nem toda comunidade tem uma Constituição escrita, mas toda comunidade tem um direito constitucional."

106. Luhmann, 1990a.

sistema político e do sistema jurídico através de Constituições não tem correspondência no plano da sociedade mundial"[107], torna-se controversa a identificação de Constituições no plano do direito internacional público ou de uma supranacionalidade jurídico-política global. Quais instituições possibilitariam essa relação horizontal de seleção estrutural de influências recíprocas entre sistemas político e jurídico? A situação é mais problemática quando se pretende considerar uma Constituição transversal como estrutura para o aprendizado recíproco e o intercâmbio construtivo entre ambos os sistemas no plano do direito e das relações interestatais[108]. Pelo menos até o momento, apesar da forte juridificação no plano internacional, não parece tão simples transferir o conceito de Constituição em sentido moderno, dependente de amplos pressupostos, a instâncias globais de natureza internacional ou supranacional. Esse transporte conceitual importa, no mínimo, o reconhecimento de certas restrições. Quais seriam os entraves à afirmação de Constituição(ões) transversal(is) no âmbito internacional?

Em primeiro lugar, o problema apresenta-se na subordinação do direito internacional público à política determinada pelas grandes potências mundiais. No plano internacional desenvolve-se uma prática de relações assimétricas entre direito e poder, que apontam simultaneamente para características de constituições "semânticas" ou instrumentais e constituições "nominalistas" ou simbólicas no plano dos Estados[109]. A aplicação de modelos normativos é definida mediante um processo seletivo fortemente discriminatório, no qual a distinção entre Estados poderosos e Es-

---

107. Luhmann, 1993a, p. 582 (cf. *supra* p. 31).

108. Pode-se usar "interestatal", desde que se considere que, embora os Estados não sejam os únicos sujeitos do Direito Internacional Público (como já enfatizava Verdross, 1926, pp. 83 s.), eles são os seus sujeitos primários ou fundamentais, conforme salientam, respectivamente, Cassese, A. (2005a, pp. 71 ss.) e Mosler (1976, pp. 15 s. e 26). Cf. Uerpmann, 2001, p. 566, nota 13.

109. Cf. Fischer-Lescano, 2005, p. 275 s.; 2003, pp. 757 s.; Peters, 2006, p. 608. Cf. *supra* pp. 80-2.

tados frágeis na constelação internacional é decisiva. Os textos normativos têm uma baixa densidade de concretização normativa perante as variáveis concretas e particulares de poder. Por um lado, manifesta-se a função predominantemente simbólica na Declaração Universal dos Direitos do Homem (1948)[110], da garantia desses na Carta das Nações Unidas (1945), assim como nas diversas cartas ou convenções proclamadoras de direitos humanos específicos ou no plano regional[111]. Nesse contexto, uma crescente textualização anda em descompasso com a força normativa dos direitos humanos no plano do direito internacional. Por outro lado, a falta de um modelo de "divisão de poderes" em virtude da supremacia efetiva do Conselho de Segurança sobre a Corte Internacional de Justiça e a Assembleia Geral das Nações Unidas conduz a uma instrumentalização dos textos normativos mediante esse órgão executivo, que também desempenha funções de natureza "quase legislativa"[112] e de caráter jurisdicional (por exemplo, decisões sobre casos de violações aos direitos humanos). Dessa maneira, o direito internacional público é deixado de lado, na medida em que não corresponde às expectativas das grandes potências que demonstrem interesse no respectivo caso ou estão nele envolvidas[113]. Portanto, seja no plano dos elementos

---

110. Cf. Bernstorff, 2008a, pp. 905 ss., referindo-se (p. 906) à posição cética de Lauterpacht (1950, pp. 416 s.), apresentada já à época do surgimento da declaração: "não sendo instrumento jurídico, a Declaração parecia estar fora do direito internacional [...] a determinação de abster-se de fazer críticas capciosas não deveria interferir com o dever que incumbe à ciência do direito internacional de abster-se de infundir uma existência jurídica artificial a um documento ao qual nunca se pretendeu emprestar tal natureza".

111. Sobre o desenvolvimento da proteção internacional dos direitos humanos em convenções, tratados e cartas, ver, p. ex., Comparato, 1999; Trindade, 2000 (com ênfase na posição do Brasil); Piovesan, 2008a (destacando os instrumentos ratificados pelo Brasil: pp. 367 ss.). Sobre o seu significado para o mundo de hoje, ver, entre muitos, Tomuschat, 2008; Cassese, A., 2005b.

112. Cf. Wagner, 2003.

113. Nesse sentido, Ferrajoli (2002, p. 43) sustenta que o problema não é de um "terceiro ausente" (Bobbio, 1989), mas sim de um "terceiro impotente". Cf. também Zolo, 2006, p. 81.

materiais nucleares (direitos humanos) ou no nível organizacional ("divisão de poderes"), há limites graves ao desenvolvimento satisfatório de uma racionalidade transversal entre direito e política internacional, o que exige cautela na afirmação de uma Constituição como ordem autovinculante com primazia normativa.

Em um plano, essa questão relaciona-se à dificuldade de determinar a competência orgânica, o domínio material e a capacidade de uma proteção generalizada dos direitos humanos, nos termos de regras e procedimentos preestabelecidos (*rule of law* e *due process of law*): Quem é competente para decidir e implementar a proteção de direitos humanos contra Estados ou organizações que os violam sistematicamente? Quais são os casos que ensejam o controle e justificam as sanções? Há os pressupostos e os instrumentos que possibilitem uma proteção generalizada? Em um outro plano, o problema está associado ao uso político da retórica dos direitos humanos para fins da imposição dos interesses de determinadas potências.

No plano da articulação normativa, a determinação do(s) órgão(s) competente(s) para definir os casos que implicam violações dos direitos humanos e implementar uma proteção generalizada desses direitos envolve problemas de natureza jurídico-dogmática, de legitimidade e de condições práticas, que se implicam mutuamente. Um exemplo é a questão da intervenção militar para fins de proteção dos direitos humanos. Em uma perspectiva jurídico-dogmática, confrontamo-nos com algumas dificuldades, destacando-se a vagueza da noção de ameaça à "paz e segurança internacionais" a serem mantidas conforme decisões do Conselho de Segurança da ONU (art. 39 da Carta da ONU), noção que tem dado ensejo à prática intervencionista, assim como a relação conflituosa entre as garantias dos direitos humanos, proclamadas nos artigos 1.3 e 55-56 da Carta da ONU, e o princípio da não intervenção, consagrado no art. 2.7, relação que se torna mais problemática quando se considera o princípio da "autodeterminação dos povos", previsto no art. 1.2. O conceito vaguíssimo de ameaça à paz e à segurança internacionais veio, na práxis, a constituir-se em uma autorização em branco para o Conselho de Segurança em sua atividade intervencionista[114]. E a relação entre garantias dos direitos humanos e princípio da não intervenção "só é determinável com base na prática aplicadora dos órgãos políticos da ONU, de acordo com as prioridades válidas no momento"[115]. Tal situação leva-nos ao problema da legitimidade do próprio Conselho de Segurança – no funcionamento do qual o princípio do direito de veto dos cinco membros permanentes (art. 27.3) desempenha um papel decisivo – para proceder a uma proteção generalizada dos direitos humanos. Há como que uma hiperpolitização da proteção internacional, que, sendo casuística, não corresponde às exigências de um modelo jurídico generalizado em termo de "*rule of law*". Nesse contexto, o direito fica subordinado diretamente ao poder. Mesmo competências da Corte Internacional de Justiça têm sido desconhecidas pelo Conselho de Segurança, sem que daí tenha decorrido qualquer sanção[116]. Dessa maneira, o Conselho "realiza um intervencionismo arbitrário" em relação aos direitos humanos[117], o que envolve "intenções paternalistas" inerentes às propostas interventivas e a classificação "seletiva" das violações aos direitos humanos ensejadoras da intervenção[118].

No plano da concretização e realização, observa-se que o Conselho de Segurança e as grandes potências recorrem à retórica dos direitos humanos principalmente para justificar a sua prática interventiva com relação a Estados mais fracos na constelação internacional de poder. Evidentemente, tal uso da força simbólica tem um caráter manipulativo e serve negativamente ao incremento da força normativa dos direitos humanos. A esse respeito, cabe levantar "a suspeita de que também os direitos humanos servem de

---

114. Koskenniemi, 1998, p. 64.
115. Koskenniemi, 1998, p. 65.
116. Koskenniemi, 1998, pp. 63 s.
117. Brunkhorst, 1999, p. 382.
118. Maus, 1997, pp. 168 e 190.

pretexto para intervir em relações políticas que só podem ser resolvidas responsavelmente – seja democraticamente ou não – no plano nacional"[119]. Referindo-se ao modelo das políticas interventivas, Koskenniemi salienta que "o imperialismo racional revelou ser uma fachada para o imperialismo cínico"[120]. A propósito, caberia falar, um tanto paradoxalmente, de "imperialismo dos direitos humanos"[121].

Embora se possa afirmar que "esfera pública e esfera pública mundial são fenômenos simultâneos em seu surgimento"[122], esse problema da constitucionalização internacional ou supranacional deficiente no plano global está associado ao fato de que não se desenvolveu uma esfera pública mundial *forte*, a saber, capaz de influenciar de maneira relevante os respectivos procedimentos jurídicos e políticos[123]. Definida a esfera pública como uma dimensão não estruturada sistemicamente do ambiente de um determinado sistema[124], que se orienta de forma ao mesmo tempo

---

119. Luhmann, 1999, p. 253.
120. Koskenniemi, 2002, p. 500.
121. Neves, 2005, p. 27.
122. Stichweh, 2002, p. 57; cf. também 2007, pp. 31 s.
123. Na distinção entre esfera pública "forte" e "frágil", Brunkhorst (2002, pp. 184 ss.; 2007, pp. 233 s.) recorre a Fraser (1992, pp. 132 ss.) e a Habermas (1992, pp. 373 ss.), mas se afasta desses autores, que se concentram na diferença entre esfera pública organizada (forte) e não organizada (frágil) no Estado constitucional, e propõe só seja incluída na esfera pública forte aquela dimensão que está organizada juridicamente "como povo" por meio de procedimentos (eleição, *referendum* e plebiscito) e que, mediante a ressonância da opinião pública em seus órgãos, exerce poder estatal ou transnacional (Brunkhorst, 2002, p. 185, nota 98). Eu restrinjo o conceito de esfera pública à chamada esfera pública "informal" ou "não organizada", localizada no entorno dos sistemas jurídico e político (Neves, 2006a, pp. 131 ss.), reduzindo o conceito de povo constitucional a uma dimensão procedimental interna do sistema jurídico (cf. *supra* p. 59). A esfera pública é forte quando influencia de maneira abrangente e relevante os procedimentos constitucionais; frágil, quando só tiver influência eventual e pouco relevante sobre esses procedimentos, não contribuindo satisfatoriamente para sua heterolegitimação (Neves, 2009c, pp. 682 s.).
124. No âmbito da teoria do sistemas, Stichweh (2002, pp. 60 s.), de maneira diversa, define a esfera pública como o "ambiente interno" de um sistema e, correspondentemente, a esfera pública mundial como o "ambiente interno" da política mundial.

abrangente e difusa no sentido de influenciar este, há uma pluralidade de esferas públicas mundiais relevantes: a esportiva, a econômica, a científica etc. A esfera pública política ou, mais especificamente, jurídico-política (isto é, constitucional), apresenta-se forte no Estado constitucional, porque influencia efetiva e significativamente a articulação dos procedimentos democráticos e dos referentes à *rule of law* e ao *due process of law* (Estado de direito). A política e o direito são condicionados pela esfera pública constitucional. Ao contrário, a esfera pública político-jurídica mundial ou internacional atua de modo pontual e intermitentemente, ou seja, não é capaz de influenciar, de forma generalizada e permanente, os respectivos procedimentos políticos e jurídicos. As decisões tomadas e as normas estabelecidas por meio desses procedimentos são, em regra, insensíveis às esferas públicas frágeis e marginais que atuam no plano internacional da sociedade mundial.

Por fim, cabe considerar que o problema relaciona-se também com a não existência de um povo constitucional ou um equivalente funcional no nível da sociedade mundial, isto é, com a ausência de uma instância que assegure o fechamento operativo do sistema político, possibilitando o apoio generalizado no contexto de uma sociedade hipercomplexa. Por questões as mais diversas – especialmente os conflitos geopolíticos, a assimetria abismal nos níveis de desenvolvimento e a variedade de perspectivas referentes à agenda decisória –, a capacidade de apoio político generalizado, no sentido da neutralização perante os particularismos e as persistentes pressões das relações concretas de dominação, permanece basicamente restrita ao Estado constitucional, não se transportando para o plano global[125].

Do exposto segue a opressão da racionalidade jurídica (o princípio da igualdade) por um código de poder superior/inferior que se reproduz no âmbito de uma geopolítica global assimétrica e, portanto, não se apoia na racionalidade

---

125. Cf. Luhmann, 2000a, pp. 222 s.

política (democracia). E daí decorre que, sem a institucionalização global de uma diferença horizontal entre governo e oposição (ou um equivalente funcional), a estrutura *hierárquica* de dominação presente nas relações internacionais, embora não seja expressão do modelo hierárquico das sociedades pré-modernas, tem um quê de "tribalismo"[126] e mesmo de uma certa presença da "lei do mais forte" nos termos do estado de natureza hobbesiano[127], sendo, assim, incompatível com a Constituição em sentido moderno. Nesse contexto, a Constituição transversal entre direito e política permanece um artefato retórico na medida em que a reprodução heterônoma e destrutiva da política sobre o direito é incompatível com o entrelaçamento racional de ambas as esferas mediante aprendizado recíproco e intercâmbio construtivo da respectivas experiências com a democracia e a igualdade.

Evidentemente, quando se trata de uma ordem regional, como a construída pela Convenção Europeia de Direitos Humanos e concretizada pelo respectivo Tribunal Europeu de Direitos Humanos, é inegável a sua força normativa no âmbito dos Estados envolvidos, especialmente pela presença dos deveres *erga omnes* e pela aplicação do princípio geral do *jus cogens*[128]. Também no caso da OMC, embora ainda fundada em um modelo decisório de negociações muito instáveis, facilmente suscetível de bloqueio (modelo intergovernamental)[129], é inegável a força normativa vinculante

---

126. "[...] a ordem jurídica mundial assemelha-se antes às formas de ordem de sociedades tribais" (Luhmann, 1993c, p. 544). A respeito, com restrições, Fischer-Lescano, 2003, pp. 719 s. Kelsen (1960, pp. 323 s. [trad. bras. 2006, pp. 358 s.]; 1946, pp. 339-41 [trad. bras. 2005, pp. 483-6), por sua vez, referia-se ao direito internacional público como uma "ordem jurídica primitiva".

127. Conforme Hobbes (1992, p. 149 [1651, p. 110]), as relações entre os Estados ocorreriam no "estado de natureza", no qual prevaleceria a lei do mais forte (1992, p. 118 [1651, pp. 85 s.]). Cf. também Locke, 1980 [1690], p. 13, § 14, que, parte, porém, de outra concepção do estado de natureza.

128. Cf. Uerpmann, 2001, pp. 571 s.

129. Nettesheim, 2001, p. 402, falando, porém, de "necessidade de constitucionalização".

das decisões em relação aos Estados, organizações e empresas afetadas. Mas me parece não ser oportuna a aplicação, sem amplas restrições, do conceito de Constituição para essas ordens internacionais parciais[130]. Antes cabe considerá-las na análise do transconstitucionalismo entre ordens jurídicas, pois elas se confrontam, de maneira relevante, com problemas constitucionais da sociedade mundial, que ultrapassam os limites da estatalidade.

3.2. Constitucionalismo supranacional no plano regional

A questão apresenta-se de maneira diversa quando se indaga sobre as possibilidades de um constitucionalismo supranacional que se desenvolva em uma região do globo terrestre. Mas, também nesse caso, é imprescindível que sejam preenchidos determinados pressupostos para a formação e o desenvolvimento de uma Constituição transversal como equivalente funcional da que caracteriza o Estado constitucional. Quais são esses pressupostos?

Parece plausível que uma certa simetria no nível de desenvolvimento dos respectivos Estados-membros é uma condição decisiva para a construção de uma supranacionalidade, que implica normas e decisões abrangentes nas dimensões social, material e temporal, vinculando diretamente os cidadãos e órgãos estatais. Nos casos de condições orçamentárias, níveis educacionais, sistemas de saúde, situação de trabalho e emprego etc. muito díspares, fica obstaculizada ou, no mínimo, dificultada a incorporação normativa imediata (sem ratificação) que caracteriza uma ordem supranacional. Os esforços da União Europeia para que fosse alcançado um certo nível mínimo de equilíbrio orçamentário

---

130. Em relação à OMC, cf., diversamente, Krajewski, 2001, especialmente p. 131. No que concerne à Convenção Europeia de Direitos Humanos, Walter (1999) é mais cauteloso, caracterizando-a como "processo de constitucionalização".

por parte dos Estados que se candidatam ao ingresso na qualidade de membro e os correspondentes controles depois da admissão dos respectivos Estados (trata-se, ao menos, de uma exigência formal para a admissão na zona do Euro) são indícios de que, diferentemente do caso da internacionalidade, uma supranacionalidade estável não suporta grandes disparidades de desenvolvimento[131].

Outrossim, o surgimento e a realização de uma Constituição supranacional como instituição capaz de servir à racionalidade transversal entre política e direito no plano regional pressupõem que os sistemas político e jurídico diferenciados territorialmente nos respectivos Estados-membros estejam vinculados construtivamente mediante constituições transversais. É inconcebível que uma Constituição supranacional transversal, por meio da qual igualdade jurídica e democracia política estão entrelaçadas, possa desenvolver-se com base em Estados autocráticos com constituições instrumentais ou em Estados aparentemente democráticos com constituições simbólicas[132]. Esse consiste, por exemplo, em um dos obstáculos que o Mercosul precisaria superar no caminho de transição de uma organização interestatal para uma organização supraestatal que, por fim, pudesse esboçar uma Constituição supranacional transversal. Cabe observar que, enquanto na União Europeia o problema não se relaciona diretamente com o Estado de direito, ou seja, com a formação de um *direito interno europeu*, mas sim com a democracia (*déficit* democrático?), ou seja, com a legitimação de uma *política interna europeia*, o caso

---

131. Evidentemente, essa situação pode ser interpretada de outra maneira: a integração supranacional pode ser compreendida como oportunidade de alcançar um melhor nível de desenvolvimento econômico e social, especialmente para os Estados menos desenvolvidos da respectiva região (a esse respeito, agradeço a Deisy Ventura e a Armin von Bogdandy os comentários e críticas). Não obstante, há amplos indícios de que abismos gritantes de desenvolvimento entre os Estados criam dificuldades decisivas na construção e manutenção de uma ordem supranacional estável.

132. Cf. Neves, 2009a.

do Mercosul é mais grave. Embora interdependentes essas duas dimensões já no plano do Estado de direito, as deficiências presentes nos Estados-membros prejudicam a formação de um *direito interno sul-americano* no plano do Mercosul, além de a estrutura deste ser incompatível não só com a legitimação democrática, mas também com a construção de uma *política interna sul-americana*. Não há, pois, apenas um *"duplo déficit democrático"* no âmbito do Mercosul, problema geral presente tanto nos Estados-membros quanto na organização regional de integração[133]. Pode-se falar também de um *duplo déficit de Estado de Direito* (orientado no princípio da igualdade), que prejudica a limitação e o controle jurídicos dos agentes públicos e privados tanto no plano dos Estados Partes quanto no plano dos órgãos intergovernamentais. Neste particular, o Mercosul ainda está bem mais distante da União Europeia, na qual os limites referentes à *rule of law* já estão amplamente superados em ambos os planos, apesar de todos os conflitos normativos e de jurisdição[134]. Sendo assim, enquanto na União Europeia, pelo menos no plano dos Estados-membros, estão presentes, no que diz respeito tanto à democracia quanto ao Estado de direito, os pressupostos para a formação de uma organização fundada no constitucionalismo transversal, o Mercosul ainda não preenche sequer essas condições mínimas[135].

Além dos pressupostos no nível dos Estados, a formação de uma Constituição supranacional transversal depende da construção de um povo constitucional *determinante dos procedimentos* no plano supraestatal. Não se trata, porém, de um povo caracterizado por uma identidade cultural co-

---

133. Ventura, 2003, p. 590, distinguindo, também nesse aspecto, o Mercosul da União Europeia, pois, nesta, o problema do "déficit democrático" só se apresentaria no plano da União, não dos Estados-membros. Essa constatação não deve levar à desconsideração de tendências antidemocráticas na experiência de Estados da UE, mas essas tendências apresentam-se precisamente como um problema para a integração supranacional europeia.
134. Cf., p. ex., Weiler, 1999, especialmente p. 28.
135. Neves, 2009a, p. 76.

letiva ou por uma comunidade de valores, que, aliás, também não existe no Estado constitucional[136]; mas sim de um povo que se distingue, antes de tudo, por uma forte heterogeneidade cultural. Um povo constitucional supranacional é necessário na medida em que ele ingressa nos procedimentos políticos e, dessa maneira, pode levar ao fechamento do sistema político (cf. *supra* p. 59). Com isso, a generalização do apoio político e a racionalidade democrática são asseguradas. O chamado "*déficit* democrático" na União Europeia é relacionado à hipótese de que, em virtude do deficiente desenvolvimento de um povo capaz de determinar os procedimentos, as pressões das constelações particularistas de interesse não estariam sendo neutralizadas e, portanto, a generalização do apoio político ainda seria obstaculizada[137]. Não obstante, há fortes indícios de que a cada vez mais forte integração supranacional no contexto da União Europeia pode conduzir à consolidação de um povo constitucional europeu, muito heterogêneo e apto a determinar, de formas as mais diversas, os procedimentos políticos de decisão. Mediante a circulação e contracirculação de administração, governo, público e povo no plano europeu, há esboços da formação de uma racionalidade demo-

---

136. Cf. Heller, 1934, p. 241. A esse propósito, é precisa a formulação de Silva, J. A. (2000, pp. 123 s.): "Toda forma de *Estado ético* elabora sua própria concepção ética em vista dos valores que defende e dos fins que tem em mira atingir, o que leva ao totalitarismo, porque erige o Estado em fonte moral, de determinados critérios éticos, onipotentes e onipresentes, que não admitem qualquer comportamento que não esteja rigorosamente de acordo com a moral oficial". Silva invoca em favor de sua asserção a afirmativa de Dallari (1991, p. 89): "O que acontece na prática é que a predominância dessa orientação leva a um exagerado moralismo, que fornece a base para a supremacia absoluta da vontade dos governantes, pois são estes que ditam as regras morais em nome do Estado."

137. Cf. Grimm, 1995b, pp. 14 s. Problematizando essa hipótese, ver Weiler, 1999, especialmente pp. 77 ss. e 264 ss. Contra tal hipótese, Cananea (2003, pp. 107 ss.) sustenta a "dupla legitimação eleitoral das instituições europeias" (pp. 109-12). Maduro (2006, pp. 225 ss.), por sua vez, refere-se a um "superávit democrático europeu" (a respeito, cf. a crítica de Hespanha, 2007, p. 280, nota 363).

crática supranacional em condições de vincular-se com a já consolidada racionalidade jurídica mediante uma Constituição transversal entre política interna e direito interno europeus[138].

Essa situação pode ser observada na relação circular entre procedimentos legislativos, executivos e jurisdicionais, análogos ao modelo do constitucionalismo estatal. Stefan Oeter aponta para três "órgãos legislativos fundamentais" na União Europeia – a saber, o Conselho de Ministros, a Comissão e o Parlamento, que se aproximariam, em seu funcionamento, do modelo bicameral do federalismo parlamentarista do tipo alemão –, um órgão de governo, a Comissão (que conta com uma burocracia administrativa) e um órgão jurisdicional supremo e decisivo, o Tribunal de Justiça das Comunidades Europeias (TJCE)[139]. Ele acrescenta que "mesmo os fenômenos da comitologia, que limitam sensivelmente o espaço legislativo da Comissão no âmbito da pura legislação executiva, encontram evidentes paralelos na práxis do Estado federal cooperativo alemão"[140]. Analogamente ao estabelecimento de normas gerais pela Comissão Europeia, a atividade regulamentar do governo federal alemão, sujeita à concordância do Conselho Federal, estaria impregnada "de uma coordenação de um sem-número de diversos grêmios profissionais", importando um sistema de níveis múltiplos[141]. Considerando essas características semelhantes, Oeter, ao comparar a Comunidade Europeia com

---

138. Restrinjo-me a aqui à experiência supranacional da constitucionalização da União Europeia, deixando de fora o debate abrangente sobre a suposta "Constituição europeia" (da qual a Constituição da União Europeia seria uma "Constituição parcial" – Bogdandy, 2003, p. 157, nota 1), que implica dimensões de direito internacional regional, como a Convenção Europeia de Direitos Humanos.

139. Oeter, 1999, pp. 906 ss.

140. Oeter, 1999, p. 909. Sobre a discussão inicial em torno da "comitologia", ver Pedler e Schaefer (orgs.), 1996; Vos, 1997; Bradley, 1997; Joerges e Neyer, 1997. Considerando as transformações recentes, cf. Almer, 2008; Joerges, 2007. Para um panorama amplo, ver Bergström, 2005.

141. Oeter, 1999, p. 909.

organizações internacionais que trabalham no plano da cooperação intergovernamental, sustenta: "O que distingue a comunidade de qualquer outra organização internacional, no entanto, é a combinação de aplicabilidade imediata e primazia do direito comunitário."[142] Assim, estaria marcada por uma circulação constitucional de uma pluralidade de procedimentos jurídicos e políticos.

Apesar de reconhecer a relevância dessas cuidadosas ponderações, parece-me que a "comitologia" na União Europeia tem um caráter diferenciado do que se passa com a presença de agências técnicas e grêmios profissionais que assessoram a elaboração de anteprojetos legislativos no parlamento e no Executivo estatal alemão. Em primeiro lugar, o fato de que a Comissão, além de deter amplos poderes executivos, constitui o órgão de governo da União torna a sua relação com as agências técnicas e grêmios profissionais de difícil controle. O frágil Parlamento Europeu ainda não tem poderes que o tornem capaz de avaliar e selecionar legitimamente, mediante uma discussão transparente, conteúdos normativos oriundos dos processos de deliberação nos grêmios profissionais e comitês técnicos. Em relação a esses, não há nenhuma garantia de que haja uma neutralização do particularismo dos grupos de interesse. É verdade que também se aponta para a presença dos *arcana imperii* como fator de erosão da democracia no Estado constitucional[143]. Mas, nesse caso, persiste a possibilidade de que o debate sobre essa forma de poder particularista e privilegiado seja rearticulado no plano do parlamento e dos procedimentos legislativos, com repercussão em uma esfera pública abrangente. A esse respeito, a questão que se põe, no caso da União Europeia, é exatamente o limite de uma circulação do poder que esteja aberta, em cada caso, aos influxos de uma esfera pública pluralista. Daí decorre um processo policêntrico de legislação, caracterizado por uma "ampla exclusão da esfera pública"[144].

---

142. Oeter, 1999, p. 910.
143. Bobbio, 1984, pp. 17 s. e 22 [trad. bras. 1986, pp. 29 s. e 34].
144. Oeter, 1999, p. 908.

Cabe, portanto, por fim, observar que, ao lado de um povo constitucional *determinante* dos procedimentos, impõe-se, para o surgimento e a estabilidade de uma Constituição supranacional transversal no plano regional, a formação de uma esfera pública forte, isto é, *relevante* para os procedimentos, que possa servir à abertura do sistema político e, assim, sirva como instância de sua heterolegitimação. Isso depende de procedimentos políticos que permaneçam abertos e sensíveis às instigações e influências da respectiva esfera pública. Também aqui não se trata de unidade culturalmente homogênea nem de identidade coletiva[145]. Mas se desenvolve nesse sentido, por exemplo, a discussão em torno da busca de uma identidade europeia como base de uma Constituição supranacional[146]. Não se observa, nessa perspectiva, que justamente o dissenso estrutural é imprescindível à esfera pública. Se quisermos insistir no termo, a "identidade" só pode apresentar-se como "identidade da diferença", ou seja, ela só está presente na medida em que suporta o dissenso a respeito de conteúdos, admitindo e promovendo procedimentos e instituições que tornam possível o convívio dos não idênticos. O decisivo é a relevância do debate público para os procedimentos constitucionais supranacionais.

De certa maneira, assiste razão a Joseph Weiler quando sustenta que o Tratado de Maastricht (1992) constitui o limiar do constitucionalismo na União Europeia ("o 'momento' constitucional mais importante"), tendo em vista o seu impacto público em uma população que, até então, "era convenientemente indiferente", ou seja, a reação ou o debate público que se seguiu à sua entrada em vigor[147]. Apesar disso, cumpre considerar o argumento de que as esferas públicas "nacionais" articuladas em torno dos procedimentos políticos estatais continuam tendo primazia sobre a es-

---

145. Em sentido diverso, ver Grimm, 1995b, pp. 46 ss.
146. Cf., entre outros, Bogdandy, 2003; 2004b.
147. Weiler, 1999, pp. 3 s.

fera pública europeia em desenvolvimento e ainda estão ocupadas de modo limitado com os respectivos procedimentos supranacionais. E procedimentos políticos alheios à esfera pública são incompatíveis com constituições transversais. Mas há fortes sinais de que a condensação cada vez mais intensiva de temas comuns no nível europeu torna muito provável a formação de uma esfera pública supranacional procedimentalmente relevante, que possa levar à estabilidade de uma Constituição transversal europeia.

Uma estratégia para a fortificação de uma esfera pública europeia e a construção de um povo constitucional europeu dirige-se a uma ampla reforma do parlamento, no sentido de fortificar o seu papel representativo e decisório, no contexto de uma rearticulação da divisão de poderes no âmbito da União[148]. Nessa perspectiva, a presença de um órgão legislativo-parlamentar relevante instigaria a articulação de uma esfera pública em torno dos seus procedimentos. Em certa medida, esse modelo foi desenhado no projeto do Tratado Constitucional da União Europeia ("Tratado que Estabelece uma Constituição para a Europa"), aprovado pelo Conselho Europeu em 18 de junho de 2004 e assinado em 29 de junho de 2004, mas reprovado em referendos realizados na França e na Holanda (2005)[149]. Em relação a esse modelo, paira a desconfiança de que, ao atribuir-se mais competências a um órgão parlamentar que não conta com uma esfera pública relevante no seu entorno, em vez de fortificar-se a democracia no nível europeu, haveria um enfraquecimento das democracias nos respectivos Estados-membros da União[150].

---

148. Cf., nesse sentido, Habermas, 2001; com mais cuidado, 2008.

149. A respeito das implicações desses referendos, ver Brunkhorst, 2008b. Também o projeto de Tratado Reformador que o pretende substituir ("Tratado que Altera o Tratado da União Europeia e o Tratado que Institui a Comunidade Europeia", assinado em Lisboa em 13/12/2007) está bloqueado em virtude de sua rejeição pela Irlanda, no plebiscito realizado em 12/06/2008. Apontando para a insuficiência desse Tratado para a solução dos problemas de integração europeia, ver Habermas, 2008, pp. 97 ss.

150. Cf. Grimm, 1995b, especialmente p. 47; 2004b.

Embora se deva ponderar a respeito dessa suspeita, parece-me que uma reforma do modelo de distribuição de poderes, com a fortificação da representatividade democrática e do poder decisório do parlamento europeu, poderia estimular o desenvolvimento de uma esfera pública procedimentalmente relevante no plano europeu, que estaria em relação de complementaridade e concorrência com as esferas públicas "nacionais" respectivas, no contexto de um sistema de níveis múltiplos entrelaçados.

Por fim, cumpre observar que a constitucionalização da União Europeia está amparada fundamentalmente em desenvolvimentos que se localizam no centro do sistema jurídico, constituído pelos juízes e tribunais nacionais e europeus, tendo como órgão supremo o Tribunal de Justiça das Comunidades Europeias. Portanto, cabe falar de uma Constituição supranacional incompleta, não rigorosamente porque se "poderiam criar direitos e permitir remédios judiciais para escravos"[151], pois estes, conceitualmente, são objetos, mas sim porque o princípio da igualdade vinculado à *rule of law* sofre restrições quando falta um suporte democrático à respectiva ordem jurídico-política.

Em suma, a juridificação está em uma relação fortemente assimétrica com a democratização no plano europeu. O entrelaçamento equilibrado e construtivo entre racionalidade jurídica (princípio da igualdade) e racionalidade política (legitimidade democrática), no contexto de uma Constituição europeia como "ponte de transição" para uma racionalidade transversal entre política e direito no nível supranacional, não se consolidou plenamente de maneira funcionalmente equivalente à experiência dos Estados constitucionais bem-sucedidos (mesmo que também, nesses, não se trate de um produto acabado e perfeito). Antes, a constitucionalização da União Europeia, se não nos limitamos a um conceito histórico-universal de Constituição, ainda é um processo de desenvolvimento em aberto, suscetível de

---

[151]. Weiler, 1999, p. 336, acompanhado por Brunkhorst, 2002, p. 232.

reversões, mas que provavelmente tenderá à consolidação de uma Constituição transversal no plano de um federalismo supranacional.

3.3. As "Constituições civis" transnacionais

Uma perspectiva bem diversa do constitucionalismo transversal na sociedade mundial consiste no modelo das constituições transnacionais, que se desenvolvem primariamente mediante atores privados e quase públicos, sem Estado. Nessa direção destaca-se especialmente a obra de Gunther Teubner.

Como já salientei em trabalhos anteriores[152], o conceito de "Constituições civis globais" proposto por Teubner[153] parte de um projeto teórico no qual, em um desenvolvimento ulterior da teoria dos sistemas, o acento da autoprodução operativa do direito é deslocado para as ordens jurídicas globais, caracterizadas pela heterarquia e pelo pluralismo[154]. Segundo esse projeto, a sociedade mundial, no contexto da globalização, teria conduzido ao desenvolvimento de *rule of law* e *due process of law* em diversos domínios diferenciados de comunicação. Nesse sentido, os procedimentos do Estado de direito teriam perdido sua pertinência específica ao Estado nacional, passando a receber novos impulsos no âmbito das "aldeias globais" como sistemas autônomos: a economia, a ciência, a técnica, o sistema de saúde, a previdência social, o sistema de transporte, a mídia, o turismo como sistemas mundiais[155]. Nesse processo, o significado da Constituição como acoplamento estrutural entre política e direito ter-se-ia tornado diminuto. Teubner parte do diagnóstico de Luhmnann, segundo o qual não há correspon-

---

152. Neves, 2006a, pp. 260 ss.; 2007a, pp. 194 ss.; 2007b, pp. 385 ss.
153. Teubner, 2003a; 2000 [trad. bras. 2005c].
154. Teubner, 1996b [trad. bras. 2003]; 1996c; 1998a [trad. bras. 2005a]; 1998b [trad. bras. 2005b].
155. Teubner, 1996b, especialmente p. 259 [trad. bras. 2003, p. 12].

dência do acoplamento estrutural entre política e direito por meio da Constituição no nível da sociedade mundial[156], mas desenvolve o seu argumento em outra direção, considerando a perda de importância da política no plano global. Por um lado, o enfraquecimento da política e do direito acoplados estruturalmente mediante a Constituição é atribuído ao forte vínculo de ambos os sistemas ao Estado nacional; por outro, aponta-se para a desvinculação do direito à política democrática no processo de globalização (ver *supra* p. 33). Essa emancipação do direito em relação ao Estado nacional teria ocorrido, segundo Teubner, com o surgimento de ordens jurídicas plurais que se desenvolvem mediante acoplamentos estruturais com os respectivos sistemas mundiais autônomos. Associado a esse processo, os "setores espontâneos" da sociedade mundial teriam ganhado relevância em comparação com os "setores organizados"[157]. Nesse contexto, teria despontado uma fragmentação de "aldeias jurídicas globais"[158], a exigir que, contrariamente à concepção de hierarquia e unidade do direito no Estado constitucional, a teoria do direito e a dogmática jurídica enfatizem a "pluralidade heterárquica de ordens jurídicas"[159]. Trata-se, no modelo proposto por Teubner, de uma pluralização da autoprodução operativa ou autopoiese do direito.

Nos termos dessa teoria pluralista do direito mundial sem Estado, o conceito de Constituição é semanticamente ampliado de maneira significativa, tendo em vista que ele se estende a vínculos entre a racionalidade orientada pelo princípio da igualdade e as racionalidades de sistemas mundiais que *independem da democracia* em sua reprodução – diferentemente de Luhmann, que restringe o conceito de Constituição a um tipo específico de vínculo entre dois sis-

---

156. Teubner, 1996b, p. 260 [trad. bras. 2003, p. 13]; 1996c, p. 248. Ver *supra* pp. 31 e 91 s.
157. Teubner, 2000 ; 2003a, pp. 25 s. Cf. também Fischer-Lescano, 2005, pp. 254 ss.
158. Teubner, 1996b, p. 261 [trad. bras. 2003, p. 13].
159. Teubner, 1996c, p. 245.

temas específicos, a política e o direito. Enquanto este autor afirma, por exemplo, que o acoplamento estrutural entre direito e economia reside no contrato e na propriedade, Teubner também se refere à Constituição civil que acopla estruturalmente a *lex mercatoria* e o sistema econômico mundial, além de diversas outras constituições civis globais. É controverso se haveria aí um uso inflacionário ou arbitrariamente metafórico do termo "Constituição", apontando para um "objeto do anseio de todos" (ver *supra* Cap. I.1). Teubner, porém, procura delimitar semanticamente o conceito de Constituição para indicar apenas os vínculos entre direito e outro sistema social no plano *reflexivo*[160]. No caso das constituições civis, dois processos reflexivos, um no direito e outro em uma das esferas sociais globais (economia, esporte, internet, ciência etc. – excetuada a política, relacionada à Constituição estatal), estariam acoplados estruturalmente, suposta a autonomia dos respectivos sistemas.

Admitida essa reconstrução conceitual, as Constituições civis identificadas por Teubner apresentam-se igualmente como "pontes de transição" entre subsistemas sociais e ordens jurídicas plurais no plano global. Pode-se afirmar, portanto, que as Constituições civis servem à racionalidade transversal entre esferas sociais globais e ordens jurídicas mundiais enquanto, nos respectivos planos reflexivos, entrelaçam a autoprodução do direito com a do correspondente subsistema da sociedade. Nessa constelação teórica, o conceito de constituições civis é associado ao problema da colisão de regimes, nos seguintes termos: "Regimes autoconstitucionais caracterizam-se por vincularem processos reflexivos do direito com processos reflexivos de outros âmbitos sociais – justamente, pois, não apenas com os da política; em outras palavras: por relacionarem, enquanto instituições intersistêmicas de acoplamento, o direito, mediante normatizações jurídicas secundárias, com princípios fundamentais

---

160. Fischer-Lescano e Teubner, 2006, pp. 53 ss.; Teubner, 2003a, especialmente pp. 17-25.

de racionalidade de domínios sociais autônomos."[161] Indica-se que a maximização da própria racionalidade dos diversos sistemas funcionais pode ter efeitos destrutivos mesmo sobre a sociedade mundial policêntrica. Daí resulta que se impõem, tanto em forma jurídica quanto em forma constitucional, regimes autônomos que possam confrontar-se com as tendências expansivas de alguns sistemas funcionais globais em detrimento da autonomia de outros subsistemas[162]. Nessa perspectiva, as preocupações com os efeitos destrutivos das esferas parciais da sociedade mundial fragmentada sobre o homem e a natureza são colocadas igualmente no primeiro plano, destacando-se a questão de determinar como as ordens jurídicas plurais e as correspondentes constituições civis da sociedade mundial podem reagir a esse problema. Cabe afirmar que a argumentação de Teubner sobre colisões de regimes e Constituições civis orienta-se, por fim, no sentido da busca de racionalidades transversais entre direito e os respectivos subsistemas sociais da sociedade mundial.

A ênfase dada por Teubner às ordens jurídicas globais e plurais (*law's global villages*), acopladas estruturalmente com um dos sistemas mundiais (economia, ciência, esporte, internet etc.) através de Constituições civis, é indubitavelmente muito significativa para o esclarecimento da relação entre direito e sociedade no plano global. Trata-se de uma contribuição decisiva para a compreensão do entrelaçamento transversal entre âmbitos de comunicação orientados primariamente conforme expectativas normativas e domínios de comunicação estruturados primariamente de acordo com expectativas cognitivas na sociedade mundial. Mas ainda há determinadas condições empíricas que limitam o desenvolvimento de constituições civis da sociedade mundial. Na própria exposição de Teubner, podem ser verificados sintomas dos limites das constituições civis globais.

---

161. Fischer-Lescano e Teubner, 2006, p. 54.
162. Fischer-Lescano e Teubner, 2006, pp. 25-33.

Em relação à *lex mercatoria*, por exemplo[163], salienta-se a sua deficiente autonomia perante os processos econômicos globais, sublinhando-se que ela é extremamente fraca tanto perante os ataques de atores econômicos quanto diante das pressões políticas, e, nesse sentido, permanecerá sendo também no futuro "um direito corrupto"[164]. Assim sendo, pode-se levantar a tese de que essa ordem jurídica constitui antes um instrumento da economia mundial e, em primeiro lugar, tem de servir à eficiência desse sistema. Em outras palavras, a *lex mercatoria* põe o direito a serviço do dinheiro ou o torna um meio desse. A rigor, não se trata de uma forma de direito operativamente autônomo perante o sistema econômico. Enquanto a *lex mercatoria* como direito econômico global estiver subordinada à economia mundial ou permanecer trivializada economicamente, ela não consistirá em uma ordem jurídica apropriada a promover um tratamento igual/desigual que não apenas seja adequado economicamente, mas também juridicamente consistente. Ela é oportuna para favorecer a estabilidade jurídica do jogo econômico, mas não está em condições de garantir a igualdade jurídica. Diante dos processos reflexivos altamente dinâmicos do mecanismo monetário no plano da economia mundial, a reflexividade da *lex mercatoria* é ainda muito débil. Por isso, é sensivelmente deficitário o processo de formação de uma Constituição ou de um equivalente funcional que possa servir à racionalidade transversal entre direito e economia mundial. Antes, trata-se de uma relação entre a frágil reflexividade do direito, decorrente do insuficiente desenvolvimento de um correspondente direito constitucional, e a força do código da economia mundial, que invade de maneira heteronomizante, instrumental ou destrutiva o "campo jurídico" da *lex mercatoria*. E isso vale também para outras "aldeias jurídicas globais" nas suas relações com os respectivos sistemas sociais globais: sobressai a instrumen-

---

163. Teubner, 1996b, pp. 264 ss. [trad. bras. 2003, pp. 15 ss.].
164. Teubner, 1996b, p. 279 [trad. bras. 2003, p. 24].

talização das ordens jurídicas mundiais por outros âmbitos parciais de comunicação da sociedade mundial (*lex mercatoria* para a economia, *lex digitalis* para a internet, *lex sportiva* para o esporte etc.). Disso resulta que a formação de Constituições transversais no plano transnacional, até o momento, permanece apenas como um projeto em perspectiva e, em parte, constitui uma pretensão normativa da sociedade mundial, pretensão essa que deve ser levada a sério, como demonstra a questão dos direitos humanos[165].

Parece-me, porém, que não é o mais apropriado definir as formas de relação existentes entre ordens jurídicas transnacionais e os correspondentes sistemas funcionais globais nos termos de "Constituições civis". Afigura-se-me mais frutífero e adequado ao tratamento dos problemas constitucionais da sociedade mundial do presente incorporar essas ordens à rede de entrelaçamento de ordens jurídicas (estatais, supranacionais, internacionais e locais) no âmbito do afluente transconstitucionalismo.

---

165. Teubner, 2006.

Capítulo III
... Ao transconstitucionalismo entre ordens jurídicas

1. O transconstitucionalismo entre ordens jurídicas como modelo referente ao tratamento de problemas constitucionais

O conceito de Constituições transversais refere-se ao entrelaçamento entre o direito e a política ou, no caso das "Constituições civis" da sociedade mundial, um outro sistema social. A questão reside na relação entre sistemas funcionais, concentrando-se nos limites e possibilidades de construção de uma racionalidade transversal mediante o aprendizado recíproco e intercâmbio criativo. Isso implica externalização e internalização de informações entre esferas sociais que desempenham funções diversas e se reproduzem primariamente com base em códigos binários de comunicação diferentes.

A questão é outra quando se trata de transconstitucionalismo. Nesse caso, o problema consiste em delinear as formas de relação entre ordens jurídicas diversas. Ou seja, dentro de um mesmo sistema funcional da sociedade mundial moderna, o direito, proliferam ordens jurídicas diferenciadas, subordinadas ao mesmo código binário, isto é, "lícito/ilícito", mas com diversos programas e critérios[1]. Verifi-

---

1. Sobre a diferença entre código (forma-diferença binária) e critérios (de solução de problemas) ou programas (de decisão), cf. Luhmann, 1986c,

ca-se, dessa maneira, uma pluralidade de ordens jurídicas, cada uma das quais com seus próprios elementos ou operações (atos jurídicos), estruturas (normas jurídicas), processos (procedimentos jurídicos) e reflexão da identidade (dogmática jurídica)[2]. Disso resulta uma diferenciação no interior do sistema jurídico. Essa diferenciação entre ordens não se limita, porém, à diferenciação segmentária entre ordens jurídicas estatais com âmbitos territoriais de validade delimitados. Além disso, há não só uma diferenciação de "níveis" entre ordem jurídica estatal, supranacional e internacional, mas também a diferenciação funcional de ordens jurídicas transnacionais, desvinculadas, por sua transterritorialidade, do direito estatal.

Essa multiplicidade de ordens diferenciadas no interior do sistema jurídico não implica isolamento recíproco. As relações de *input/output* e de interpenetração entre elas não são algo novo. No que concerne à conexão entre direito internacional clássico e direito estatal, nos termos do Tratado de Westfália (1648), a incorporação de normas internacionais no direito interno realiza-se mediante o instituto da ratificação, assim como a reprodução da ordem jurídica internacional depende da presença de representantes estatais legitimados por essa própria ordem. Também na relação entre ordens jurídicas estatais, complexos mecanismos de *re-entry* foram desenvolvidos nos termos clássicos do direito internacional privado. O novo, nos entrelaçamentos entre uma pluralidade de ordens jurídicas na sociedade mundial do presente, é a sua relativa independência das formas de intermediação política mediante tratados jurídico-internacionais e legislação estatal. As formas em que ocorrem relaciona-

---

pp. 82 s. e 89 ss., considerando que a reprodução autônoma de um sistema pressupõe a combinação de "codificação" e "programação", pois os códigos se tornariam formas vazias se não estivessem combinados com os programas e critérios. Em relação especificamente ao sistema jurídico, 1986a, pp. 194 ss.; 1993a, pp. 165 ss.

2. Cf. Teubner, 1989, pp. 49 ss. [trad. port. 1993, pp. 77 ss.]; 1987a, pp. 106 ss.; 1987b, pp. 432 ss.

mentos formais e informais entre atores governamentais e não governamentais multiplicam-se no âmbito do direito. Essa situação ganha relevância quando se considera que, em grande parte, as "pontes de transição" entre ordens jurídicas desenvolvem-se diretamente a partir dos seus respectivos centros, ou seja, os seus juízes e tribunais[3].

Isso significa dizer que não só a sociedade mundial, mas também o seu sistema jurídico é multicêntrico, de tal maneira que, na perspectiva do centro (juízes e tribunais) de uma ordem jurídica, o centro de uma outra ordem jurídica constitui uma periferia. Nesse sentido, por exemplo, para o judiciário brasileiro, tanto os juízes de outros Estados quanto os tribunais de ordens jurídicas internacionais, supranacionais e transnacionais, quando suas decisões são por ele levadas em conta, apresentam-se como periferia e vice-versa. E, a esse respeito, podemos partir de qualquer tipo de ordem jurídica com pretensão de autonomia. Essa situação importa relações de observação mútua, no contexto da qual se desenvolvem formas de aprendizado e intercâmbio, sem que se possa definir o primado definitivo de uma das ordens, uma *ultima ratio* jurídica.

Nesse sentido, fala-se de "conversação" ou "diálogo" entre cortes, que podem se desenvolver em vários níveis: por exemplo, entre o Tribunal de Justiça das Comunidades Europeias (supranacional) e os tribunais dos Estados-membros, entre o Tribunal Europeu de Direitos Humanos (internacional) e as cortes nacionais ou o TJCE, entre cortes nacionais etc.[4] Essa "conversação" (que constitui, a rigor, comunicações transversais perpassando fronteiras entre ordens jurídicas) não deve levar a uma ideia de cooperação permanente entre ordens jurídicas, pois são frequentes os conflitos entre perspectivas judiciais diversas[5]. No limiar, toda "conversação" entre cortes carrega em si o potencial de disputa.

---

3. Cf. Luhmann, 1993a, pp. 321 ss.; 1990f, pp. 466 ss.
4. Baudenbacher, 2003, pp. 507 ss. "O resultado é, paradoxalmente, mais diálogo e menos deferência" (Slaughter, 2003, p. 194).
5. Cf. Slaughter, 2003, pp. 204 ss.; 2004, pp. 85 ss.

O problema é como solucionar essas disputas sem a imposição *top down* na relação entre ordens.

Entretanto, nem todo entrelaçamento de ordens jurídicas ocorre entre tribunais. Muitas vezes, há a incorporação de normas de outra ordem, sem intermediação de diálogos entre tribunais. Uma reinterpretação da própria ordem a que está vinculado um tribunal pode ocorrer em face da incorporação de sentidos normativos extraídos de outras ordens jurídicas. Além disso, em outros níveis do sistema jurídico, há aprendizados e intercâmbios permanentes, como ocorre na relação informal entre legislativo, governos e administrações de diversos países[6]. Sem dúvida, porém, a forma mais relevante de transversalidade entre ordens jurídicas é a que perpassa os juízes e tribunais, seja interjudicialmente ou não.

Mas o peculiar ao transconstitucionalismo não é a existência desses entrelaçamentos entre ordens jurídicas, o chamado "transnacionalismo jurídico". No caso do transconstitucionalismo, as ordens se inter-relacionam no plano reflexivo de suas estruturas normativas que são autovinculantes e dispõem de primazia. Trata-se de uma "conversação constitucional", que é incompatível com um "constitutional *diktat*" de uma ordem em relação a outra[7]. Ou seja, não cabe falar de uma estrutura hierárquica entre ordens: a incorporação recíproca de conteúdos implica uma releitura de sentido à luz da ordem receptora[8]. Há reconstrução de sentido, que envolve uma certa desconstrução do outro e uma autodesconstrução: tanto conteúdos de sentido do "outro" são desarticulados (falsificados!) e rearticulados internamente, quanto conteúdos de sentido originários da própria ordem são desarticulados (falsificados!) e rearticulados em face da introdução do "outro".

---

6. Cf. Slaughter, 2004, pp. 104 ss.; Möllers, 2005b.
7. Weiler, 1999, p. 322.
8. Nesse sentido, Berman, P. (2005, pp. 551 ss.) refere-se a uma "interação multidirecional entre normas locais, nacionais e internacionais.

O transconstitucionalismo faz emergir, por um lado, uma "fertilização constitucional cruzada"[9]. As cortes constitucionais "citam-se reciprocamente não como precedente, mas como autoridade persuasiva"[10]. Em termos de racionalidade transversal, as cortes dispõem-se a um aprendizado construtivo com outras cortes e vinculam-se às decisões dessas[11]. Por outro lado, há "uma combinação de cooperação ativa e conflito vigoroso entre cortes nacionais envolvidas em litígios transnacionais entre partes privadas além das fronteiras"[12]. Os "litígios globais"levam, então, ao surgimento da "*comitas* judicial", que "fornece a estrutura e as regras básicas para um diálogo global entre juízes no contexto de casos específicos"[13], ao "julgamento"de juízes por juízes e à "negociação judicial"[14]. A respeito desses novos fenômenos, a dimensão constitucional manifesta-se mais claramente quando estão envolvidos tribunais constitucionais no sentido amplo da expressão, ou seja, tribunais encarregados exclusiva ou principalmente de julgar questões jurídico-constitucionais.

Mas como definir as questões constitucionais que ensejam o transconstitucionalismo? Aqui cumpre desvincular a noção de direito constitucional do constitucionalismo clás-

---

9. Slaughter, 2000, pp. 1116 ss.; 2003, pp. 194 ss.; 2004, pp. 69 ss.
10. Slaughter, 2003, p. 193.
11. Slaughter, 2003, pp. 199 ss.; 2004, pp. 75 ss.
12. Slaughter, 2003, p. 193.
13. Slaughter, 2004, p. 87; 2003, p. 206. Slaughter refere-se à "*comitas* de nações" como "um conceito político e jurídico venerável", afirmando que "significa o respeito devido às leis e atos de outras nações em virtude da pertinência comum [*common membership*] ao sistema internacional, presumindo "reconhecimento, que é algo mais do que cortesia, mas menos do que obrigação" (2004, p. 86; 2003, p. 205); ela invoca nesse trecho uma definição contida no caso *Hilton v. Guyot*, 159 U.S. 113 (1895), pp. 163 s. Cabe, porém, ampliar o conceito de "*comitas* judicial" para incluir os diversos juízes e tribunais, não apenas os nacionais, mas também internacionais, supranacionais, transnacionais e locais extraestatais, desvinculando-o da ideia de *membership*. No sentido de abarcar os tribunais arbitrais da *lex mercatoria*, ver Mendes, R., 2008, p. 94.
14. Slaughter, 2003, pp. 204 ss.; 2004, pp. 85 ss.; cf. também 2000, pp. 1112 ss.

sico, ou seja, de um conceito de Constituição associada exclusivamente a um determinado Estado, sem que daí seja necessário recorrer a outras "Constituições". O constitucionalismo, vinculado originariamente ao Estado como organização territorial, surgiu para responder a duas questões: 1) como determinar coercitivamente os direitos e garantias fundamentais dos indivíduos? 2) como limitar e controlar o poder estatal expansivo e, ao mesmo tempo, garantir a sua eficiência organizacional?[15] A resposta veio com as constituições estatais, pois esses problemas normativos ainda tinham uma dimensão territorialmente delimitada. Com o tempo, o incremento das relações transterritoriais com implicações normativas fundamentais levou à necessidade de abertura do constitucionalismo para além do Estado. Os problemas dos direitos fundamentais ou dos direitos humanos ultrapassaram fronteiras, de tal maneira que o direito constitucional estatal passou a ser uma instituição limitada para enfrentar esses problemas. O mesmo ocorreu com a organização do poder, com a questão de como combinar a limitação e o controle do poder com sua eficiência organizacional. O tratamento desses problemas deixou de ser um privilégio do direito constitucional do Estado, passando a ser enfrentado legitimamente por outras ordens jurídicas, pois eles passaram a apresentar-se como relevantes para essas[16].

---

15. Evidentemente, a ideia de limitação e controle jurídico-constitucional do poder importa a noção de "participação" dos destinatários nos procedimentos de produção normativa ("função legitimadora"). Mas não me parece oportuno, especialmente no contexto atual, ampliar os problemas e as respectivas funções constitucionais para incluir, além das funções de "organização e legitimação" e de "limitação (proteção dos direitos fundamentais)", a "função de integração", como propõe Walter (2000, pp. 5 e 7-11), com base em Smend (1968 [1928]). Isso porque a concepção holística da Constituição (em sentido moderno) como "ordem fundamental da coletividade" (cf., p. ex., Hesse, 1980, p. 11; Hollerbach, 1969, p. 46; Böckenförde, 1983, pp. 16 ss.) é afastada na perspectiva teórica em que se desenvolve o presente trabalho (cf. Luhmann, 1973a, p. 2; Neves, 2007a, pp. 67 s.; 1992, p. 50).

16. Nesse sentido, Cassese, S. (2007), refere-se à "função constitucional dos juízes não estatais". Por sua vez, Delmas-Marty (2007, pp. 42 ss.) aponta para a "internacionalização dos juízes nacionais".

A questão do transconstitucionalismo não se refere, portanto, à referência inflacionária à existência de uma Constituição em praticamente toda nova ordem jurídica que emerge com pretensão de autonomia. Não interessa primariamente ao conceito de transconstitucionalidade saber em que ordem se encontra uma Constituição, nem mesmo defini-la como um privilégio do Estado. O fundamental é precisar que os problemas constitucionais surgem em diversas ordens jurídicas, exigindo soluções fundadas no entrelaçamento entre elas.

Assim, um mesmo problema de direitos fundamentais pode apresentar-se perante uma ordem estatal, local, internacional, supranacional e transnacional (no sentido estrito) ou, com frequência, perante mais de uma dessas ordens, o que implica cooperações e conflitos, exigindo aprendizado recíproco. No que diz respeito às ordens jurídicas transnacionais em sentido estrito, que envolvem sobretudo atores privados e quase públicos, é indiscutível que questões de direitos fundamentais ou de direitos humanos surgem perante elas. Menos clara é a afirmação de que elas estão relacionadas com os problemas de limitação e controle do poder. Caso se trate de poder político no sentido sistêmico, que se orienta primariamente à tomada de decisões coletivamente vinculantes, é inegável que essas ordens estariam distantes desse problema. No entanto, a *influência* que atores privados desempenham no âmbito dessas ordens, sem o controle direto de uma autoridade política – estatal, internacional ou supranacional –, transforma-os em detentores de poder com repercussões políticas relevantes[17]. Dessa maneira, também nas ordens transnacionais reaparecem os problemas jurídico-constitucionais com uma nova roupagem.

Afirmada essa emergência dos problemas constitucionais perante ordens jurídicas as mais diversas, reapa-

---

17. Sobre a distinção entre influência em geral e poder diferenciado como meio de comunicação, ver Luhmann, 1988b [1975], pp. 74 ss., especialmente p. 78 [trad. bras. 1985, pp. 61 ss., especialmente p. 64]; 2000a, pp. 39 ss.

recendo a cada momento em forma de hidra, não há mais uma Constituição-Hércules que possa solucioná-los. A fragmentação dos problemas constitucionais permaneceria desestruturada se cada ordem jurídica pretendesse enfrentá-los isoladamente a cada caso. Impõe-se, pois, um "diálogo" ou uma "conversação" transconstitucional. É evidente que o transconstitucionalismo não é capaz de levar a uma unidade constitucional do sistema jurídico mundial. Mas ele parece que tem sido a única forma eficaz de dar e estruturar respostas adequadas aos problemas constitucionais que emergem fragmentariamente no contexto da sociedade mundial hodierna.

O problema da autofundamentação constitucional do sistema jurídico desloca-se nesse contexto. Como *unitas multiplex*, o sistema jurídico encontra vários centros de autofundamentação, dependendo da ordem jurídica que tome como ponto de partida. No contexto de uma reconstrução da teoria pura do direito à luz de uma "teoria do acoplamento normativo entre sistemas", Jestaedt defende a tese da "concorrência de interpretações do direito em vez da coexistência de ordens jurídicas"[18] e sustenta que a validade de uma norma só pode ser considerada a partir de uma única ordem jurídica, tendo em vista a respectiva norma fundamental[19]. Desse argumento deriva a concepção segundo a qual "uma ordem jurídica só pode entrar em relação normativa com enunciados de dever-ser, pertencente inicialmente a outra ordem jurídica, desde que – mediante recepção, delegação, transformação ou outra maneira qualquer – eleve-os a enunciados normativos da própria ordem jurídica"[20]. Nesse sentido, sustenta ser inevitável a interpretação

---

18. Jestaedt, 2008, especialmente p. 234.
19. "A validade de uma norma só pode ser afirmada relativa ou imanentemente a uma ordem jurídica" (Jestaedt, 2008, pp. 234-6).
20. Jestaedt, 2008, pp. 234 e 236 s. Não me parece que dessa asserção resulte necessariamente a tese de que há "relações entre normas apenas na mesma esfera de validade", isto é, de uma mesma ordem jurídica (Jestaedt, 2008, p. 236). Voltaremos a seguir a esse tema.

monista das relações entre camadas normativas por uma ordem jurídica[21], assim como afirma a inevitabilidade e abertura, do ponto de vista da teoria do direito, da "escolha" do monismo, ou seja, da ordem ou norma fundamental de que se parte: "O fato de que é inevitável uma interpretação monista da ordem jurídica não diz nada a respeito de como há de escolher-se entre as possíveis interpretações monistas."[22] E, seguindo à risca o modelo kelseniano, complementa essa assertiva com a afirmação da neutralidade da escolha da construção monista em relação ao conteúdo do direito[23], assim como do caráter político dessa decisão[24]. Coerente com esses pressupostos, Jestaedt asserta que o "correlato do monismo da ordem jurídica é o pluralismo de interpretação jurídica"[25], para salientar que "a hipótese da escolha monista pode ser caracterizada como teoria da relatividade jurídica", considerando que a construção jurídica variará a partir da ordem que se parta[26]. Mas, além dessas teses plausíveis a partir de uma reconstrução de Kelsen, Jestaedt defende as teses de que só há relações normativas dentro de uma mesma esfera de validade (isto é, de uma mesma ordem jurídica), só podem surgir "(soluções de) colisões imanentes à ordem jurídica" e, portanto, "comunicação" ocorre "exclusivamente" de forma "monológica" no plano "intra(jurídico-)sistêmico"[27].

Essa reconstrução do monismo kelseniano levado a um construtivismo extremo parece-me suscetível de restrições. A rigor, no monismo metodológico, a escolha de uma das normas fundamentais é uma questão "político-ideológica". Seja na postura "imperialista" do monismo que parte

---

21. Jestaedt, 2008, pp. 234 e 239 s.
22. Jestaedt, 2008, pp. 235 e 240 s.
23. "A 'escolha' de um das construções monistas – independentemente de em qual das construções monistas ela incide - não tem qualquer influência sobre o conteúdo do direito considerado" (Jestaedt, 2008, pp. 235 e 241-3).
24. Jestaedt, 2008, p. 246.
25. Jestaedt, 2008, pp. 235 e 244 s.
26. Jestaedt, 2008, pp. 235 e 245 ss.
27. Jestaedt, 2008, pp. 234 e 237-9.

de uma norma fundamental de uma determinada ordem nacional, seja na postura pacifista de um monismo que parte da norma fundamental do direito internacional público, assim como em um tipo de monismo supranacionalista ou transnacionalista, a escolha "político-ideológica" de uma determinada ordem jurídica apresenta-se irrelevante para a "ciência do direito"ou teoria do direito[28]. Assumida a escolha por uma das ordens, os conteúdos normativos diversos das "outras ordens"(noção incompatível com a concepção monista) são considerados apenas camadas normativas inferiores da ordem cuja "norma fundamental"é o ponto de partida. Nesse sentido, também não caberia falar, do ponto de vista da teoria do direito, de uma concorrência de "interpretações do direito". Isso só teria sentido, a partir do modelo monista kelseniano, em uma perspectiva "político--ideológica"do direito. Definida a escolha política por uma norma fundamental, a respectiva ordem ficaria "cega" à concorrência de outras ordens, pois essas seriam apenas camadas inferiores de uma única ordem. Nesse modelo hierárquico monista, não há lugar para uma "teoria do acoplamento entre sistemas normativos", como pretende Jestaedt. Ao partir de uma norma fundamental como *ultima ratio* do sistema jurídico, só se pode raciocinar com base em uma ordem jurídica, conforme um modelo de norma inferior e norma superior, mas nunca de pluralidade de interpretações sistêmicas do direito: a ordem única de que se parte construtivamente não pode sequer observar um enunciado de dever-ser como pertencente a outra ordem, mas sim como dimensão interna da própria: quem parte da ordem jurídica brasileira há de reconhecer o direito internacional público como uma camada inferior à Constituição. A reconstrução de Jestaedt não é consistente nem com o modelo kelseniano nem com o modelo do acoplamento entre sistemas normativos: todo monismo leva a um construtivismo extremo,

---

28. Cf. Kelsen, 1960, pp. 333-45 [trad. bras. 2006, pp. 370-86]; 1946, pp. 376-88 [trad. bras. 2005, pp. 535-51]; 1925, pp. 128-32.

autista, incapaz de oferecer elementos frutíferos para uma teoria do sistema jurídico multicêntrico da sociedade mundial, no âmbito do qual diversas ordens jurídicas relacionam-se ortogonal e horizontalmente, em uma pluralidade de núcleos de autofundamentação, enfrentando os mesmos problemas constitucionais.

A relação transconstitucional entre ordens jurídicas não resulta apenas das prestações recíprocas (relações de *input* e *output*), interpenetrações e interferências entre sistemas em geral[29], mas sobretudo de que as diversas ordens jurídicas pertencem ao mesmo sistema funcional da sociedade mundial, sistema que pretende reproduzir-se primariamente como base em um mesmo código binário, a diferença entre lícito e ilícito[30]. Mas essa unidade de uma diferença, por distinguir-se radicalmente de uma unidade hierárquica fundada em uma única norma fundamental, possibilita que os códigos e critérios jurídicos plurais proliferem em uma mulitiplicidade de ordens jurídicas, cada uma delas com a

---

29. Luhmann distingue as simples "prestações" ("relações de *input/output*" – 1987c, pp. 275 ss.) da interpenetração (1987c, pp. 289 ss.). Esta implica que cada um dos sistemas, reciprocamente, põe sua própria complexidade à disposição do processo de autoconstrução do outro sistema (Luhmann, 1987c, p. 290). Dela se distingue a "interferência" no sentido de Teubner (1989, especialmente p. 110 [trad. port. 1993, pp. 178 s.]; 1988, pp. 55 ss.), pois, enquanto nesse caso (interferência) cada um dos sistemas põe à disposição do outro uma complexidade preordenada, na interpenetração o sistema receptor tem à sua disposição uma "complexidade inapreensível, portanto desordem" (Luhmann, 1987c, p. 291). Cf. *supra* pp. 37 s.

30. Günther e Randeria (2001, pp. 94 ss.) referem-se ao "surgimento de um código universal da legalidade", mas, apesar de uma perspectiva teórica eclética, sobrecarregam esse código com conteúdos programáticos de uma determinada tradição liberal: "Além da contínua referência à diferença-diretriz – na linguagem da teoria dos sistemas: o 'código binário' entre 'lícito e ilícito' –, apresentam-se no código universal da legalidade outros conceitos, princípios, regras e institutos jurídicos: o conceito de direitos atribuídos individualmente e exercíveis individualmente [...], o[s] conceito[s] de responsabilidade estrita e dependente da atribuição de culpa [...], a presunção de inocência, a institucionalização do papel de um terceiro imparcial, inclusive do direito de interposição de recurso, o princípio *adiatur et altera pars* etc." (p. 94). Cf. também Günther, 2001.

pretensão de afirmar sua identidade no manejo interno do código binário de preferência do direito. Esse problema não leva apenas à possibilidade, já enfatizada por Luhmann, de que o fechamento normativo do sistema jurídico combina-se com sua abertura cognitiva[31]. Como se trata de ordens normativas dentro do mesmo sistema funcional da sociedade mundial, o direito, também pode falar-se de um aprendizado normativo entre elas, tendo em vista que estão subordinadas ao mesmo código binário. O vazio de conteúdo desse código possibilita que o fechamento *normativo* na determinação das normas conforme critérios imanentes à própria ordem (nacional, local, supranacional, internacional ou transnacional) combine-se com a abertura *normativa* no aprendizado recíproco que pode ocorrer em face da solução de casos jurídicos nos quais duas (ou mais) ordens estejam envolvidas. A relevância do caso-problema para ambas as ordens não implica que os critérios internos de validade normativa de uma ou ambas as ordens sejam negados, mas sim que, à luz do problema, os conteúdos normativos se transformam no processo concretizador, possibilitando o convívio construtivo entre ordens. Na construção da norma jurídica e da norma de decisão, cada uma das ordens envolvidas pode considerar como dimensão do seu âmbito normativo elementos do âmbito material relevante originariamente para outra ordem, como também incorporar como dimensão do seu programa normativo partes do programa normativo de outras ordens[32]. Ou seja, partindo simultaneamente dos textos normativos e dos ca-

---

31. Luhmann, 1983b, especialmente p. 139; 1984b, pp. 110 ss.; 1993a, pp. 393 ss.

32. Aqui recorro à distinção entre norma jurídica (critério de solução do caso concreto) e norma de decisão (solucionadora do caso concreto) e à diferença entre âmbito da norma (dados primariamente "reais") e programa da norma (dados primariamente linguísticos), assim como às noções de âmbito material e âmbito do caso, conforme o modelo conceitual de Müller (1994, pp. 232-4, 253-6 e 264 ss.; para uma explanação em língua portuguesa, ver Canotilho, 1991, pp. 208 ss. e 221 ss.), embora reconheça certos limites nesse modelo (cf. Neves, 2006a, pp. 200-3).

sos comuns[33], podem ser construídas normas diversas tendo em vista os possíveis processos de concretização que se desenvolverão na ordem colidente ou parceira. Assim, o fechamento da cadeia interna de validação precisa ser compatibilizado com a capacidade de aprendizado recíproco na rede de concretização jurídica para a construção da norma de cada ordem jurídica em face dos diversos casos que emergem com relevância simultânea para as diversas ordens entrelaçadas. Portanto, a abertura normativa não quebra a consistência interna da cadeia de validação, antes serve a uma concretização jurídica normativamente adequada à pluralidade de ordens envolvidas. O fechamento normativo refere-se originariamente à atribuição da norma a texto(s) ou enunciado(s) normativo(s) da própria ordem. A questão da abertura normativa refere-se originariamente à comunidade do caso-problema a resolver em uma sociedade mundial policêntrica. Não se podem excluir conflitos ou colisões insanáveis entre ordens jurídicas, nem se pode eliminar definitivamente a pretensão "imperial" de uma das ordens envolvidas em face das outras: nacionalismo, internacionalismo, supranacionalismo, transnacionalismo e localismo são avessos ao aprendizado normativo recíproco, especialmente nos termos reflexivos abrangentes do transconstitucionalismo. Isso importa, no contexto de um sistema jurídico construído heterarquicamente mediante a relação entre uma pluralidade de ordens normativas, uma irracionalidade heterobloqueadora, mas que tem igualmente implicações autobloqueadoras para a solução de casos.

A existência de problemas comuns a mais de uma ordem jurídica, exigindo modelos normativos diversos, não é algo novo, como demonstra sobretudo a experiência com *re-entries* no âmbito do direito internacional privado clássico, já acima assinalada. Aquela questão que era pontual, re-

---

33. Segundo Müller (1990, p. 20), o *texto normativo* constitui, "ao lado do *caso* a decidir juridicamente, o mais importante dado de entrada do processo individual de concretização".

solvida conforme normas de direito ordinário interno e tratados ratificados por Estados, inclusive com a previsão de homologação de atos jurídicos praticados inicialmente à luz de outra ordem, transformou-se profundamente com a proliferação de ordens jurídicas e a emergência de casos jurídicos transterritorializados relevantes para diversas ordens jurídicas: a atenção que essas dão, simultaneamente, a danos ambientais, a violações dos direitos humanos ou fundamentais, a efeitos do comércio e finanças internacionais, à criminalidade transnacional, entre outras questões, faz da emergência de casos comuns um problema cotidiano que atinge o próprio nível reflexivo e a identidade das ordens envolvidas. O problema reside no fato de que a resposta, no centro das respectivas ordens jurídicas, deve ser dada conforme o mesmo código binário (lícito/ilícito), mas de acordo com critérios normativos originariamente diversos. A pergunta concernente à conformidade ou desconformidade ao direito (licitude ou ilicitude), em relação a um mesmo caso, apresenta-se perante uma pluralidade de ordens jurídicas. Essa pergunta vazia pode ser complementada com referência a conteúdo: quais os critérios ou programas condicionais[34] que podem servir para definir se algo se enquadra na hipótese da licitude ou da ilicitude? As diversas ordens, naturalmente, vão invocar, primariamente, os seus modelos de construção de critérios e programas para a resolução de casos. Sem dúvida, em princípio, a tendência é o surgimento de colisões. O problema reside exatamente na incompatibilidade das possíveis soluções apresentadas. Daí por que a busca de "pontes de transição" é fundamental. Evidentemente, essas "pontes", como modelos de entrelaçamentos que servem a uma racionalidade transversal entre ordens jurídicas, não são construídas de maneira permanente e estática no âmbito dinâmico do transconstitucionalismo. O pro-

---

34. Sobre a programação condicional (se-então) como particularidade do sistema jurídico, ver Luhmann, 1987a, pp. 227-34; 1981a, pp. 140-3 e 275 ss.; 1973b, pp. 88 ss. (especialmente p. 99).

cessamento dos casos vai exigir uma postura indutiva de construções e reconstruções de estruturas de acoplamento no plano das novas operações do sistema. A dinâmica relacional entre estrutura (critérios normativos) e operações (atos jurídicos) para aprendizados recíprocos é intensamente circular no contexto do transconstitucionalismo da sociedade mundial do presente. A cada novo caso inesperado, as estruturas reflexivas das respectivas ordens precisam rearticular-se consistentemente para possibilitar uma solução complexamente adequada à sociedade, sem atuar minando, bloqueando ou destruindo a ordem concorrente ou cooperadora, mas antes contribuindo para estimulá-la a estar disposta ao intercâmbio em futuros "encontros" para enfrentamento de casos comuns.

O que caracteriza o transconstitucionalismo entre ordens jurídicas é, portanto, ser um constitucionalismo relativo a (soluções de) problemas jurídico-constitucionais que se apresentam simultaneamente a diversas ordens. Quando questões de direitos fundamentais ou de direitos humanos submetem-se ao tratamento jurídico concreto, perpassando ordens jurídicas diversas, a "conversação" constitucional é indispensável. Da mesma maneira, surgindo questões organizacionais básicas da limitação e controle de um poder que se entrecruza entre ordens jurídicas, afetando os direitos dos respectivos destinatários, impõe-se a construção de "pontes de transição" entre as estruturas reflexivas das respectivas ordens. Portanto, para que o transconstitucionalismo se desenvolva plenamente é fundamental que, nas respectivas ordens envolvidas, estejam presentes princípios e regras de organização que levem a sério os problemas básicos do constitucionalismo[35]. Sem dúvida, há ordens jurídicas, especialmente estatais, que não estão dispostas a colaborar com o transconstitucionalismo, pois desconhecem

---

35. Em outra perspectiva, Fischer-Lescano (2003, pp. 720 ss.), a partir de Luhmann e Teubner, refere-se a um "direito transnacional reflexivo", afastando a ideia do caráter "primitivo" ou "tribal" do "direito mundial". Cf. *supra* p. 98.

os direitos fundamentais e rejeitam a limitação e o controle jurídico-positivo dos detentores de poder. Internamente, elas não admitem Constituição em sentido moderno, a serviço de uma racionalidade transversal entre direito e política. Em face dessas ordens, o transconstitucionalismo funciona de forma muito limitada: irritações, influências e pressões transconstitucionais podem levar a transformações da ordem anticonstitucional. A alternativa ao transconstitucionalismo é, nesse caso, assumir uma postura bélica contra a ordem inimiga do transconstitucionalismo, cujos efeitos colaterais a tornam normativamente não recomendável. Outra é a situação, quando se trata de ordens arcaicas, que não dispõem de princípios e regras secundárias de organização e, portanto, não estão em condições de admitir problemas jurídicos constitucionais. Ordens desse tipo exigem, cada vez mais, um transconstitucionalismo unilateral de tolerância e, em certa medida, de aprendizado: embora elas sejam avessas ao modelo de direitos humanos e de limitação jurídica do poder nos termos do sistema jurídico da sociedade mundial, não se compatibiliza com o transconstitucionalismo a simples imposição unilateral e heterônoma de "direitos humanos" a membros da respectiva comunidade, pois tal medida pode ter efeitos destrutivos em suas mentes e em seus corpos, sendo contrária ao próprio conceito de direitos humanos[36]. Por conseguinte, embora haja ordens jurídicas que estão à margem do transconstitucionalismo, esse não pode excluir o desenvolvimento de institutos que possam levar a uma relação construtiva de aprendizado e intercâmbio com essas ordens. Evidentemente, tal situação importa limites do transconstitucionalismo na sociedade mundial assimétrica (cf. *infra* Cap. V.1), mas não exclui o seu significado para o desenvolvimento da dimensão normativa dessa sociedade.

A esse respeito, cabe enfatizar que, embora a sociedade mundial, até o momento, seja orientada primariamente por

---

36. Compreendidos como "garantias da integridade da psique e do corpo" (Teubner, 2006, p. 175). Cf. *infra* p. 254.

expectativas cognitivas (ver *supra* pp. 28 s.), o transconstitucionalismo parece ser a alternativa mais promissora para a fortificação de sua dimensão normativa. As ordens estatais, internacionais, supranacionais, transnacionais e locais, consideradas como tipos específicos, são incapazes de oferecer, isoladamente, respostas complexamente adequadas para os problemas normativos da sociedade mundial. Os modelos de constitucionalismo internacional, supranacional ou transnacional, como alternativas à fragilidade do constitucionalismo estatal para enfrentar os graves problemas da sociedade mundial, levam a perspectivas parciais e unilaterais, não oferecendo, quando considerados isoladamente, soluções adequadas para os problemas constitucionais do presente. O transconstitucionalismo, como modelo de entrelaçamento que serve à racionalidade transversal entre ordens jurídicas diversas, abre-se a uma pluralidade de perspectivas para a solução de problemas constitucionais, melhor adequando-se às relações entre ordens jurídicas do sistema jurídico heterárquico da sociedade mundial.

Por fim, cabe observar que o transconstitucionalismo tem-se desenvolvido intensa e rapidamente no plano estrutural do sistema jurídico, mas ele ainda se encontra muito limitado no âmbito da semântica constitucional da sociedade mundial. Isso, em parte, deve-se à persistência do provincianismo constitucional, especialmente no âmbito do direito estatal. É claro que o transconstitucionalismo não pode eliminar a dogmática constitucional clássica no interior de uma ordem jurídica estatal: essa ainda constitui uma dimensão importante do sistema jurídico da sociedade mundial e há problemas constitucionais intraestatais de suma importância. Mas a abertura do direito constitucional para além do Estado, tendo em vista a transterritorialização dos problemas jurídico-constitucionais e as diversas ordens para as quais eles são relevantes, torna necessário o incremento de uma teoria e uma dogmática do direito transconstitucional. Para isso, evidentemente, serão precisos novos aportes metodológicos, a serem desenvolvidos em face de uma casuística complexa. Esse é o grande desafio do transconstitucionalismo para os juristas, especialmente os constitucionalistas. As análises dogmáticas e as investidas teóricas permanecem ainda muito fragmentadas e eventuais. No plano metodológico, a situação continua embrionária[37]. Faltam ainda os elementos de uma teoria abrangente do transconstitucionalismo e uma dogmática compreensiva que sirva à estabilização do direito transconstitucional, ambas pressupondo reciprocamente aportes metodológicos. A seguir, pretendo apresentar elementos que possam constituir um esboço para desenvolvimentos nessa direção.

2. Transconstitucionalismo entre direito internacional público e direito estatal

Na relação entre ordens jurídicas internacionais e ordens jurídicas estatais, surgem cada vez mais frequentemente casos-problemas jurídico-constitucionais cuja solução interessa, simultaneamente, às diversas ordens envolvidas. São situações em que é invocado mais de um tribunal para a solução do caso, sem que, necessariamente, existam normas de solução de conflitos de competência ou, em havendo essas, sem que haja convergência em torno delas por parte dos respectivos tribunais. Não cabe, a rigor, falar de redes verticais[38], o que implicaria admitir uma relação hierárquica entre ordens. Antes, trata-se de entrelaçamento entre ordens de tipo diferente. Nesse sentido, a partir das perspectivas diversas de observação, a direção para a solução do problema pode apontar para caminhos bem diversos. Do ponto de vista da ordem estatal, o crescente envol-

---

37. Cf., p. ex., Baudenbacher, 2003, p. 523, referindo-se aos "problemas metodológicos e práticos" da "globalização judicial"; Uerpmann, 2001, p. 572, aludindo aos "métodos do direito constitucional internacional". Cf. *infra* Cap. IV.3.
38. Em sentido diverso, Slaughter (2004, pp. 19 ss.) distingue entre redes verticais e horizontais.

vimento dos tribunais constitucionais nessas questões, nas quais o modelo clássico de ratificação vem paulatinamente perdendo significado, fortifica-lhes o caráter de problemas constitucionais referentes a direitos humanos ou fundamentais ou concernentes à questão de limitação e controle do poder, envolvendo pretensões que ultrapassam o âmbito de validade específico da ordem interna. Do ponto de vista da ordem internacional, isso significa a incorporação das questões constitucionais no âmbito de competência de seus tribunais, que passam a levantar a pretensão de decidir com caráter vinculatório imediato para agentes e cidadãos dos Estados.

Essa situação exige o desenvolvimento de formas de *re-entry* nas perspectivas de observação recíproca. Na medida em que as cortes internacionais partem primariamente da ordem interestatal, confrontam-se com as compreensões particulares das instituições e dos problemas por parte da correspondente ordem estatal. Por um lado, uma imposição internacionalista unilateral apresenta-se como problemática, não porque se possa recorrer aos princípios tradicionais de autodeterminação ou da igualdade soberana[39], mas sim porque, sem autoinstitucionalização do constitucionalismo no plano estatal, falta uma das racionalidades jurídicas específicas necessárias à afirmação do transconstitucionalismo. O modelo de intervenção tem mostrado a sua precariedade ou insignificância na construção de ordens constitucionais internas[40]. Por outro lado, quando os tribunais nacionais pretendem partir exclusivamente da ordem jurídico-constitucional, confrontam-se – sobretudo quando se trata do caso extremo de *jus cogens* – com a crescente dificuldade de deixar de lado as instituições e normas do direito internacional público em nome da soberania, pois essa não pode ser mais legitimada simplesmente como um conceito de autonomia territorial, mas sim cada vez mais

---

39. Carta das Nações Unidas, art. 1, § 2.º, e art. 78, respectivamente.
40. Cf. Koskenniemi, 2002, pp. 514 s.; 2004, pp. 202 ss.

como uma noção relativa a "uma responsabilidade política regional nas condições estruturais da sociedade mundial"[41]. Considerando-se a "soberania interna" como responsabilidade do Estado perante o seu contexto social e a "soberania externa" como sua responsabilidade perante o contexto interestatal, e assumindo-se que a "sociedade de Estados" constitui um "sistema de perspectivas divergentes do mundo" e a "igualdade soberana" representa uma "estrutura de orientação recíproca do comportamento"[42], parece irracional um modelo que parte de uma única perspectiva, seja essa a estatal ou a internacional abrangente. A "abertura da estatalidade", ao contrário, trouxe consigo uma "interpenetração entre ordem estatal e internacional"[43], que exige progressivamente um aprendizado e um intercâmbio entre as experiências com racionalidades específicas nas duas perspectivas, a estatal e a internacional.

Quando se pretende falar de "direito constitucional internacional", o único sentido possível é vinculá-lo à zona de tensão entre o direito estatal e o internacional, na confrontação e resposta a problemas constitucionais básicos da sociedade mundial. A esse respeito, manifestou-se um representante destacado do direito internacional público: "A Constituição é a manifestação da soberania estatal e o DIP [direito internacional público] a sua negação ou, pelo menos, sua crescente limitação. A nosso ver não existe um D. Constitucional Internacional por falta de um objeto definido e método próprio. O que existe são normas constitucionais de alcance internacional que devem ser analisadas em cada caso procurando compatibilizar os dois ramos da Ciência Jurídica."[44] Sendo mais preciso a esse respeito, pode-se acrescentar que, assim como há um alcance internacional das normas constitucionais do Estado, há um alcance cons-

---

41. Luhmann, 1995a, p. 118.
42. Langer, 1995, pp. 18-34.
43. Langer, 1995, pp. 18 e 35 ss.
44. Mello, 2000, p. 36.

titucional das normas internacionais[45]. Daí por que não se trata de duas formas de lidar com a "soberania", não propriamente de afirmação de um lado e negação do outro. E não só problemas de limitação e afirmação do poder "soberano", mas também questões de direitos básicos (fundamentais ou humanos) são considerados simultaneamente em perspectivas diversas. Nesse sentido, o transconstitucionalismo específico entre ordem internacional e ordem estatal apresenta-se na forma de uma "Constituição" em que se "engatam" a responsabilidade do Estado perante o seu contexto social interno e a sua "responsabilidade interestatal"[46], mas também abrange o entrelaçamento dessas responsabilidades estatais com a "responsabilidade interestatal" da organização internacional, que, por sua vez, serve à "intermediação entre ordens sociais estatais"[47]. Ou seja, tanto em uma perspectiva quanto em outra, os problemas constitucionais passam a ter uma relevância simultânea, exigindo novos modelos de análise: não só o provincianismo estatalista deve ser aqui rejeitado; igualmente é prejudicial a um modelo racionalmente adequado de solução de conflitos o pseudouniversalismo internacionalista, que, antes, constitui uma outra forma de visão provinciana dos problemas constitucionais.

O transconstitucionalismo entre ordem estatal e ordem internacional desenvolve-se a partir do seguinte paradoxo: "Os Estados constituem o direito internacional público. O direito internacional público constitui os Estados."[48] Esse

---

45. Esse outro lado relaciona-se com um aspecto enfatizado por Cassese, A. (1985, p. 341), de uma forma um tanto peremptória: "É um conhecimento comum que o direito internacional só pode ser implementado pelos órgãos estatais. Para ser mais específico: a maioria das regras internacionais é dirigida aos protagonistas da comunidade internacional, isto é, aos Estados, e só pode ser posta em operação se os sistemas jurídicos domésticos dos Estados estiverem prontos para implementá-las." Por sua vez, Slaughter e Burke-White, tomando como parâmetro a experiência europeia, prognosticam (2007) que "o futuro do direito internacional é doméstico".
46. Cf. Langer, 1995, pp. 35 ss.
47. Langer, 1995, pp. 43 ss.
48. Fischer-Lescano, 2003, p. 722.

paradoxo significa que, embora a soberania do Estado decorra da sua qualidade de sujeito de direito internacional público (e não o contrário)[49], este só é instaurado mediante os Estados como sujeitos de direito internacional[50]. Com a transterritorialização dos problemas constitucionais no âmbito de um crescente "'entrançamento' das relações internacionais"[51], essa situação implica reações em ambas as direções. Por um lado, o Estado constitucional reage para que anseios referentes aos direitos fundamentais, à democracia e à justiça social não sejam descartados na vala da globalização, dando maior atenção à dimensão internacional em suas constituições[52]; por outro, a resposta à crescente internacionalização da política e do direito reside na "ascensão da Constituição nas esferas supraestatais", de tal maneira que o "direito internacional torna-se frutífero para fins constitucionais"[53]. Em muitos casos, mesmo Estados constitucionais reagem a essa tendência, como se manifestou na posição dos Estados Unidos e da Grã-Bretanha em face do estabelecimento do Comitê de Direitos Humanos[54], como também na não ratificação da Convenção Americana de Direitos Humanos pelos Estados Unidos. Em outros casos, as reservas feitas por certos Estados são declaradas nulas, como ocorreu por parte da Itália e da França contra a reserva dos Estados Unidos a respeito da pena de morte para menores de dezoito anos, na ratificação do Pacto Internacional dos Direitos Civis e Políticos (1966)[55]. Mas também, em nome da comunidade internacional, reage-se ao desenvolvimento de experiências constitucionais que não correspondam ao

---

49. "[...] um Estado não é sujeito do direito internacional porque ele é soberano, mas sim é soberano porque é sujeito do direito internacional público" (Radbruch, 2003 [1932], p. 185).
50. Fischer-Lescano, 2003, p. 728.
51. Langer, 1995, pp. 26 ss.
52. Biaggini, 2000, p. 454, referindo-se à experiência da nova Constituição suíça.
53. *Ibidem.*
54. Cf. Frohwein, 2000, p. 437.
55. *Ibidem.*

modelo estrito do Ocidente desenvolvido[56]. Essas situações apontam para uma ambiguidade no desenvolvimento do transconstitucionalismo. Mas isso não significa que não haja uma proliferação de problemas constitucionais na interface entre direito internacional e estatal, que, embora ainda esbarrem frequentemente com unilateralismo e incapacidade para "conversações constitucionais", têm encontrado, em algumas experiências institucionais, respostas satisfatórias. Alguns exemplos servirão para ilustrar essa nova constelação jurídico-constitucional.

Em primeiro lugar, cabe enfatizar a relação entre o Tribunal Europeu de Direitos Humanos (TEDH)[57] e as culturas jurídicas consolidadas das ordens constitucionais dos respectivos Estados europeus a ele vinculados[58]. Embora o art. 46.1 da Convenção Europeia de Direitos Humanos estabeleça que "as Altas Partes Contratantes obrigam-se a respeitar as sentenças definitivas do Tribunal nos litígios em que forem partes", não se verifica uma aplicação igual e harmônica da Convenção, não se apresentando como evidente nem plausível a pura imposição das decisões do TEDH contra as ordens constitucionais dos Estados. As reações à Convenção e às decisões do Tribunal variam amplamente entre os Estados. Também o TEDH precisa ser capaz de aprendizado e adaptação diante dos desenvolvimentos das compreensões particulares dos direitos fundamentais nas diversas ordens jurídicas nacionais.

---

56. A esse respeito, afirma Koskenniemi (2002, p. 515): "Universalidade ainda parece ser uma parte essencial do pensamento progressista – mas também implica uma lógica imperial de identidade: eu te aceitarei, porém somente sob a condição de que eu possa pensar de ti o que penso de mim."

57. Esse Tribunal foi criado pelo Título II (arts. 19 a 51) da Convenção Europeia de Direitos Humanos – CEDH (Convenção para a Proteção dos Direitos do Homem e das Liberdades Fundamentais), que foi adotada em Roma em 4 de novembro de 1950 e entrou em vigor em 3 de setembro de 1953. A respeito, ver as informações contidas no sítio oficial do Conselho da Europa: http://conventions.coe.int/Treaty/Commun/QueVoulezVous.asp?NT=005& CL=ENG (último acesso em 15/12/2008).

58. Cf., p. ex., Wildhaber, 2005.

Na Alemanha, mesmo que se admita ter ocorrido um desenvolvimento no sentido de atribuir ao tratado uma hierarquia superior à lei ordinária[59], afirma-se ainda a fundamentação constitucional da CEDH[60]. Isso implica que os direitos humanos da CEDH, ainda quando fundamentados no art. 24.1 da Lei Fundamental, são colocados à parte dos direitos fundamentais alemães e, portanto, não podem ser invocados imediatamente em uma reclamação constitucional[61]. Além disso, o Tribunal Constitucional Federal alemão, cuja orientação fixada no julgamento do caso *Caroline de Mônaco II*, de 15 de dezembro de 1999 (na qual se deu maior peso à liberdade de imprensa na consideração da divulgação de fotos de Caroline de Mônaco, com restrições à proteção da intimidade de pessoas proeminentes)[62], foi contrariada pela decisão do TEDH no caso *Caroline von Hannover v. Germany*, de 24 de junho 2004 (favorável à proteção

---

59. Em sentido contrário, Kempen (2005, p. 1511) afirma que a CEDH teria o mesmo nível de uma lei ordinária, apontando para a decisão de 26 de março de 1987, do Tribunal Constitucional Federal da Alemanha (BVerfGE 74, 358), na qual se afirma (p. 370): "Na interpretação da Lei Fundamental, o conteúdo e o desenvolvimento da Convenção Europeia de Direitos Humanos têm que ser tomados também em consideração, desde que isso não leve a uma restrição ou diminuição da proteção dos direitos fundamentais conforme a Lei Fundamental [...]. Por essa razão, a jurisprudência do Tribunal Europeu de Direitos Humanos serve também, nessa medida, como meio auxiliar de interpretação para a determinação do conteúdo e alcance dos direitos fundamentais e dos princípios do Estado de direito da Lei Fundamental. Também as leis [...] devem ser interpretadas e aplicadas de acordo com as obrigações jurídico-internacionais da República Federal da Alemanha, mesmo que tenham sido promulgadas posteriormente a um tratado internacional válido; pois não se pode supor que o legislador, desde que não tenha proclamado claramente, queira afastar-se das obrigações jurídico-internacionais da República Federal da Alemanha ou possibilitar a violação dessas obrigações." Desse mesmo trecho, Frowein (2003, pp. 209 ss.) pretende retirar consequências mais favoráveis ao significado da incorporação da CEDH no direito alemão.

60. Cf. Walter, 1999, p. 971.

61. Walter, 1999, p. 974, propondo um avanço no sentido da primazia da Convenção.

62. BVerfGE 101, 361 (1999). A respeito dessa decisão, ver criticamente Ladeur, 2007a, sustentando a tese de que "o "direito de proeminência" deve ser considerado fundamentalmente como um direito patrimonial" (p. 146).

da intimidade da autora em detrimento da liberdade de imprensa)[63], consolidou, no julgamento do caso *Görgülü*, de 14 de outubro de 2004[64], sua posição no sentido de estabelecer limites para a aplicação interna de decisões do TEDH, considerando a hipótese de que sejam consideradas contrárias aos direitos fundamentais e aos princípios do Estado de direito estabelecidos na Constituição alemã: o Tribunal Constitucional Federal alemão deve levar em conta as decisões do TEDH, mas não está vinculado a elas[65]. No direito constitucional alemão, o texto da CEDH e a jurisprudência do TEDH servem como meios auxiliares de interpretação para determinar o conteúdo e a amplitude dos direitos fundamentais e dos princípios do Estado de direito, desde que não levem à redução ou limitação da proteção dos direitos fundamentais prescritos na Lei Fundamental. No entanto, uma negação narcisista das normas das decisões do Tribunal Europeu de Direitos Humanos por parte dos tribunais estatais não parece suportável no grau de integração europeia. Daí por que imprescindível, também para os tribunais nacionais envolvidos na solução de questões concernentes aos direitos humanos, o desenvolvimento de uma racionalidade transversal em face da ordem jurídica da CEDH. Qualquer unilateralidade pode ter efeitos destrutivos, irracionais, sobre a integração europeia no âmbito dos direitos humanos e fundamentais. Por essa razão, a jurisprudência constitucional alemã procura invocar o art. 53 da Convenção Europeia de Direitos Humanos: "Nenhuma das disposições da presente Convenção será interpretada no sentido de limitar ou prejudicar os direitos do homem e as liberda-

---

63. Caso *Caroline von Hannover v. Germany* (*Application* n.° 59320/00). A respeito, ver Rudof, 2006; Hedigan, 2007.
64. BVerfGE 111, 307 (2004). A questão relaciona-se com a aplicação por tribunal alemão de decisão do Tribunal Europeu de Direitos Humanos, que condenara a Alemanha com base no art. 8.° da CEDH: caso *Görgülü v. Germany* (*Application* n.° 74969/01), julg. 26/02/04. Cf. Hartwig, 2005, pp. 870-3.
65. Cf. Silva, V. A., 2009a; Hoffmeister, 2006; Hartwig, 2005, pp. 874 ss.; Hofmann, 2004, pp. 30 ss.; Wahl, 2007, pp. 880-3.

des fundamentais que tiverem sido reconhecidos de acordo com as leis de qualquer Alta Parte Contratante ou de qualquer outra Convenção em que aquela seja parte."Mas esse dispositivo deve ser interpretado em consonância com a competência do TEDH para interpretar, em última instância, os dispositivos da própria CEDH. O problema não consiste simplesmente em definir se uma disposição da Convenção foi interpretada para limitar os direitos fundamentais de um Estado, mas sim em determinar que tribunal tem competência para decidir se houve ou não essa limitação mediante interpretação. Nesse particular, o Tribunal alemão não se mostra disposto a se submeter, sem nenhuma restrição, às orientações do TEDH, em toda e qualquer questão que venha a apresentar-se[66].

Em orientação bem diversa, o Tribunal Constitucional da Áustria posicionou-se pela imediata aplicação das normas da CEDH no âmbito interno[67], assumindo que a Convenção é parte integrante do direito constitucional austríaco, nos termos da reforma constitucional adotada em 1964[68].

---

66. Silva, V. A. (2009a), analisando o caso sob a influência de Alexy, propõe um modelo de associação entre "sopesamento, racionalidade e ônus argumentativo". A respeito, ver *infra* Cap. IV.3.

67. Decisão de 14/10/1987, *VfSlg.* 52, n.º 11500, 347. Em sentido próximo, é a orientação do Tribunal Suíço, fixada em decisão de 15 de novembro de 1991, que qualificou a CEDH como um Tratado especial, cujas normas têm conteúdo de direito constitucional e são garantidas pelos mesmos procedimentos destinados à proteção dos direitos fundamentais previstos na Constituição suíça (BGE 117 Ib 367, pp. 370 s.). Cf., a respeito da posição da Suíça, Wahl, 2007, especialmente pp. 886 ss., enfatizando um desenvolvimento mais favorável ao direito internacional nesse país do que na Alemanha (pp. 888 s.). O Tribunal Constitucional de Portugal, em uma posição intermediária, embora sustente que as questões constitucionais resolvem-se à luz das normas e princípios constitucionais, estabeleceu, em decisão de 12/10/1999, que a jurisprudência do TEDH "contribui directamente para determinar a convicção jurídica" dos direitos fundamentais previstos na Constituição portuguesa (Acórdão n.º 533/99), e tem feito esforços para adaptar-se a essa jurisprudência (cf. Barreto, 2007, pp. 83 ss.).

68. Mediante essa reforma constitucional, atribuiu-se à Convenção Europeia de Direitos Humanos e ao seu 1.º Protocolo Adicional hierarquia constitucional. Aos seguintes Protocolos Adicionais foi conferido o caráter de reforma ou emenda constitucional (Mayer, 2007, p. 644).

Essa postura é expressão da maior abertura do tribunal austríaco em face do direito internacional público em geral e remonta à Constituição austríaca de 1920, fortemente influenciada pelo internacionalismo de Hans Kelsen[69]. Dessa maneira, pode-se observar uma autocompreensão constitucional que aponta para uma disposição mais acentuada de um diálogo transconstitucional com o Tribunal Europeu de Direitos Humanos. Apesar de tradições culturais próximas no âmbito da sociedade em geral, a orientação adotada pelo Tribunal Constitucional austríaco em face da validade interna das normas da CEDH afasta-se sensivelmente do modelo seguido pelo Tribunal alemão, apontando para uma marcante diversidade de culturas constitucionais. Cabe advertir, porém, que o Tribunal Constitucional austríaco apresenta-se reticente no que concerne à obrigatoriedade das decisões do TEDH. Em relação aos princípios jurídicos constitucionais da organização estatal, entende que um julgamento do TEDH que interprete uma norma constitucional austríaca como contrária à Convenção não pode servir de base à sua decisão: nesse caso, a violação só pode ser sanada pelo "legislador constituinte". E, além disso, o Tribunal Constitucional austríaco argumentou que a transferência para um órgão internacional da função de desenvolvimento aberto da interpretação no âmbito constitucional implicaria, ao pôr de lado o "legislador constituinte", uma "reforma total" da Constituição nos termos do art. 44.3 do diploma constitucional austríaco e, portanto, exigiria a ratificação do povo austríaco[70]. Dessa maneira, observa-se que

---

69. Sobre o internacionalismo de Kelsen, ver Brunkhorst, 2008a; Bernstorff, 2008b; Fassbender, 2008. Sobre a contribuição de Kelsen no surgimento da Constituição austríaca e a influência dele na sua interpretação judicial e na ciência do direito constitucional austríaca, ver Öhlinger, 2008, que, porém, relativiza a sua influência perante as recentes transformações no método doutrinário e jurisprudencial (pp. 422 ss.), não por considerar a teoria de Kelsen "falsa", mas sim por avaliá-la insuficiente para enfrentar os novos desafios do direito constitucional austríaco (p. 424).

70. Decisão de 14/10/1987, *VfSlg.* 52, n.º 11500, 347, pp. 365 s.

também o Tribunal austríaco determinou condições jurídicas internas para a aplicabilidade interna das decisões do TEDH, apontando para a existência de "hierarquias entrelaçadas" (*"tangled hierachies"*) no sentido de Hofstadter[71].

A posição do Conselho Constitucional francês em relação ao Tribunal Europeu de Direitos Humanos aponta uma certa abertura para uma "conversação" construtiva. No caso da Decisão n.º 2004-505 DC, de 19 de novembro de 2004, o Conselho Constitucional recorreu, na fundamentação de seu Acórdão, à decisão do caso *Leyla Sahin v. Turquia* pelo TEDH, de 29 junho de 2004[72], na qual se interpretou o art. 9.º da Convenção Europeia de Direitos Humanos no sentido de que esse dispositivo deixa aos Estados-membros uma margem de discrição (*"marge nationale d'appréciation"*[73]) para a disciplina da liberdade religiosa. Com base nessa interpretação, o Conselho Constitucional definiu sua posição de que os Estados são "livres" tanto para proibir as alunas islâmicas de usar o véu quanto para autorizá-las a fazê-lo[74].

Em relação à pluralidade de constitucionalismos europeus, impõe-se ao Tribunal Europeu de Direitos Humanos uma posição flexível ao decidir com pretensão vinculante a respeito de casos que afetam diversos países, considerando também as autocompreensões constitucionais específicas e suas metamorfoses. Nesse sentido, a própria orientação do TEDH transforma-se, com o tempo, na admissão de ações para a proteção aos direitos humanos, em matéria idêntica à de ações anteriormente rejeitadas, em face de um mesmo

---

71. Hofstadter, 1979, pp. 10 e 684 ss. [trad. bras. 2001, pp. 11 e 751 ss.].
72. Caso *Leyla Sahin v. Turkey* (*Application* n.º 44774/98).
73. Delmas-Marty (2006, pp. 82 ss.), inclusive referindo-se ao caso *Leyla Sahin v. Turkey* (pp. 87 e 90), alude à "necessidade de uma margem nacional" e, ao mesmo tempo, considera as dificuldades de sua implementação [*"difficultés de mise em ordre"* – pp. 88 ss.].
74. Conseil Constitutionnel, Décision n.º 2004-505 DC, de 19/11/2004. Como essa decisão também envolve direito supranacional europeu, retornarei a ela no capítulo IV.

país. No julgamento do caso *Goodwin v. United Kingdom*, em Acórdão de 11 de julho de 2002, por exemplo, observa-se que a evolução do direito interno dos Estados signatários da convenção serve de fundamento para uma reviravolta de jurisprudência do Tribunal Europeu. Até então, o tribunal deixava aos Estados a liberdade de disciplinar livremente o *status* dos transexuais, ou seja, de dizer se eles continuariam a ser classificados como homens ou mulheres e todas as consequências desse reconhecimento (possibilidade ou não de casar, possibilidade ou não de pedir pensão etc.). Nesse caso, o Tribunal entendeu que, por não levar em conta a mudança de sexo, o Reino Unido estaria violando a Convenção Europeia de Direitos Humanos[75]. Um outro exemplo reside no julgamento do caso *E.B. v. France*, em Acórdão de 22 de janeiro de 2008, em que também a evolução do direito interno dos Estados signatários serve de fundamento para que o Tribunal Europeu restrinja a discricionariedade dos Estados na regulamentação do direito à não discriminação[76]. Uma observação cuidadosa das diversas autocompreensões constitucionais é fundamental, portanto, para que o TEDH não perca sua capacidade de decidir legitimamente sobre casos de relevância para cortes de países signatários da CEDH.

Um dos pontos interessantes em relação ao Tribunal Europeu de Direitos Humanos refere-se à influência de suas decisões fora da Europa, entre países, portanto, que não são signatários da CEDH. Destaca-se o voto do Juiz Anthony Kennedy, no caso *Lawrence v. Texas*, julgado em 26 de março de 2003, que sustentou a decisão majoritária com o argumento de que o TEDH, como também "outras nações", teve "uma ação consistente na afirmação dos direitos pro-

---

75. Caso *Christine Goodwin v. United Kingdom* (*Application* n.º 28957/95). A respeito desse e de outros casos do TEDH concernentes à livre orientação sexual e mudança de estado civil em face de operação transexual, cf. Rudolf, 2003; Piovesan, 2008a, pp. 66 ss.

76. Caso *E.B. v. France* (*Application* n.º 43546/02).

tegidos dos homossexuais adultos de envolver-se em conduta íntima e consensual"[77]. Principalmente com base nessa decisão de afirmação dos direitos das minorias homossexuais, desenvolveu-se o debate entre os *Justices* Atonin Scalia e Stephan Breyer sobre o uso da jurisprudência do TEDH (e de outras nações) para a interpretação do direito constitucional americano, o primeiro em posição antagônica e o segundo em posição favorável[78]. Essa discussão é um indício de que, mesmo no âmbito de uma tradição constitucional de autossuficiência, o recurso ao diálogo constitucional com outras cortes internacionais e estrangeiras no âmbito de questões constitucionais internas passou a ser um dos temas centrais na nova agenda do constitucionalismo americano.

Um outro caso relevante de transconstitucionalismo entre ordem internacional e ordem estatal vem-se desenvolvendo na relação entre o "Sistema Interamericano de Direitos Humanos", instituído pela Convenção Americana sobre Direitos Humanos (CADH), e as ordens constitucionais dos respectivos Estados signatários que a ratificaram[79]. Nesse contexto, não se trata simplesmente da imposição de decisões da Corte Interamericana de Direitos Humanos (CIDH), criada e estruturada pelo Capítulo VIII (arts. 52 a 69) da CADH, aos tribunais nacionais com competências constitucionais. Esses também reveem a sua jurisprudência à luz das decisões da Corte. Tanto do lado da CIDH quanto da parte das cortes estatais tem havido uma disposição de

---

77. *Lawrence et al. v. Texas*, 539 U.S. 558 (2003), p. 576. A respeito dessa decisão ver a breve exposição de Eskridge, 2004.
78. Cf. a discussão entre Scalia e Breyer, moderada por Dorsen (moder.), 2005. Sobre o contexto dessa discussão, ver Ginsburg, 2005b. Cf. também *infra* pp. 257 ss.
79. A convenção foi adotada em 22 de novembro de 1969, em São José da Costa Rica, tendo entrado em vigor em 18 de julho de 1978, conforme o seu art. 74, n.º 2. A respeito, ver Burgorgue-Larsen; Ortiz, 2009; sobre a discussão no Brasil, ver Oliveira (coord.), 2007, destacando-se o prefácio de Trindade, 2007. Para uma análise da jurisdição da CIDH, cf. Ramírez, 2008.

diálogo em questões constitucionais comuns referentes à proteção dos direitos humanos, de tal maneira que se amplia a aplicação do direito convencional pelos tribunais domésticos[80].

Um caso interessante diz respeito à colisão entre o art. 7º, n.º 7, da Convenção Americana de Direitos Humanos, e o art. 5º, inciso LXVII, da Constituição brasileira. Enquanto essa disposição constitucional permite a prisão civil do depositário infiel, o dispositivo da Convenção a proíbe. No julgamento do RE 466.343/SP, do RE 349.703/RS e do HC 87.585/TO, o Supremo Tribunal Federal decidiu em 3 de dezembro de 2008, por maioria, que os tratados e convenções sobre direitos humanos, quando não aprovados nos termos procedimentais do art. 5º, § 3º, da Constituição Federal (procedimento idêntico ao de uma Emenda Constitucional), têm uma hierarquia supralegal, mas infraconstitucional. Esse caso ensejou uma ampla discussão a respeito da incorporação dos tratados de direitos humanos na ordem jurídica brasileira[81]. Uma tendência na análise do caso foi a defesa de uma solução no sentido da validade interna ilimitada do mencionado preceito da ratificada Convenção Americana de Direitos Humanos, tendo em vista que essa norma levaria a uma ampliação dos direitos constitucionalmente estabelecidos, de tal sorte que o direito nela contido estaria fundado no art. 5º, § 2º, da Constituição Federal[82]. Mas, também na interpretação restritiva em relação ao nível da validade interna do dispositivo da CADH, não se exclui uma solução positiva para a ampliação prática dos direitos fundamentais: o argumento em favor da validade supralegal e infraconstitucional da Convenção ratificada serve a uma decisão

---

80. Cf. Ortiz, 2009, pp. 273 ss.; Burgorgue Larsen, 2009, pp. 309 ss.

81. RE 466.343/SP, RE 349.703/RS, HC 87.585/TO, julg. 03/12/2008, TP, DJe 05/06/2009 e 26/06/2009.

82. Posição defendida pelo ministro Celso de Mello, em voto condutor da divergência, com apoio nas obras de Trindade, 1997, pp. 407 s.; Piovesan, 2008a, pp. 51-77; Mazzuoli, 2001, pp. 147-50; 2007, pp. 682-702. Mello (2001, pp. 25 s.) vai além e sustenta o caráter supraconstitucional dos tratados e convenções sobre direitos humanos.

no sentido de que a Constituição apenas admitiu a prisão do depositário infiel; então, o direito infraconstitucional poderia decidir livremente a respeito da permissão ou proibição e, nessa hipótese, o pacto internacional teria primazia sobre o Código Civil brasileiro[83]. Só a manutenção da orientação dominante anteriormente na tradição jurídica brasileira, ou seja, a concepção de que os atos internacionais ratificados têm o nível de validade de uma lei ordinária, poderia levar a um conflito insuperável entre o STF e a CIDH, pois o Código Civil brasileiro entrou em vigor após a ratificação do tratado e, nesse caso, prevaleceria o máxima *lex posterior derogat priori*[84]. Mantida essa posição, o STF estaria rompendo um diálogo constitucional com a CIDH em torno de uma compreensão dos direitos humanos e dos direitos fundamentais. No entanto, na discussão que se travou, parece claro ter sido colocado no primeiro plano o esforço com vista à formação de uma racionalidade transversal, que se mostre suportável para ambas as ordens jurídicas envolvidas.

Do lado da Corte Interamericana de Direitos Humanos, cabe destacar o importante julgamento do caso *Yatama vs. Nicarágua*, referente à participação democrática de membros da comunidade indígena, filiados ao partido Yatama, que foram proibidos de candidatar-se à eleição municipal de 5 de novembro de 2000, por força de decisão do Conse-

---

83. Posição defendida pelo ministro Gilmar Mendes, em voto condutor da maioria. Nesse sentido, ver Mendes, Coelho e Branco, 2007, pp. 665 ss.

84. Jurisprudência consolidada pelo STF no julgamento do RE 80.004/SE, julg. 01/06/1977, DJ 29/12/1977. A respeito dessa jurisprudência, ver Mendes, Coelho e Branco, 2007, pp. 659 ss. Essa ainda é a posição de Dimoulis e Martins (2007, p. 50) para os tratados não aprovados nos termos do § 3º do art. 5º da Constituição Federal. Pontes de Miranda (1960, p. 225), embora equiparasse hierarquicamente o tratado à lei ordinária, afirmava: "A Constituição não pode atingir tratado anterior sem ser dentro das cláusulas que o próprio tratado, válido em direito das gentes, contém para a denúncia dele, ou a ab-rogação das suas regras. Assim, o primado do direito das gentes, então, é indiscutível. [...] Os escritores incidiram, a respeito, em graves confusões, oriundas de assimilação inconsiderada entre o tratado anterior à Constituição e o tratado posterior à Constituição."

lho Supremo Eleitoral da Nicarágua[85]. A CIDH não só condenou o Estado da Nicarágua a indenizações por danos materiais e imateriais, como também determinou que se procedesse à reforma da respectiva lei eleitoral, concluindo: "O Estado deve reformar a regulação dos requisitos dispostos na Lei Eleitoral n.º 311, de 2000, declarados violatórios da Convenção Americana de Direitos Humanos, e adotar, em prazo razoável, as medidas necessárias para que os membros das comunidades indígenas e étnicas possam participar nos processos eleitorais de forma efetiva e tomando em conta suas tradições, usos e costumes, nos termos do parágrafo 249 de presente sentença."[86] Aqui se apresenta um exemplo claro em que a ampliação de direitos fundamentais constitucionais encontrou apoio em norma da ordem internacional invocada para dirimir o conflito: a própria compreensão do direito interno de cidadania ativa, matéria intrinsecamente constitucional, ficou vinculada a regulações internacionais, passando a depender da interpretação de um tribunal também internacional.

Mas há experiências no sentido inverso, nas quais a norma internacional de proteção dos direitos humanos a ser invocada pode apresentar-se como uma restrição a direitos fundamentais da Constituição estatal. Esse é o caso da colisão entre a Constituição brasileira e o Estatuto de Roma do Tribunal Penal Internacional, que foi adotado em 17 de julho de 1998 e entrou em vigor na ordem internacional em 1.º de julho de 2002, tendo sido ratificado pelo Brasil mediante o Decreto Legislativo n.º 112, de 2002. Enquanto o art. 77, n.º 1, alínea *b*, do Estatuto de Roma, prevê a prisão perpétua ("se o elevado grau da ilicitude do fato e as condições pessoais do condenado a justificarem"), essa pena é proibida conforme o art. 5.º, inciso XLVII, alínea *b*, da Constituição Federal. Embora o art. 5.º, § 4.º, da Constituição Federal, in-

---

85. Caso *Yatama vs. Nicarágua*, Sentença de 23/06/2005.
86. *Idem*, § 275.1 (nesse ponto, com o voto dissidente do juiz *ad hoc* Montiel Argüello). A respeito dessa decisão, ver Volio, 2005.

troduzido pela Emenda Constitucional n.º 45, de 2004, tenha estabelecido que o "Brasil se submete à jurisdição de Tribunal Penal Internacional a cuja criação tenha manifestado adesão", a questão permanece problemática, tendo em vista que, de acordo com o art. 60, § 4.º, inciso IV, do diploma constitucional brasileiro, a vedação de penas de "caráter perpétuo", incluída no catálogo dos direitos e garantias individuais, não pode ser abolida enquanto cláusula pétrea. Por um lado, a compreensão de direitos humanos pelo direito internacional público parte das preocupações com os crimes escandalosos e chocantes contra a humanidade. Por outro, o ponto de partida da compreensão constitucional brasileira dos direitos fundamentais reside no entendimento de que a prisão perpétua viola os direitos humanos. Uma solução unilateral não é adequada nesse caso. De acordo com os casos precedentes, há a tendência na jurisdição constitucional brasileira de exigir uma condição específica para a extradição do suposto criminoso a ser processado ou do criminoso já condenado pelo Tribunal Penal Internacional (TPI): ele só será entregue se a prisão perpétua for comutada em uma pena de, no máximo, trinta anos[87]. Embora, a rigor, não se trate de extradição na hipótese de um tribunal internacional, pois o conceito de extradição se refere à relação entre Estados, essa solução poderá ser adotada para os casos de pedido ao Brasil da *entrega* de criminosos, réus ou indiciados ao Tribunal Penal Internacional[88]. Essa é uma solução intermediária, que, embora não seja in-

---

87. Confirmando os precedentes na experiência jurisprudencial mais recente, cf. os seguintes casos de extradição, todos decididos por unanimidade pelo Pleno do STF: Ext. 1.104/UK – Reino Unido da Grã-Bretanha e da Irlanda do Norte, julg. 14/11/2008, DJe 25/06/2008); Ext. 1.103 – Estados Unidos da América, julg. 13/03/2008, DJe 07/11/2008; Ext. 1.060/PU – Peru, julg. 15/10/2007, DJe 31/10/2007; Ext. 1.069/EU – Estados Unidos da América, julg. 09/08/2007, DJe 14/09/2007.

88. Cf. Maliska, 2006, pp. 188 s., que ainda admite a hipótese da entrega ao TPI sem essas condições (p. 189), o que me parece incompatível com os precedentes jurisprudenciais brasileiros e implicaria a quebra de "cláusula pétrea". A respeito, ver Sabadell e Dimoulis, 2009.

teiramente compatível com o Estatuto de Roma, pode ser suportada pelo Tribunal Penal Internacional em uma posição construtiva e disposta ao aprendizado. A questão poderá tornar-se mais problemática se o STF vier a considerar a hipótese como de "extradição" e afirmar a sua jurisprudência de não extradição de brasileiros, nos termos do art. 5º, inciso LI, da Constituição brasileira. Nesse caso, não seria tão simples a solução do conflito normativo. Porém não parece correta, como já foi adiantado, a extensão semântica desse preceito, no sentido de que essa proibição valha também para a entrega de criminoso, réu ou indiciado ao TPI, pois a extradição refere-se à relação entre Estados. Sem dúvida, mesmo admitida essa interpretação do conceito de extradição, ainda surgirão novamente problemas pela invocação do art. 60, § 4º, inciso IV, da Constituição, que não permite a abolição de garantias de direitos fundamentais ("cláusulas pétreas"). O rumo dos desenvolvimentos nesse contexto normativo permanece aberto. Não obstante, a disposição para o aprendizado em ambos os lados, mediante a formação de uma rede transversal construtiva, ou seja, o transconstitucionalismo, é decisivo para o sucesso nessa área de colisão. Internacionalismo e nacionalismo, nessa hipótese, poderão levar a atitudes destrutivas para os direitos humanos ou fundamentais.

Por fim, no plano do direito constitucional econômico, a atuação da Organização Mundial do Comércio[89], na solu-

---

89. O Tratado de Instituição da Organização Mundial do Comércio foi adotado em 15 de abril de 1994. A respeito, ver Petersmann, 1995. Koskenniemi (2004, pp. 206 s.), em postura eminentemente crítica, afirma, com base em dados empíricos e argumentos que me parecem convincentes: "O estabelecimento da OMC em 1995 foi uma vitória significativa para as preferências pelo livre comércio sobre os objetivos regulatórios com enfoque nacional. [...] A polarização da oposição entre o Norte e o Sul (especialmente evidente no campo da propriedade intelectual) pode ter diminuído as possibilidades de inovação judicial por parte dos grupos especiais [*panels*] ou do Órgão de Apelação. De fato, há poucos indícios que possam dissolver a impressão de que o Órgão de Solução de Controvérsias seria um clube de ricos: a ampla maioria dos casos ainda são trazidos a ele pelos Estados Unidos e pela União Europeia."

ção de controvérsias referentes à legitimidade de normas estatais concernentes ao protecionismo ou à limitação da liberdade econômica além das fronteiras, tem levado a um forte impacto do modelo econômico liberal nas ordens constitucionais dos Estados envolvidos, cuja posição, em grande parte, é apenas reativa à orientação da OMC[90]. O próprio Grimm acentua que "o mecanismo de solução de controvérsia que existe desde 1995 torna autônomo, em relação às partes que celebraram o pacto, o direito fundado pacticiamente, subordinando essas às decisões da instância da OMC"[91]. Daí se afirmar que, por força da instituição da OMC, teria se consolidado um processo de passagem "da diplomacia de negociação para a ordem constitucional internacional" no âmbito do direito econômico internacional[92], ou se falar das "dimensões jurídico-constitucionais da Organização Mundial do Comércio"[93]. Parece-me que mais frutífero do que afirmar uma constitucionalização ou Constituição da OMC é indagar sobre os problemas jurídico-constitucionais, que, tendo sido originariamente enfrentados pelos Estados isoladamente ou em formas de tratados bilaterais e diplomacia, passaram a apresentar-se de maneira abrangente e relevante perante a OMC, instituição fundada na multilateralidade. Nesse sentido, sim, poder-se-ia falar de problemas e, portanto, de funções jurídico-constitucionais da OMC[94], uma vez que questões de direito constitucional econômico estão no seu âmbito de competência, especialmente na solução de litígios. Mas essa situação deve ser compreendida no âmbito de um transconstitucionalismo entre ordens jurídicas, principalmente porque o êxito da OMC na prática de regulação das relações econô-

---

90. Cf. Nettesheim, 2001, pp. 403 s.
91. Grimm, 2004a, p. 161.
92. Nettesheim, 2001.
93. Bogdandy, 2001.
94. Já antes da criação da OMC, Petersmann (1991) tratava das "Funções constitucionais e problemas constitucionais da ordem econômica internacional".

micas e na solução de controvérsias depende amplamente da reação dos Estados envolvidos, inclusive das cortes constitucionais. Especialmente em "tempos difíceis", é comum a retomada de formas de protecionismo que contrariam a orientação da OMC[95]. Mas também, fora desses períodos, há desvios das normas e descumprimentos de decisões da OMC mesmo por países pretensamente mais liberais, como se pode verificar com o não cumprimento pelos Estados Unidos da decisão adotada pela OMC, em 26 de setembro de 2000, conforme a qual se determinou que a lei *antidumping* americana de 1916 (*US Anti-Dumping Act of 1916*) é contrária às normas da OMC e deveria ser modificada no prazo de 10 meses[96]. E, ainda que se definam formas efetivas de imposição das decisões da OMC[97], torna-se inadequado, no âmbito de um transconstitucionalismo, um modelo de simples outorga de suas decisões aos Estados envolvidos em contendas. O desenvolvimento da OMC, no plano das competências referentes a temas de direito constitucional econômico, depende da capacidade de que sejam construídos modelos flexíveis, que estejam em condição de ser o mais abrangentemente incorporados às diversas ordens jurídicas estatais, caracterizadas por uma enorme diversidade de concepções da liberdade econômica.

Esses exemplos em torno do transconstitucionalismo entre ordens internacionais e ordens estatais apontam para a necessidade de superação do tratamento provinciano de problemas constitucionais pelos Estados, sem que isso nos leve à crença na *ultima ratio* do direito internacional público: não só aqueles, mas também este pode equivocar-se quando confrontado com questões constitucionais, inclusive com problemas de direitos humanos.

---

95. Nettesheim, 2001, pp. 403 s.
96. *WT/DS136/AB/R, WT/DS162/AB/R*. A respeito, ver Keyser, 2001.
97. Cf. Nettesheim, 2001, pp. 404 s.

3. Transconstitucionalismo entre direito supranacional e direito estatal

Se restringirmos o conceito jurídico de supranacionalidade para uma organização fundada em tratado que atribui, para os seus próprios órgãos, competências de natureza legislativa, administrativa e jurisdicional abrangente no âmbito pessoal, material, territorial e temporal de validade, com força vinculante direta para os cidadãos e órgãos dos Estados-membros, poderemos afirmar que a União Europeia constitui a única experiência de supranacionalismo[98]. Embora o tratado de fundação ("tratado constitucional") e suas transformações dependam da ratificação dos Estados--membros, as normas ordinárias e decisões administrativas e jurisdicionais da União vinculam imediatamente os cidadãos e agentes estatais. Daí por que se fala de uma "soberania dividida"ou "compartilhada", apontando-se para uma transferência de um âmbito de "competência de competência" para uma esfera jurídica mais abrangente[99]. E isso tor-

---

98. Nesse sentido, Langer (1995, p. 50) afirma que, "praticamente, só no caso da União Europeia é correto falar de uma 'organização supranacional". No mesmo sentido, afirma Grimm (2004a, p. 161): "Instituições supranacionais com grau de intensidade semelhante [à da União Europeia] não há, até agora, nem fora da Europa nem em escala global." Pode-se observar, porém, um desenvolvimento de supranacionalidade no âmbito da Comunidade Andina, embora limitada praticamente à dimensão da competência judicial. A respeito da afirmação da supremacia ou primazia do direito da Comunidade Andina em relação ao direito nacional, cf., entre muitas decisões do Tribunal de Justiça da Comunidade Andina, os julgamentos dos seguintes casos: Processo n.º 1-IP-87; Processo n.º 50-IP-2008; Processo n.º 67-IP-2008. Sobre o significado desse Tribunal, ver Perotti, 1998; Toledo, 2009. Um outro exemplo é o da Corte Centro-Americana de Justiça, que dispõe inclusive de competência para decidir sobre conflitos internos entre os poderes de qualquer dos Estados sob sua jurisdição (a respeito, cf. Perotti, 2002).

99. Pernice, 1995, pp. 259 (n.º 44) e 275 (n.º 66), com ampla referência bibliográfica; Lewandowski, 2004, pp. 253 ss. Cf. Mendes, G., 2009. De Witte (1998, especialmente pp. 302 s.) questiona a expressão "soberania dividida" ou "compartilhada", sustentando que a "soberania" ("competência de competência") não pode ser transferida, mas apenas o exercício de "direitos de soberania". Questionando a adequação desses conceitos, por distinguir entre a

na-se evidente quando se considera o fato de que não só os Estados-membros da União Europeia têm assento na OMC, mas também a própria União (a rigor, as Comunidades Europeias enquanto pessoa jurídica). A questão que se põe no âmbito do transconstitucionalismo é a da relação entre a ordem jurídica comunitária e a ordem jurídica dos Estados-membros, sobretudo, porém, a conexão entre o Tribunal de Justiça das Comunidades Europeias (TJCE) e as cortes constitucionais ou supremos tribunais estatais com funções constitucionais, vinculados a tradições jurídicas fortemente consolidadas e diversas umas das outras.

Embora se possa afirmar a primazia do direito comunitário perante as ordens jurídicas nacionais, a questão torna-se muito simples se considerada apenas com base nessa asserção geral: em primeiro lugar, porque se trata de "hierarquia entrelaçada" (cf. *supra* p. 142) entre ordens normativas, que se observam reciprocamente[100]; em segundo lugar, porque surgem problemas constitucionais que são relevantes tanto para as cortes constitucionais dos Estados-membros como para o Tribunal de Justiça das Comunidades Europeias, dando ensejo a seleções e interpretações diversas dos textos normativos a serem aplicados e a compreensões (construções) distintas dos casos jurídicos subordinados a julgamento. Essa situação implica uma relação "complementar" entre o direito da União e o dos Estados, em uma "rede

---

primazia do direito comunitário e a questão da soberania dos Estados-membros, ver De Búrca, 2003, pp. 456 ss. Maduro (2003, pp. 505 s.) refere-se a "soberanias em competição". Essa discussão remonta aos julgamentos do TJCE nos casos *Van Gend en Loos* (1963) e *Costa* (1964), nos quais se afirmou que os "Estados-membros limitaram os seus direitos soberanos" "em benefício" da Comunidade Econômica Europeia como "nova ordem jurídica de direito internacional" (C-26/62, julg. 05/02/1963, *NV Algemene Transporten Expeditie Onderneming van Gend & Loos v. Netherlands Inland Revenue Administration*) e que "a transferência, efetuada pelos Estados a favor do ordenamento jurídico comunitário, dos direitos e das obrigações correspondentes às disposições do Tratado implica uma limitação permanente de seus direitos de soberania" (C-6/64, julg. 15/07/1964, *Flaminio Costa v. E.N.E.L.*).

100. A respeito, ver Dudena, 2008.

de elementos constitucionais"[101], ou, em outras palavras, um "cruzamento de direito constitucional nacional e europeu" em face do cidadão[102].

Nesse sentido, cabe apontar antes para uma "conversação" constitucional fundada no aprendizado recíproco do que em uma forma hierárquica monolítica. A respeito, Weiler é peremptório: "O discurso constitucional na Europa deve ser concebido como uma conversação de muitos atores em uma comunidade interpretativa constitucional, antes que como uma estrutura hierárquica com o TJCE no topo."[103] Mas esse modelo não exclui tensões entre as ordens e os respectivos tribunais em matéria constitucional. A esse respeito, ao se referir ao desenvolvimento de um "direito contrapontual", Poares Maduro refere-se às compreensões diversas a que chegaria um observador do direito europeu (ele usa a ficção de um alienígena que pousasse na Europa), conforme ele partisse do TJCE ou dos tribunais constitucionais de um dos Estados-membros[104]. A primazia do direito comunitário perante o direito nacional, sustentada pelo TJCE com base na concepção de que haveria uma vinculação direta do tratado comunitário com os povos europeus, não é negada pelos tribunais constitucionais, mas é relativizada, tendo em vista que ela pode ser excepcionalmente desconsiderada se não preencher certas condições determinadas pelo direito constitucional do respectivo Estado[105]. Essa variação de um Estado-membro em face do direito comunitário pode servir, porém, a uma postura semelhante de outros Estados-membros no âmbito da mesma matéria, tendo em vista inclusive a invocação do princípio isonômico. Daí por que se impõe a observância dos "princípios do

---

101. Walter, 2000, p. 12.
102. Krajewski, 2001, pp. 126 s., acompanhando Pernice (1995, p. 275, n.º 67) nessa formulação.
103. Weiler, 1999, p. 322.
104. Maduro, 2003, pp. 502 s. Cf., no mesmo sentido, Mendes, R., 2006, pp. 95 s.
105. Cf. Maduro, 2003, pp. 508 ss.

direito contrapontual"[106], promotores da autonomia das "melodias" nacionais que contribuem, juntamente com as comunitárias, mediante participação não hierárquica, para o sucesso do entrelaçamento supranacional[107].

A questão se complica quando se considera que tanto o Tribunal de Justiça das Comunidades Europeias quanto os tribunais constitucionais dos Estados são órgãos encarregados de aplicar o direito comunitário, assim como o TJCE está incumbido de interpretar o direito doméstico para definir a sua compatibilidade com o direito comum da União. Dessa maneira, surge um modelo de quatro ângulos de compreensão normativa: o TJCE perante texto normativo comunitário e diante de texto normativo estatal; tribunal constitucional em face de texto normativo comunitário e perante texto normativo estatal[108]. Mas todas essas perspectivas de construção normativa convergem para o mesmo caso, cujo enquadramento normativo também poderá variar sensivelmente, conforme seja construído jurisdicionalmente pelo TJCE ou pelo tribunal constitucional envolvido na controvérsia jurisprudencial. É claro que a "conversação" constitucional pode levar a uma postura de cooperação, reduzindo os conflitos ou solucionando-os, de maneira que seja consistente e adequada em relação às ordens colidentes. Mas, se há uma unidade do direito constitucional europeu, essa só pode ser a unidade de um espaço jurídico de cooperação e conflito entre ordens jurídicas com perspectivas diversas de casos jurídico-constitucionais[109]. Antes de tratar-se de uma Constituição da União Europeia, cabe falar de um transconstitucio-

---

106. Maduro, 2003, pp. 524 ss.
107. "Contraponto é a técnica musical de harmonização de diferentes melodias que não estão em uma relação hierárquica *inter se*" (Maduro, 2003, p. 523).
108. Nesse sentido, cabe falar de "intertextualidade" (Christensen e Fischer-Lescano, 2007, pp. 78 ss.) e de "internormatividade de 'fato'" (Delmas-Marty, 2006, pp. 41 ss.) no transconstitucionalismo europeu.
109. Walter (2000, pp. 7 ss.) refere-se à "perda de unidade" do direito constitucional europeu no contexto da globalização.

nalismo europeu como transversalidade de ordens jurídicas em face de problemas jurídico-constitucionais comuns.

O fato de que não se trata de uma pura e simples hierarquia, na qual um tribunal supremo poderia decidir em última instância qualquer conflito em matéria constitucional, evidencia-se em termos práticos nas condições impostas pelo Tribunal Constitucional Federal alemão em face de decisões do Tribunal de Justiça das Comunidades Europeias. As decisões *Solange I* (BVerfGE 37, 271) e *Solange II* (BVerfGE 73, 339) são emblemáticas a esse respeito. Na primeira, de 29 de maio de 1974, a Segunda Turma [*Senat*] do Tribunal alemão decidiu no sentido da necessidade de aguardar um desenvolvimento do processo de integração em relação à garantia dos direitos fundamentais, nos seguintes termos: "Enquanto [*Solange*] o processo de integração da comunidade não estiver desenvolvido de maneira tão ampla que o direito comunitário contenha um catálogo de direitos fundamentais aprovado por um parlamento e em vigor, adequado ao catálogo de direitos fundamentais da Lei Fundamental", caberá o controle de constitucionalidade, quando "uma disposição do direito comunitário, na interpretação dada pelo Tribunal de Justiça das Comunidades Europeias", for considerada inaplicável, "porque e enquanto ela colide com um dos direitos fundamentais da Lei Fundamental"[110]. Dessa maneira, em vez de uma supremacia do direito comunitário, afirmava-se a primazia da ordem jurídico-constitucional alemã de direitos fundamentais perante aquele e, principalmente, atribuía-se o caráter de última instância decisória, em matérias de direitos fundamentais em que estivessem envolvidos o TJCE e o Tribunal alemão, ao último.

Mais tarde, na decisão *Solange II*, de 22 de outubro de 1986, apesar de todas as críticas dos juristas favoráveis à integração europeia, a Segunda Turma [*Senat*] do Tribunal Constitucional Federal alemão manteve condições para a

---

110. BVerfGE, 37, 271 (1974).

aplicação do direito de integração contra o direito nacional, nos seguintes termos: "Enquanto [*Solange*] as Comunidades Europeias, especialmente a jurisprudência do Tribunal das Comunidades, garantirem de forma geral uma proteção efetiva dos direitos fundamentais perante o poder das Comunidades, que seja considerada, no essencial, equivalente à proteção dos direitos fundamentais incondicionalmente prescrita na Lei Fundamental, garantindo sobretudo o seu conteúdo essencial, o Tribunal Constitucional Federal não mais exercerá a sua competência jurisdicional sobre a aplicabilidade de direito comunitário derivado que seja invocado como fundamento jurídico para uma conduta de tribunais ou órgãos públicos alemães na área soberana da República Federal da Alemanha, nem controlará esse direito conforme os critérios dos direitos fundamentais da Lei Fundamental."[111] Como se pode observar, nessa decisão admitia-se, ao contrário da primeira, que o TJCE, no momento, estaria atuando em conformidade com o regime de direitos fundamentais da Lei Fundamental, mas ainda se fazia uma reserva: desde que ele deixe de atuar em conformidade com esse regime, o Tribunal Constitucional Federal da Alemanha poderá passar a exercer novamente um controle constitucional sobre suas decisões, quando essas pretenderem ser internalizadas. Assim sendo, o Tribunal alemão não se lhe nega a postura de avaliador último da legitimidade da internalização das decisões do TJCE no direito alemão. Em outras palavras, o Tribunal alemão ainda se afirma como o controlador do controlador[112]. Mas, ao atuar assim, ele abre espaço para que tribunais constitucionais de outros Estados-membros da União Europeia imponham a mesma reserva, em um modelo de reação "contrapontual".

---

111. BVerfGE 73, 339 (1986), p. 340.
112. Cabe relembrar aqui o debate, entre Kelsen (1931) e Schmitt (1931), sobre o guardião da Constituição, em que, ao menos no âmbito do constitucionalismo, a tese liberal do primeiro prevaleceu na prática. O problema é que, na concepção de "hierarquia entrelaçada", todo controle implica um *contra*controle, não havendo, a rigor, o controle último e definitivo (Luhmann, 1987c, p. 63), mas apenas, eventualmente, o predominante ou "hegemônico".

Também de grande relevância no debate sobre o desenvolvimento foi a decisão *Maastricht*, de 12 de outubro de 1993[113], motivada especialmente pelo Tratado da União Europeia, que foi assinado em Maastricht em 7 de fevereiro de 1992 e entrou em vigor em 1º de novembro de 1993. Nesse julgamento, a Segunda Turma [*Senat*] do Tribunal Constitucional alemão, invocando o princípio democrático, determinou limites à vinculação jurídica da Alemanha ao processo de desenvolvimento da integração supranacional europeia. Nessa decisão, estabeleceu-se, entre outras condições, a seguinte: "O princípio democrático não impede a República Federal da Alemanha de ser membro de uma comunidade interestatal – organizada supranacionalmente. Pressuposto para ser membro é, porém, que uma legitimação e influência emanada do povo também esteja assegurada na união de Estados." E, após insistir que "o Tribunal Constitucional Federal alemão controla se os atos jurídicos das instituições e órgãos europeus mantêm-se nos limites das competências que lhes foram concedidas ou rompem com eles (BVerfGE 75, 223)", acrescentava: "Na interpretação das normas de competência mediante instituições e órgãos das comunidades, deve-se considerar que o Tratado da União distingue fundamentalmente entre o exercício de uma competência funcional concedida em termos limitados e a alteração do Tratado, e, por isso, que sua interpretação, no resultado, não pode ser igualada a uma ampliação de tratado; uma tal interpretação de normas de competência não produziria nenhum efeito vinculante para a Alemanha."[114]

Essas decisões provocaram reações críticas de juristas entusiastas da integração europeia, destacando-se a posição de Joseph Weiler, com a seguinte afirmativa, entre outras: "a solução oferecida pelo Tribunal Constitucional Federal alemão [...] não é conversação [...]. Embora o Tribunal alemão mencione que essas decisões têm de ser tomadas

---

113. BVerfGE 89, 155 (1993).
114. *Ibidem*, p. 156.

em cooperação com o TJCE, ele reserva a si mesmo a última palavra. Um *diktat* europeu é simplesmente substituído por um nacional. E um *diktat* nacional é muito mais destrutivo para a comunidade, se se contempla a possibilidade de quinze diferentes interpretações."[115] Mas é exatamente nessa pluralidade de possibilidades interpretativas que reside a questão do transconstitucionalismo entre a ordem supranacional europeia e as ordens estatais a ela vinculadas.

O problema não se refere à afirmação de que ordem tem a primazia ou supremacia. Mesmo quando uma corte de justiça constitucional admite a tese amplamente dominante de que a ordem jurídica da União tem primazia perante as ordens jurídicas dos Estados-membros, não há uma superação definitiva da questão das hierarquias entrelaçadas. Ela permanece quando um caso real é relevante tanto para o TJCE quanto para um ou mais dos tribunais estatais com função constitucional. Em primeiro lugar, a qualificação jurídica do suporte fáctico concreto[116] exige a definição da norma jurídica qualificadora e, portanto, a escolha do(s) texto(s) normativo(s) que precisa(m) ser interpretado(s). O TJCE pode invocar texto(s) normativo(s) diverso(s) do(s) invocado(s) pelas respectivas cortes nacionais. Mas, inclusive se for(em) invocado(s) o(s) mesmo(s) texto(s), a interpretação do(s) texto(s) normativo(s) em face do caso poderá levar a resultados diversos quanto ao conteúdo normativo a aplicar, ou seja, a normas jurídicas diferentes. Além disso, ainda que definidas as mesmas normas a aplicar, a descrição do suporte fáctico pode conduzir à construção de fatos jurídicos diversos, o que importa definições jurídicas distintas do caso a ser solucionado. O problema só poderia ser

---

115. Weiler, 1999, p. 322.
116. Usamos aqui o conceito de "suporte fáctico" no sentido análogo ao de Pontes de Miranda (1974, pp. 3 ss. e 74 ss.), mas considerando-o como referente (construído) de relatos no processo de concretização, que, quando qualificado juridicamente mediante a afirmação da incidência da respectiva norma jurídica no processo concretizador, transforma-se em fato jurídico, a saber, no referente (construído) de um enunciado implícito ou explícito de subsunção.

resolvido de maneira absoluta e definitiva se todas as cortes constitucionais admitissem, sem reservas, que, em todo caso, prevaleceria o entendimento do TJCE. Mas essa solução ofenderia a concepção de um "diálogo" constitucional entre cortes no âmbito de um transconstitucionalismo entre ordens jurídicas. Mais adequado seria uma disposição de cooperação entre o TJCE e as cortes constitucionais.

Tem-se verificado um desenvolvimento nessa direção por força da reação das cortes constitucionais à supremacia absoluta do Tribunal de Justiça das Comunidades Europeias, tendo em vista as particularidades das ordens constitucionais dos Estados nacionais e as posições diversas dos tribunais constitucionais respectivos. Nesse sentido, Annie-Marie Slaughter sustenta:

> O sistema jurídico da Comunidade Europeia, agora União Europeia, foi construído mediante as decisões de tribunais nacionais inferiores de enviar casos ao Tribunal de Justiça das Comunidades Europeias (TJCE). O TJCE não foi considerado como uma suprema corte, mas como uma corte supranacional, frequentemente contrária aos desejos dos supremos tribunais nacionais e do Executivo [...].
>
> Os supremos tribunais nacionais, particularmente as cortes constitucionais, perceberam que o seu poder estava sendo erodido e revidado; o resultado é o que o Tribunal Constitucional alemão tem chamado de "relação cooperativa" entre o TJCE e as cortes nacionais superiores. Essa é uma relação definida de corte para corte e baseada explicitamente nas competências respectivas de ambas as entidades no direito doméstico e europeu. Ela é a base para a "comunidade de direito" europeia.[117]

Com esse ponto de vista da relação entre os tribunais, Slaughter possibilita uma outra compreensão da postura da corte europeia, distinta da assumida por Weiler, na medida

---

117. Slaughter, 2000, pp. 1104 s.; cf. 2004, pp. 82 s., com formulação quase idêntica.

em que não observa na decisão "Maastricht"uma pretensão do Tribunal Constitucional Federal alemão de ter primazia perante o TJCE em matéria constitucional. A propósito, ela afirma: "O Tribunal Constitucional Federal alemão (o *Bundesverfassungsgericht* ou *BvG*), em particular, tem uma longa história de engajar e desafiar o TJCE como uma corte coigual antes que superior [...]. O *BvG* tem sido o mais franco e, talvez, o mais peremptório na sua relação com o TJCE, mas não está sozinho, contando com o apoio das cortes superiores da Itália, França e Bélgica."[118] Evidentemente, há contextos em que os tribunais nacionais superiores demonstram maior disposição de se submeterem mais estritamente à orientação do TJCE, como, por exemplo, as cortes britânicas ao suspenderem a eficácia de uma lei britânica pendente de controle (*judicial review*) perante o TJCE e o Tribunal de Cassação da França ao seguir as determinações do TJCE, "ainda que em face das ameaças da legislatura francesa de retirar-lhe a jurisdição nos termos da antiga acusação de 'governo dos juízes'"[119]. Mas, mesmo nesses casos, não fica eliminada inteiramente a possibilidade de reaparecer, a qualquer momento, a pretensão de ser uma corte coigual, pois o TJCE não é, em face dos tribunais nacionais, uma corte suprema como a de um Estado federal. Os conflitos continuarão, ainda que as relações entre o TJCE e os tribunais estatais, inferiores e superiores, e as suas jurisprudências "tornem-se cada vez mais entrecruzadas"[120]. Isso implica a necessidade de um processamento permanente tanto das "relações cooperativas" quanto das "relações conflituosas" entre ordens jurídicas e entre suas respectivas cortes, sem que se chegue a um equilíbrio perfeito.

A proposta de Weiler para a criação de um Conselho Constitucional da Comunidade, conforme o modelo do Con-

---

118. Slaughter, 2004, p. 84; cf. 2000, pp. 107 s., com formulação quase idêntica.
119. Slaughter, 2000, p. 1106; 2004, p. 83.
120. Slaughter, 2000, p. 1108; 2004, p. 84. De maneira mais abrangente, Delmas-Marty (2006, pp. 46 ss.) refere-se "aos jogos de interpretação cruzada" entre tribunais de ordens diversas.

selho Constitucional da França, com a competência de controle preventivo da validade das leis e para decidir casos de conflitos de competência[121], não traria nenhum aporte sério à questão, pois apenas implicaria uma nova burocracia constitucional europeia, subordinada aos mesmos problemas de compatibilização com os direitos nacionais por que passa o TJCE. A esse respeito, cabe observar que a colisão, nesse caso, poderia ser mais acentuada em face do próprio Conselho Constitucional francês, que tem a pretensão de ser o exclusivo controlador preventivo da validade constitucional das leis francesas. Cabe observar que esse Conselho, ao contrário da posição do Tribunal de Cassação da França, assume antes uma posição defensiva em relação ao direito comunitário em matéria constitucional, especialmente em questões de direitos humanos. A propósito, é emblemática a Decisão n.º 92-308 DC, de 9 abril de 1992, na qual, embora se admita a validade supralegal dos tratados ratificados pela Assembleia Nacional francesa, estabeleceu-se como condição para a ratificação e validade interna do Tratado da União Europeia a aprovação de uma revisão constitucional, com base, entre outros, nos seguintes fundamentos: "14. Considerando [...] que no caso em que os compromissos internacionais subscritos para esse fim [transferência consentida de competências para uma organização internacional permanente] contenham uma cláusula contrária à Constituição ou afetem as condições essenciais do exercício da soberania nacional, a autorização de os ratificar requer uma revisão constitucional; considerando que, em vista desses princípios, cabe ao Conselho constitucional proceder ao exame do Tratado da União Europeia."[122] Daí resulta que, no sentido da tradição constitucional francesa, não só as normas supremas da União Europeia (do tratado fundacional e de suas alterações), mas também as diretivas podem submeter-se ao controle de constitucionalidade, o que pos-

---

121. Weiler, 1999, pp. 322 s. e 354.
122. Conseil Constitutionnel, Décision n.º 92-308 DC, de 09/04/1992.

sibilita não só conflitos de interpretação com o TJCE, mas também com um futuro Conselho Constitucional europeu, com competências análogas.

A respeito da internalização das diretivas mediante lei francesa, são dignas de menção, na perspectiva do transconstitucionalismo entre ordem estatal e supranacional, algumas decisões do Conselho Constitucional da França. Tendo em vista o desenvolvimento do direito comunitário, a Constituição francesa passou a prever, no art. 88-1, que a República francesa "participa das Comunidades Europeias". Por muito tempo, essa disposição permaneceu desconhecida da jurisprudência constitucional francesa. Aparentemente, não havia nenhuma norma contida nesse dispositivo. Com a Decisão n.º 2004-496 DC, de 10 de junho de 2004, o Conselho Constitucional muda sua jurisprudência e passa a verificar, no art. 88-1, uma obrigação do legislador francês de transpor as diretivas comunitárias[123]. Por força dessa nova interpretação, começaram a ser admitidos limites ao controle de constitucionalidade de leis de transposição de diretivas comunitárias. A partir de então, o Conselho Constitucional somente declararia a inconstitucionalidade de uma lei de transposição se a diretiva transposta fosse contrária a uma disposição "expressa" da Constituição francesa. Do contrário, a lei não seria censurada e caberia ao juiz "ordinário" suscitar uma questão prejudicial ao Tribunal de Justiça das Comunidades Europeias, para que esse decidisse sobre a conformidade da diretiva aos direitos fundamentais. Em virtude dessa jurisprudência, o Conselho Constitucional deixou de averiguar se leis de transposição de diretivas comunitárias se conformavam a disposições constitucionais francesas, como as que protegem a liberdade de expressão, o princípio da igualdade etc. No entendimento do Conselho Constitucional, não se estaria diante de disposição "expressa" e, portanto, não lhe caberia nenhum controle de constitucionalidade.

---

123. Conseil Constitutionnel, Décision n.º 2004-496 DC, de 10/06/2004.

A jurisprudência seguinte veio elucidar o que se deve entender por disposição "expressa". Inicialmente, fez-se referência a disposição "expressa e específica" e, por fim, na Decisão n.º 2006-540 DC, de 26 de julho de 2006, passou-se a fazer alusão à contrariedade à "identidade constitucional" da França[124]. Trata-se, no caso, de verdadeiro limite constitucional à integração comunitária. O legislador não pode transpor em nível interno uma diretiva contrária a uma disposição constitucional que caracterize a "identidade constitucional da França". Embora, até a presente data, nenhuma disposição de diretiva tenha sido rejeitada por ser declarada contrária à "identidade constitucional francesa", nem haja uma determinação clara e precisa do conteúdo semântico de tal expressão, a implementação dessa jurisprudência levaria a uma forte limitação e, de certa maneira, constituiria um bloqueio ao processo de integração jurídica da França à União Europeia.

Ainda com relação às diretivas comunitárias, não apenas o Conselho Constitucional não se considera mais competente para controlar sua constitucionalidade (exceto em caso de ofensa à "identidade nacional"), mas o art. 88-1 da Constituição tem servido de base de referência para que as regras previstas na diretiva comunitária passem a ser usadas para controlar a constitucionalidade da lei de transposição. O argumento é o seguinte: como o art. 88-1 impõe ao legislador a obrigação de transpor a diretiva, será considerada inconstitucional a lei que transpuser parcial ou incorretamente uma diretiva (ao menos no que concerne às suas disposições "claras" e "incondicionais"). A inadequação entre a lei de transposição e o texto claro e incondicional da diretiva implica inconstitucionalidade da lei. Por essa razão, na Decisão n.º 2006-543 DC, de 30 de novembro de 2006, o Conselho Constitucional invalidou parte da lei que lhe havia sido submetida[125]. Trata-se, portanto, de caso em que,

---

124. Conseil Constitutionnel, Décision n.º 2006-540 DC, de 27/07/2006.
125. Conseil Constitutionnel, Décision n.º 2006-543 DC, de 30/11/ 2006.

por intermédio de uma disposição constitucional (art. 88-1), uma regra de origem não nacional é "incorporada" ao parâmetro de controle de constitucionalidade francês. Cabe observar que o próprio Tratado da União Europeia demonstra uma postura favorável a uma "relação cooperativa" da União com as ordens constitucionais dos Estados, especialmente em seu art. 6º, nº 3, o qual estabelece que fazem parte do direito da União, "enquanto princípios gerais", os direitos fundamentais "tal como resultam das tradições constitucionais comuns aos Estados-membros"[126]. Essa propensão "cooperativa" deixa em aberto, porém, a diversidade de tradições constitucionais na leitura dos direitos fundamentais. Nada impede que uma ordem constitucional dê primazia à liberdade de imprensa em face da proteção da intimidade, enquanto outra se incline no sentido contrário. Esse impasse não se resolve, portanto, com textualizações e criação de novas burocracias, mas sim na construção de métodos partilhados para enfrentar essas questões em cada caso concreto que seja relevante para mais de uma ordem.

Em princípio, o grande problema reside na procura de modelos para "compatibilizar o dissenso"[127] entre a ordem jurídica da União e as ordens nacionais, mas também entre as ordens nacionais envolvidas nos casos, sobretudo entre as respectivas cortes. Como a "conversação" transconstitucional pode possibilitar que haja um mínimo de equilíbrio entre consistência *jurídica* (interna) e adequação *jurídica* (externa) das decisões de uma corte na cadeia de validação própria de cada uma das respectivas ordens? Como se pode reduzir o impacto negativo por força da externalização de efeitos insuportáveis de uma interpretação para outros tribunais envolvidos? Essas questões exigem uma nova meto-

---

126. Nesse caso, analogamente à "expansão transnacional de direitos fundamentais estatais" no plano global (Ladeur e Viellechner, 2008), manifesta-se a expansão *supranacional* desses direitos no nível regional.
127. Ladeur, 1986, p. 273.

dologia do transconstitucionalismo, que não se oriente positivamente na noção ilusória de uma otimização com base em argumentos, mas sim na postura de uma alteridade que procure minimizar os danos que os discursos tendem a fazer aos outros que com eles colidem. O discurso jurídico da jurisprudência do TJCE tem de estar pronto para uma flexibilidade permanente em face das ordens nacionais, sobretudo para tolerar concepções constitucionais diversas de direitos fundamentais na incorporação do direito supranacional no âmbito interno. A recíproca também é verdadeira: "conversação" transconstitucional exige a renúncia do narcisismo por parte dos tribunais e conselhos constitucionais ou das cortes com função de natureza constitucional. O "diálogo" transconstitucional exige a capacidade de pôr-se na posição do outro[128]. E isso é fundamental para a manutenção e o desenvolvimento do transconstitucionalismo europeu entre ordem jurídica supranacional e ordens jurídicas estatais.

4. Transconstitucionalismo entre ordens jurídicas estatais

Entre cortes de diversos Estados vem-se desenvolvendo, de maneira cada vez mais frequente, uma "conversação" constitucional mediante referências recíprocas a decisões de tribunais de outros Estados. Além do fato de que as ideias constitucionais migram mediante legislação e doutrina de uma ordem jurídica para outra[129], há um entrecruza-

---

128. Isso pressupõe que se assuma a própria dupla contingência – que implica o "também-ser-possível-de-outra-maneira" e a suposição mútua de "graus de liberdade" (Luhmann, 1987c, pp. 184 e 186) – na relação entre as cortes. A respeito da dupla contingência como condição do reconhecimento recíproco, cf. Neves, 2009c, pp. 677 ss. Voltarei a esse tema no item 3 do próximo capítulo.

129. A respeito da discussão sobre a migração de ideias constitucionais, ver Choudhry (org.), 2006. Tratando do assunto no âmbito do debate em torno de "constitucionalismo imposto", Schauer (2005), ao reduzir o significado da questão da imposição e apontar para a inevitabilidade das influências externas (pp. 918 s.), pondera: "De fato, até mesmo a palavra 'migração' sugere

mento de problemas que exigem um diálogo constitucional no nível jurisdicional, sobretudo através do desenvolvimento de tribunais constitucionais ou cortes supremas. Não se trata simplesmente de constatar que as decisões tomadas no âmbito de uma ordem estatal influenciam outras ordens estatais e têm efeitos sobre os cidadãos de outros Estados[130]. Tampouco a questão se refere simplesmente a um "transjudicialismo"[131], como forma de referências recíprocas entre decisões de tribunais de Estados diversos. Mais do que isso, o transconstitucionalismo entre ordens jurídicas importa que, em casos tipicamente constitucionais, as decisões de cortes constitucionais de outros Estados são invocadas em decisões de tribunal constitucional de um determinado Estado não só como *obter dicta*, mas como elementos construtores da *ratio decidendi*[132]. Nesse caso, o "transjudicialismo"

---

um processo mais linear do que existe, e a inter-relação entre influência jurídica global e nacional deve ser bem mais complexa" (p. 918, nota 51). Sobre a discussão em torno de "constitucionalismo imposto" em perspectiva tipicamente americana, ver também as contribuições de Feldman (2005), Sunder (2005), Levinson (2005), Choudhry (2005), Chesterman (2005) e Janis (2005). Como contraponto, apresenta-se a discussão sobre "empréstimo constitucional". A respeito, ver as contribuições apresentadas ao primeiro simpósio organizado pelo *International Journal of Constitutional Law* (Friedman e Saunders, 2003, p. 177) por Davis (2003), Epstein e Knight (2003), Hasebe (2003), Osiatynski (2003), Rosenkrantz (2003) e Scheppele (2003).

130. Cf. Walter, 1999, p. 969; 2000, pp. 8 s.
131. Expressão usada pela *Justice* O'Connor. Cf. Slaughter, 2004, pp. 75 s.
132. A distinção entre *ratio decidendi* e *obter dictum* é mais tradicional no *common law*, mas também encontra espaço no âmbito do *civil law*. A respeito, Ragazzi (1997, pp. 5 s.) afirma com precisão: "Uma das regras da doutrina do precedente (*stare decisis*) é que somente a parte da decisão que é vinculante para futuros casos é a *ratio decidendi*. Essencialmente, a *ratio decidendi* inclui o que é necessário para decidir as questões perante a corte, enquanto todas as proposições de direito que não fazem parte da *ratio decidendi* são *obter dicta*." Embora clara na teoria, essa distinção é imprecisa na prática, como reconhece o próprio Ragazzi (p. 6). E Raz (1979, p. 184, nota 9), embora vinculado à tradição do *common law*, afasta-se dessa distinção nos seguintes termos: "Algumas vezes supõe-se que apenas as razões diretas e menos gerais usadas para defender e justificar o julgamento constituem sua *ratio*, enquanto as razões mais gerais usadas para defender e justificar as diretas são meras *obter*. [...] Eu sustento que todas as razões da corte, qualquer que seja o grau

implica uma releitura dos autofundamentos constitucionais da própria ordem que se toma como ponto de partida, transformando-se em transconstitucionalismo. Alguns exemplos ilustram essa tendência a entrelaçamentos constitucionais entre ordens jurídicas estatais.

Embora se possa afirmar em relação ao constitucionalismo dos Estados Unidos da América que "a prática e a teoria americanas têm-se movido na direção de um enfático provincialismo"[133], assim como sustentar que a Suprema Corte americana tem sido "paroquial" em sua rejeição de lançar um olhar sobre o direito estrangeiro[134], observa-se, há alguns anos, o desenvolvimento de um amplo debate sobre a oportunidade da invocação da jurisprudência estrangeira em decisões da Corte[135]. Além do já mencionado caso *Lawrence v. Texas*, que deu ensejo a um debate sobre a invocação de direito estrangeiro pela Suprema Corte (cf. *supra* pp. 143 s.), já em decisões anteriores a discussão dentro da própria corte era marcante. No julgamento do caso *Printz v. United States*, em 27 de junho de 1997[136], o *Justice* Stephen Breyer, em voto dissidente, sustentou, invocando inclusive "O Federalista", nºs 42 e 43 (Madison)[137], que a experiência das cortes e dos sistemas jurídicos estrangeiros pode "lançar uma luz empírica nas consequências de diferentes soluções para um problema jurídico comum"[138]. Em relação ao caso *Knight v. Florida*, no julgamento do qual, em 8 de no-

---

de generalidade, fazem parte da *ratio*." Parece-me que, embora não se deva desprezar absolutamente a distinção, trata-se antes de uma diferença gradual, uma escala entre razões mais fortes e diretas e razões mais frágeis e indiretas, a ser avaliada em cada caso concreto.

133. Ackerman, 1997, p. 773 [trad. bras. 2007, p. 91].
134. Slaughter, 2000, pp. 1117 s.
135. Cf. Slaughter, 2000, pp. 1117 ss.; 2003, pp. 197 ss.; 2004, pp. 75 ss.; Baundenbacher, 2003, pp. 513 ss.
136. *Printz, Sheriff/Coroner, Ravalli County, Montana v. United States*, 521 U.S. 898 (1997).
137. Madison, Hamilton e Jay, 1987 [1788], pp. 276 e 279.
138. *Printz v. United States*, 521 U.S. 898 (1997), p. 977. Cf. Slaughter, 2000, p. 1118; 2004, p. 76.

vembro de 1999, a Suprema Corte negou o conhecimento da petição de dois prisioneiros que estavam no corredor da morte por mais de vinte anos, novamente o *Justice* Breyer, em voto divergente, embora sem admitir o caráter vinculante do direito estrangeiro, pontuou, após citar várias cortes, que "a disposição de levar em consideração pontos de vista judiciais estrangeiros, em casos comparáveis, não é surpreendente em uma nação que desde seu nascimento tem manifestado um 'respeito decente pelas opiniões do gênero humano'"[139]. A posição da *Justice* Ruth Bader Ginsburg, em palestra proferida sobre ações afirmativas, apontava para essa tendência a considerar as decisões estrangeiras como elementos de persuasão construtores da *ratio decidendi*, enfatizando que, "na área de direitos humanos, a experiência em uma nação ou região pode inspirar e informar outras nações ou regiões"; mas se ressentia da pouca disposição da Suprema Corte para o intercâmbio constitucional, ao observar que, enquanto a Suprema Corte da Índia tomou em consideração precedentes dos Estados Unidos, "a mesma prontidão para olhar além de suas próprias fronteiras não tem marcado a corte em que eu sirvo"[140]. Um pouco mais tarde, porém, essa juíza, tratando do mesmo tema, verificava tendências de mudanças[141], reavaliando os esforços da *Justice* Sandra O'Connor, que assinalava o seguinte: "Apesar de o direito internacional e de o direito de outras nações serem raramente vinculantes para as nossas decisões nas cortes dos Estados Unidos, conclusões a que chegaram outros povos e a comunidade internacional deveriam, algumas vezes, constituir autoridade persuasiva nas cortes americanas."[142] Foi esse debate anterior que levou à decisão do caso *Lawrence v. Texas*, que se apresenta como o

---

139. *Knight, Aka Muhamad v. Florida*, 528 U.S. 990 (1999), p. 997 (citando, ao final, trecho da Declaração de Independência americana). Cf. Slaughter, 2000, p. 1118; 2003, p. 197; 2004, p. 77.
140. Ginsburg, 1999. Cf. Slaughter, 2004, pp. 76 s.
141. Slaughter, 2004, p. 77. Cf. também Ginsburg, 2005b.
142. Citada por Slaughter, 2004, p. 75.

momento de transição para desenvolvimento do transconstitucionalismo na experiência da Suprema Corte e da ordem constitucional americana. Essa decisão suscitou, nos Estados Unidos, uma ampla discussão doutrinária sobre os "empréstimos constitucionais". E o fato de que a maioria da Suprema Corte passou a ser favorável a esses "empréstimos" tem conduzido a uma circularidade construtiva na relação entre teoria jurídica e prática judicial. No debate a esse respeito, tem havido uma ampla participação de acadêmicos e magistrados (cf. *supra* nota 129 deste capítulo).

Essa postura reticente dos Estados Unidos encontra um contraponto nas atitudes amplamente orientadas para o direito constitucional estrangeiro por parte da Suprema Corte do Canadá e da Corte Constitucional da África do Sul. Na experiência desses tribunais, destaca-se o fato de que a jurisprudência da corte constitucional ou tribunal supremo estrangeiro não só entra como elemento do *obter dictum*, mas também importa força persuasiva para a formação da *ratio decidendi*. No Canadá, destaca-se o julgamento do processo *Harvard College v. Canada*[143]. Nesse caso, a Suprema Corte canadense reviu decisão do Tribunal Federal de Apelação, que negara a patente do *Harvard College* sobre o "oncorrato", um animal criado mediante engenharia genética, suscetível ao câncer. Um juiz federal decidira que Harvard tinha direito de patente sobre o oncogene e o processo de isolar o gene e implantá-lo no rato, mas não sobre o próprio rato, argumentando que os pesquisadores de Harvard haviam inventado um processo, mas não um rato. Por dois votos a um, o Tribunal Federal de Apelação reverteu a decisão e garantiu a Harvard a patente sobre o animal. Um dos juízes da maioria baseou-se no acórdão da Suprema Corte americana no caso *Diamond v. Chakrabarty* – no qual esta Corte decidiu que invenções biotecnológicas são patenteáveis[144] –

---

143. *Harvard College v. Canada (Commissioner of Patents)*, n.º 28155, julg. 05/12/2002, [2002] 4 S.C.R. 45.
144. *Diamond, Commissioner of Patents and Trademarks v. Chakrabarty*, 447 U.S. 303 (1980).

e declarou que esse julgamento tinha autoridade persuasiva. Embora a Suprema Corte canadense tenha reformado essa decisão por cinco votos contra quatro, fundamentando-se no argumento de que formas superiores de vida não são patenteáveis, nos termos da Lei Canadense de Patente, tanto a maioria quanto a minoria referiram-se à decisão da Suprema Corte americana[145]. O ponto crucial da discussão era a aplicabilidade ou não dessa sentença. Esse caso adverte-nos para o fato de que o transconstitucionalismo entre ordens jurídicas estatais não pode ser construído mediante uma postura de transplante imediato do direito estrangeiro, pois está associado a processos internos de autovalidação. Nesse sentido, Claire L'Heureux-Dubé, *Justice* da Suprema Corte canadense, salienta, com razão, que "o processo de influências internacionais modificou-se da *recepção* ao *diálogo*", acrescentando: "Os juízes não mais *recebem* os casos de outras jurisdições e, então, aplicam-nos ou modificam-nos para sua própria jurisdição. Ao contrário, a polinização cruzada e o diálogo entre jurisdições estão ocorrendo crescentemente. Juízes, em toda parte do mundo, procuram mutuamente autoridade persuasiva, em vez de alguns serem 'doadores' e outros 'receptores' de direito. Recepção transformou-se em diálogo."[146] Isso significa, em outras palavras, a capacidade das respectivas cortes de atuar reflexivamente tanto no sentido da manutenção da autoconsistência constitucional quanto na perspectiva da abertura a um aprendizado com as experiências das outras cortes. E parece que é esse o exato caminho que a Suprema Corte do Canadá vem trilhando com êxito, apesar de todos os obstáculos inerentes a uma conversação transconstitucional.

A Corte Constitucional sul-africana talvez seja aquela em que o diálogo transconstitucional com tribunais de outros Estados é mais acentuada[147]. Destaca-se o caso *State v.*

---

145. Cf. Baundenbacher, 2003, pp. 522 s., de onde extraí o resumo do caso.
146. L'Hereux-Dubé, 1998, p. 17. Cf. Slaughter, 2004, p. 74; Baundenbacher, 2003, p. 523.
147. A respeito, ver Davis, 2003.

Makwanyane, no qual foi declarada inconstitucional a pena de morte[148]. No julgamento desse processo, além de referir-se a decisões do Tribunal Europeu de Direitos Humanos, a Corte Constitucional da África do Sul invocou decisões da Suprema Corte dos Estados Unidos, da Suprema Corte do Canadá, do Tribunal Constitucional alemão, da Suprema Corte indiana, do Tribunal Constitucional húngaro e do Tribunal de Apelação da Tanzânia, assim como levou em consideração julgamentos de duas cortes de Estados-membros dos Estados Unidos, a Corte da Califórnia e a de Massachusetts[149]. Essa orientação encontra fundamento explícito no art. 39, n.º 1, alíneas *b* e *c*, da Constituição da África do Sul, que estabelece que qualquer corte ou tribunal africano, ao interpretar a declaração constitucional de direitos (arts. 7º a 39), não só "deve considerar o direito internacional" (alínea *b*), mas também "pode considerar o direito estrangeiro" (alínea *c*). No referido caso, tanto o direito constitucional estrangeiro quanto os fundamentos e conclusões de cortes de outros Estados constituíram elementos centrais da argumentação e decisão do tribunal sul-africano, contribuindo para a força de convencimento dos magistrados. Essa abertura normativa para outras ordens jurídicas e cortes constitucionais tem tornado a Corte Constitucional sul-africana um dos parâmetros para um modelo de "conversação constitucional".

Mas há outras experiências relevantes em diversos países. Cumpre citar a Suprema Corte da Índia, na qual, entre 1950 e 2004, 3.629 julgamentos basearam-se em direito estrangeiro, o que significa 24,6% do total de suas decisões[150]. Embora se verifique uma tendência declinante, a quantidade ainda permanece altíssima, tendo em vista que, em 2004, quase 20% das decisões invocaram direito estrangeiro[151]. Os tribunais supremos de outros países como Zimbábue,

---

148. *S. v. Makwanyane and Another*, Caso n.º CCT/3/94, julg. 06/06/1995, 1995 (3) SALR 391.
149. Cf. Slaughter, 2000, pp. 1110 e 1116; 2004, pp. 70 s. e 73 s.
150. Smith, 2006, pp. 239 s.
151. Cf. Smith, 2006, pp. 240 s.

Israel, Nova Zelândia e Irlanda também têm desenvolvido práticas jurisprudenciais em que não só o direito estrangeiro, mas também os precedentes de tribunais de outros países têm sido invocados regularmente com força de convencimento[152]. Como se observa, trata-se de Estados com características as mais diversas. Portanto, embora se possa admitir que, "em Estados plurinacionais, com uma história de ocupação, colonialismo e/ou influência de outros, assim como em crescente interconexão com outros países, a fronteira entre 'estrangeiro e 'doméstico', para conceitos considerados intangíveis como 'princípios jurídicos', sempre foi e está se tornando mais imprecisa"[153], não se deve confundir o transconstitucionalismo com o simples "transplante" de instituições jurídicas[154], nem vinculá-los a Estados mais fracos na constelação internacional. Assim, por exemplo, cortes constitucionais ou tribunais supremos de países da Europa ocidental, com sólida tradição jurídica e influência na sociedade mundial, não se têm furtado a invocar precedentes de outros Estados em suas decisões.

O Tribunal Federal Suíço, que funciona como suprema corte e tribunal constitucional, tem sido considerado um modelo de abertura no que se refere à conversação constitucional, verificando-se que cerca de 10% de seus julgamentos fazem referência ao direito estrangeiro[155]. Embora haja uma tendência de invocação do direito de países vizinhos, também se encontram exemplos de abordagem de direito estrangeiro em uma perspectiva global, havendo casos que remontam a 1930[156]. Mais recentemente, no âmbito do direito do autor e do direito de patente, isto é, no âmbito de proteção do direito constitucional da propriedade intelec-

---

152. Cf. Slaughter, 2004, p. 71.
153. Smith, 2006, p. 225.
154. Watson, 1977; Delmas-Marty, 2006, pp. 103 ss., distinguindo a "transplantação unilateral da hibridização, que implica a reciprocidade da troca" (p. 108).
155. Baudenbacher, 2003, p. 520.
156. *Ibidem*.

tual, a casuística do Tribunal Federal Suíço vem-se destacando na referência ao direito estrangeiro como elemento de justificação de seu acórdãos. Cabe mencionar julgamento de 20 de julho 1998, no qual o Tribunal supremo suíço decidiu pela exaustão dos direitos autorais em caso de importação paralela de um videogame, tendo em vista que houve contrato em que o detentor dos direitos autorais permitiu a circulação do produto no exterior[157]. Nessa decisão, houve referência indireta à decisão da Suprema Corte americana no caso *King v. L'Anza*, no qual se decidiu no mesmo sentido em relação a direitos autorais sobre rótulos de frascos de xampu[158]. Nesse caso, o distribuidor inglês que detinha direitos autorais conforme o direito americano vendera bens para Malta, que foram exportados para os Estados Unidos[159]. A Corte suíça, ao decidir que os direitos autorais referentes ao videogame exauriram-se, admitiu a tese da exaustão internacional, nos termos do precedente da Suprema Corte americana. Em outro caso, concernente à exaustão de patentes em caso envolvendo importações paralelas de filmes da Kodak[160], a Primeira Câmara Cível do Tribunal Federal Suíço, em julgamento de 7 de dezembro de 1999, reformou, por maioria de 3 × 2, decisão da Corte Comercial de Zurique, que havia julgado, por 4 × 1, favoravelmente à exaustão internacional do direito de patente[161]. No seu julgamento, a Corte suprema suíça discutiu amplamente tanto os precedentes do Tribunal de Justiça das Comunidades Europeias quanto os de outros tribunais estrangeiros[162]. Interessante, nesse caso, é o reconhecimento pelo Tribunal Federal Suíço da existência de uma lacuna autêntica, nos seguintes termos: "O princípio da exaustão no direito de

---

157. BGE, 124 III 121.
158. *Quality King Distributors, Inc. v. L'Anza Research International, Inc.*, 523 U.S. 135 (1998).
159. Baudenbacher, 2003, pp. 520 s.
160. BGE 126 III 129.
161. Baudenbacher, 2003, p. 521.
162. *Ibidem*.

patente. Importações paralelas de produtos protegidos pelo direito de patente. A questão da admissibilidade de importações paralelas no direito de patente não é regulada nem no direito nacional nem no direito internacional válido para a Suíça; por isso, há de partir-se de uma lacuna autêntica."[163] Dessa maneira, sem suporte suficiente no direito internacional e no direito interno, articula a sua argumentação em um "diálogo" construtivo com o direito estrangeiro, sobretudo mediante a invocação das cortes constitucionais e tribunais supremos de outros Estados, além da referência ao TJCE, um tribunal supranacional estrangeiro para a Suíça, que não é membro da União Europeia. Além desse reconhecimento da lacuna dos direitos nacional e internacional, o Tribunal Federal Suíço, nesse julgamento, salientava ser o direito comparado um dos pilares para a fundamentação de sua decisão. Assim, observa-se uma sólida disposição para uma conversação transconstitucional em face de problemas jurídico-constitucionais entrelaçados entre ordens jurídicas.

A experiência alemã é sobremaneira importante no que concerne ao transconstitucionalismo entre ordens jurídicas estatais, precisamente porque, apesar de uma tradição jurídica muito arraigada, não são raras as referências dos seus tribunais ao direito de outros Estados. Nesse particular destaca-se a prática do Tribunal de Justiça Federal da Alemanha – análogo, na estrutura constitucional alemã, ao Superior Tribunal de Justiça brasileiro, apesar de ter um âmbito de competências mais abrangente do que esse –, o qual tem invocado, em vários casos de direito econômico, decisões de cortes estrangeiras. Assim, no caso "amarelo/preto", em que se discutiu se cores de produtos mereceriam proteção de marca registrada[164], o Tribunal – ao decidir favoravelmente à proteção com base no fato de que a marca era capaz de distinguir os bens ou serviços de um produtor dos de outros – argumentou que marcas consistentes de cores haviam sido

---

163. BGE 126, III 129, p. 129.
164. BGH, Caso I ZB 20/96, julg. 10/12/1998, 140 BGHZ 193 (2000).

protegidas por decisões de outras jurisdições, destacando-se a referência ao caso *Qualitex Co. v. Jacobson Products Co.*, decidido pela Suprema Corte americana em 28 de março de 1995[165]. Um outro exemplo é a decisão de 23 de novembro de 2000, na qual também se discutiu se certas marcas relativas à forma do produto poderiam ser registradas[166]. Para rejeitar, nessa hipótese, o direito de proteção das marcas, o Tribunal de Justiça Federal alemão recorreu ao acórdão da Suprema Corte americana no julgamento do caso *Wal-Mart Stores, Inc. v. Samara Brothers, Inc.*, prolatado em março de 2000, no qual se sustentou que "o *design*, assim como a cor, não é inerentemente distintivo" do produto[167]. Igualmente, em julgamento de 14 de dezembro de 1999, quando foi confirmada a tese de que patentes não se subordinam à exaustão internacional, referiu-se à jurisprudência de outros países, discutindo particularmente decisões do Tribunal de Apelação de Tóquio e da Suprema Corte do Japão, como também o julgamento do Tribunal Comercial de Zurique no caso da Kodak, que dera ensejo à já mencionada decisão reformadora do Tribunal Federal Suíço[168]. Mas a referência a tribunais supremos ou constitucionais de outros Estados não se limita, na Alemanha, a temas de direito econômico, nem é exclusivo do Tribunal Federal. No já mencionado julgamento do caso *Caroline de Mônaco II*, referente à proteção da privacidade de pessoas proeminentes, por exemplo, não apenas o Tribunal de Justiça Federal[169] analisou o direito de estar só como uma especificação do direito de privacidade discutido pela Suprema Corte dos Estados Unidos no caso *Katz v. United States*[170],

---

165. *Qualitex Co. v. Jacobson Products Co., Inc.*, 514 U.S. 159 (1995). Cf. Baudenbacher, 2003, p. 521.
166. BGH, Caso I ZB 15/98, julg. 23/11/2000, citado por Baudenbacher, 2003, p. 521.
167. *Wal-Mart Stores, Inc. v. Samara Brothers, Inc.*, 529 U.S. 205, p. 212 (2000). Cf. Baudenbacher, 2003, p. 521.
168. BGH, Caso X ZH 61/98, julg. 14/12/1999, 143 BGHZ 268 (2001). Cf. Baudenbacher, 2003, pp. 521 s.
169. BGH, Caso VI ZR 15/95, julg. 19/12/1995, 131 BGHZ 332 (1997).
170. 389 U.S. 347 (1967). Cf. Baudenbacher, 2003, p. 522.

mas o próprio Tribunal Constitucional Federal, ao manter parcialmente a decisão do tribunal *a quo*, envolveu-se implicitamente no debate transconstitucional[171].

A posição da Inglaterra, com tradição jurídica bem diversa da germânica, aponta também na mesma direção de um diálogo transconstitucional. Um caso digno de menção ocorreu em 1993, quando a Casa dos Lordes confirmou decisão da Corte de Apelação britânica que rejeitara uma ação de difamação, com base no argumento de que uma autoridade local não pode intentar esse tipo de ação[172]. No julgamento, os Lordes admitiram que a Corte de Apelação baseou-se na jurisprudência americana e afirmaram que, embora a questão se relacionasse mais diretamente com disposições da Constituição dos Estados Unidos, a liberdade de expressão não era menos válida no Reino Unido, tendo em vista considerações subjacentes de política pública[173]. Isso aponta para uma crescente tendência do alto judiciário britânico a "concordar com a autoridade persuasiva dos valores constitucionais de outras nações democráticas, quando se tratar de disposições ambíguas de leis ou do *common law* que tenham impacto sobre temas de liberdades civis"[174]. Essa maneira de – ao confrontar-se com problemas jurídico-constitucionais, como destacadamente a liberdade de expressão e a liberdade de imprensa – invocar dispositivos constitucionais e a respectiva jurisprudência de outro país como base para suas próprias decisões, no âmbito de um judiciário enraizado em uma forte tradição jurídica e em uma ordem jurídica que não conta com uma Constituição escrita, é um forte indício do desenvolvimento de um transconstitucionalismo. Nesse contexto, embora a opção da ordem jurídica britânica tenha sido

---

171. BVerfGE 101, 361 (1999) (cf. *supra* pp. 138 s.).
172. CA, *Derbyshire County Council v. Times Newspaper Ltd. and others*, julg. 19/01/1992, [1992] 3 All ER 65; HL, *Derbyshire County Council v. Times Newspaper Ltd. and others*, julg. 18/02/1993, [1993] 1 All ER 1011. Cf. Slaughter, 2000, p. 1117.
173. Slaughter, 2000, p. 1117.
174. Ian Lovelanf, citado por Slaughter, 2000, p. 1117.

pela não adoção de um documento constitucional, tribunais superiores dessa ordem recorrem a textos constitucionais de outros ordenamentos e, inclusive, às respectivas jurisprudências estrangeiras que se dedicam à exegese desses diplomas normativos.

Entre os Estados europeus, a referência cruzada entre decisões judiciais tem sido frequente. Na relação entre cortes suíças, alemãs e austríacas, desenvolveram-se inclusive "conversações" triangulares sobre precedentes. Mas também estão envolvidos no diálogo transconstitucional os judiciários da Hungria, Noruega, Dinamarca, Suécia, Finlândia, Itália, França e do Reino Unido, entre outros[175]. Essa postura é facilitada, sem dúvida, pela proximidade geográfica e por uma certa base conceitual comum na semântica jurídica, que possibilitam o entrelaçamento de casos relevantes para mais de uma ordem jurídica. Mas, como já foi observado, as cortes constitucionais e os supremos tribunais europeus têm invocado tanto dispositivos constitucionais quanto a correspondente jurisprudência de ordens jurídicas estatais de outros continentes, destacando-se uma maior abertura para a experiência constitucional americana.

Também na América Latina, há uma velha tradição de referências a dispositivos, jurisprudências e doutrinas constitucionais estrangeiras. Embora a influência dos Estados Unidos, especialmente em virtude da forte influência do modelo constitucional desse país na origem do constitucionalismo latino-americano, tenha sido por muito tempo dominante, também o direito constitucional dos países europeus e a respectiva jurisprudência passaram a ser invocados crescentemente, cabendo destacar a influência recente do constitucionalismo alemão. É verdade que, historicamente, as referências aos textos, doutrinas e jurisprudência constitucional estrangeira, em grande parte, têm sido expressão de "bacharelismo"[176], tendo se apresentado nos votos "retóricos"

---

175. Baudenbacher, 2003, pp. 507-9.

176. O termo "bacharelismo" refere-se a um distanciamento retórico da pesquisa, atingindo não apenas os bacharéis em direito, mas também médicos,

dos magistrados como prova de erudição, sem nenhum vínculo de relevância argumentativa com o caso *sub judice*. Não obstante, observa-se, particularmente na jurisprudência recente, a tendência de inclusão de referência a textos constitucionais e precedentes jurisdicionais de Estados estrangeiros como parte não só do *obter dictum*, mas também da *ratio decidendi*.

Na experiência brasileira mais recente, o transconstitucionalismo com outras ordens jurídicas vem-se desenvolvendo sensivelmente no âmbito do Supremo Tribunal Federal. Em decisões de grande relevância em matéria de direitos fundamentais, a invocação da jurisprudência constitucional estrangeira não se apresenta apenas nos votos singulares dos ministros, mas se expressa nas Ementas de Acórdãos, como parte da *ratio decidendi*. No julgamento histórico do *Habeas Corpus* n.º 82.424/RS, em 17 de novembro de 2003, o pleno do STF, por caracterizar como crime de racismo a publicação de livro com conteúdo antissemítico (negação da existência do holocausto) e, portanto, sustentar a sua imprescritibilidade, indeferiu, por maioria, o pedido, no âmbito de uma discussão em que a invocação da jurisprudência constitucional estrangeira foi fundamental. Essa situação repercutiu na Ementa do Acórdão, da qual consta o seguinte parágrafo:

> 9. Direito comparado. A exemplo do Brasil as legislações de países organizados sob a égide do estado moderno de direito democrático igualmente adotam em seu ordenamento legal punições para delitos que estimulem e propaguem segregação racial. Manifestações da Suprema Corte Norte-Americana, da Câmara dos Lordes da Inglaterra e da Corte de Apelação da Califórnia nos Estados Unidos que consagraram entendimento [de] que [se] aplicam sanções àqueles que

---

engenheiros, economistas e outros (Chacon, 1969, p. 21). Contra o uso generalizado e simplista dessa expressão em relação aos juristas brasileiros, cf. Saldanha, 1978. Sobre as diversas concepções de bacharelismo, ver Venancio Filho, 1977, pp. 271 ss.

transgridem as regras de boa convivência social com grupos humanos que simbolizem a prática de racismo.

Nos votos dos ministros, houve uma ampla discussão sobre precedentes jurisprudenciais, dispositivos constitucionais e legislação de estados estrangeiros, tendo sido relativamente insignificante a referência à jurisprudência nacional e internacional[177].

Essa orientação se manifesta também no julgamento da Ação Direta de Inconstitucionalidade n.º 3.112, em 2 de maio de 2007, que foi rejeitada quase integralmente, tendo sido julgada procedente apenas em parte, para declarar a inconstitucionalidade dos parágrafos únicos dos artigos 14 e 15 e do artigo 21 da Lei n.º 10.826, de 22 de dezembro de 2003 (Estatuto do Desarmamento). Nesse caso, ganharam destaque sobretudo os precedentes da jurisprudência do Tribunal Constitucional Federal alemão[178]. Da mesma maneira,

---

177. Nos extratos do julgamento, isso fica evidente quando se considera, no campo "observação", a enormidade da citação da jurisprudência de Estados estrangeiros, *in verbis*: "Decisões estrangeiras citadas: Caso United States *versus* Lemrick Nelson, Corte de Apelação da Califórnia nos Estados Unidos, em agosto de 1999; Caso Mandla and another *versus* Dowell Lee and another, Câmara dos Lords na Inglaterra, em 1983; Caso Shaare Tefila Congregation *versus* Cobb, US 615, Suprema Corte Americana, 1987; Caso Lüth (Corte Constitucional Alemã – BverfGE 7, 198. Julgado em 15/01/1958); Caso Livro sobre a Guerra (Corte Constitucional Alemã – BverfGE 90, 1-22. Julgado em 11/01/1994); Caso Soldados assassinos (Corte Constitucional Alemã – BverfGE 93, 266-312. Julgado em 10/10/1995); Caso do Romance Pornográfico (Corte Constitucional Alemã – BverfGE 83,130. Julgado em 27 de novembro de 1990); Caso Terminiello *versus* Chicago (Suprema Corte Americana, 337 U.S. 1 (1949). Julgado em 16/5/1949); Caso R. A.V. *versus* City of St. Paul (Suprema Corte Americana, 505 U.S. 377 (1992). Julgado em 22 de junho de 1992); Caso Texas *versus* Johnson (Suprema Corte Americana, 491 U.S. 397 (1989). Julgado em 21/6/1989); Caso Publicação cômica contra o povo judeu (Tribunal Constitucional Espanhol, Sentença 176/1995, julgado em 11/12/1995); Caso Schenck *versus* United States, voto do Juiz Oliver Wendell Holmes Jr. proferido em 1919 (249 U.S. 47, 52); Caso Virginia *versus* Black et Al. (Suprema Corte dos Estados Unidos da América) [...]" (HC 82.424/RS, julg. 17/11/2003, TP, DJ 19/03/2004).

178. "BVerfGE 88, 203, 1993; BVerfGE 50, 290; BVerfGE 77, 170; BVerfGE 39, 210); BVerfGE 90, 145, 1994 (caso Cannabis); BVerfGE 7, 377, 1958" (ADI 3.112, julg. 02/05/2007, TP, DJ 26/10/2007).

cabe considerar o julgamento da Ação Direta de Inconstitucionalidade n.º 3.510/DF, em 29 de maio de 2008, no qual se decidiu favoravelmente à utilização de células-tronco embrionárias para fins de pesquisa e terapia, rejeitando-se o pedido de declaração de inconstitucionalidade do art. 5º da Lei n.º 11.105, de 24 de março de 2005 (Lei da Biossegurança)[179]. Nesse caso, em vários votos discutiu-se o direito de outros países. Inúmeros outros casos poderiam ser citados em que as decisões judiciais estrangeiras invocadas, embora não façam por si só parte da *ratio decidendi*, contribuem para a formação dos argumentos que a constituem[180]. Nessa nova orientação, não se trata apenas de mera "retórica bacharelesca"[181], mas também de significativos debates no âmbito de uma "conversação" transconstitucional.

Esse novo modelo de invocação e tratamento dos precedentes jurisprudenciais estrangeiros vem encontrando, mais recentemente, repercussão na própria doutrina. Nesse sentido, por exemplo, Dimitri Dimoulis e Leonardo Martins, em trabalho panorâmico sobre a teoria dos direitos fundamentais, antes de analisarem três casos da jurisprudência do Tribunal Constitucional alemão (e, de certa maneira, justificando a análise), afirmam: "A comunidade jurídica brasileira tem a pretensão de atribuir verdadeiro caráter normativo à Constituição Federal, principalmente depois de tantas tentativas frustradas. O direito comparado

---

179. ADI 3.510/DF, julg. 29/05/2008, TP, DJ 05/06/2008.
180. Cf., p. ex., HC 93.050/RJ, julg. 10/06/2008, 2.ª T., DJe 01/08/2008; HC 85.779/RJ, julg. 28/02/2007, TP, DJ 29/06/2007; ACO 633 AgR/SP, julg. 11/04/2007, TP, DJ 22/06/2007; RE 390.840/MG, julg. 09/11/2005, TP, DJ 15/08/2006; ADPF 54 QO/DF, julg. 27/04/2005, TP, DJ 31/08/2007; HC 40.910/PE, julg. 24/08/1964, TP, DJ 19/11/1964.
181. Embora ainda esteja presente, em muitos votos, a pretensão de provar uma erudição irrelevante para a solução do caso, tornando excessivamente longos os julgamentos, cabe observar que essa questão não se refere predominantemente à referência a precedentes jurisprudenciais estrangeiros, mas antes a doutrinas e teorias importadas sem a devida filtragem para a aplicação ao nosso contexto. Isso se relaciona, por sua vez, com limites da reflexão jurídico--dogmática no contexto brasileiro (a respeito, cf. Neves, 1992, pp. 205 ss.).

desempenha, nesse contexto, o importantíssimo papel de apresentar, feitas as devidas adaptações, modelos aplicáveis ao direito constitucional brasileiro."[182] Embora apegados praticamente a uma única experiência de jurisprudência constitucional estrangeira, a alemã, esses autores já refletem, de certa maneira, a forte tendência do STF a um "diálogo" com ordens jurídicas estrangeiras mediante as respectivas cortes constitucionais ou supremas. Mas também, com outras preferências, a doutrina constitucional tem sido ressonante a essa "conversação" transconstitucional no estilo brasileiro. Assim, por exemplo, ao enfrentar os problemas de discriminação dos homossexuais e da união estável entre pessoas do mesmo sexo, Daniel Sarmento reflete, em certa medida, o novo transconstitucionalismo jurisprudencial brasileiro, recorrendo às decisões de cortes estrangeiras, mas particularmente aos precedentes norte-americanos[183]. Pode-se afirmar que, enquanto no STF o transconstitucionalismo pende para um diálogo com o constitucionalismo alemão, no plano da dogmática constitucional recente há um equilíbrio entre uma conversação com o constitucionalismo americano e o alemão, cujas influências são dominantes na experiência brasileira.

É bom, porém, que se tenha cuidado para que a invocação frequente da jurisprudência americana, alemã e de outras ordens jurídicas não constitua mais um episódio histórico de "colonialismo" no campo da cultura jurídica[184]. Passaríamos, então, da "importação" acrítica de modelos legislativos e doutrinários para uma incorporação inadequada de precedentes jurisprudenciais. O que mudaria seria apenas o acesso mais fácil à jurisprudência estrangeira. Fundamental é, portanto, que sejam "feitas as devidas adaptações", para que não caiamos no velho rótulo das "ideias fora de

---

182. Dimoulis e Martins, 2007, p. 262.
183. Sarmento, 2008, pp. 627 ss. Acompanha-o, nesse particular, Barroso, 2008, especialmente pp. 666 ss.
184. Montoro, 1973; Neves, 1992, p. 206.

lugar"[185], ou seja, da jurisprudência e da doutrina constitucional deslocadas do seu contexto jurídico e social. Nesse caso, constrói-se o paradoxo de um diálogo em que só consta *alter*, mas falta *ego* enquanto polo da dupla contingência na comunicação[186]. E daí pode decorrer um tipo de jurisprudência e doutrina simbólica, cujo significado normativo é muito limitado[187].

No plano do transconstitucionalismo não há apenas referências ou invocação de precedentes jurídico-constitucionais de outras ordens jurídicas, mas também a avaliação da prática dos juízes e tribunais de outros países. Assim, por exemplo, as cortes americanas consideraram, por um lado, que um tribunal chileno não seria um fórum adequado em virtude da falta de independência no regime militar; que um tribunal iraniano não seria fórum adequado por suposta parcialidade contra cidadãos americanos; e que um julgamento de corte romena seria inexequível por não estar vinculado a um sistema de jurisprudência capaz de garantir uma administração imparcial da justiça[188]. Por outro lado, elas rejeitaram imediatamente afirmações de que os tribunais de Israel e da França eram inadequados para o julgamento imparcial de casos, sustentando que não lhes cabia especular se os colegas israelenses violariam os seus juramentos de ofício, nem caracterizar o sistema judicial francês como menos imparcial que o americano; e, da mesma maneira, manifestaram-se sobre o padrão de neutralidade das cortes inglesas[189]. Essa postura das cortes americanas

---

185. Schwarz, 2008 [1977].
186. Ver *supra* as referências da nota 128 deste capítulo.
187. Blankenburg (1977, p. 42) observou, ao considerar decisões do Tribunal Constitucional Federal alemão sobre a questão do aborto, que se tratava de "confirmação simbólica de pretensões normativas", e não de "imposição efetiva" dessas (cf. Neves, 2007a, p. 34). Assim caberia falar também de uma "jurisprudência simbólica". No já citado julgamento do HC 82.424/RS, o ministro Marco Aurélio Mello utilizou essa expressão. Mas me parece que, nesse caso, apesar da força simbólica, a força normativa da decisão também era relevante.
188. Slaughter, 2004, p. 93.
189. *Ibidem*.

pode ser interpretada como expressão da assimetria entre ordens jurídicas, tendo em vista que a cortes de países fortes na constelação internacional tendem a não sofrer censuras dos tribunais americanos, enquanto os tribunais de países subdesenvolvidos ou em desenvolvimento não são levados a sério pelos juízes dos Estados Unidos. Slaughter distingue, porém, a situação de judiciários menos eficientes do que o americano, com diferenças processuais relevantes, dos contextos em que falta um mínimo de *standard* no que diz respeito à imparcialidade. Só na segunda hipótese, quando houver parcialidade manifesta, corrupção sistêmica ou negação de regras elementares do devido processo legal, caberia a uma corte americana admitir que um litigante a procure, escapando de vínculos contratuais ou geográficos[190]. Essa situação não me parece, porém, ser tão simples. Sempre que um país não se dispõe ao transconstitucionalismo, precisamente porque não adota instituições constitucionais no sentido moderno, antes as rejeita radicalmente, há uma dificuldade quase insuperável para a "conversação" transconstitucional. A simples censura e restrição de cortes de um país em relação a tribunais de outros Estados não contribui para a transformação desse estado de coisas. Antes, deve-se procurar promover a integração dos tribunais de países avessos ao constitucionalismo, mesmo como agentes passivos inicialmente. Nesse particular, os encontros face a face entre magistrados[191] são fundamentais para desenvolvimentos positivos. Não se pode, entretanto, negar um pressuposto básico para o êxito de qualquer modelo de transconstitucionalismo: a diferença entre ordens constitucionais, com seus respectivos particularismos, tanto no que concerne aos conteúdos normativos quanto no que se refere aos procedimentos. Nesse particular, pontua corretamente Slaughter: "Variações procedimentais de vários tipos, como as diferenças nos meios de prova, a presença ou ausência de

---

190. Slaguhter, 2004, pp. 93 s.
191. Slaughter, 2004, pp. 96 ss.; 2000, pp. 1120 ss.

honorários condicionais, diferenças no papel do juiz, são partes da variação normal nos sistemas jurídicos, que os litigantes devem esperar quando eles se aventuram atravessando fronteiras."[192] Isso vale também para os magistrados confrontados com juízes de outras ordens estatais: eles devem estar prontos para se surpreenderem com a diversidade e, se for o caso, abrirem-se para um aprendizado e um intercâmbio. Caso contrário, prevalecerá "uma presunção de diferença, uma abstrata insistência em 'separados mas iguais', assentada em noções formais de soberania", do que resulta que "apenas grandes diferenças importam"[193]. Essa postura leva a uma desconfiança recíproca e a uma incapacidade para o diálogo transconstitucional. O autismo constitucional aponta para a negação do outro, uma rejeição da dupla contingência na relação de tribunais como polos institucionais estruturados organizacionalmente. Também inversamente, quando "as cortes partem de uma presunção de identidade, pois elas se examinam reciprocamente de acordo com os mesmos critérios que elas aplicariam para outros tribunais domésticos nas mesmas circunstâncias"[194], há uma desconsideração da dupla contingência, tendo em vista a crença ilusória em uma comunidade de perspectivas de interpretação normativa e compreensão de casos, a encobrir a diversidade de posturas de observação dos conflitos a partir das diferentes ordens jurídicas e respectivas cortes.

É evidente que o desenvolvimento de um diálogo transconstitucional entre ordens jurídicas estatais também depende da emergência de "*comitas* judicial" e de negociação judicial[195]. A primeira, como já afirmado acima, pode fornecer "a estrutura e as regras básicas para um diálogo global entre juízes no contexto de casos específicos"[196]. Evidente-

---

192. Slaughter, 2004, p. 94.
193. *Ibidem*.
194. *Ibidem*.
195. Slaughter, 2004, pp. 86 ss. e 94 ss.; 2003, pp. 205 e 213 ss.; 2000, 1112 ss.
196. Slaughter, 2004, p. 87; 2003, p. 206. Cf. *supra* p. 119.

mente, há uma certa dificuldade para o funcionamento da *"comitas* judicial", tendo em vista, entre outros aspectos, a competição e os mal-entendidos entre os juízes. Mas, referindo-se aos magistrados americanos, Slaughter afirma que a disposição de enfrentar conflitos reflete a certeza de que as interações estão em curso[197]. Já a negociação judicial é mais limitada e se reflete, até o momento, nos casos de falências globais. Nessas situações surgem acordos de corte a corte, sem a intermediação de tratados internacionais[198]. Parece-me, porém, que a negociação transjudicial pode ter significado para outras áreas do direito, quando os casos ultrapassem fronteiras. Assim, por exemplo, nas hipóteses de catástrofes ambientais, criminalidade transnacional etc., caberia abrir um espaço de negociação transjudicial para a solução razoavelmente satisfatória do problema. E não se deve excluir a possibilidade futura de negociações transconstitucionais entre tribunais supremos de diversos países, tendo em vista o entrelaçamento e a relevância simultânea de casos que ultrapassam fronteiras estatais.

Por fim, cabe observar que o transconstitucionalismo entre ordens jurídicas estatais constitui o sintoma mais marcante de que não se deve confundir o transconstitucionalismo com uma ordem jurídica global abarcante e supraordenada. A esse respeito, cabe invocar, mais uma vez, as reflexões de Slaughter que, referindo-se a uma assertiva do juiz Guido Calabresi, da Segunda Circunscrição de Apelações dos Estados Unidos, ressalta: "Um 'diálogo entre órgãos judicantes da comunidade mundial' não seria composto de cortes dos Estados Unidos, da França, Alemanha e Japão, nem de tribunais internacionais, mas simplesmente de entidades judicantes comprometidas em resolver litígios, interpretando e aplicando o direito da melhor maneira que elas possam. Essa é uma visão de um sistema jurídico global, estabelecido não por um Tribunal Mundial em Haia, mas sim por

---

197. Slaughter, 2004, p. 90; 2003, p. 208.
198. Slaughter, 2004, pp. 94-6; 2003, pp. 213-5.

cortes nacionais trabalhando conjuntamente em torno do mundo."[199] Formulando com mais precisão, sem esse ponto de partida, ou seja, sem a conversação transconstitucional entre ordens jurídicas estatais mediante os seus respectivos tribunais supremos, um transconstitucionalismo mais abrangente entre ordens jurídicas de tipos diversos, em um sistema jurídico mundial de "níveis" múltiplos entrelaçados, terá dificuldades *reais* de desenvolver-se adequadamente no contexto de heterogeneidade e complexidade da sociedade global hodierna. Tampouco será capaz de legitimar-se, tendo em vista a pluralidade e, inclusive, a fragmentação dessa sociedade no plano das estruturas normativas. O ponto de partida do transconstitucionalismo não é a negação, mas sim a abertura dos constitucionalismos estatais para outras ordens jurídicas, seja do mesmo tipo ou de espécie diversa.

5. Transconstitucionalismo entre ordens jurídicas estatais e transnacionais

Uma das dimensões mais instigantes do transconstitucionalismo refere-se ao relacionamento das ordens jurídicas estatais com ordens jurídicas transnacionais em sentido estrito, ou seja, com ordens normativas que são construídas primariamente não por Estados ou a partir de Estados, mas sim por atores ou organizações privados ou quase públicos. Negar-lhes o caráter de ordens jurídicas com pretensão de autonomia não parece mais ser sustentável. Nesse particular, não é preciso estar associado a um modelo pós-moderno ou de desconstrução, como proposto enfaticamente por Gunther Teubner e Andréas Fischer-Lescano, que vêm sublinhando o significado crescente do transnacionalismo jurídico em sentido estrito[200]. Também um destacado jurista

---

199. Slaughter, 2003, p. 204. Cf., com formulações quase idênticas, Slaughter, 2004, p. 85; 2000, p. 1114.
200. Ver sobretudo Fischer-Lescano e Teubner, 2006. Cf. também Ladeur e Viellechner, 2008.

vinculado à tradição do constitucionalismo estatal, Dieter Grimm, não deixou de perceber esse desenvolvimento no âmbito da sociedade mundial hodierna:

> A essas instituições criadas por Estados [OMC, Banco Mundial e FMI] somam-se, entrementes, atores que atuam globalmente, como empresas multinacionais e organizações não governamentais, que, em virtude do seu raio de ação, podem seguir sua própria lógica sistêmica, sem ter de observar os *standards* e os deveres válidos intraestatalmente. Não obstante, elas também não podem sobreviver sem regulações jurídicas. O setor globalizado da economia depende de um direito transnacional, que, por conseguinte, nenhum legislador estatal pode preparar.[201]

Essas ordens, que não se restringem à dimensão econômica (embora essa se apresente como a dimensão mais relevante do transnacionalismo jurídico), não permanecem isoladas, entrando em relação de colisão ou de cooperação com outras ordens jurídicas, inclusive com a ordem jurídica estatal. Nesse contexto, também surge o problema do transconstitucionalismo, quando questões constitucionais, a saber, casos concernentes a direitos fundamentais ou à organização básica do poder, levam ao entrelaçamento das ordens e dos respectivos tribunais supremos. Embora as ordens jurídicas transnacionais tenham dificuldade de construir-se autonomamente perante os sistemas funcionais globais e as organizações com os quais estão estruturalmente vinculadas (economia, esporte, internet, organizações não governamentais etc.), elas afirmam, exatamente com base na força dos respectivos sistemas funcionais e organizações, uma pretensão de autonomia perante o direito estatal, do que resultam problemas de entrelaçamentos, no plano reflexivo de autofundamentação, entre elas e as ordens estatais. Alguns exemplos servem como referência empírica aos problemas transconstitucionais entre essas duas ordens.

---

201. Grimm, 2004a, p. 161.

Um caso típico é o da nova *lex mercatoria*, que tem sido estudado em uma ampla literatura[202]. Trata-se de uma ordem jurídico-econômica mundial no âmbito do comércio transnacional, cuja construção e reprodução ocorre primariamente mediante contratos e arbitragens decorrentes de comunicações e expectativas recíprocas estabilizadas normativamente entre atores e organizações privadas. Não interessa aqui a consideração isolada da estrutura dessa ordem jurídica, nem apenas o seu entrelaçamento em geral com a ordem estatal. O que é relevante, no presente contexto, é saber como problemas constitucionais podem surgir na relação transversal entre essas ordens. Nesse particular, não cabe simplesmente afirmar uma relação entre heterarquia da *lex mercatoria* e hierarquia da ordem estatal. Ambas contêm tanto dimensões hierárquicas quanto heterárquicas, devendo-se antes falar de um entrelaçamento complexo de duas ordens caracterizadas por *tangled hierarchies* e *tangled heterarchies*, no âmbito do transconstitucionalismo. Também não me parece correto afirmar que se trata de uma relação entre centro e periferia do sistema jurídico. Em primeiro lugar, tratando-se de um sistema jurídico mundial multicêntrico,

---

202. A discussão atual sobre a nova *lex mercatoria* remonta a Goldman (1964), o qual, embora admitisse que ela constitui "um sistema jurídico incompleto", sustentava que as "normas que a compõem – em verdade todas, com exceção dos contratos-tipo emanados de empresas isoladas – são certamente regras gerais de direito (e não simples normas individuais 'penduradas' a uma regra estatal reconhecedora da força obrigatória dos contratos)" (1964, p. 192). Sobre essa discussão a respeito da natureza da *lex mercatoria* e sua autonomia em relação ao direito estatal, ver, entre muitos, Lagarde, 1982; Mustill, 1987; Fouchard, Gaillard e Goldman, 1996, pp. 813 ss. (n.ºs 1.143 ss.); Mertens, 1997; Gaillard, 2001; Booysen, 2003, pp. 9 ss.; Loquin, 2006, pp. 165 ss. Na perspectiva sistêmica, caracterizando a *lex mercatoria* como esfera discursiva ou sistema de comunicação autônomo (e não primariamente como expressão de interesses de grupos ou de organizações), ver Teubner, 1996b. Vinculado a esse modelo sistêmico, ver, de maneira abrangente, o substancioso trabalho de Mendes, R., 2008. Para uma posição crítica, ver Dezalay e Garth, 1996, que não apenas qualificam os árbitros transnacionais com a fórmula "mercadores do direito como empreendedores morais" (pp. 33 ss.), mas também insinuam que a "comunidade" deles constitui uma "máfia": "Membros do círculo interno e estranhos referem-se a esse grupo com uma 'máfia' ou um 'clube'" (p. 10).

o centro localiza-se na ordem de que parte o observador. Dessa maneira, as instituições que estão no centro de uma determinada ordem jurídica, os tribunais, constituem parte da periferia do sistema jurídico para uma outra ordem jurídica. Assim, embora na perspectiva de observação da ordem jurídica nacional e dos tribunais estatais a *lex mercatoria* e os seus tribunais estejam na periferia do sistema jurídico, para a própria *lex mecatoria* e os respectivos tribunais arbitrais as ordens estatais e seus respectivos tribunais fazem parte da periferia do sistema jurídico. Por fim, rejeita-se aqui a tese de que a *lex mercatoria*, assim como as ordens transnacionais em geral, estaria vinculada aos setores espontâneos da sociedade mundial, enquanto o direito estatal estaria vinculado aos seus setores organizados[203]. Evidentemente, se compararmos o alto grau de organização das empresas e escritórios de advocacia que atuam no âmbito da *lex mercatoria*[204] com o baixíssimo nível de organização de certos Estados da África e de outras regiões do globo terrestre, ficará evidente o quanto é ilusória essa concepção dos problemas de relacionamento entre *lex mercatoria* e ordens estatais. Fundamental é apontar que pretensões diversas de autonomia e autofundamentação, tanto da *lex mercatoria* quanto das ordens estatais, exigem uma capacidade de prontidão para o aprendizado e intercâmbio, tendo em vista a fluência de casos relevantes para ambas as ordens. O grande perigo que está presente é o desprezo recíproco, nos termos de estatalismo predominantemente ideológico, em detrimento do desenvolvimento econômico, ou de um privatismo primariamente calcado em interesses concretos de agentes econômicos com alta capacidade estratégica, com consequências destrutivas para terceiros social e economicamente mais frágeis. Nesse particular, as reações das ordens estatais variam em face do desenvolvimento das insti-

---

203. Em perspectiva diversa, cf. Teubner, 2000, 2003a, pp. 25 s.
204. Cf. Dezalay e Garth, 1996, salientando que a "arbitragem comercial internacional tem-se tornado *mais formal* e cara, mais semelhante ao processo litigioso nos Estados Unidos" (pp. 60 s. – grifei).

tuições e organizações da *lex mercatoria*, enquanto essas tendem a enfatizar sua autonomia e expansão, com pouca disposição de envolverem-se em um diálogo transconstitucional com os respectivos Estados entrelaçados em casos de interesse comum, especialmente quando esses afetam direitos fundamentais.

A esse propósito, tem-se advertido para a postura mais reticente das cortes americanas em face das arbitragens transnacionais, enquanto se aponta para a posição mais aberta do judiciário francês com relação às cortes arbitrais[205]. A prontidão da justiça estatal francesa em relação à arbitragem em matérias concernentes ao direito econômico transnacional manifestou-se de forma marcante no caso *Putrabali*, julgado pelo Tribunal de Cassação francesa, a mais alta corte judicial na França, em 29 de junho de 2007[206]. Trata-se de um marco em um desenvolvimento que remonta ao caso *Gosset*, decidido, em 7 de maio de 1967, pelo Tribunal de Cassação, em que este "admitiu, pela primeira vez, o princípio da separabilidade do acordo de arbitragem"[207]. A importância da decisão no caso *Putrabali* pode ser atribuída, à simples vista, ao fato de que foi a primeira vez que o Tribunal de Cassação teve de decidir sobre a execução de um laudo arbitral anulado no país de origem, desde o caso *Hilmarton* (junho de 1997)[208]; mas a razão dessa importância é mais fundamental, como salienta Philippe Pinsolle: além de endossar soluções tomadas pelo Tribunal de Apelação de Paris e pelo próprio Tribunal de Cassação no caso *Hilmarton* e outros subsequentes, este Tribunal ofereceu fundamentos teóricos mais firmes e abrangentes para adotar essa solução[209].

O caso *Putrabali* envolve uma contenda de direito marítimo entre uma companhia indonésia, *P.T. Putrabali Adyamulia* (vendedora), e uma companhia francesa, *Société Est*

---

205. Cf. Slaughter, 2004, p. 92.
206. Cf. Pinsolle, 2008.
207. Pinsolle, 2008, p. 277.
208. A respeito desse caso, ver Gaillard, 1999, pp. 21 ss.
209. Pinsolle, 2008, p. 277.

Epices (mais tarde *Rena Holding*) (compradora), em torno de um contrato de compra e venda de pimenta branca, embarcada por navio em 27 de janeiro de 2000, tendo o navio afundado na Ilha Bangka, na Indonésia, em 1º de fevereiro de 2000. A controvérsia surgiu em virtude da exigência do pagamento da mercadoria pela vendedora, que entrou com pedido de arbitragem conforme as regras da Associação Geral Internacional de Produção LTDA (IGPA). Tendo em vista que os dois árbitros indicados pelas partes não chegaram a um acordo, um árbitro desempatador decidiu favoravelmente ao autor da ação arbitral (a vendedora), considerando que a compradora descumprira o contrato. A compradora recorreu ao Órgão de Apelação arbitral, nos termos das normas da IGPA, tendo sido revertida por esse Órgão a decisão da primeira instância, por ter sido negada a ocorrência de qualquer rompimento do contrato pela compradora. Dessa decisão arbitral, a vendedora recorreu à Alta Corte Inglesa. Em 19 de maio de 2003, este Tribunal anulou parcialmente o laudo arbitral, por entender que houve quebra de contrato por falta de pagamento, e remeteu o caso para uma outra arbitragem. Na nova decisão arbitral, em 19 de agosto de 2003, a compradora foi condenada a pagar uma soma de 163.086,04 libras esterlinas. Paralelamente, ela entrou, na França, com pedido de *exequatur* (reconhecimento e execução) do laudo arbitral anterior, datado de 10 de abril de 2001, que foi concedido. Então, a vendedora recorreu à Corte de Apelação de Paris, que decidiu, em 31 de março de 2005, mantendo o julgamento de *exequatur* da primeira instância judicial francesa. Putrabali argumentou que a decisão arbitral de 10 de abril de 2001 havia sido anulada e teria sido uma fraude a tentativa de executá-la na França. A Corte de Apelação de Paris rejeitou esse argumento considerando que não haveria base para recusar a execução de decisões arbitrais anuladas no país de origem, pois essa hipótese de recusa não estava prevista na legislação processual francesa. Essa decisão não traz nada de novo em relação a uma série de casos decididos anteriormente pela justiça francesa, inclusive o caso *Hilmarton* (1997). Só em face do recurso interposto, em última instância, por Putrabali, o Tribunal de Cassação da França oferece o elemento inovador em relação à arbitragem transnacional[210]. Os dois fundamentos da decisão são os seguintes: (1) uma arbitragem transnacional (usa-se imprecisamente o termo "internacional") não está ancorada em nenhuma ordem jurídica nacional; (2) um julgamento arbitral transnacional ["internacional"] é uma decisão judicial transnacional ["internacional"][211].

O aspecto mais relevante desse caso reside na admissão explícita, por parte do mais alto tribunal judicial da França, de que a *lex mercatoria* é autônoma em face de qualquer ordem jurídica estatal, seguindo uma tradição já presente na jurisprudência e doutrina francesa. Trata-se de ordem jurídica "deslocalizada"[212]. No caso, não se afirmou apenas que a arbitragem não está ancorada na ordem jurídica do país de origem (local) da arbitragem, mas se deu um passo adiante, sustentando-se que ela não está ancorada em nenhuma ordem jurídica estatal. Isso tem consequência, para o nosso contexto, porque casos envolvendo concomitantemente a *lex mercatoria* e a ordem jurídica estatal no âmbito de matérias constitucionalmente relevantes exigem um tratamento nos termos do transconstitucionalismo, uma vez que cada uma das ordens remete a uma pretensão de autofundamentação. Portanto, em alguns casos, além de um diálogo transjudicial, impõe-se uma "conversação" transconstitucional entre ordens jurídicas de tipos diversos, sobretudo mediante a relação construtiva entre os seus tribunais.

Essa compreensão torna-se ainda mais plausível quando se considera a tese contida no outro fundamento da decisão do Tribunal de Cassação francês: um laudo arbitral transnacional é uma decisão judicial transnacional. Isso im-

---

210. *Arrêt* [Julgamento] n.º 1021 de 29/07/2007 – Tribunal de Cassação – Primeira Câmara Cível (trad. ingl. como Apêndice *in*: Pinsole, 2008, pp. 293-5).
211. Para essa apresentação sintética do caso, recorro a Pinsolle, 2008, que oferece uma exposição e uma análise detalhadas.
212. Pinsole, 2008, pp. 281 s.

plica reconhecer que o laudo arbitral da *lex mercatoria* é uma decisão judicial que não precisa da aprovação de nenhuma corte nacional para ser reconhecida e executada. Embora uma corte do local de origem da arbitragem possa rejeitar a sua execução no âmbito da respectiva jurisdição estatal, isso não impede que a decisão seja executada no âmbito territorial de outro Estado. A esse respeito, discorre Pinsolle, analisando os fundamentos da decisão do Tribunal Cassação da França (usando "internacional" em vez de "transnacional"):

> A justificação teórica para esse raciocínio funda-se na existência de uma ordem jurídica arbitral distinta da ordem jurídica nacional. É porque o laudo arbitral internacional é fundado na ordem jurídica arbitral que a existência desse laudo está fora do alcance das cortes do local da arbitragem. Tudo que as cortes do local da arbitragem podem decidir é que a esse laudo arbitral será negada existência na sua ordem jurídica.[213]

Pinsolle argumenta, então, que a proposta segundo a qual, em nome da consistência, as partes contratantes devem respeitar a decisão da corte do local da arbitragem parece insustentável, pois só valeria para o caso de anulação do laudo arbitral: no caso em que não houvesse a anulação, não haveria essa consistência, porque nenhuma das partes manteria o direito de executar ou não executar a sentença arbitral. Além disso, os que sugerem essa solução por uma suposta consistência concentram-se no tribunal do local da arbitragem, esquecendo que, em primeiro lugar, havia uma sentença arbitral[214]. Cumpre acrescentar que essa proposta importaria vincular a decisão do tribunal do local da execução ao tribunal do local da arbitragem, independentemente da consistência no âmbito da ordem jurídica em que se pretende realizar a execução. O problema, portanto, é aná-

---

213. Pinsolle, 2008, p. 291.
214. Pinsolle, 2008, pp. 291 s.

logo à execução de sentença estrangeira por uma ordem estatal qualquer, com força de coisa julgada, nos termos do direito internacional privado clássico. Porém, embora funcionalmente equivalente a uma sentença estrangeira, o vínculo a uma ordem jurídica desterritorializada torna os problemas de entrelaçamento bem mais complexos, especialmente pela versatilidade e mobilidade dos contratos e das arbitragens da *lex mercatoria*. Nesse sentido, a probabilidade de conflitos de natureza constitucional entre essa ordem jurídica e as estatais pode apresentar, em certa medida, efeitos bem mais graves do que entre duas ordens delimitadas territorialmente.

Evidentemente, há riscos graves no que se refere ao desenvolvimento de uma "conversação" transconstitucional com a nova *lex mercatoria*. Embora essa ordem jurídica transnacional sustente, com firmeza e êxito, pretensão de autonomia perante as ordens do Estado constitucional, ela é fortemente dependente do sistema econômico e, portanto, também de seus agentes. Estando em primeiro lugar a serviço da eficiência econômica no campo mercantil, sua vinculação ao princípio jurídico-constitucional da igualdade é secundária e débil. Caracterizada como "direito corrupto" na própria linguagem de um dos seus mais importantes teóricos[215], sua "capacidade constitucional" é limitada, especialmente a capacidade de envolver-se de maneira satisfatória com questões de direitos fundamentais. Por isso, na avaliação do transconstitucionalismo entre ordem jurídica estatal e *lex mercatoria*, cumpre observar o seu caráter limitado, pois, em princípio, uma das ordens não se orienta primariamente para enfrentar e resolver problemas constitucionais. O fato de a *lex mercatoria* ter pouca disposição para o transconstitucionalismo não deve forçosamente levar a um belicismo constitucionalista contra essa ordem transnacional, com efeitos desastrosos para ambas as partes. Ao contrário, o envolvimento transconstitucional do Estado de direi-

---

215. Teubner, 1996b, p. 279.

to com a nova *lex mercatoria* pode possibilitar tanto a limitação de sua tendência expansiva quanto a fortificação de sua capacidade reflexiva para desenvolver-se com autonomia operativa perante os interesses concretos e particularistas de atores econômicos altamente estratégicos.

Um dos argumentos para negar o caráter transnacional em sentido estrito à *lex mercatoria*, no plano da arbitragem, pode residir na invocação da Convenção sobre o Reconhecimento e Execução de Sentenças Arbitrais Estrangeiras, ato internacional celebrado em Nova Iorque, na Conferência da Nações Unidas sobre a Arbitragem Comercial, em 6 de junho de 1958[216]. Inclusive no caso acima apresentado, ao recorrer ao judiciário francês, a empresa francesa Rena Holding invocou o art. VII dessa convenção internacional[217]. Mas esse argumento permanece na superfície de um complexo fenômeno jurídico. Em verdade, o que se infere da decisão do Tribunal de Cassação francês é o fato de que a ordem jurídica da arbitragem transnacional não está ancorada em nenhuma ordem estatal. Isso significa que ela, em si mesma, já é uma ordem "estrangeira" em relação à ordem de todo e qualquer Estado. O que a convenção de Nova Iorque regula é o reconhecimento e a execução dos laudos arbitrais estrangeiros pelos Estados, valendo isso tanto para arbitragens subordinadas à ordem processual de outros Estados quanto para a arbitragem transnacional, vinculada a uma ordem que, progressivamente, afirmou sua autonomia perante as ordens jurídicas estatais em geral, inclusive diante da ordem do Estado onde tenha ocorrido ou venha a ter lugar, geograficamente, a arbitragem. O que se pode observar, quando se leva em conta a Convenção de Nova Iorque, é um entrelaçamento entre ordens jurídicas que não se restringe apenas à bilateralidade (ordem estatal/ordem transnacional da arbitragem comercial), mas inclui, em um sistema jurídico mundial de "níveis" múltiplos,

---

216. A respeito, ver Booysen, 2003, pp. 785 ss.
217. Cf. Pinsolle, 2008, pp. 281, 293 e 295.

a ordem internacional e a ordem de outros Estados: nesse sentido, ampliam-se as possibilidades de conversação transconstitucional entre ordens jurídicas.

Mas não só em relação à *lex mercatoria* destaca-se o problema de entrelaçamentos entre ordens jurídicas transnacionais e ordens jurídicas estatais, com possibilidades de colisões transconstitucionais. A *lex sportiva*, ordem jurídica construída em conexão com o esporte como sistema funcional da sociedade mundial, mediante as associações esportivas transnacionais, tem afirmado um alto grau de autonomia perante o direito estatal, com impactos em questões de direitos individuais de natureza constitucional, especialmente no campo da liberdade contratual e profissional[218]. Ao proibir que os atletas pleiteiem seus direitos perante a justiça estatal, por exemplo, as associações esportivas transnacionais têm a pretensão de sustentar a autonomia de suas respectivas ordens jurídicas, em matéria de direito esportivo. O problema reside precisamente no fato de que o direito esportivo, como já afirmado, envolve direitos de liberdade contratual e profissional, do que decorre a questão do transconstitucionalismo. Essa pretensão de exclusividade de jurisdição não é algo que permanece no plano das normas gerais e abstratas, sem repercussão prática no plano da concretização processual da *lex sportiva*. Os tribunais arbitrais esportivos têm afirmado, com êxito, a sua autonomia perante os tribunais estatais na práxis das decisões de conflitos, levando com isso a colisões e, portanto, à necessidade de uma "conversação" transconstitucional.

O mais alto tribunal transnacional do direito esportivo, o Tribunal Arbitral do Esporte (TAS), com sede em Lausane, na Suíça, tem apontado, em suas decisões, uma distinção clara de sua jurisdição material em face da jurisdição dos tribunais estatais. Isso tem ocorrido não só no plano da

---

218. Sobre os "princípios gerais" de *lex sportiva*, cf. Loquin, 2007. Para a análise dos fundamentos teóricos da *lex sportiva*, ver Panagiotopoulos, 2004. Um estudo abrangente é oferecido por Latty, 2007.

interpretação normativa, mas também no da produção de provas. Na crônica das decisões do TAS, no período do fim de 2006 ao final de 2007, elaborada por Eric Loquin, fica evidente essa postura da justiça esportiva[219]. Em decisão arbitral de 19 de dezembro de 2006, o TAS confirmou decisão da União Ciclista Internacional (UCI), que condenara um ciclista por uso de *doping* em prova realizada entre 5 e 12 de junho de 2005[220]. Após análise e contra-análise (esta por solicitação do ciclista) por laboratório credenciado pela Agência Mundial Antidoping, foi constatada e confirmada a presença de substâncias dopantes no material recolhido. Com base nesses dados, a UCI, em 27 de outubro de 2006, enviou à Real Federação Espanhola de Ciclismo (RFEC) os relatórios da análise, determinando que fosse seguido o procedimento disciplinar, nos termos do art. 187 do Regulamento de Controle Antidoping da UCI. Em 5 de maio de 2006, a RFEC, por intermédio do Comitê Nacional de Competição e Disciplina Desportiva (CNCDD), decidiu que as condições sob as quais as análises haviam sido realizadas revelavam a existência "de um processo incompleto por não estar conforme a todas as exigências legais aplicáveis, não podendo, assim, garantir totalmente o resultado". Então, o CNCDD, considerando que "a máxima jurídica *in dubio pro reo*' [seria] plenamente aplicável ao presente caso", concluiu o processo com a absolvição do ciclista. A UCI recorreu ao TAS em 26 de junho de 2006, tendo a audiência ocorrido em 11 de outubro de 2006[221].

Em seu julgamento, o Tribunal Arbitral de Esporte foi peremptório na afirmação da autonomia do direito esportivo transnacional em face das ordens estatais. O princípio de igualdade, de cunho eminentemente constitucional, foi fundamental na argumentação do TAS, que decidiu nos seguintes termos:

---

219. Loquin, 2008.
220. Sentença n.º 2006/A/1119, extrato e comentário oferecidos por Loquin, 2008, pp. 234-58.
221. Loquin, 2008, p. 234.

O exercício de um esporte no nível internacional não poderia obedecer a uma multiplicidade de regras nacionais potencialmente contraditórias. Conferir apenas às leis nacionais o cuidado de reger as condições dentro das quais se devem desenvolver as competições internacionais terminaria em um sistema incoerente e inigualitário, com o risco adicional de que as autoridades se envolvam, mais cedo ou mais tarde, em uma corrida pela legislação menos repressiva. Para superar tais inconvenientes, basta assegurar que a mesma disciplina esportiva, desde que ela se desenvolva em um quadro internacional, seja submetida às mesmas regras para todos os concorrentes. A situação jurídica na Espanha não determina uma solução diferente.

A soberania nacional, tal como ela se exprime por ocasião de uma medida disciplinar esportiva tomada por uma autoridade nacional, só tem, em princípio, vocação de aplicar-se sobre o território nacional. A decisão nacional pode ser substituída, contudo, por uma decisão da autoridade internacional – o TAS – para que seja assegurada a necessária uniformidade do direito. Certo, é teoricamente concebível que o Estado imponha as decisões nacionais até dentro das competições internacionais que se desenvolvem no seu território, em detrimento da autoridade internacional. Um tal comportamento iria, no entanto, de encontro a todos os esforços tendentes a lutar contra a dopagem no nível internacional, e *poderia conduzir à exclusão do respectivo Estado das competições internacionais*. Seria surpreendente que um Estado desejasse colocar-se em uma tal situação, e nada leva a pensar que tal seja a posição adotada pela Espanha, muito pelo contrário.[222]

Conforme essa decisão, também o atleta seria expulso da associação se não seguisse os procedimentos do direito esportivo transnacional, conforme as competências da correspondente associação desportiva (no caso a UCI)[223]. No caso, o TAS rejeitou o argumento, apresentado pelo ciclista[224], de

---

222. *In*: Loquin, 2008, pp. 233 s. (grifo meu).
223. Cf. Loquin, 2008, p. 234.
224. Cf. Loquin, 2008, p. 236.

que a Constituição espanhola, no seu art. 24, prescreve o direito inalienável de acesso à justiça e aos tribunais. Tomando por base normas de esportes ciclísticos da UCI e precedentes de sua própria jurisprudência em casos referentes à França e à Colômbia[225], o TAS se declarou competente, sustentando que a autoridade esportiva transnacional não estaria em concorrência, mas sim em uma relação de complementaridade, e argumentando que, enquanto as autoridades estatais se limitam a controlar as condutas de seus jurisdicionados, a federação internacional gere as competições que se enquadram no âmbito de sua competência. Nesse sentido, salientou o TAS:

> Um mesmo comportamento pode ser sancionado penalmente em um dado local, sem, todavia, implicar uma sanção no nível internacional. Da mesma maneira, um comportamento pode não ser sancionado penalmente, sendo, não obstante, susceptível de gerar uma exclusão dos concursos esportivos, porque afeta a lealdade da competição.[226]

O ponto mais fundamental, para fins de uma análise do transconstitucionalismo entre ordem estatal e ordem esportiva transnacional, parece-me encontrar-se no recurso ao princípio da igualdade. Nesse particular, a sentença do TAS declara a respeito da legitimidade da ordem jurídica esportiva transnacional: "Ela tende a submeter todos os atletas a um *tratamento igualitário*, velando para que certas federações nacionais não mostrem passividade em face das faltas cometidas por seus desportistas nacionais."[227] Essa convincente invocação à norma da igualdade não significa, porém, que, entre a ordem jurídica esportiva transnacional e a ordem estatal, haja apenas relações de complementaridade, conforme a expressão do Tribunal. Embora a decisão de mérito do TAS tenha rejeitado o recurso da UCI, confir-

---

225. Cf. Loquin, 2008, pp. 239-42.
226. *In*: Loquin, 2008, p. 242.
227. *In*: Loquin, 2008, p. 241 (grifo meu); cf. também comentário à p. 254.

mando a decisão do Comitê Nacional de Competição e Disciplina Desportiva (CNCDD) da Real Federação Espanhola de Ciclismo (RFEC), e, portanto, tenha conciliado o direito espanhol e o direito esportivo transnacional, o conflito potencial entre este e aquele, no caso, é indiscutível[228]. Tendo em vista que o ciclista absolvido pelo CNCDD não reconhecia a competência do TAS para reformar o julgamento absolutório, recorrendo à norma constitucional espanhola que garante o direito à proteção jurisdicional, a situação gerou, em princípio, uma colisão entre esse direito constitucional de acesso à justiça e o princípio da igualdade invocado pelo TAS. Portanto, nesse caso, a complementaridade e a tensão entre ordem jurídica transnacional e ordem jurídica estatal manifestaram-se simultaneamente em torno de problemas constitucionais, sem que nenhuma das duas possa ter *a priori* a primazia, ou seja, seja detentora da *ultima ratio*. Essa situação aponta, antes, para a necessidade do aprendizado e intercâmbio transconstitucionais entre ambas as ordens jurídicas, especialmente quando a diversidade de interpretações das normas de competência leve a uma colisão sobre o próprio órgão legítimo para decidir.

Essa situação se apresenta mais clara na decisão do Tribunal Arbitral do Esporte (TAS), de 17 de maio de 2007, na qual, quanto ao próprio mérito, negou-se decisão tomada no âmbito do direito nacional[229]. Nesse caso, a Agência Mundial Antidoping (*World Anti-Doping Agency* – WADA) interpôs recurso contra uma decisão tomada pela Comissão Disciplinar da Federação Mexicana de Futebol e também contra uma decisão de órgão recursal do Ministério dos Esportes do México, a Comissão de Apelação e Arbitragem do Desporte (CAAD), que desconsideraram laudo de laboratório (*Olympic Analytical Laboratory* da Universidade da Califórnia – UCLA) credenciado pela WADA. Na análise da

---

228. Cf. Loquin, 2008, pp. 253-6.
229. Sentenças n.º 2006/A/1149 e n.º 2007/A/1211, extrato e comentário oferecidos por Loquin, 2008, pp. 259-72.

primeira amostra, o laboratório confirmou a presença de substância anabólica proibida pela FIFA. O resultado foi encaminhado à Federação Mexicana de Futebol (FMF), para que o jogador fosse informado a fim de requerer a análise da segunda prova em quarenta e oito horas, sob pena da presunção absoluta de que aceitou o resultado da análise da primeira amostra. O clube do atleta alegou que não fora intimado pelo laboratório a notificá-lo, sustentando que caberia à FMF proceder diretamente a essa notificação (a FMF encaminhara a comunicação do laboratório ao clube para que ele notificasse o atleta). Pedido apresentado pelo jogador perante a Comissão Disciplinar da FMF foi deferido com o fundamento no fato de que ele não foi devidamente notificado e que a segunda amostra já fora destruída. O laboratório alegou que a segunda prova permanecia plenamente conservada (por congelamento) para análise. A FMF recorreu à CAAD do Ministério dos Esportes do México, que confirmou a decisão da Comissão Disciplinar da FMF. O TAS tanto anulou a decisão desta Comissão Disciplinar quanto declarou que a decisão da CAAD não tinha "nenhum efeito no sistema de sanções estabelecidas nos Estatutos e Regulamentos da FIFA"[230]. Por conseguinte, tendo em vista que se tratava da segunda vez que o jogador era condenado pelo uso da mesma substância anabólica (da primeira vez ele fora condenado a um ano de suspensão), declarou-o excluído imediata e vitaliciamente de qualquer competição no âmbito da FIFA[231].

Para julgar e impor decisão contra o órgão de arbitragem estatal, o TAS invocou fundamento análogo ao da decisão analisada anteriormente: a igualdade de tratamento dos diversos atletas envolvidos nos desportos transnacionais. O TAS rejeitou peremptoriamente o argumento de que caberia considerar "o laboratório mais favorável", pro-

---

230. *In*: Loquin, 2008, p. 270.
231. *Ibidem*.

posto pelo jogador com base no fato de que obtivera um resultado negativo em análise oferecida por laboratório não credenciado pela WADA. Residindo o fundamento dessa prevalência do julgamento do TAS sobre a decisão estatal do CAAD na necessidade de "assegurar o tratamento igual e consistente de todos os participantes de um esporte"[232], observa-se que também aqui está presente o problema potencial de uma colisão entre o princípio constitucional da igualdade, afirmado pela ordem jurídica esportiva transnacional, e o princípio da ampla defesa, baseado na ordem interna do Estado de direito e alegado de maneira implícita pelo jogador. Portanto, essa é uma questão que se enquadra plenamente no âmbito do transconstitucionalismo, exigindo conversações constitucionais construtivas entre ordem jurídica transnacional e ordem jurídica estatal.

Mas não só em casos de sanções disciplinares, como também em matéria contratual, é evidente a imposição de decisões do TAS dando primazia ao direito esportivo transnacional sobre as ordens jurídicas estatais invocadas pelas partes. Em 19 de janeiro de 2007, o TAS julgou um caso de quebra de contrato celebrado entre o clube espanhol Real Valladolid e um jogador de futebol de nacionalidade paraguaia e italiana, em 17 de julho de 2004, para vigorar de 1º de janeiro de 2005 a 30 de junho de 2010[233]. O atleta estava contratado pelo clube paraguaio Cerro Porteño até 31 de dezembro de 2004. Ocorreu, então, uma renovação do contrato com esse clube. Além disso, em janeiro de 2005, o jogador passou a jogar em um outro clube espanhol, o Almeria, tendo sido transferido para esse clube no curso do mesmo ano. O clube Real Valladolid, alegando quebra de contrato, apresentou, perante a FIFA, pedido de condenação do atleta por quebra de contrato sem justa causa. A Câmara de Resolução de Litígios da FIFA admitiu parcial-

---

232. *In*: Loquin, 2008, p. 262.
233. Sentença nº 2006/A/1082&1104, extrato e comentário oferecidos por Loquin, 2008, pp. 287-304.

mente a demanda, determinando que o jogador pagasse um montante em euros ao clube Real Valladolid, a título de indenização (devolução de quantia paga antecipadamente) e de multa. O clube e o jogador recorreram ao TAS. Esse Tribunal rejeitou inteiramente o recurso do atleta e admitiu parcialmente o recurso do clube, condenando aquele a pagar uma quantia superior à determinada pela Câmara de Resolução de Litígios da FIFA, sobretudo pelo estabelecimento de juros.

Relevante nesse caso é a solução de uma questão de contrato de trabalho, envolvendo potencialmente problemas constitucionais de autonomia contratual e, simultaneamente, de direitos sociais, por uma corte arbitral transnacional, com base primariamente nos regulamentos da FIFA e considerando apenas supletivamente as ordens jurídicas estatais envolvidas. O jogador invocara o direito paraguaio e a jurisprudência espanhola, enquanto o clube defendeu que se aplicasse primariamente o direito da FIFA e complementarmente o direito da Suíça (sede do TAS), assim como o direito espanhol para fins de determinar a indenização por ruptura de contrato. O Tribunal, embora tenha invocado em sua argumentação a Lei federal suíça sobre o direito internacional privado (LDIP), decidiu fundamentalmente com base no art. 59, alínea 2, dos Estatutos da FIFA: "O TAS aplica em primeiro lugar os diversos regulamentos da FIFA, assim como o direito suíço a título supletivo." Somente quanto à faculdade de resilição do contrato, aplicou-se, por escolha consensual das partes, o direito espanhol: "O tribunal arbitral tirou como conclusão que o contrato litigioso é regido, *a título geral*, pelas regras de direito, a saber, os estatutos da FIFA, e, a título supletivo, pelo direito suíço, e quanto à faculdade de resilir o contrato pelo direito espanhol."[234]

A afirmação expressa de primazia do direito esportivo internacional sobre o direito estatal, nesse caso, não exclui

---

234. Loquin, 2008, p. 304.

a colisão entre ordens jurídicas no âmbito do transconstitucionalismo. Há decisões de tribunais estatais anulando ou rejeitando a aplicação de laudos arbitrais esportivos nos respectivos países, quando elas ofendem princípios fundamentais da respectiva ordem estatal ou negam a ordem pública do ordenamento jurídico competente. Nesse sentido, a Assembleia Geral e o Conselho de Estado francês manifestaram-se pela primazia do direito estatal sobre o direito esportivo, assim como o Tribunal Administrativo de Paris julgou inconstitucional um dispositivo do Regulamento da Federação Francesa de Futebol[235]. Portanto, a "conversação" transconstitucional entre ordens jurídicas é, em matéria de direito esportivo, inafastável. A esse propósito, é oportuna a asserção de Loquin: "A coexistência da ordem jurídica esportiva internacional [transnacional] e do direito dos Estados passa pela busca de um compromisso entre a especificidade da atividade esportiva e a proteção dos interesses públicos e particulares."[236] É na busca desse compromisso que se desenvolve o transconstitucionalismo entre o transnacional e o estatal em matéria jurídico-esportiva, com colisões entre direitos fundamentais enfrentados em perspectivas diversas.

Um dos argumentos contra a autonomia da ordem jurídica transnacional dos esportes e sua subordinação ao direito estatal poderia consistir na alegação de que da decisão definitiva do TAS pode caber recurso ao tribunal suíço ou a outro tribunal estatal. Isso decorre do art. R59 do Estatuto dos Órgãos que Contribuem para a Regulamentação dos Litígios em Matéria de Esportes (Código do TAS): "A sentença, notificada pelo Escrivão do TAS, soluciona definitivamente o litígio. Ela não é suscetível de nenhum recurso, na medida em que as partes não têm nem domicílio, nem residência habitual, nem estabelecimento na Suíça e tenham renunciado expressamente ao recurso na convenção de ar-

---
235. Cf. Loquin, 2008, pp. 305-6.
236. Loquin, 2008, p. 308.

bitragem ou de um acordo escrito concluído ulteriormente, particularmente no início do processo."[237] Mas o fato é que as exceções foram criadas pelo direito esportivo transnacional, podendo ser modificadas, a qualquer momento, pelo Conselho Internacional da Arbitragem em Matéria de Esporte (CIAS), conforme os arts. S8 e R69 do Código do TAS. E, mesmo nos casos em que o Tribunal Federal Suíço insista em assumir competência revisora ou rescisória contrariando as normas reguladoras do TAS[238], resta às instituições do direito esportivo transnacional transferir a sua sede para um país que se disponha a admitir a autonomia da ordem jurídica transnacional dos esportes. Esse poder de mobilidade das entidades jurídico-esportivas "deslocalizadas", junto com sua competência para excluir determinados Estados das competições ou torneios internacionais, torna a respectiva ordem jurídica transnacional "soberana" perante os Estados e, portanto, em concorrência com as ordens jurídicas estatais, levando à emergência de problemas transconstitucionais.

Um outro campo em que a relação entre ordem jurídica estatal e ordem jurídica transnacional em sentido estrito, formada primariamente por atores privados e quase públicos, entrelaçam-se de forma marcante na sociedade mundial do presente, envolvendo problemas transconstitucionais, é o direito da internet. A transversalidade entre a *lex digitalis* transnacional[239] e o direito estatal envolve tanto cooperações quanto conflitos de difícil solução. Nesse particular, destaca-se a força regulatória da Corporação da Internet para Atribuição de Nomes e Números (ICANN – *Internet Corporation of Assigned Names and Numbers*, entidade encarregada fundamentalmente de regular o sistema de nome

---

237. Disponível no sítio do TAS: http://www.tas-cas.org/code (último acesso em 15/11/2008).

238. Cf., por exemplo, o acórdão de 22 março de 2007, no qual o Tribunal Federal Suíço anulou decisão do TAS, por considerar que esse tribunal arbitral teria violado o direito de defesa de um desportista (BGE 133 III 235).

239. Cf. Teubner, 2003a, pp. 16 ss.

de domínio na internet[240]. A ICANN tem origem governamental nos Estados Unidos, tendo surgido por iniciativa da administração Clinton: em 1998, o presidente Clinton determinou que a Administração Nacional de Telecomunicações e Informação (NTIA – *National Telecommunications and Information Administration*) tomasse as medidas para a privatização do sistema de nomes de domínio da internet. No mesmo ano, a NTIA convocou a "comunidade da internet" para fundar uma entidade "autorregulatória", à qual seria transferido (não apenas delegado) o poder de controle sobre o sistema de nome de domínio da internet, até então exercido por órgão ou entidade estatal. A ICANN foi reconhecida pela NTIA, tendo sido fundada por um grupo restrito de destacados membros de entidades privadas vinculadas à internet. É verdade que a ICANN foi fundada eventualmente como uma pessoa jurídica sem fins lucrativos subordinada ao direito do Estado da Califórnia. Mas ela tem a pretensão de representar os interesses públicos da "comunidade" global da internet. Assim, define o seu próprio papel nos Artigos de Incorporação (art. 3º): "no reconhecimento do fato de que a internet é uma rede internacional de redes, não pertencente unicamente a nenhuma nação, indivíduo ou organização, a corporação deve [...] perseguir o propósito beneficente e público de diminuir os fardos do governo e promover o interesse público global na estabilidade operacional da internet [...]"[241]. Dessa maneira, embora esteja vinculada em sua origem ao direito norte-americano e subordinada, em princípio, ao direito da Califórnia, a ICANN, no que concerne à sua competência e força regulatória, desvinculou-se do seu "criador", podendo até mesmo negar a entidade ou órgão governamental americano o direito de usar um nome de domínio. Sem dúvida, essa re-

---

240. A respeito, ver Bernstorff, 2004; 2003; Carotti, 2007. Informações amplas sobre a ICANN encontram-se no sítio da organização: http://www.icann.org. Também há uma versão brasileira: http://www.icann.org.br.
241. Disponível no sítio da ICANN: http://www.icann.org/en/general/articles.htm. Trecho citado com base em Bernstorff, 2004, p. 263; 2003, p. 514.

lação de autonomia perante o direito americano é precária, tendo em vista que, em princípio, a NTIA tem competência para, eventualmente, revogar o poder de controle transferido à ICANN, e esta entidade talvez não disponha, por força do aparato técnico de que necessita, da mobilidade geográfica de que os órgãos da *lex sportiva* e da *lex mercatoria* podem dispor, nos casos em que os Estados em que se localiza a sua sede venham a tomar medidas contrárias às suas normas e decisões. Mas, para os Estados em geral, a ICANN dispõe de um poder enorme de regulação jurídica em matéria de determinação do nome de domínio, tornando os judiciários estatais dependentes de suas orientações e decisões.

Nesse particular, cabe observar que o entrelaçamento transconstitucional ocorre porque, ao distribuir globalmente os nomes de domínio para usuários e assegurar a adequada transmissão de comunicações por via da internet mediante a manutenção dos "servidores-raiz" e dos respectivos elementos do *software*, a ICANN dispõe de um poder jurídico com "implicações não apenas no comércio eletrônico e na proteção dos direitos da propriedade intelectual, mas também para escolha dos consumidores, a competição, a proibição de conteúdo ilícito e a fluência do discurso político"[242]. O problema transconstitucional reside no fato de que os judiciários estatais, caso compreendam que o uso da internet por quem detém um nome de domínio está contrariando princípios ou regras constitucionais da ordem estatal, precisam fazer uma solicitação à ICANN, para que essa entidade privada, com plena autonomia, decida sobre essa solicitação. Os judiciários estatais não dispõem de poder nem meios técnicos para determinar, de forma vinculatória, que seja revogada a atribuição de um nome de domínio a um usuário, nem, portanto, que haja uma nova atribuição de nome de domínio a um outro usuário. A ICANN dispõe, nesse caso, do poder de decidir se acata ou rejeita, conforme suas próprias normas jurídicas, a decisão judicial estatal. E o enor-

---

242. Bernstorff, 2004, p. 262; 2003, p. 514.

me poder de desconectar qualquer endereço da internet implica a possibilidade de que sejam desconectados endereços do sítio dos próprios órgãos judiciais estatais. Também para questionar o conteúdo da resolução de controvérsias pela ICANN, as partes podem optar pelo caminho judicial ou arbitral, desde que respeitadas as normas dessa entidade privada. Nesses termos, determina o documento referente à estrutura e aos princípios de responsabilidade e transparência da ICANN: "As partes podem estar em disputa com a ICANN porque elas discordam não com o processo, mas com o resultado de uma decisão de processo da ICANN. O método corrente para tratar de litígios como esse ocorre mediante o sistema judiciário ou por via de arbitragem, *se previsto nos termos dos acordos da ICANN*."[243] Essa situação implica graves problemas de relacionamento de direitos de informação, de liberdade de expressão, de propriedade intelectual, de imagem e ao próprio nome, gerando problemas constitucionais que poderão ser compreendidos de maneira inteiramente diversa pelo judiciário estatal envolvido na solução da contenda jurídica e pela ICANN. Considerando-se a diversidade de interpretações de normas e questões constitucionais pelos diversos Estados, muito improvavelmente haverá uma solução uniforme da ICANN que possa ser compatível com as perspectivas constitucionais dos diversos Estados. Parece ser recomendável, portanto, nos termos de um transconstitucionalismo, uma postura flexível da ICANN, considerando as peculiaridades jurídico-constitucionais dos respectivos Estados envolvidos em controvérsias em torno da *lex digitalis*.

Como já adiantei acima, a ICANN está estritamente subordinada ao direito do Estado da Califórnia e ao direito federal dos Estados Unidos, conforme consta expressamente dos próprios Artigos de Incorporação da ICANN (art. 3º)

---

243. ICANN *Accountability and Transparency Framework and Principles*, disponível em: http://www.icann.org/en/transparency/acct-trans-frameworks-principles-10jan08.pdf (último acesso em 16/11/2008). Grifo meu.

e do seu documento concernente à estrutura e aos princípios de responsabilidade e transparência. Conforme esse documento, o Procurador Geral da Califórnia tem a competência de supervisionar a ICANN como entidade beneficente sem fins lucrativos. Além do mais, nada impede, como já afirmado, que os Estados Unidos da América, mediante o Departamento de Comércio ou a NTIA, revogue ou restrinja os poderes da ICANN. Isso leva a uma assimetria: enquanto em relação aos demais Estados a ICANN dispõe de autonomia na imposição de suas decisões relativas à atribuição de nomes de domínio, essa autonomia, em última instância, inexiste perante os Estados Unidos. Dessa maneira, pode-se dizer que o transconstitucionalismo entre ordem estatal e ordem transnacional da *lex digitalis*, no caso da ICANN, é um aparente transconstitucionalismo. No mínimo, caberia afirmar que a subordinação da ICANN ao direito americano exclui, nesse contexto, um transconstitucionalismo abrangente, sem restrições, entre ordem transnacional e ordem estatal. A rigor, no plano subjacente, haveria um transconstitucionalismo entre a ordem jurídica estatal norte-americana e as ordens jurídicas dos demais Estados, no âmbito da *lex digitalis*. Esse transconstitucionalismo seria, porém, assimétrico, uma vez que os Estados Unidos detêm, em última instância, o poder de controlar o sistema de atribuição de nomes de domínio da internet em todo o globo terrestre, prevalecendo sobre qualquer Estado. E mesmo a criação do Fórum de Governança da Internet (IGF – *Internet Governance Forum*), entidade encarregada de articular políticas referentes à internet, cuja criação foi aprovada pelo Fórum Mundial da Sociedade de Informação, ocorrido em Túnis entre 16 e 18 de novembro de 2005, não modificou nada no poder da ICANN, embora sintomaticamente os Estados Unidos tenham reagido negativamente à sua criação, enquanto os países europeus foram favoráveis a essa nova organização[244].

---

244. Para informações sobre o IGF, ver o sítio dessa organização em: http://www.intgovforum.org/cms.

Mas é fato relevante que a *lex digitalis* fica fortemente vinculada a uma entidade que, embora quanto à origem e fundamentação esteja intimamente vinculada à ordem jurídica estatal norte-americana, domina, no âmbito de suas atividades, um raio abrangente de ações transnacionais, entrando em entrelaçamentos transconstitucionais com diversas ordens estatais. O caráter eminentemente privatista da ICANN tem levado a críticas quanto à sua legitimidade, no sentido de que, ao contrário de constituir uma entidade fundada na "comunidade da internet" – como se tem apresentado –, seria uma organização vinculada aos interesses e às perspectivas de um número reduzido de atores influentes [*stakeholders*] em relação à internet. Disso resultaria intransparência, elitismo e um privatismo desvinculado das exigências de ordem pública. Partindo do fato de que a "comunidade da internet" estaria representada na ICANN por organizações influentes [*stakeholders organizations*], constituintes primários da rede, a questão que se põe é a de quem pode participar na "governança da rede". Dessa situação resulta o problema da exclusão, relacionado com o privilégio decisório de atores que fundaram a ICANN. Nesse sentido, pontua Bernstoff: "A questão de quem tem permissão de participar em uma rede de governança leva-nos ao problema central da exclusão [...]. No caso da ICANN, a decisão fundacional foi tomada por um punhado de cientistas da computação da IANA [*Internet Assigned Numbers Authority*], do IETF [*The Internet Engineering Task Force*] e do Departamento do Comércio dos Estados Unidos."[245] Isso tem conduzido ao surgimento de organizações não governamentais e acadêmicas que têm desenvolvido críticas à ação da ICANN – como o *ICANN-Watch*, o grupo de estudo da ICANN, organização não governamental e acadêmica [*NGO and Academic ICANN-Study Group*], e o *Boston Working Group*[246] –, como também levou à criação do Fórum de Governança da Inter-

---

245. Bernstorff, 2004, pp. 274 s.; 2003, p. 517.
246. Bernstorff, 2004, pp. 276 s.; 2003, p. 519.

net. Assim conclui Bernstorff um dos seus ensaios críticos sobre a ICANN, em defesa do direito internacional público:

> A criação de estruturas globais fragmentadas de governança, tal como a emergente no campo da regulação global da internet, é uma tentativa de evitar a estrutura formalizada para a tomada de decisões políticas com base no direito internacional. O que estamos, a esse respeito, deixando para trás é o ideal alegadamente desacreditado de uma global *rule of law*, na qual a igualdade procedimental entre o mais fraco e o mais rico contribua para canalizar e arbitrar demandas substantivas. Dadas as limitações estruturais dos arranjos da governança em rede, podemos eventualmente descobrir que nós desistimos demasiadamente cedo.[247]

Embora sejam corretas as observações de Bernstorff a respeito dos limites da norma da igualdade e da *rule of law*, no âmbito da ICANN, cabe advertir que o direito internacional, em vários dos seus campos, tem sofrido as mesmas críticas, na medida em que tem privilegiado as potências internacionais em detrimento dos Estados mais fracos na constelação internacional. Para o presente trabalho, o mais relevante, no caso da ICANN, é a verificação de que, embora entidade privada no âmbito da ordem jurídica americana, ela desgarra-se de sua origem para se tornar a mais importante instituição de regulação jurídica transnacional da internet, constituindo o centro da ordem da *lex digitalis*, o que conduz a envolvimentos transconstitucionais com as ordens jurídicas estatais. A baixa legitimidade da ICANN exige antes transformação no modelo da *lex digitalis*, envolvendo uma pluralidade de atores públicos e privados capaz de controle transparente do desenvolvimento do direito da internet, conforme um modelo de "divisão de poderes", com

---

247. Bernstorff, 2004, p. 281. E conclui o outro artigo de forma mais peremptória e incisiva: "Considerando as dinâmicas de hegemonia nas redes de governança global, podemos eventualmente concluir que nossos impulsos emancipatórios têm sido usados para legitimar uma sofisticada estratégia de exploração econômica" (2003, p. 526).

freios e contrapesos. Mas isso parece que não eliminará o caráter de transnacionalidade da *lex digitalis*, antes aponta para o seu envolvimento mais amplo e intensivo com a internet em um sistema mundial de "níveis" múltiplos, do que resultarão entrelaçamentos transconstitucionais ainda mais complexos.

Muitas outras ordens jurídicas transnacionais em relação transconstitucional com as ordens jurídicas estatais poderiam ser mencionadas e analisadas, inclusive no vasto âmbito das organizações não governamentais (ONGs) transnacionais[248]. A lista é inumerável. Brevemente, gostaria de fazer referência a duas delas. Em primeiro lugar, cabe fazer referência ao Comitê de Basileia de Supervisão de Operações Bancárias. Embora tenha sido criado em 1974 por presidentes de bancos centrais dos países do G10, sendo composto atualmente por representantes de bancos centrais de treze países desenvolvidos[249], o Comitê de Basileia tem uma estrutura mista de atores públicos e privados, não estando vinculado a tratados ou convenções internacionais. Ele estabelece normas sobre operações bancárias que são incorporadas diretamente pelos bancos centrais dos Estados, com força vinculante para os respectivos bancos privados (e seus clientes), sem que haja nenhuma ratificação formal[250]. Essa condição transnacional do Comitê de Basileia constitui um foco para entrelaçamentos transconstitucionais, pois suas regulações atingem a liberdade de negócios e o direito de propriedade, garantidos, em regra, no âmbito do constitucionalismo estatal. Constitui, assim, uma ordem jurídica transnacional que responde a exigências autorregulatórias do centro do sistema econômico mundial. O seu impacto sobre os direitos fundamentais dos cidadãos ainda merece ser estudado com mais cuidado, especialmente porque lhe falta o amparo mínimo em uma esfera pública abrangente, cons-

---

248. Cf. Berman, P., 2005, pp. 546 ss.
249. Cf. Slaughter, 2004, pp. 42 s.; Möllers, 2005b, p. 257. Informações sobre o Comitê de Basileia em: http://www.bis.org/bcbs/ (último acesso em 25/12/2008).
250. Cf. Möllers, 2005b, pp. 257 s., dando ênfase ao caso alemão.

tituindo, antes, uma organização caracterizada por um alto grau de opacidade[251].

Um caso muito diferente provém de uma esfera social bem distinta, a saber, as políticas estatais recentes, especialmente a norte-americana, de combate ao "terrorismo". Aqui se destaca o caso da organização transnacional Al-Qaeda, construída e desenvolvida em uma complexa rede de comunicações. Essa rede não tem sido tratada pelos Estados Unidos como uma simples organização criminosa, mas sim como um inimigo análogo a um Estado soberano. Nesse sentido, sustenta Paul Berman:

> Em contraste com o crescimento da sociedade civil global, o desenvolvimento de redes terroristas como a Al-Qaeda é um exemplo mais escuro de redes não governamentais. (As redes em torno do tráfego humano e o comércio global de narcóticos são outros exemplos.) Essas organizações podem mobilizar pessoal e investir dinheiro por toda parte do mundo. De fato, é significativo que os Estados Unidos têm-se disposto a tratar a Al-Qaeda quase como se ela fosse um Estado soberano a ser combatido em uma "guerra"[252].

Essa situação enseja relações transconstitucionais entre a ordem jurídica norte-americana e a ordem transnacional da Al-Qaeda, esta com pretensão autorregulatória, embora se trate do lado negativo do transconstitucionalismo. A disseminação do chamado "direito penal do inimigo"[253] relaciona-se exatamente com a noção de que essa

---

251. Möllers (2005b, p. 257) afirma: "Para o Comitê de Basileia não há nenhum fundamento jurídico. Sua fundação foi dada ao conhecimento do público por um comunicado à imprensa no fim de 1974."

252. Berman, P., 2005, p. 506.

253. A ideia de "direito penal do inimigo" foi disseminada a partir da obra de Jakobs (2008). Este autor relacionou equivocadamente a sua noção normativa de "inimigo" (sem as garantias penais do cidadão) ao conceito luhmanniano de exclusão (lado negativo da diferença "inclusão/exclusão") (Jakobs, 2008, pp. 72 s.), que, antes, se refere a um problema empírico da sociedade mundial do presente, cuja expansão põe em perigo a própria diferenciação funcional (cf. Luhmann, 1993a, pp. 582 ss.; 1995a, pp. 146 ss.; 1995b [trad. esp.

ordem "deslocalizada" é análoga a um Estado inimigo em guerra. Nesse caso, não só se supera a política em nome da "guerra", mas suspende-se internamente o constitucionalismo e a *rule of law* em nome da guerra "ao inimigo combatente"[254]. Esse lado reverso do transconstitucionalismo, que tem implicações com a assimetria entre formas jurídicas na sociedade mundial (de que tratarei no Cap. V.1), possibilita, porém, a emergência de problemas fundamentais referentes aos direitos fundamentais e aos limites do poder estatal no combate às organizações "terroristas". O caso da prisão de Guantánamo, por exemplo, provocou não apenas um amplo debate no plano global, mas teve de ser enfrentado pela Suprema Corte dos Estados Unidos, que, por fim, decidiu pelo acesso ao judiciário norte-americano (à garantia do *habeas corpus*) dos que se encontravam detidos naquela prisão, sob suspeita de terem participado ou contribuído para as atividades terroristas da Al-Qaeda, contrariando, embora de maneira reticente, a pretensão do Executivo americano (então sob a direção de George W. Bush) no sentido de manter os prisioneiros sem proteção jurídica[255]. Isso é indício de

---

1998]; 1997, t. 1, pp. 169 s.; t. 2, pp. 618-34 [trad. esp. 2007, pp. 127 s. e 490-502]; 2000a, pp. 427 s.; 2000b, pp. 233 ss., 242 s. e 301 ss.). Não tem nada a ver com o "terrorismo" organizado, que, a rigor, no sentido da teoria dos sistemas, pertence, em grande parte, ao setor de inclusão da sociedade hodierna.

254. Expressão usada pelo governo americano, especialmente pelo Departamento de Defesa, que, após a decisão do caso *Hamdi et al. v. Rumsfeld* (542 U.S. 507 [2004]), "estabeleceu o *Combatant Status Review Tribunals* (CSRTs) para determinar se os indivíduos detidos na Estação Naval dos Estados Unidos na Baía de Guantánamo, Cuba, eram 'combatentes inimigos'" (Suprema Corte dos Estados Unidos, *Boumediene et al. v. Bush*, n.º 06-1195). A expressão tem sido usada pela própria Suprema Corte americana (ver referências da próxima nota).

255. Destacaram-se os julgamentos dos seguintes casos: *Rasul et al. v. Bush et al.*, 542 U.S. 466 (2004); *Hamdi et al. v. Rumsfeld et al.*, 542 U.S. 507 (2004); *Hamdan v. Rumsfeld et al.*, 548 U.S. 557 (2006); e, por fim, *Boumediene et al. v. Bush et al.*, n.º 06-1195, julg. 12/07/2008. Cf. Golove, 2005; Frank, 2007; Fiss, 2007. Em 22 de janeiro de 2009, o Presidente Barak Obama assinou ordem de fechamento da prisão de Guantánamo no prazo máximo de um ano, dando início ao processo de desmonte da política de segurança do governo de George W. Bush (cf. http://www.nytimes.com/2009/01/23/us/politics/23obama.html?_r=1&scp=1&sq=Obama%20Guant%C3%A1namo&st=cse). Não obstante, em 20

que o transconstitucionalismo pode emergir também positivamente, ainda nos casos de negação das pretensões constitucionais de ambos os lados do entrelaçamento entre ordem jurídica estatal e ordem transnacional "quase-jurídica" ou "antijurídica", como se tende a caracterizar a Al-Qaeda.

Por fim, cabe observar que os entrelaçamentos transconstitucionais entre ordens transnacionais e ordens estatais dificilmente se apresentam de forma isolada. Em virtude da diversidade de tipos de ordens transnacionais e, em muitos casos, do seu caráter informal, o envolvimento delas com problemas transconstitucionais ocorre, em regra, simultaneamente com uma pluralidade de ordens de tipos diferentes: estatais, internacionais, supranacionais e locais. Também por perpassarem diversas espécies de ordem jurídica, as ordens transnacionais no sentido estrito estão intrinsecamente envolvidas de forma mais direta com o transconstitucionalismo em um sistema mundial de "níveis" múltiplos entrelaçados.

6. Transconstitucionalismo entre ordens jurídicas estatais e ordens locais extraestatais

Um outro lado do transconstitucionalismo aponta para a relação problemática entre as ordens jurídicas estatais e as ordens extraestatais de coletividades nativas, cujos pressupostos antropológico-culturais não se compatibilizam com o modelo de constitucionalismo do Estado. Evidentemente, nesse caso, trata-se de ordens arcaicas que não dispõem de princípios ou regras secundárias de organização e, por conseguinte, não se enquadram no modelo reflexivo do constitucionalismo. A rigor, elas não admitem problemas jurídico-constitucionais de direitos humanos e de limitação jurídica do poder. Ordens normativas dessa espécie – como já sublinhado acima (cf. *supra* p. 130) – exigem, quando entram em

---

de maio de 2009, o Senado americano negou os fundos solicitados pelo Presidente Obama para o fechamento da prisão (cf. http://www.nytimes.com/2009/05/21/us/politics/21detain.html). Ver *infra* p. 281.

colisão com as instituições da ordem jurídica constitucional de um Estado, um "transconstitucionalismo unilateral" de tolerância e, em certa medida, de aprendizado. Essa forma de transconstitucionalismo impõe-se, porque – embora as referidas ordens jurídicas, em muitas de suas normas e práticas, afastem-se sensivelmente do modelo de direitos humanos e de limitação jurídica do poder nos termos do sistema jurídico da sociedade mundial – a simples outorga unilateral de "direitos humanos" aos seus membros é contrária ao transconstitucionalismo. Medidas nessa direção tendem a ter consequências destrutivas sobre mentes e corpos, sendo contrárias ao próprio conceito de direitos humanos (cf. *infra* p. 254). Nesse contexto, há um paradoxo do transconstitucionalismo, pois ele se envolve em conversações constitucionais com ordens normativas que estão à margem do próprio constitucionalismo. Mas essa situação é resultante da necessidade intrínseca ao transconstitucionalismo de não excluir o desenvolvimento de institutos alternativos que possibilitem um diálogo construtivo com essas ordens dos antropológico-culturalmente "diferentes", baseadas milenarmente no território do respectivo Estado. Nesse contexto, embora limitado, o transconstitucionalismo não perde o seu significado para o desenvolvimento da dimensão normativa da sociedade mundial do presente.

A experiência latino-americana é rica de problemas jurídico-constitucionais decorrentes do entrelaçamento entre ordens normativas nativas e ordens constitucionais dos Estados, especialmente no que concerne aos direitos fundamentais. Em muitos casos, procura-se enfrentar o problema com o modelo de integração constitucional da pluralidade resultante das particularidades normativas das comunidades indígenas. Nessa perspectiva, destacam-se sobretudo as constituições da Colômbia e Bolívia[256], nas quais

---

256. A respeito da relação entre o Estado e o regime jurídico das comunidades indígenas nesses países, ver, respectivamente, Botero, 2005; Rivero, 2005 (tratando mais amplamente da "interculturalização" no contexto do processo

se encontram critérios de articulação entre o direito estatal e as ordens normativas das comunidades indígenas. Nesse sentido, a pretensão mais acentuada de integração constitucional dessas comunidades encontra-se na recente Constituição boliviana, que estabeleceu o Estado como "plurinacional comunitário" (art. 1º), incluindo as comunidades indígenas como unidades políticas com poder e direito de autonomia e autogoverno, assim como à participação na "formação" da vontade estatal (arts. 2º, 30-32, 146, 147, 269, inciso I, e 289-296). Mas também a Constituição peruana, além de determinar que as comunidades nativas "têm existência legal e são pessoas jurídicas", assim como que elas "são autônomas em sua organização" (art. 89), estabelece uma jurisdição própria dessa comunidade, baseada nos respectivos direitos consuetudinários, sob a reserva, porém, de que o exercício da correspondente jurisdição não leve à violação dos direitos fundamentais da pessoa (art. 149). Embora de forma mais restrita, também a Constituição brasileira, no Capítulo VIII do Título VIII (arts. 231 e 232), traz elementos dessa pretensão de integração das comunidades indígenas no âmbito do constitucionalismo estatal. Mas o modelo brasileiro de integração constitucional dos indígenas dirige-se basicamente ao reconhecimento e proteção dos "direitos originários sobre as terras", determinando a competência da União para demarcá-las. Não estabelece um regime de autonomia institucional, com determinação de jurisdições ou unidades organizacionais próprias. Nesse sentido, observa Rita Laura Segato:

> No entanto, na medida em que esses territórios não se comportam como verdadeiras jurisdições, a devolução de terras não foi acompanhada por um processo equivalente de reflexão e reconstrução das instâncias próprias de resolução de conflitos, graus crescentes de autonomia institucional no

---

constituinte boliviano). Sobre a situação problemática na Guatemala, ver Sieder, 2007, comparando-a com "o caso (talvez excepcional) da Colômbia" (pp. 236 ss.). Para um panorama geral sobre os direitos indígenas na América Latina, ver Carbonell, 2004; Iturralde G., 2005; Grote, 1999.

exercício da justiça própria e recuperação paulatina da prática processual. A figura da tutela, vigente até hoje no Estatuto do Índio, apesar de parcialmente revogada pelo novo texto constitucional, contribui para reduzir cada pessoa indígena, em sua individualidade, ao regime ambivalente de subordinação/proteção por parte do Estado Nacional.[257]

Essa postura limitada de integração e de afirmação da autonomia institucional das comunidades no modelo constitucional brasileiro fortifica a probabilidade de colisões entre a ordem jurídica estatal brasileira e as ordens normativas das comunidades indígenas[258]. Mas a possibilidade da emergência dessas colisões, por força de entrelaçamentos de perspectivas diversas de tratamento de problemas cruciais de direito constitucional, também está presente naqueles países em que a pretensão de integração constitucional da autonomia institucional das comunidades indígenas foi mais acentuada e se implantou de maneira mais ampla na prática jurídico-constitucional.

Em alguns casos, trata-se de direitos constitucionalmente garantidos dos menores no plano da liberdade sexual, bem jurídico protegido mediante a tipificação de crime de estupro presumido por manutenção de relações sexuais com menores de quatorze anos. Como é muito comum e considerado moral e juridicamente lícito, dentro das comunidades indígenas latino-americanas, que adultos mantenham relações sexuais com menores de quatorze anos, essa situação dá ensejo a colisões entre ordens normativas com implicações constitucionais. A jurisprudência peruana tem aplicado o conceito de "erro de compreensão culturalmen-

---

257. Segato, 2009, p. 3. As páginas citadas correspondem ao formato do arquivo original que me foi oferecido gentilmente pela autora, pois o texto ainda não foi publicado com paginação. Já há uma versão na internet (também indicada na bibliografia), mas sem paginação.

258. O processo em torno dos direitos dos indígenas ou de empresas privadas sobre áreas da Reserva Indígena Raposa Serra do Sol (Petição 3.388/RR, julg. 19/03/2009, TP, DJ 31/03/2009), apesar da decisão favorável às comunidades nativas, é uma expressão da persistência dessas colisões.

te condicionado", nos termos do art. 15 do Código Penal do Peru, para resolver, nos casos concretos, esse conflito de duas perspectivas em torno de direitos fundamentais, uma orientada na proteção da liberdade sexual da criança, a outra na autonomia cultural do indígena. O mencionado dispositivo penal prescreve: "Quem, por sua cultura ou costume, comete um fato punível, sem poder compreender o caráter delituoso do seu ato ou determinar-se de acordo com essa compreensão, será eximido de responsabilidade. Quando, por igual razão, dita possibilidade se encontra diminuída, a pena será atenuada." Esse dispositivo tem sido combinado, nas decisões referentes à violação sexual de menores no seio das comunidades indígenas, ao art. 2.º, inciso 19, da Constituição peruana, que estabelece o direito de toda pessoa à "identidade étnica e cultural"[259]. Seja nos casos em que o "erro de compreensão culturalmente condicionado" é fundamento para atenuar a pena (possibilidade limitada de compreensão) ou nos processos em que esse erro serve de base à exclusão de punibilidade do membro da comunidade indígena, trata-se – cabe insistir – de uma forma de conciliar, com base em interpretações de textos legais e constitucionais, duas perspectivas dos direitos fundamentais, uma vinculada à identidade cultural, outra associada à liberdade sexual e à proteção da infância e da juventude. Sem dúvida, essa solução não exclui inteiramente a emergência de insatisfação de ambos os lados, especialmente quando se trata da violação sexual (estupro presumido) de menor de quatorze anos que não é membro de comunidade indígena. Nesse caso, uma solução absoluta para um dos lados pode levar a conflitos graves entre a comunidade nativa e os indivíduos não nativos que vivem em sua proximidade. Isso exige postura judicial de cuidadosa prudência entre ordens normativas diversas, que dependerá da análise concreta dos direitos fundamentais envolvidos.

---

259. Alguns casos são apresentados no sítio do *Alertanet en Derecho y Sociedad*: http://www.alertanet.org/F2b-Sentencias-pe.htm (último acesso em 19/11/2008).

Um outro exemplo interessante do entrelaçamento de problemas constitucionalmente relevantes, no âmbito da relação entre ordens jurídicas estatais e ordens normativas das comunidades indígenas da América Latina, ocorre no caso do regime matrimonial, constitucionalmente regulado. No Brasil, infere-se da Constituição o modelo monogâmico de sociedade conjugal (art. 226), sendo penalmente condenável a bigamia (art. 235 do Código Penal). As comunidades indígenas localizadas no território brasileiro caracterizam-se por adotarem relações institucionais poligínicas. Em princípio, isso não traria problemas maiores, equiparando-se a relações estáveis extraconjugais. A questão refere-se ao fato de que, sendo instituição admitida como legítima pelo direito indígena, a poliginia leva ao problema de direitos sociais, quando surge a questão do direito de mulheres indígenas, companheiras ou "cônjuges"de um mesmo homem, à pensão por morte do segurado, nos termos do art. 201, inciso V, da Constituição Federal. A respeito dessa hipótese, a justiça brasileira tem tomado soluções no sentido da concessão do valor de uma única pensão devida, determinando que seja partilhada entre as companheiras que requeiram a pensão, para que, assim, seja mantido o princípio da igualdade em relação aos demais segurados[260]. Nessa orientação, entretanto, a garantia de benefício não inferior ao salário mínimo, prevista no § 2º do art. 201 da Constituição, tem de sofrer uma restrição conforme essa solução transconstitucional. Não há dúvida de que se trata de uma situação precária em que se contorna uma colisão entre ordens normativas em princípio inconciliáveis, mas se trata de caminhos

---

260. Um exemplo típico é o caso da Ação Civil Pública nº 2004.31.00.700374-6, que tramitou no Juizado Federal da Seção Judiciária do Amapá, na qual se decidiu que Masaupe Waiãpi, Ana Waiãpi e Sororo Waiãpi, viúvas do indígena Parara Waiãpi, rateassem a pensão por morte e os saldos do FGTS. Os termos de acordo homologado nos autos do processo ressalvou a prerrogativa do Ministério Público Federal de promover, a qualquer tempo, ação própria para discutir o direito à integralidade dos aludidos benefícios em favor das esposas poligâmicas. Devo essas informações ao juiz federal Márcio Barbosa, que me forneceu gentilmente notas contidas em trabalho apresentado ao Curso de Mestrado do Instituto Brasiliense de Direito Público, em 2007.

na busca de diálogo constitucional, conforme um modelo de tolerância transconstitucional.

Um dos casos mais delicados apresentou-se recentemente na relação entre a ordem jurídica estatal brasileira e a ordem normativa dos índios Suruahá, habitantes do município de Tapauá, localizado no estado do Amazonas, que permaneceram isolados voluntariamente até os fins da década de 1970[261]. Conforme o direito consuetudinário dos Suruahá, é obrigatório o homicídio dos recém-nascidos quando tenham alguma deficiência física ou de saúde em geral. Em outra comunidade, a dos indígenas Yawanawá, localizada no estado do Acre, na fronteira entre Brasil e Peru, há uma ordem normativa consuetudinária que determina que se tire a vida de um dos gêmeos recém-nascidos. Nesse contexto, também tornou-se público o fato de que práticas desse tipo eram comuns entre os Yanomami e outras etnias indígenas. Essa situação levou a polêmicas, pois se tratava de um conflito praticamente insolúvel entre direito de autonomia cultural e direito à vida. O problema já tomara destaque na ocasião em que uma indígena Yawanawá, em oficina de direitos humanos da Fundação Nacional do Índio, em 2002, descreveu a obrigatoriedade, em sua comunidade, da prática de homicídio de um dos gêmeos, apresentando-se como vítima dessa prática jurídica costumeira[262]. Nesse contexto, a questão também foi apresentada como conflito entre direito de autonomia cultural e direito das mulheres[263]. Passou, porém, a ter ampla repercussão pública em relação ao direito da criança à vida – sobretudo mediante a destacada difusão nos meios de comunicação de massa de grande influência – com a divulgação do resgate, por um casal de missionários, de uma criança com uma grave disfunção hormonal congênita, que estava condenada à morte entre os Suruahá[264]. Sobretudo a

---

261. Segato, 2009, p. 8.
262. Segato, 2009, pp. 1 s.
263. Cf. Segato, 2003, especialmente p. 31, em que se faz referência também ao caso da incisão clitórica ou circuncisão feminina praticada em países da África, de repercussão mundial.
264. Cf. Segato, 2009, pp. 6 s.

repercussão pública do costume dos Suruahá levou à proposição por parte do deputado federal Henrique Afonso, representante do estado do Acre, do Projeto de Lei n.º 1.057, de 2007, destinado especificamente à criminalização dessa prática. A ementa desse projeto tem o seguinte teor: "Dispõe sobre o combate a práticas tradicionais nocivas e à proteção dos direitos fundamentais de crianças indígenas, bem como pertencentes a outras sociedades ditas não tradicionais."[265] Para fins de medidas específicas de combate a essas práticas, inclusive a criminalização daqueles que, em contato com a comunidade nativa, não procedessem à devida notificação às autoridades competentes, assim como das autoridades que não tomassem as providências cabíveis (arts. 3.º, 4.º e 5.º), o art. 2.º, incisos I a VIII, do Projeto, previa tipificação dos seguintes casos de "homicídio de recém-nascidos": "em casos de falta de um dos genitores"; "em casos de gestação múltipla"; "quando estes são portadores de doenças físicas e/ou mentais"; "quando há preferência de gênero"; "quando houver breve espaço de tempo entre uma gestação anterior e o nascimento em questão"; "em casos de exceder o número de filhos apropriado para o grupo"; "quando estes possuírem algum sinal ou marca de nascença que os diferencie dos demais"; "quando estes são considerados de má sorte para a família ou para o grupo". O Projeto também propunha tipificação dos "homicídios de criança, em caso de crença de que a criança desnutrida é fruto de maldição, ou por qualquer outra crença que leve ao óbito intencional por desnutrição" (art. 2.º, inciso IX). Essas hipóteses previstas no Projeto, além de outras referentes a abusos sexuais, maus-tratos e outras agressões físico-psíquicas de crianças e seus genitores por fundamentos culturais e tradicionais (art. 2.º, incisos X, XI e XII), correspondem a práticas verificadas nas comunidades indígenas localizadas no território do Estado brasileiro. Esse Projeto deu ensejo a uma audiência pública na Comissão de Direitos Humanos da Câmara

---

265. Disponível em: http://www2.camara.gov.br/proposicoes (acesso em 24/12/2008).

dos Deputados[266]. Embora não tenha logrado êxito, o contexto em que foi elaborado e a discussão que engendrou apontam para um caso singular de diálogo transconstitucional entre ordem jurídica estatal e ordens normativas locais das comunidades indígenas.

Os elaboradores e defensores do Projeto de Lei partiram primariamente da absolutização do direito fundamental individual à vida, nos termos da moral cristã ocidental. Secundariamente, também contribuiu para a proposição do Projeto o direito fundamental da mãe à maternidade. Essa postura unilateral pela imposição dos direitos individuais em detrimento da autonomia cultural das comunidades não pareceu adequada para os que se manifestaram em torno do problema em uma perspectiva antropológica mais abrangente. A simples criminalização das práticas indígenas, em nome da defesa do direito à vida, pode ser vista, outrossim, como um verdadeiro genocídio cultural, a destruição da própria comunidade, destruindo suas crenças mais profundas.

Com intensa participação no debate, inclusive na audiência pública realizada em 5 de setembro de 2007 na Câmara dos Deputados[267], as ponderações da antropóloga Rita Laura Segato contribuíram positivamente para o esclarecimento dessa colisão de ordens jurídicas, apontando para a necessidade de um diálogo entre ordens normativas, em termos que se enquadram em um modelo construtivo de transconstitucionalismo. No contexto do debate, Segato reconheceu que tinha diante de si "a tarefa ingrata de argumentar contra essa lei, mas, ao mesmo tempo, de fazer uma forte aposta na transformação do costume"[268]. No âmbito de sua argumentação, ela invocou pesquisa empírica sobre os Suruahá, na qual se verificou que, em um grupo de 143 membros da comunidade indígena, entre 2003 e 2005, hou-

---

266. Convocada pela Comissão de Direitos Humanos da Câmara dos Deputados em agosto de 2007 e realizada em 5 de setembro de 2007 (cf. Segato, 2009, pp. 1 e 15).
267. Cf. Segato, 2009, pp. 15 ss.
268. Segato, 2009, p. 2.

ve dezesseis nascimentos, vinte e três suicídios, dois homicídios de recém-nascidos (denominados pelos antropólogos "infanticídio", sem o sentido técnico-jurídico do tipo penal) e uma morte por doença. Ou seja, enquanto 7,6% das mortes ocorreram por "infanticídio", houve 57,6% mortes por suicídio entre os Suruahá. Essa situação aponta uma compreensão da vida bem distinta da concepção cristã ocidental. Entre essa comunidade indígena, a vida só tem sentido se não for marcada por excessivo sofrimento para o indivíduo e a comunidade, se for uma vida tranquila e amena. Assim se justificaria o homicídio de recém-nascido em determinados casos[269]. O significado atribuído à vida e à morte pelos Suruahá não seria menos digno do que o sentido que lhes atribui o cristianismo: "Também constatamos que se trata de uma visão complexa, sofisticada e de grande dignidade filosófica, que nada deve aos cristianismos."[270] O argumento é fortificado com a referência à prática Yanomami, na qual a mulher tem direito absoluto sobre a vida dos seus recém-nascidos. O parto ocorre em ambiente natural, fora do contexto da vida social, deixando a opção à mãe: "se não toca o bebê nem o levanta em seus braços, deixando-o na terra onde caiu, significa que este não foi acolhido no mundo da cultura e das relações sociais, e que não é, portanto, humano. Dessa forma, não se pode dizer que ocorreu, na perspectiva nativa, um homicídio, pois aquele que permaneceu na terra não é uma vida humana"[271]. Essa concepção bem diversa da vida humana importa realmente um delicado problema, que, também me parece, é incompatível com uma mera imposição de concepções externas sobre a vida e a morte, mediante aquilo que, em outro contexto, chamei paradoxalmente de "imperialismo dos direitos humanos"[272]. E isso é válido não apenas de um ponto de vista antropológi-

---

269. Segado, 2009, pp. 8 s.
270. Segato, 2009, p. 9.
271. Segato, 2009, p. 10.
272. Neves, 2005, pp. 23 e 27.

co-cultural ou antropológico-jurídico, mas também na perspectiva específica de um direito constitucional sensível ao transconstitucionalismo.

Impõe-se nesse contexto considerar a colisão entre duas perspectivas diversas dos direitos, procurando não "fazer injustiça" mediante a imposição de uma, a da ordem dos mais fortes, à outra, a da ordem dos mais fracos. De um lado está o direito à autonomia coletiva, do outro o direito à autonomia individual. Simplesmente submeter aquele, considerado expressão de uma forma ética de vida, a este, considerado expressão de uma moral universal que se apresenta como base dos direitos humanos[273], não parece a solução mais oportuna em um modelo de transconstitucionalismo. Ao contrário, nesse contexto de colisão radical entre a ordem jurídica estatal e as ordens normativas indígenas, tem-se de considerar e ponderar entre "o direito à vida do sujeito individual e o direito à vida do sujeito coletivo", como argui Segato[274]. No caso, a "ultracriminalização" das práticas do homicídio de recém-nascidos praticadas no interior das comunidades indígenas, proposta no Projeto de Lei n.º 1.057/2007, poderia ser "etnocida, ao eliminar valores culturais indispensáveis à vida biológica e cultural de um povo"[275]. Assim

---

273. Klaus Günther, embora sustente que "a aplicação adequada de normas jurídicas não pode, *sem fundamento*, ofender formas de vida" (grifo meu), mostra-se antes favorável a uma tal orientação, quando sustenta que "as colisões entre princípios de justiça e orientações da vida boa [*des guten Lebens*], no nível pós-convencional, só podem ser resolvidas universalistamente, portanto, em favor da justiça" (1988, p. 196). Cabe advertir, porém, que nos termos da teoria habermasiana da ação comunicativa e do discurso, segundo a qual Günther se orienta, haveria, no caso, a colisão entre uma moral pós-convencional e uma pré-convencional. Sobre os níveis do desenvolvimento da consciência moral na teoria da evolução social de Habermas, ver Neves, 2006a, pp. 25 ss.

274. Segato, 2009, p. 13. A respeito, afirmou Segato na referida audiência pública, referindo-se "ao significado da expressão 'direito à vida'" nesse contexto: "Essa expressão pode indicar dois tipos diferentes de direito à vida: o direito individual à vida, quer dizer, a proteção do sujeito individual de direitos, e o direito à vida dos sujeitos coletivos, isto é, o direito à proteção da vida dos povos em sua condição de povos" (Segato, 2009, p. 17).

275. Botero, 2006, p. 156, também citada por Segato, 2009, p. 12.

sendo, uma tal solução legal teria implicações de difícil compatibilização inclusive com a ordem constitucional do Estado brasileiro[276]. Parece ser necessária, nessas circunstâncias, a busca de outros caminhos.

A proposta que se afigura mais adequada ao transconstitucionalismo reside em garantir a "jurisdição ou foro étnico", para que cada comunidade indígena "resolva seus conflitos e elabore seu dissenso interno por um caminho próprio"[277]. Isso não implica simplesmente tolerância do mais poderoso, tampouco tolerância perante o intolerante[278], antes se trata de capacidade de admitir a autonomia do outro, isto é, da esfera de comunicação, do jogo de linguagem ou da forma de vida diferente do nativo, não submetida aos modelos do constitucionalismo estatal. Muito menos cabe falar de sociedades "decentes" e "indecentes", ou seja, dignas ou indignas do diálogo com as sociedades "liberais" do Estado democrático constitucional[279], como se não estivéssemos na mesma sociedade mundial, com colisões e conflitos entre domínios de comunicação e jogos de linguagem. Mas cabe ponderar que, não só de um ponto de vista antropológico, mas também na perspectiva do transconstitucionalismo, diante dos dissensos e conflitos no interior das comunidades indígenas, inclusive em torno da prática do homicídio de recém-nascidos, "o papel do Estado, na pessoa dos seus agentes, terá de ser o de estar disponível para supervisionar, mediar ou interceder com o fim único de garantir que o processo interno de deliberação possa ocorrer livremente, sem abuso por parte dos mais poderosos no interior da sociedade."[280] Assim, a esse respeito,

---

276. E especificamente em face do disposto no art. 231, *caput*, da Constituição Federal: "São reconhecidos aos índios sua organização social, costumes, línguas, crenças e tradições, e os direitos originários sobre as terras que tradicionalmente ocupam, competindo à União demarcá-las, proteger e fazer respeitar todos os seus bens."
277. Segato, 2009, pp. 19 e 21.
278. Rawls, 1990 [1972], pp. 216-21 [trad. bras. 2002, pp. 235-41].
279. Rawls, 1999, pp. 4 s. e 59 ss.
280. Segato, 2009, pp. 19 s. A respeito acrescenta Segato: "Tampouco se trata de solicitar a retirada do Estado, porque, como atestam as múltiplas de-

a postura transconstitucional apresenta-se na limitação jurídica do poder abusivo dentro da comunidade. Isso porque, caso haja manipulação das decisões comunitárias pelos mais poderosos, sem legitimidade na ordem normativa respectiva, desaparece a autonomia étnica de que se parte para o diálogo constitucional. Portanto, observa-se, dessa maneira, que nenhuma forma de apresentação de autonomia de esferas sociais, inclusive das construídas por comunidades nativas não diferenciadas funcionalmente, tem um caráter absoluto, sendo todas relativas no âmbito da sociedade mundial do presente.

Esse delicado problema não se restringe ao dilema entre relativismo ético (das culturas particulares) e universalismo moral (dos direitos dos homens), antes aponta para o convívio de ordens jurídicas que partem de experiências históricas diversas[281], exigindo especialmente por parte do Estado constitucional uma postura de moderação relativamente à sua pretensão de concretizar suas normas específicas, quando essas entrem em colisão com normas de comunidades nativas fundadas em bases culturais essencialmente diferentes. A discrição e o comedimento, nesse caso, parecem ser a via que pode levar a conversações construtivas que estimulem autotransformações internas das comunidades indígenas para uma relação menos conflituosa com a ordem estatal. A tentativa de buscar modelos internos de otimização, nos termos da teoria dos princípios, pode ser de-

---

mandas por políticas públicas colocadas perante o mesmo pelos povos indígenas a partir da Constituição de 1988, depois da intensa e perniciosa desordem instalada pelo contacto, o Estado já não pode, simplesmente, ausentar-se. Deve permanecer disponível para oferecer garantias e proteção quando convocado por membros das comunidades, sempre que essa intervenção ocorra em diálogo entre os representantes do Estado e os representantes da comunidade em questão. Seu papel, nesse caso, não poderá ser outro, a não ser o de promover e facilitar o diálogo entre os poderes da aldeia e seus membros mais frágeis" (2009, p. 20).

281. Cf. Segato, 2009, pp. 19-21; ver, de maneira mais abrangente, 2006. A respeito da relação intrínseca entre universalismo e diferença, ver Neves, 2001.

sastrosa nessas circunstâncias. Em relação ao "outro", à ordem diversa dos nativos, cabe antes uma postura transconstitucional de autocontenção dos direitos fundamentais cuja otimização possa levar à desintegração de formas de vida, com consequências destrutivas para os corpos e as mentes dos membros das respectivas comunidades.

As ordens normativas locais de comunidades nativas não entram em relações transconstitucionais apenas com as ordens estatais. Como se pode, por exemplo, verificar com base na Convenção n.º 169 da OIT, as ordens locais nativas estão envolvidas em entrelaçamentos transconstitucionais com diversos tipos de ordens normativas no sistema jurídico mundial de níveis múltiplos, tema que será tratado no próximo capítulo[282].

7. Transconstitucionalismo entre direito supranacional e direito internacional

Surgindo em virtude da abertura das constituições estatais para outras esferas do jurídico, o transconstitucionalismo também vem desenvolvendo-se entre o direito supranacional e o internacional. Nesse caso, embora a formação e o desenvolvimento estrutural das ordens jurídicas entrelaçadas em face de problemas jurídicos assentem-se em Estados como sujeitos primários, não se trata de ordens estatais. O transconstitucionalismo desenvolve-se, nesse nível, na medida em que competências constitucionais originariamente estatais passam a pertencer a órgãos ou entidades supraestatais e interestatais. Sobretudo na interface entre direitos humanos protegidos internacionalmente e direitos fundamentais garantidos supranacionalmente, surgem problemas jurídicos que levam ao entrelaçamento entre ordens e, portanto, exigem uma conversação constitucional. Nesse particular, destaca-se a relação entre o Tribunal Europeu de

---

282. Cf. *infra* pp. 265 s.

Direitos Humanos (TEDH) e a ordem normativa da União Europeia, inclusive o Tribunal de Justiça das Comunidades Europeias. Também cabe mencionar o entrelaçamento de problemas jurídicos entre a Organização Mundial do Comércio e a União Europeia. Alguns casos são significativos a respeito desses dois aspectos.

Embora a União Europeia não pertença formalmente ao sistema da Convenção Europeia de Direitos Humanos, que só permite o ingresso de Estados, a jurisprudência do TEDH tem afirmado a sua própria competência para controlar atos e normas comunitárias. No caso *Matthews v. the United Kingdom*, julgado em 18 de fevereiro de 1999, esse Tribunal enfrentou questão referente à exclusão dos eleitores de Gibraltar por normas reguladoras da eleição do Parlamento Europeu (Ato Concernente à Eleição dos Representantes do Parlamento Europeu por Sufrágio Universal Direto, de 20 de setembro de 1976)[283]. Nesse caso, esse ato normativo da União Europeia foi controlado à luz do art. 3º do Protocolo Adicional nº 1 à Convenção Europeia de Direitos Humanos (CEDH), o qual estabelece que os membros do sistema da Convenção estão obrigados a manter eleições livres e secretas para os corpos legislativos. O Tribunal interpretou o art. 3º do Protocolo Adicional nº 1 de maneira extensiva, determinando que seu âmbito de incidência não se restringe aos parlamentos nacionais, mas abrange também o Parlamento Europeu, que pertence ao processo legislativo do direito comunitário. Assim, a proibição de que a reclamante participasse do procedimento eleitoral teria violado o seu direito de participar de eleições livres e secretas para o órgão legislativo. Cabe observar, na análise desse caso, que o Ato Concernente à Eleição dos Representantes do Parlamento Europeu por Sufrágio Universal Direto não era propriamente um ato interno da União Europeia, tendo derivado de um tratado entre os seus Estados-membros (constituindo, portanto, um diploma normativo adicional ao tratado

---

283. Caso *Matthews v. the United Kingdom* (*Application* nº 24833/94).

de fundação da Comunidade). Com esse detalhe, salienta-se a tendência de uma ampliação da competência do TEDH no âmbito da proteção dos direitos humanos na Europa, abrindo-se também o "constitucionalismo" supranacional europeu para um diálogo com esferas jurídicas internacionais[284].

O Tribunal Europeu de Direitos Humanos tem desenvolvido uma relação transconstitucional intensa com o Tribunal de Justiça das Comunidades Europeias. Quando há casos no TJCE que são regulados paralelamente por normas da União Europeia, o TEDH os tem examinado, procurando conciliar as perspectivas e evitar conflitos: por um lado, em algumas ocasiões, o tribunal tem renunciado à sua própria linha de argumentação para seguir a orientação do TJCE; por outro, em certas oportunidades, o TEDH não tem seguido o precedente do TJCE[285]. Dessa maneira, trava-se um diálogo transconstitucional entre uma ordem internacional e uma ordem supranacional mediante as respectivas cortes de justiça, exatamente porque há uma disposição recíproca de aprendizado e intercâmbio, antes que uma predisposição a impor unilateralmente as posições já consolidadas em cada um dos tribunais. É verdade que o TEDH tem se apresentado antes como "doador" do que como "receptor" de ideias jurídicas, não se apresentando regularmente para uma participação ativa na conversação global entre tribunais supremos ou cortes constitucionais[286]. No entanto, a maior força de convencimento e de influência de certos participantes no âmbito do diálogo constitucional não implica

---

284. Na narrativa sintética desse caso, baseei-me na exposição de Walter, 1999, pp. 978 s.

285. Baudenbacher, 2003, p. 512, referindo-se, como exemplos, aos julgamentos dos seguintes casos: *Pellegrin v. Frane* (*Application* n.º 28541/95), julg. 8/12/1999; *Frydlender v. France* (*Application* n.º 30979/96), julg. 27/06/2000 (ambos seguindo a linha do TJCE); *Funke v. France* (*Application* n.º 10828/84), julg. 25/02/1993 (contra a orientação do TJCE).

286. Baudenbacher, 2003, p. 512, utilizando terminologia empregada por Slaughter, 2003, pp. 201 s., que ressalta: "O tribunal internacional citado mais frequentemente é o Tribunal Europeu de Direitos Humanos (TEDH)" (2004, p. 80).

necessariamente a negação ou a deformação do transconstitucionalismo entre ordens jurídicas. O mesmo poderia afirmar-se, e com muito mais razão, da Suprema Corte americana, antes "doadora" do que "receptora" de modelos jurídicos para a solução de problemas constitucionais. Só há quebra do diálogo constitucional quando não se trata simplesmente da influência destacada de um "doador de direito", mas sim da "imposição" de modelos constitucionais em detrimento do desenvolvimento adequado de outras ordens jurídicas.

Também é relevante a relação entre a União Europeia e a Organização Mundial do Comércio. Tendo em vista que também as próprias Comunidades Europeias, ao lado dos seus Estados-membros, ocupam uma cadeira na OMC, o entrelaçamento entre a ordem jurídico-econômica internacional baseada nessa Organização e a ordem supranacional da União Europeia tende a ser frequente e intenso. As grandes contendas no âmbito dos órgãos de solução de controvérsia da OMC têm ocorrido antes entre a União Europeia e os Estados Unidos do que entre França, Alemanha ou Inglaterra e os Estados Unidos[287]. Em muitos casos, trata-se de entrelaçamentos pluridimensionais entre OMC, União Europeia e Estados não pertencentes às Comunidades Europeias, especialmente os Estados Unidos, ou seja, de transconstitucionalismo no âmbito de um sistema jurídico mundial de níveis múltiplos (ver *infra* Cap. IV), como nos casos da regulação do mercado de bananas e da proibição, pela União Europeia, da importação de carne de animais que sofreram tratamento hormonal nos Estados Unidos[288]. Mas, inclusive nesses casos, ocorrem entrelaçamentos bilaterais quando se consideram as posições do TJCE perante as normas da OMC e a orientação dos órgãos de solução de controvérsias da OMC perante as diretivas da União Europeia. No que se refere ao acordo-quadro sobre o mercado de bananas, o TJCE decidiu, em 5 de outubro de

---

287. Uerpmann, 2001, p. 567.
288. Uerpmann, 2001, pp. 567 e 569.

1994, que os dispositivos desse acordo teriam violado um dos princípios básicos do direito comunitário, a saber, o princípio da não discriminação[289]. No caso da proibição da carne de animais tratados hormonalmente, o Órgão de Apelação da OMC afirmou a sua incompatibilidade com o Tratado instituidor dessa Organização. Só quando a União Europeia manteve a proibição, o caso passou a ser tratado no modelo de níveis múltiplos (cf. *infra* pp. 238 s.).

Na análise da relação entre a ordem jurídico-internacional da OMC e a e ordem jurídico-supranacional da União Europeia, pode observar-se, portanto, que o TJCE tem-se orientado, de maneira indireta, no sentido de não reconhecer efeitos jurídicos imediatos às disposições normativas da OMC. Em decisão de 23 de novembro de 1999, com referência à decisão sobre a regulação do mercado de bananas e invocando o fim de manter um espaço de negociação para a política comercial, o TJCE respondeu negativamente à questão de se um Estado-membro poderia, no procedimento de controle normativo previsto no art. 230, n.º 1, do Tratado de Fundação da União Europeia, exigir a fiscalização do direito comunitário secundário conforme os critérios do direito da OMC[290]. Com base nessa decisão, Nettesheim afirma que, quanto à pretensão de um indivíduo de recorrer ao direito da OMC, deve-se partir do pressuposto de que o TJCE não se afastará de sua jurisprudência referente à ordem jurídica decorrente do Acordo Geral de Tarifas e Comércio – GATT, de 1947, à qual não atribuiu efeito imediato[291]. Relacionada essa orientação do TJCE com o envolvimento de Estados diversos no plano das duas ordens, o transconstitucionalismo entre ordem jurídica supranacional da União Europeia e ordem jurídica internacional da OMC torna-se sobremaneira problemático e desenvolve-se na direção de um trans-

---

289. TJCE, C-280/93, julg. 05/10/1994, *Alemanha v. Conselho*. Cf. Nettesheim, 2001, p. 397.

290. TJCE, C-149/96, julg. 23/11/1999, *Portugal v. Conselho*. Cf. Nettesheim, 2001, pp. 397 s.

291. Nettesheim, 2001, p. 398.

constitucionalismo plurilateral em "níveis" múltiplos, do qual trataremos no capítulo IV.

Complementarmente, cabe observar que, na relação entre o Tribunal da Associação Europeia de Livre Comércio (EFTA), internacional, e o Tribunal de Justiça das Comunidades Europeias, supranacional, também se desenvolve um transconstitucionalismo entre ordens jurídicas. Nesse caso, porém, ao contrário da situação conflituosa entre União Europeia e OMC, configura-se uma situação de maior harmonia. Mas isso decorre antes de uma disposição mais aberta do Tribunal da EFTA para com a jurisprudência do TJCE, praticamente inexistindo uma reciprocidade por parte dessa Corte. É muito raro um julgamento do Tribunal da EFTA em que não sejam citadas decisões do TJCE. E, além do mais, como aquele Tribunal opera sem advogados gerais, ele passou a citar os pareceres dos Advogados Gerais do TJCE[292]. Dessa maneira, entre União Europeia e EFTA, tem-se construído um modelo de conversação no qual o "doador" de ideias é praticamente a entidade supranacional por meio de sua Corte de Justiça, enquanto a EFTA apresenta-se praticamente apenas como "receptor".

Por fim, cabe observar que a União Europeia, como praticamente a única experiência abrangente de supranacionalismo em sentido estrito, tem sido um foco de transconstitucionalismo em diversas direções. O fato de que ela vincula os Estados mediante os tratados, mas além disso obriga diretamente os cidadãos e os respectivos órgãos estatais mediante o direito secundário da Comunidade, torna-a mais versátil e sensível para entrelaçamentos transconstitucionais em diversas direções. Por isso, ela tem sido a instância mais importante para a ascensão e o desenvolvimento de um transconstitucionalismo multilateral, atuando como correio de transmissão fundamental em um sistema jurídico mundial de níveis múltiplos e servindo de exemplo para experiências em outras partes do mundo.

---

292. Baundenbacher, 2003, p. 512, com referências a diversos casos.

Capítulo IV
O transconstitucionalismo em um sistema jurídico mundial de níveis múltiplos

1. Transconstitucionalismo multiangular entre ordens da mesma espécie e ordens de tipos diversos

O transconstitucionalismo entre duas ordens jurídicas, seja do mesmo tipo ou de espécies diversas, pode ocorrer não só nas cinco formas apresentadas no capítulo anterior. Além dessas, é possível vislumbrar o entrelaçamento de problemas constitucionais entre ordens internacionais, entre ordens transnacionais, entre uma desse tipo e outra daquela espécie, entre ordem internacional e local, entre ordem transnacional e local, entre ordens transnacionais e ordens supranacionais, entre ordens locais, entre ordem supranacional e local e, em perspectiva, entre ordens supranacionais em sentido estrito. Mas, em regra, o transconstitucionalismo tende ao envolvimento de mais de duas ordens jurídicas, sejam elas da mesma espécie ou de tipos diversos. Essas situações complexas apontam para um sistema jurídico mundial de níveis múltiplos, no qual ocorre um transconstitucionalismo pluridimensional, que resulta da relevância simultânea de um mesmo problema jurídico-constitucional para uma diversidade de ordens jurídicas[1].

Por me referir a um "sistema mundial de níveis múltiplos", expressão que se tornou um lugar comum e que tem

---

1. Nesse sentido, a situação é mais complexa do que a apresentada no modelo de "glocalização do direito" (Randeria, 2003; cf. Robertson, 1995).

sua origem na concepção de "política de níveis múltiplos"[2], cumpre-me fazer alguns esclarecimentos prévios a respeito do uso do termo "níveis", para que se evite qualquer suspeita de que sustento um modelo hierárquico-piramidal para as ordens jurídicas da sociedade mundial. Tampouco pretendo afirmar, quando uso essa expressão, uma divisão de trabalho entre essas ordens, pois isso implicaria um plano de supraordenação, o que tornaria desnecessária uma discussão sobre os delicados problemas do transconstitucionalismo. Muito menos, trata-se de vincular a noção de um sistema de níveis múltiplos ao conceito inflacionário de relação entre uma pluralidade de Constituições (acabadas). Mas parece ser nesse sentido de hierarquia e divisão de trabalho que se tem utilizado predominantemente a expressão "sistema de níveis múltiplos", especialmente quando se trata de questões constitucionais. Nesse sentido, destaca-se, por exemplo, a seguinte assertiva de Pernice: "O resultado é uma *conexão escalonada de constituições complementares*, um sistema de níveis múltiplos de poder público, com os respectivos âmbitos materiais limitados de competência para o cumprimento, conforme a divisão do trabalho, das correspondentes tarefas públicas confiadas."[3] E, como se observa desse trecho, a ênfase tem sido no "público" e no político ("poder"), não propriamente na relação entre ordens jurídicas no entrelaçamento do público e do privado.

Ao recorrer-se à expressão "sistema jurídico mundial de níveis múltiplos", busca-se aqui ressaltar uma pluralidade de ordens cujos tipos estruturais, formas de diferenciação, modelos de autocompreensão e modos de concretização são fortemente diversos e peculiares, uma multiplicidade da qual

---

2. Em relação especificamente à Europa, cf. Scharpf, 1994; 2002. Nesse contexto, fala-se também de "governança global de camadas múltiplas" ["*multilayered global governance*"] (Held e McGrew, 2002, especialmente p. 9). Para a recepção no âmbito jurídico, ver, entre muitos, Pernice, 1999; 2002; Joerges e Petersmann (orgs.), 2006; Petersmann, 2008; Joerges, 2003. Com relação aos conflitos interjudiciais, ver Sauer, 2008.

3. Pernice, 2006, pp. 511 s.

resultam entrelaçamentos nos quais nenhuma das ordens pode apresentar-se legitimamente como detentora da *ultima ratio* discursiva. Isso nos põe perante um sistema multicêntrico, no qual, embora haja hierarquia no interior das ordens, prevalecem entre elas as relações heterárquicas. O nexo circular entre as ordens admite apenas a noção de uma "hierarquia entrelaçada", que é incompatível com uma "conexão escalonada" entre elas[4]. Nesse contexto, ocorre o entrelaçamento entre diversas ordens jurídicas, cada uma delas com pretensão de autofundamentação realizada em grau maior ou menor, confrontadas com problemas jurídico-constitucionais que lhes são igualmente relevantes. Assim, questões de direitos fundamentais ou da limitação e do controle do poder, como também da participação juridicamente regulada em procedimentos políticos, que constituem problemas centrais do constitucionalismo em sentido moderno, reaparecem enredadas em uma malha de pretensões de resolução de caso que partem de ordens diversas. Nessas circunstâncias, um caminho equivocado seria negar a abertura cognitiva das respectivas ordens para os sistemas sociais com o qual se encontram confrontadas, o que impediria o surgimento da transversalidade constitucional. Mas o que é especificamente preocupante, no plano da conexão de ordens jurídicas, é o risco, sempre presente, de um fechamento normativo de uma ordem perante a outra, em detrimento da solução adequada dos problemas constitucionais comuns. Nesse caso, tende-se a uma fragmentação destrutiva ou impeditiva da construção das "pontes de transição" entre ordens jurídicas diversas.

O transconstitucionalismo, no sistema jurídico mundial de níveis múltiplos, apresenta-se como o modelo fundamental de viabilização de um tratamento satisfatório desse risco. Nesse contexto, não apenas emergem problemas cons-

---

4. Nesse sentido, o termo "nível" também é usado por Hofstadter, especialmente quando ele trata de "hierarquias entrelaçadas" [*"tangled hierarchies"*]. Cf. 1979, pp. 684 ss. [trad. bras. 2001, pp. 751 ss.].

titucionais para uma pluralidade de ordens, mas também há "o desenvolvimento de elementos constitucionais em diferentes níveis"[5]. Em alguns casos, uma das ordens envolvidas pode não dispor positivamente dos elementos constitucionais. Não obstante, ao confrontar-se com os problemas constitucionais no contexto de uma sociedade mundial complexa e ao deparar com pretensões de outras ordens jurídicas, a ordem avessa inicialmente ao constitucionalismo tende a desenvolver, em seu discurso, elementos constitucionais para concorrer à solução do caso. Um mero desprezo à colisão tende a ter efeitos negativos em todas as direções, inclusive para a própria ordem que pretende desconhecer o respectivo entrelaçamento transconstitucional dos problemas comuns. Dessa maneira, o transconstitucionalismo apresenta-se como uma exigência funcional e uma pretensão normativa em um sistema mundial de níveis múltiplos.

Assim sendo, entrelaçamentos transconstitucionais podem apresentar-se, simultaneamente, entre ordens estatais, supranacionais, internacionais, transnacionais e locais, sempre que um problema jurídico constitucional seja-lhes relevante em um determinado caso. Em regra, todos os tipos de ordem não estão envolvidos concomitantemente em face de um mesmo problema constitucional, mas é usual que mais de duas ordens jurídicas, de tipos diversos ou não, entrem em conexão transconstitucional perante casos jurídicos que lhes são simultaneamente relevantes. A seguir, apresentarei alguns exemplos desses entrelaçamentos multiangulares entre ordens jurídicas.

Uma das manifestações evidentes de entrelaçamento de ordens jurídicas diversas em face de problemas jurídicos com implicações constitucionais, que já foi mencionado de maneira pontual anteriormente (cf. *supra* pp. 232 s.), diz respeito à proibição, pela União Europeia, da importação de carnes provenientes de animais que sofreram tratamento

---

5. Walter, 2000, p. 8, que também se refere ao "surgimento de uma rede de elementos constitucionais" (p. 7).

hormonal, produtos originários dos Estados Unidos. A validade dessa vedação determinada com base em normas *supranacionais* de proteção do direito fundamental à saúde foi arguida pelos Estados Unidos, unidade *estatal*, perante a Organização Mundial de Comércio, entidade de direito econômico *internacional*, com base no argumento de que seria contrária à liberdade comercial. O Órgão de Apelação da OMC decidiu, no informe distribuído em 16 de janeiro de 1998, que a proibição de importação de carne de animais tratados hormonalmente seria incompatível com as normas convencionais da OMC[6]. A Comunidade Europeia insistiu, porém, na manutenção da proibição. Em virtude dessa situação, quinze meses depois, os Estados Unidos apresentaram, em 17 de maio de 1999, perante Órgão de Solução de Controvérsias (OSC) da OMC pedido de sanção da União Europeia no valor de 220 milhões de dólares anuais[7]. A União Europeia requereu, então, em 2 de junho de 1999, a instauração de um procedimento arbitral[8]. Em laudo distribuído em 12 de julho de 1999, os árbitros decidiram parcialmente a favor dos Estados Unidos, estabelecendo sanções no valor de 116,8 milhões de dólares[9]. Dessa forma, não se eliminou a possibilidade de "guerras comerciais", mas "elas são reguladas juridicamente de maneira ampla"[10]. Observa-se, nesse caso, a impossibilidade de definir, de antemão, um centro último de decisão da controvérsia, muito menos a afirmação simplista de modelos de otimização. A suposta proteção ao direito à saúde foi relegada em nome da liberdade do comércio internacional. Uma afirmação da irracionalidade da decisão poderia ser apontada a partir de um modelo orientado de forma mais radical no direito à saúde. Mas essa simples afirmação não é suficiente. Fundamental é o envolvimento na rede argumentativa multiangular entre ordens

---

6. WT/DS/26/AB/R, WT/DS48/AB/R.
7. WT/DS26/ARB, § 1.
8. *Ibidem*.
9. *Ibidem*, §§ 83 e 84.
10. Uerpmann, 2001, p. 569.

jurídicas, na qual o risco e a incerteza da desilusão são inerentes à complexidade do sistema mundial de níveis múltiplos.

Um caso no âmbito europeu, com grande repercussão pública no plano global, levou à discussão em torno do direito constitucional francês, da Convenção Europeia de Direito Humanos e da Carta de Direitos Fundamentais da União Europeia, parte do então não vigente "Tratado que Estabelece uma Constituição para a Europa". Embora esse Tratado constitucional tenha sido rejeitado em referendo realizado na França em 29 de maio de 2005 e, por fim, não tenha entrado em vigor, a sua compatibilidade com a Constituição francesa foi submetida ao Conselho Constitucional da França, levando à já citada Decisão n.º 2004-505 DC, de 19 de novembro de 2004 (cf. *supra* p. 142). Em uma parte da decisão (itens 14 a 22), em que analisou preventivamente o projeto da Carta de Direitos Fundamentais da União Europeia, o Conselho Constitucional considerou o princípio da laicidade da República Francesa com base no art. 9.º da Convenção Europeia de Direitos Humanos, invocando o julgamento da Ação [*Application/Requête*] n.º 44774/98 (caso *Leyla Sahin v. Turquia*), de 29 junho de 2004, do Tribunal Europeu de Direitos Humanos. Dessa maneira, o direito supranacional foi interpretado conforme norma de direito internacional por um órgão de controle de constitucionalidade de um Estado, para afirmar a peculiaridade de um princípio do direito constitucional estatal. Ou seja, o art. II-70 do projeto de Tratado Constitucional da União Europeia (de direito supranacional), que previa o direito individual ou coletivo de manifestar as convicções religiosas, deveria ser interpretado conforme o art. 9.º da Convenção Europeia de Direitos Humanos, nos termos da interpretação desse dispositivo pelo TEDH, para garantir a singularidade da tradição constitucional francesa em relação ao princípio de uma república laica. Nesse particular, para tornar claro que o princípio francês da laicidade é peculiar no âmbito da União Europeia, cabe referência ao seguinte exemplo em matéria de ensino religioso: enquanto em outros Estados esse princípio apenas veda a obrigatoriedade do ensino religioso, não o proibindo, esse ensino é inteiramente proibido na escola pública, conforme a ordem jurídico-constitucional francesa.

O Conselho Constitucional poderia, fundado nesse princípio, eleger uma das seguintes opções em seu controle preventivo de constitucionalidade: julgar a disposição da Carta de Direitos Fundamentais da União Europeia inconstitucional ou recorrer à figura exegética da "reserva de interpretação", ou seja, à interpretação do tratado supranacional conforme a Constituição nacional. Mas não tomou esse caminho. Invocou precedente do TEDH, no qual esse Tribunal internacional, ao interpretar o art. 9º da Convenção Europeia de Direitos Humanos, julgou que a liberdade religiosa prevista nesse dispositivo deixa uma "margem de apreciação" aos Estados signatários da Convenção, permitindo que cada um regule com uma certa "margem de discrição" a liberdade religiosa dentro da escola pública. Nas palavras do próprio Conselho Constitucional francês, a questão definiu-se a partir das seguintes premissas:

> Considerando, em particular, que o § 1º do artigo II-70 reconhece o direito de cada um de, individual ou coletivamente, manifestar, por suas práticas, sua convicção religiosa em público, as explicações do *presidium* precisam que o direito garantido por esse artigo tem o mesmo sentido e alcance que o garantido pelo artigo 9º da Convenção Europeia de Proteção dos Direitos Humanos e das Liberdades Fundamentais [...]; que o artigo 9º da Convenção foi constantemente aplicado pelo Tribunal Europeu de Direitos Humanos e, em último lugar, pela sua decisão acima mencionada [nº 44774/98], em harmonia com a tradição constitucional de cada Estado-membro; que o Tribunal [...] deixa aos Estados uma ampla margem de apreciação para definir as medidas mais apropriadas, tendo em conta suas tradições nacionais, a fim de conciliar a liberdade de culto com o princípio da laicidade; que, nessas condições, são respeitadas as disposições do artigo 1º da Constituição, nos termos das quais "a França é uma República laica" que veda a qualquer pessoa de prevalecer-se de suas crenças religiosas para escapar das regras

comuns que regem as relações entre as coletividades públicas e os particulares.[11]

Com base nessa decisão, firmou-se que, no que concerne à liberdade religiosa e ao princípio da laicidade, não haveria nenhuma incompatibilidade entre o Tratado Constitucional da União Europeia (supranacional), ainda sujeito a referendo e posteriormente rejeitado, e o direito constitucional francês, mas isso à luz de uma convenção internacional e com base na interpretação dessa por um órgão nacional competente para o controle da constitucionalidade. Esse parece-me ser um dos exemplos mais patentes em que, apesar da forte tradição jurídica e pretensão de "identidade constitucional" de um Estado, apresenta-se de forma clara ser implausível e inoportuna a insistência em um constitucionalismo provinciano. No caso, foram articuladas ordens jurídicas de três tipos, estatal, supranacional e internacional, para que pudesse ser tomada uma decisão satisfatória e oportuna. Essa situação sugere que, em um sistema mundial de níveis múltiplos, a solução dos problemas jurídicos mais relevantes resolve-se mediante entrelaçamentos transconstitucionais entre ordens jurídicas diversas.

Um outro caso mais recente, de grande relevância para a questão do federalismo, diz respeito à autonomia do País Basco. Nesse caso, trata-se de uma relação de níveis múltiplos entre ordem internacional, estatal e local ou regional vinculada ao Estado. Em uma decisão tomada por unanimidade, o Tribunal Constitucional da Espanha, em 11 de setembro de 2008, rejeitou o projeto de referendo sobre a autodeterminação do País Basco, que seria realizado em 25 de outubro de 2008[12]. Segundo a orientação do Tribunal espa-

---

11. Item 18 da Decisão n.º 2004-505 DC, do Conselho Constitucional.
12. STC 103/2008, de 11/09/2008, julg. Recurso de Inconstitucionalidade n.º 5707-2008, interposto pelo Presidente do Governo da Espanha contra a Lei do Parlamento Basco 9/2008, de 27/06/2008, "de convocatoria y regulación de una consulta popular al objeto de recabar la opinión ciudadana en la Comunidad Autónoma del País Vasco sobre la apertura de un proceso de negociación para alcanzar la paz y la normalización política".

nhol, o projeto de referendo é inconstitucional, pois somente o poder central, com sede em Madri, poderia ter a iniciativa de realizar a consulta popular. O País Basco, mediante o chefe do Executivo regional, insatisfeito com o julgamento, afirmou, imediatamente após a decisão, pretensão de apresentar uma demanda contra a decisão do Tribunal Constitucional espanhol perante o Tribunal Europeu de Direitos Humanos[13]. Embora o governo basco ainda não tenha tomado essa iniciativa, a situação aponta para o entrelaçamento de problemas constitucionais relevantes entre ordens jurídicas no âmbito do transconstitucionalismo, com implicações para a própria manutenção da unidade estatal ou a forma de Estado, que, em certa medida, fica subordinada a decisões de uma corte internacional.

No âmbito do direito esportivo, além das já referidas colisões entre direito estatal e direito esportivo transnacional, já discutidas no item 5 do capítulo anterior, cabe observar que outras instâncias jurídicas também se envolvem na malha de problemas jurídico-esportivos transconstitucionais. A esse respeito, tem sido considerável a intercessão do Tribunal de Justiça das Comunidades Europeias entre o direito estatal e a ordem jurídica transnacional dos esportes. Nesse sentido, destacam-se os casos *Bosman* e *Kolpak*, julgados pelo TJCE, respectivamente, em 15 de dezembro de 1995 e 8 de maio de 2003[14]. Nesses processos, o TJCE condenou a cláusula de nacionalidade, que limitava o número de jogadores estrangeiros nos clubes vinculados às federações nacionais de futebol. O fundamento da decisão residiu no princípio da livre circulação, descartando, particularmente, o argumento de que as discriminações de acesso justificar-se-iam por considerações de natureza puramente esportiva, que

---

13. Cf. *Euronews*, 12/09/2008, disponível em: http://www.euronews.net/pt/article/12/09/2008/basques-take-referendum-case-to-strasbourg/ (último acesso em 23/11/2008).
14. TJCE, C-438/00, julg. 08/05/2003, *Deutscher Handballbund/Maros Kolpak*; TJCE; C-415/93, julg. 15/12/1995, *Union royale belge des sociétés de football association and others/Bosman and others*.

visariam promover a formação dos atletas jovens e fortificar as equipes nacionais. Em virtude dessa orientação do TJCE, a Comissão Europeia enviou à FIFA uma comunicação queixando-se de que certas disposições do Regulamento da FIFA sobre a atividade dos agentes dos jogadores seriam contrárias ao direito comunitário da concorrência. Isso levou a FIFA a adotar um novo regulamento, que entrou em vigor em 1º de janeiro de 2001 e foi considerado aceitável pela Comissão Europeia e julgado não contrário ao direito de concorrência[15]. Nesse contexto, tanto no âmbito do TJCE quanto no da doutrina do direito esportivo, têm-se observado que muitas regras postas em vigor pelo direito transnacional dos esportes são suscetíveis de ofender o direito europeu de concorrência, tendo em vista que este considera as federações esportivas como "associações de empresas" que dispõem da capacidade de "abusar de suas posições dominantes"[16].

Comparando essa força do direito comunitário perante o direito esportivo transnacional, observa-se que a União Europeia tem uma postura de maior autonomia perante as federações esportivas transnacionais do que os Estados, pois não há federações no plano da Europa, cujo desenvolvimento e manutenção sejam fatores relevantes de legitimação da União. Ao contrário, os Estados, em cujo âmbito territorial as federações de esportes nacionais estão primariamente vinculadas às federações transnacionais, tornam-se muito dependentes dessas para fins do desenvolvimento dos desportos no plano interno, que é um dos fatores de sua legitimação. Daí por que, diante do direito transnacional, o direito da União Europeia tem desempenhado um importante papel de intermediação transconstitucional entre as ordens jurídicas estatais dos seus Estados-membros e a ordem jurídica transnacional dos esportes.

Isso não significa, porém, que o direito europeu tenha atuado apenas de forma restritiva em relação às regras do

---

15. Loquin, 2008, pp. 306 s.
16. Loquin, 2008, p. 307.

direito transnacional dos esportes. Tanto em decisões do TJCE quanto em comunicados da Comissão Europeia, tem-se firmado a posição de que o interesse da ordem jurídica esportiva tem primazia sobre o direito da concorrência. Assim, a Comissão Europeia, em comunicado de 18 de abril de 2002, considerou que "objetivo deontológico da FIFA de moralizar a profissão e proteger os seus membros de agentes não qualificados ou pouco escrupulosos é superior às restrições da concorrência", servindo a objetivos legítimos inerentes aos esportes[17]. Também, as normas *antidoping*, embora limitem os interesses econômicos da concorrência, são justificadas para "assegurar o desenvolvimento leal e regular das provas"[18]. Em todos esses casos de intercessão da União Europeia e seus órgãos nas respectivas ordens estatais e na ordem esportiva transnacional, pode-se verificar uma confluência de problemas transconstitucionais complexos, que, muitas vezes, implicam a contenção dos órgãos estatais competentes em matéria constitucional e a expansão da competência e atuação de órgãos supranacionais e transnacionais em torno de questões direta ou indiretamente constitucionais.

No caso já referido da rede transnacional Al-Qaeda, tratada pelos Estados Unidos quase como um Estado soberano (cf. *supra* pp. 214-6), o entrelaçamento transconstitucional em níveis múltiplos pode ser constatado, quando se observa especialmente o envolvimento da OTAN, que considerou o atentado de 11 de setembro de 2001 antes uma ação militar do que uma ação criminosa[19]. Nesse caso, a relação multiangular entre ordens jurídicas estatais, internacionais e ordens transnacionais tratadas especialmente como "parajurídicas" ou "antijurídicas" apresenta elementos de assimetria, tendo em vista a força da ordem americana em detrimento da ordem internacional. Não obstante,

---

17. *Ibidem*.
18. *Ibidem*.
19. Bermann, P., 2005, p. 506.

nessas circunstâncias, o fato relevante consiste em que a rede transnacional Al-Qaeda não pode ser vista simplesmente como organização criminosa subordinada à atuação persecutória do direito internacional e de ordens estatais em colaboração, mas antes deve ser enfrentada como uma ordem normativa antípoda às exigências da ordem internacional e das ordens dos Estados constitucionais, estando muitas vezes aliadas a ordens estatais que atuam à margem do constitucionalismo[20]. Além do mais, ela apresenta uma efetiva pretensão de autonomia perante as ordens dominantes no âmbito internacional e estatal, com proposta alternativa para uma outra "ordem" mundial. Por tudo isso, ela está envolvida nos problemas constitucionais em diversos planos do sistema mundial de níveis múltiplos, na forma de uma ordem normativa transnacional, com fortes implicações sobre questões de direitos fundamentais, limitação do poder, limites à soberania territorial dos Estados e à jurisdição das organizações e tribunais internacionais.

Por fim, um exemplo interessante diz respeito à própria ordem jurídica brasileira. Trata-se do caso da importação de pneumáticos usados pelo Brasil. Essa controvérsia envolve tanto o direito constitucional brasileiro e as ordens jurídicas uruguaia e paraguaia quanto o direito do Mercosul e a ordem jurídica da OMC. Em 17 de dezembro de 2007, o Órgão de Solução de Controvérsias (OSC) da OMC, ao adotar informe do Órgão de Apelação da OMC, de 3 de dezembro 2007, que reformara informe do Grupo Especial, de 12 de julho de 2007, decidiu favoravelmente ao recurso interposto pelo Brasil, com base em argumentos referentes à proteção do meio ambiente, para que fosse proibida a importação de pneus usados provenientes da União Europeia. Entretanto, essa decisão estabeleceu que a política brasileira de continuar importando pneus usados do Paraguai e do Uruguai implicava discriminação e, portanto, deveria ser abolida, não

---

20. O problema do vínculo do "terrorismo" a determinados Estados já era salientado antes por Cassese, A., 1989, pp. 597 ss.

tendo sido aceita a alegação brasileira de que o número de pneus recauchutados importados do Paraguai e do Uruguai não era significativo[21]. Mais tarde, em laudo arbitral no âmbito da OMC, por solicitação das Comunidades Europeias, decidiu-se que o prazo para o Brasil cumprir as recomendações e resoluções do Órgão de Solução de Controvérsias encerrar-se-ia um ano a partir da data da adoção por este dos informes do Grupo Especial e do Órgão de Apelação (17/12/2007), o que significa que o termo final foi o dia 17 de dezembro de 2008[22].

O problema decorrente dessa condição imposta pela decisão do Órgão de Solução de Controvérsias da OMC consiste em que o Tribunal Permanente de Revisão do Mercosul já rejeitara pretensão da Argentina de que fosse proibida a importação de pneus recauchutados oriundos do Uruguai, corroborando recentemente suas decisões anteriores, por entender que uma tal proibição ofenderia as normativas do Mercosul[23]. O Brasil tentou contornar ambas as decisões, procurando propor um limite ao número de pneus usados a serem importados do Uruguai e do Paraguai, desrespeitando, ao mesmo tempo, as normas do Mercosul e da OMC, em sentidos diametralmente opostos.

A situação se complicou, tendo em vista que uma Arguição de Descumprimento de Preceito Fundamental já fora proposta pela Presidência da República em 29 de setembro de 2006 (ADPF n.º 101/2006), na qual se pediu que fossem declaradas inconstitucionais e ilegais decisões judiciais que vinham admitindo a importação de pneus usados com base no argumento de que as normas infraconstitucionais que vedam essa prática são inconstitucionais. A ADPF fundamentou-se basicamente na alegação de que o art. 225 da Constituição Federal estaria sendo violado mediante essas decisões. O *caput* desse dispositivo constitucional prescreve:

---

21. WT/DS332/AB/R; WT/DS332/R.
22. WT/DS/332/16, de 29/08/2008. A respeito desse caso, ver Perotti, 2009.
23. Laudo 1/2005, de 20/12/2005; Laudo 1/2007, de 08/07/2007; Laudo 1/2008, de 25/04/2008.

"Todos têm direito ao meio ambiente ecologicamente equilibrado, bem de uso comum do povo e essencial à sadia qualidade de vida, impondo-se ao Poder Público e à coletividade o dever de defendê-lo e preservá-lo para as presentes e futuras gerações." A relevância da questão levou à realização de uma audiência pública em 27 de junho de 2008[24].

Embora a decisão do STF tenha sido pelo provimento quase integral da ADPF 101/2006[25], essa situação aponta para dificuldades prementes de afastar um constitucionalismo provinciano no caso brasileiro. Ao mesmo tempo, evidencia a grande dificuldade de se conseguir um nível de solução satisfatório para todas as ordens envolvidas. Uma exigência fundamental é, porém, que haja um mínimo de consistência interna das decisões, para que as soluções propostas não caiam no descrédito. A posição do governo brasileiro, que rejeitou a importação de pneus usados da União Europeia com base em argumentos ecológicos e referentes ao direito à saúde, mas, simultaneamente, admitiu a importação do mesmo produto quando proveniente do Uruguai e do Paraguai, parece inconsistente tanto do ponto de vista interno quanto internacional: não era satisfatória para a OMC nem para o Mercosul, muito menos para uma perspectiva consistente do direito constitucional estatal concernente à proteção do meio ambiente. Até o julgamento da ADPF 101/2006, a prática inconsistente e oportunista revelou que o caminho percorrido pelo governo brasileiro, no caso da importação dos pneus usados, afastou-se de um modelo aberto às exigências do transconstitucionalismo entre ordens jurídicas, antes se aproximando de uma mistura de "pragmatismo" simplório na política externa e provincianismo jurídico-constitucional. Nesse particular, impõe-se, cada vez mais, uma revisão dos paradigmas constitucionais, possibilitando uma "conversação" transconstitucional mais sólida com ordens normativas entrelaçadas em torno de pro-

---

24. Cf. o sítio oficial do STF: http://www.stf.jus.br/portal/cms/verTexto.asp?servico=processoAudienciaPublicaAdpf101 (último acesso em 24/11/2008).
25. ADPF 101/DF, julg. 14/08/2009, TP, DJe 04/06/2012.

blemas no sistema jurídico mundial de níveis múltiplos, especialmente por parte do Supremo Tribunal Federal. Isso não deve significar, porém, arroubos ou bravatas internacionalistas, transnacionalistas ou supranacionalistas em detrimento da ordem constitucional brasileira, mas sim a afirmação dessa ordem como parceira na construção de um transconstitucionalismo multiangular.

2. Transconstitucionalismo pluridimensional dos direitos humanos

Dos casos analisados no item anterior já se pode inferir que o transconstitucionalismo em um sistema jurídico mundial de níveis múltiplos está relacionado, de maneira direta ou indireta, com problemas de "direitos fundamentais" ou "direitos humanos". Essas expressões têm um grau de ambiguidade que exige uma certa delimitação preliminar para que possamos tratar da questão no âmbito do transconstitucionalismo.

A noção de direitos do homem ou direitos humanos, quando surgiu no âmbito das revoluções liberais[26], distinguiu-se do conceito de cidadania. Enquanto a primeira referia-se a direitos de toda e qualquer pessoa humana, o segundo dizia respeito aos direitos dos membros de uma determinada coletividade política e, mais precisamente, de um Estado[27]. Porém a ideia de direitos humanos importava também o direito de toda e qualquer pessoa de ter cidadania ("um direito a ter direitos"[28]). Essa situação passou a ter uma

---

26. Tratando do caso francês, Gauchet (1989) refere-se à "revolução dos direitos do homem". Brunkhorst alude às "ideias de 1789" com a fórmula "patriotismo dos direitos humanos", mas sustenta que elas são herdeiras das tradições judaico-cristã e greco-romana de solidariedade, a primeira baseada na fraternidade, a segunda orientada para a liberdade (2002, pp. 79 ss.).

27. Cf. Neves, 2006a, pp. 175 s., referindo-se a Marx, 1988a [1844], pp. 356 s. e 361 ss.

28. Uma disseminada formulação de Arendt (1973, pp. 296 s.), empregada, contudo, não primariamente no sentido dos direitos humanos, mas antes

certa relevância na semântica mais recente dos direitos humanos, conforme a qual esses direitos implicam direitos civis ("liberdades negativas"), políticos ("liberdades positivas")[29], sociais ("direitos a prestação em sentido estrito"[30] ou "*droits-créances*"[31]).

Mais tarde, especialmente tendo em vista a influência da experiência tardia da Alemanha com o constitucionalismo, passou a ser usada a expressão "direitos fundamentais" para referir-se a direitos positivados e garantidos nas constituições estatais[32]. Mas o conteúdo desses incluíam tanto os direitos particulares de cidadania no sentido clássico quanto os direitos humanos[33]. Passou a ser proposta, então, uma distinção entre direitos fundamentais constitucionalmente garantidos pelos Estados e direitos humanos protegidos internacionalmente, estes afirmados inclusive contra os Estados[34]. Os seus conteúdos, porém, entrecruzam-se na categoria de direitos civis, políticos, sociais e novos direitos (os coletivos e os referentes à "ação afirmativa")[35].

---

da cidadania. Em uma outra perspectiva, com pretensão fundamentadora, discute-se sobre o "direito a ter direitos humanos" (Brunkhorst, Köhler e Lutz-Bachmann [orgs.], 1999), assim como se associam os direitos humanos ao "direito fundamental à justificação" (Forst, 2007, pp. 291 ss.).

29. Essa distinção entre liberdades negativas e positivas, que se tornou um lugar comum, remonta a um ensaio de Berlin, 1975 [1958]. A respeito, ver Passerin D'Entrèves, 1962, pp. 279-310; Macpherson, 1990, pp. 95 ss.; Taylor, 1988; Habermas, 1992, pp. 325 ss.; Ladeur, 2000, especialmente pp. 81 ss.

30. Na terminologia de Alexy, 1986, pp. 454 ss. [trad. bras. 2008, pp. 499 ss.]. Cf. também Arango, 2005, pp. 37 ss. Schmitt (1993 [1928], pp. 169 s.) empregava a expressão "direitos essencialmente socialistas (de maneira enfraquecida: sociais) do indivíduo a prestações positivas do Estado".

31. Em contraposição aos "*droits-libertés*", na linguagem de Ferry e Renaut, 1992, pp. 26-32.

32. O título da 2.ª Parte (arts. 109 a 165) da Constituição alemã de Weimar (1919) era o seguinte: "Direitos fundamentais e deveres fundamentais dos alemães". A Parte I (arts. 1.º a 19) da "Lei Fundamental" (Constituição alemã de 1949) emprega apenas a expressão "direitos fundamentais".

33. Cf. Schmitt, 1993 [1928], pp. 157 ss.

34. Ver, sob a influência da dogmática jurídico-constitucional alemã, Dimoulis e Martins, 2007, pp. 40 ss.

35. Essa visão muito abrangente dos direitos humanos, incluindo os chamados "direitos de terceira" e mesmo os de "quarta geração", deu ensejo

No plano teórico, porém, procurou-se fazer distinções. Para Luhmann, por exemplo, os direitos fundamentais (positivados constitucionalmente) serviriam à "manutenção de uma ordem diferenciada de comunicação" ou, *a contrario sensu*, reagiriam "ao perigo da desdiferenciação"[36]. Embora os direitos humanos tenham sido, nas suas primeiras obras, cunhados de "direitos eternos"[37] e, por isso, desprezados, Luhmann passou, mais tarde, a enfatizar que "a crescente atenção para as ofensas aos direitos humanos faz parte dos mais importantes indicadores de um direito da sociedade mundial"[38]. Os direitos humanos estariam relacionados ao problema da exclusão, orientando-se, portanto, para a inclusão do homem como pessoa nos sistemas funcionais da sociedade, especialmente no direito[39]. Defendia, porém, uma semântica restritiva dos direitos humanos, para incluir apenas aquelas situações em que houvesse violações chocantes e escandalosas à dignidade humana no âmbito da sociedade mundial: "o desaparecimento de pessoas assegurado pelo Estado", "deportações forçadas e expulsões", "execução à morte, prisão e tortura contrárias ao direito e com o conhecimento e proteção de órgãos estatais"[40]. Essa restrição não me parece justificada.

Assim como a reação a violações escandalosas e flagrantes aos direitos humanos que se manifestam, por exemplo, na tortura e no genocídio, constitui um dos "mais impor-

---

a críticas com relação à vagueza e mesmo à inocuidade de tal conceito. Nesse sentido, Norberto Bobbio (1992, p. 6) refere-se ao caráter excessivamente heterogêneo e vago dos direitos humanos de "terceira geração", "o que nos impede de compreender do que efetivamente se trata", e, recorrendo a essa crítica, Danilo Zolo (1993, p. 259) faz objeções à "inflação normativa do conceito de cidadania", apontando para "o risco de diluição do seu significado histórico e funcional". Cf. Neves, 2005, pp. 12 s., com objeções, porém, a uma concepção estrita dos direitos humanos conforme o modelo liberal clássico.

36. Luhmann, 1965, p. 24 s. Cf. também Ladeur e Augsberg, 2008, pp. 5 ss.
37. Luhmann, 1965, p. 23.
38. Luhmann, 1993a, p. 574.
39. Luhmann, 1993a, pp. 582 ss.
40. Luhmann, 1993a, p. 579.

tantes indícios de um sistema jurídico mundial", não se pode negar que também a falta de condições mínimas de sobrevivência para grande parte da população na sociedade mundial de hoje, implicando como que uma exclusão social absoluta dos respectivos grupos humanos, também tem sido vista como violação gritante e escandalosa à "dignidade humana" e, pois, aos direitos humanos enquanto inclusão jurídica generalizada. Em ambos os casos, trata-se do paradoxo da afirmação de expectativas normativas (contrafactuais) diante da própria prática que as contraria sistematicamente. A diferença reside no fato de que aqueles direitos humanos em sentido estrito, que se referem basicamente à proibição de ações violentas – políticas, policiais ou militares – contra indivíduos ou grupos, são suscetíveis de institucionalização e, sobretudo, contam com perspectivas de positivação e implementação processual em escala mundial, especialmente na esteira de transformações no direito internacional, enquanto os direitos sociais e grande parte dos chamados direitos humanos de terceira geração são fragilmente institucionalizados, e as perspectivas de sua positivação e implementação processual em extensão mundial são negativas. Estes últimos só foram institucionalizados e positivados de maneira abrangente no âmbito muito restrito de alguns Estados democráticos e sociais de direito. A precariedade de sua institucionalização e a dificuldade de sua implementação processual permitem que se diga tratar-se de direitos humanos *frágeis*, em contraposição aos direitos humanos *fortes*, cuja positivação e mesmo implementação processual encontram-se no horizonte do próprio sistema jurídico mundial de níveis múltiplos, especialmente no âmbito do *jus cogens*[41].

A partir desse contexto teórico, proponho que os direitos humanos sejam definidos primariamente como expectativas normativas de inclusão jurídica de toda e qualquer pessoa na sociedade (mundial) e, portanto, de acesso uni-

---

41. Brunkhorst, 2002, pp. 191 ss.; Neves, 2005, p. 13.

versal ao direito enquanto subsistema social[42]. Essa definição não impede que se sustente que os direitos humanos também reagem ao "perigo da desdiferenciação" ou servem à "manutenção de uma ordem diferenciada de comunicação", assim como já se afirmou acima a respeito dos direitos fundamentais positivados constitucionalmente nos Estados. Isso porque a orientação ou preferência estrutural por inclusão das pessoas nos sistemas funcionais, particularmente no direito, está intimamente relacionada com a manutenção de uma ordem diferenciada de comunicação na sociedade mundial e, portanto, com a diferenciação do direito. Quanto maior for a exclusão em determinados âmbitos da sociedade mundial, tanto mais será limitada a realização da diferenciação funcional nos respectivos contextos sociais[43]. Daí resultará a fragilidade da afirmação dos direitos humanos nas correspondentes áreas territoriais ou esferas funcionais debilmente diferenciadas.

Dessa maneira, tanto os direitos humanos quanto os direitos fundamentais dizem respeito à inclusão da pessoa e à diferenciação da sociedade. Os conteúdos praticamente coincidem. A diferença reside no âmbito de suas pretensões de validade. Os direitos fundamentais valem dentro de uma ordem constitucional estatalmente determinada. Os direitos humanos pretendem valer para o sistema jurídico mundial de níveis múltiplos, ou seja, para qualquer ordem jurídica existente na sociedade mundial (não apenas para a ordem jurídica internacional). É claro que existem utilizações práticas dessas expressões de maneira inversa: "Direitos (ou liberdades) fundamentais" usados em tratados ou con-

---

42. Neves, 2005, pp. 8 ss.
43. Luhmann (1993a, p. 582), na formulação de um paradoxo, afirma que "uma diferença incisiva entre inclusão e exclusão", embora "produzida pela diferenciação funcional", "não é compatível com ela no resultado e a mina". E acrescenta mais peremptoriamente: "Se, porém, a inclusão de um fundamenta-se na exclusão do outro, essa diferença mina o funcionamento normal dos sistemas funcionais. Sobretudo o direito é, então, atingido" (pp. 584 s.). Ver, a respeito desse problema, de maneira abrangente, tendo como base a experiência brasileira, Neves, 1992; cf. também 1994.

venções supranacionais ou internacionais. "Direitos humanos" empregados para o catálogo dos direitos positivados nas Constituições estatais[44]. Mas, do ponto de vista teórico, as definições e diferenças apresentadas servem ao nosso argumento e encontram respaldo na prática jurídica dominante.

Teubner propõe uma outra distinção teórica entre direitos fundamentais e direitos humanos, tentando distingui-los qualitativamente quanto ao conteúdo. Partindo da concepção sistêmica de que o homem faz parte do ambiente da sociedade[45], Teubner considera os direitos humanos na perspectiva da *exclusão do homem* da sociedade, a saber, como "garantias da integridade da psique e do corpo" perante a sociedade e os seus subsistemas[46]. Nesse sentido, sustenta ele: "A questão dos direitos humanos, no sentido rigoroso, deve ser compreendida hoje como ameaça à integridade de corpo/alma do homem individual por uma multiplicidade de processos de comunicação anônimos e independentes, atualmente globalizados."[47] Os direitos fundamentais, ao contrário, estariam, por sua vez, orientados para a *inclusão da pessoa*. Nesses termos, procura-se distinguir entre "direitos fundamentais pessoais e direitos humanos"[48].

Parece-me, porém, que a "inclusão" da pessoa e a "exclusão" do homem são indissociáveis no âmbito da teoria dos sistemas, constituindo duas faces da mesma moeda. A garantia da integridade de corpos e mentes perante a sociedade, seus sistemas funcionais e as organizações só é pos-

---

44. A propósito, cabe, por exemplo, fazer menção, por um lado, aos títulos da "Carta dos *Direitos Fundamentais* da União Europeia" e da "Convenção Europeia de Direitos Humanos e *Liberdades Fundamentais*", assim como ao preâmbulo da Carta das Nações Unidas: "*direitos fundamentais* do homem"; por outro lado, a Constituição francesa, sem catálogo expresso de "direitos fundamentais", incorpora à Constituição, no seu preâmbulo, os "direitos do homem" definidos pela Declaração de 1789.

45. Cf., p. ex., Luhmann, 1987a, pp. 133 s.; 1987c, pp. 286 ss.; 1997, t. 1, p. 30 [trad. esp. 2007, p. 16].

46. Teubner, 2006, p. 175.

47. Teubner, 2006, p. 180.

48. Teubner, 2006, p. 175.

sível se houver inclusão das respectivas pessoas, ou seja, se a sociedade não tratar os homens como meros corpos e mentes, sem considerá-los dignos de personalidade[49], isto é, dignos de serem "endereço[s] do processo de comunicação"[50]. Com outras palavras, a inclusão como pessoa é o que possibilita o respeito à integridade de psique e corpo. Como forma de dois lados, a pessoa constitui um acoplamento estrutural entre homem e sociedade[51], servindo para enfrentar o perigo tanto de que a integridade de seu substrato biopsíquico seja violada ou destruída pela expansão da sociedade quanto de que, ao contrário, esta seja destruída e desintegrada pela falta de limites dos desejos e impulsos humanos.

Feitas essas ressalvas, cabe observar que as condições para o surgimento dos direitos humanos na sociedade moderna relaciona-se com a emergência de um dissenso estrutural, concernente não apenas à pluralidade de esferas de comunicação com pretensão de autonomia (complexidade sistêmica), mas também à heterogeneidade de expectativas, interesses e valores de pessoas e grupos[52]. Nesse sentido, cabe delimitar o conceito de direitos humanos, para defini-lo como expectativas normativas de inclusão jurídica generalizada nas condições de dissenso estrutural da sociedade mundial. Assim compreendidos, os direitos humanos estão localizados na fronteira do sistema jurídico, vinculando-o a uma moral da inclusão e do dissenso, que circula com relevância no âmbito da sociedade mundial do presente, em concorrência com outros modelos morais. Pode-se dizer que certas formas de sua expressão (direitos humanos

---

49. Na formulação de Luhmann, isso derivaria de que, "no setor de inclusão", "os homens contam como pessoas", ao passo que, no "setor de exclusão", eles "não são mais percebidos enquanto pessoas, mas sim como corpos" (1993a, pp. 584 s.; 1997, t. 2, pp. 632 s. [trad. esp. 2007, pp. 501 s.]; 1995b, pp. 262 s. [trad. esp. 1998, pp. 193 s.]).

50. Luhmann, 1989, p. 367, nota 11.

51. Formulando de forma mais precisa, isso significa: "Pessoas servem ao acoplamento estrutural entre sistemas psíquicos e sociais" (Luhmann, 1995c, p. 153).

52. Neves, 2005, pp. 8 ss.

"frágeis") ainda não atravessaram, para usar uma metáfora, a fronteira do sistema jurídico no âmbito abrangente da sociedade mundial, pois lhes falta o mínimo de institucionalização jurídica, de positivação e de condições de implementação processual, enquanto outras formas (os direitos humanos "fortes") já ultrapassaram essa fronteira e lutam, antes, por concretização e efetivação[53].

A questão dos direitos humanos, que surgiu como um problema jurídico-constitucional no âmbito dos Estados, perpassa hoje todos os tipos de ordens jurídicas no sistema jurídico mundial de níveis múltiplos: ordens estatais, internacionais, supranacionais, transnacionais e locais. Constitui uma questão central do transconstitucionalismo. As controvérsias sobre os direitos humanos decorrem da possibilidade de leituras diversas do conceito, da pluralidade conflituosa de interpretações/concretizações das normas e da incongruência prática dos diferentes tipos de direitos humanos. Uma leitura liberal, por exemplo, pode entrar em confronto com uma compreensão social-democrática dos direitos humanos. As interpretações de um texto normativo podem levar a soluções diversas de casos. A invocação a uma espécie de direitos humanos pode implicar colisão com a pretensão de fazer valer um outro tipo. Mas a situação se agrava se considerarmos que as diversas ordens normativas do sistema jurídico mundial de níveis múltiplos têm compreensões sensivelmente diversas das questões dos direitos humanos, muitas delas sendo, inclusive, avessas à ideia de direitos humanos como direitos que pretendem valer para toda e qualquer pessoa. É nesse contexto que toma significado especial o transconstitucionalismo pluridimensional dos direitos humanos, que corta transversalmente ordens jurídicas dos mais diversos tipos, instigando, ao mesmo tempo, cooperação e colisões. Em seguida, apresentarei alguns exemplos em que problemas de direitos humanos confluem concomitante e relevantemente para várias ordens jurídi-

---

53. Neves, 2005, p. 13.

cas, levando a colisões de difícil solução e, por isso mesmo, exigindo que haja uma "conversação" transconstitucional mediante "pontes de transição" que possibilitem aprendizados recíprocos entre as ordens envolvidas.

Em primeiro lugar, cabe observar o diálogo transconstitucional existente entre supremos tribunais ou cortes constitucionais, que invocam precedentes jurisprudenciais não apenas de outras cortes estrangeiras, mas também de tribunais internacionais, particularmente do Tribunal Europeu de Direitos Humanos. Nesse particular, destaca-se o já citado debate americano sobre a invocação de direito estrangeiro, que implica a referência tanto ao direito de outros países quanto ao direito internacional, relativamente a questões de direitos humanos (cf. *supra* pp. 143 s. e 168-70). Esse debate, que tomou impulso com a mencionada decisão do caso *Lawence v. Texas* (2003), referente ao livre exercício de práticas homossexuais, fortificou-se, posteriormente, com o caso *Roper v. Simmons*, julgado pela Suprema Corte americana em 1º de março de 2005[54], no qual a controvérsia residiu em determinar se a aplicação da pena de morte a um (indivíduo que praticou um crime quando) menor estaria enquadrada na hipótese de incidência prevista na Emenda VIII à Constituição americana, que proíbe a "punição cruel e inusual"[55]. Aos dezessete anos, o jovem Cristopher Simmons assassinou Shirley Crook. Dias antes do crime, persuadiu um colega a participar do delito, alegando que eles iriam "escapar impunemente" "porque eram menores"[56]. Os dois praticaram o crime de maneira chocante e cruel. Simmons foi condenado por um júri à morte por "homicídio de primeiro grau" (homicídio qualificado que dá ensejo

---

54. *Roper, Superintendent, Potosi Correctional Center v. Simmons*, 543 U.S. 551 (2005).

55. Cf. comentários de Harvard Law Review [comitê editorial], 2005. Para a análise do caso, ver Jackson, 2005; Waldron, 2005; Young, 2005; Steiker, 2006.

56. *Roper v. Simmons*, pp. 556, 600 e 621; Harvard Law Review [comitê editorial], 2005, p. 104.

à prisão perpétua ou à pena de morte nos Estados Unidos)[57]. No caso, votando pela maioria, o *Justice* Anthony Kennedy enfatizou que "os Estados Unidos, agora, estão sós em um mundo que se voltou contra a pena de morte para menores"[58]. No sentido contrário, em voto dissidente, o juiz Antonin Scalia sustentou que, "embora as opiniões de nossos próprios cidadãos sejam essencialmente irrelevantes para as decisões da Corte nos dias atuais, os pontos de vista de outros países e da chamada comunidade internacional estão no centro das atenções"[59]. Derrotada, mais uma vez, essa posição favorável ao constitucionalismo provinciano por uma visão de abertura para o diálogo constitucional, a discussão volta-se agora para o fundamento teórico e o significado prático da invocação do direito estrangeiro e internacional pela Suprema Corte dos Estados Unidos.

Essa postura dialógica nos termos da admissão do transconstitucionalismo pluridimensional dos direitos humanos não deve ser confundida com uma mera convergência entre direito interno, de um lado, e direito estrangeiro e internacional, de outro. O juiz Scalia, no caso *Roper v. Simmons*, acusou a Corte de desejar uma convergência com o direito de outras nações, propondo uma resistência das constituições nacionais contra as influências externas[60]. Mas nem o "modelo de resistência" nem o de "convergência" são apropriados para um transconstitucionalismo. Conforme salienta Vicki C. Jackson, "o modelo de convergência vê as constituições nacionais como locais para a implementação de direito internacional ou para o desenvolvimento de normas transnacionais", enquanto o "modelo de resistência" orienta-se tanto para que as constituições estatais sirvam "como

---

57. *Roper v. Simmons*, pp. 557 s.; Harvard Law Review [comitê editorial], 2005, p. 104.
58. *Roper v. Simmons*, p. 577.
59. *Roper v. Simmons*, p. 622. Cf. Harvard Law Review [comitê editorial], 2005, p. 103. Tratando do "diálogo dos juízes sobre a pena de morte", Delmas-Marty (2006, pp. 53 ss.) refere-se também a esse caso (p. 61).
60. Jackson, 2005, p. 112. Cf. *Roper v. Simmons*, especialmente pp. 627 s.

base de resistência às pressões da globalização econômica", destacadamente nos países menos desenvolvidos, quanto no sentido de que elas atuem "como argumento afirmativo para resistir à constitucionalização de normas de direitos humanos derivadas de fontes transnacionais", particularmente no federalismo americano[61]. Contra essas duas posições orientadas a incluir sem restrição ou excluir absolutamente o outro, Jackson propõe uma terceira alternativa, que ela denomina de "modelo de articulação" [*engagement model*], definindo-o da seguinte maneira:

> Em terceiro lugar, o direito constitucional pode ser compreendido como um *locus* de articulação [*engagement*] entre o direito doméstico e as fontes e práticas jurídicas do direito internacional ou estrangeiro. Segundo esse ponto de vista, os intérpretes da Constituição não tratam o material estrangeiro ou internacional como vinculante, ou como algo a ser presuntivamente seguido. Mas tampouco colocam viseiras para excluir as fontes e a experiência jurídicas estrangeiras. As fontes transnacionais são vistas como interlocutores, oferecendo um meio de testarmos a compreensão das nossas próprias tradições e possibilidades ao examiná-las na reflexão das outras.[62]

A rigor, esse "modelo de articulação" redunda em um modelo de entrelaçamento transversal, no qual as "pontes de transição" de materiais entre ordens jurídicas ocorrem no nível constitucional. O intercâmbio e o aprendizado com o outro constituem o lado positivo desse entrelaçamento. Mas precisamente porque não há mera convergência, há momentos de colisão que implicam a afirmação de uma identidade constitucional em detrimento da outra. Essa "dialé-

---

61. Jackson, 2005, pp. 112-4.
62. Jackson, 2005, p. 114, exemplificando com antigos casos de acordo e desacordo parciais dos Estados Unidos em relação ao direito britânico (*Marbury v. Madison* [1803]) e do Canadá em relação ao direito americano (*Compare R. v. Keegstra* [1990]), mas também incluindo a solução que prevaleceu em *Roper v. Simmons* nesse modelo (pp. 114 ss.).

tica" do transconstitucionalismo implica uma forma de dois lados, sendo o valor positivo a interlocução construtiva entre ordens jurídicas.

Ao tratar do caso *Roper v. Simmons*, Jeremy Waldron recorre reconstrutivamente ao antigo conceito romano de *jus gentium*, para afirmar que ele se distingue da noção moderna de direito internacional, pois se refere abrangentemente a um repertório de saberes que se aplicaria tanto ao direito doméstico quanto ao *jus inter gentes*[63]. Aponta, então, para um moderno *jus gentium*, no âmbito do qual os juristas se referem reciprocamente ao conhecimento dos seus pares em outras partes do mundo, assim como os cientistas se referem mutuamente às suas experiências, possibilitando a acumulação de saberes. Nesse sentido, o *jus gentium* promoveria "o saber acumulado sobre os direitos e a justiça"[64]. Não se trata de conhecimento acumulado em virtude das reflexões filosóficas, mas sim com base em decisões de juízes e legisladores envolvidos com problemas jurídicos reais[65]. E não é "acumulado" nos termos crus de uma pura soma de informações, mas sim "no sentido de sobreposição, duplicação, elaboração mútua, assim como da checagem e rechecagem de resultados"[66]. Embora não garanta a "verdade", o moderno *jus gentium* é apresentado como a "alternativa sensata" para que se observe o corpo de saberes cuja formação contou com a contribuição de outros por longos anos[67]. A partir dessa argumentação, Waldron sustenta que a citação de direito estrangeiro e internacional pela Suprema Corte americana não deve ser vista como uma prática aleatória em pedaços sem conexão[68], mas sim como um modelo de agir em rede de conexão entre várias ordens jurídicas, para a solução de problemas comuns[69].

---

63. Waldron, 2005, pp. 133 ss.
64. Waldron, 2005, p. 138.
65. *Ibidem*.
66. Waldron, 2005, pp. 138 s.
67. Waldron, 2005, p. 139.
68. Waldron, 2005, pp. 144 s.
69. Cf. Waldron, 2005, pp. 143 e 145.

É verdade que Waldron recorre ao antigo conceito de *jus gentium*, que não me parece adequado para os complexos problemas do transconstitucionalismo, e parte de pressupostos teóricos que me parecem muito simplistas, de acordo com os quais se distingue entre "direito como vontade" e "direito como razão", que corresponderiam, respectivamente, à posição desfavorável e à favorável ao *"jus gentium* moderno"[70]. Mas ele oferece elementos interessantes para uma compreensão do significado do diálogo transconstitucional, pois, ao apresentar o direito como "um empreendimento de solução de problemas"[71], insinua a necessidade de abertura para a experiência de outras ordens constitucionais como condição funcional para uma solução adequada de problemas jurídicos na sociedade mundial hodierna, sobretudo na área dos direitos humanos. Assim, cabe concordar com Waldron, nos seguintes termos: embora no julgamento do caso *Roper v. Simmons* a Suprema Corte não tenha articulado ideias gerais sobre uma conversação transconstitucional, ela tem respondido, nesse e em outros casos, ao desenvolvimento do transconstitucionalismo[72].

Embora a experiência americana venha se desenvolvendo de um "modelo de resistência" para um "modelo de articulação" em relação ao diálogo transconstitucional, alguns tribunais constitucionais ou cortes supremas adotaram, desde o seu surgimento, um modelo de convergência, sobretudo pela falta de uma sólida tradição constitucional. O Tribunal Constitucional da África do Sul, marcado pela experiência traumática do regime anterior do *apartheid*, talvez seja aquele que tenha invocado mais regularmente não só – como já mencionado acima (cf. *supra* pp. 171 s.) – normas constitucionais e precedentes jurisprudenciais de cortes de outros países, mas também convenções e tribunais internacionais de direitos humanos, sobretudo a Convenção Europeia de Direitos Humanos e o respectivo Tribunal

---

70. Waldron, 2005, pp. 146 s.
71. Waldron, 2005, p. 146.
72. Cf. *ibidem*.

Europeu de Direitos Humanos, para a formação da própria *ratio decidendi* de seus julgados. Destaca-se o já citado caso *State v. Makwanyane*, no qual se julgou, com base na jurisprudência do TEDH, a inconstitucionalidade da pena de morte nos termos da Constituição africana[73]. Também a Suprema Corte do Zimbábue argumentou, à luz da jurisprudência do TEDH, para determinar que a punição corporal de adultos é cruel e incomum, assim como que a aplicação de pena corporal a menores é inconstitucional[74]. Em Israel, a proibição de certos métodos de interrogatório empregados pela Agência Interna de Segurança, considerados "inumanos e degradantes" pela Alta Corte de Justiça em 1999, teve como esteio argumentativo a decisão do TEDH no caso *Irlanda v. Reino Unido* (1978)[75]. Também o *British Privy Council*, reunido como Tribunal Constitucional da Jamaica, fundou-se em decisão do TEDH para comutar a pena de morte de um jamaicano em prisão perpétua[76]. Igualmente, verificou-se que, em numerosos casos, a Corte Interamericana de Direitos Humanos e o Comitê de Direitos Humanos das Nações Unidas adotaram métodos de interpretação do TEDH[77]. Em todos esses casos observou-se que os julgamentos do TEDH têm apenas força de persuasão, pois esse Tribunal não dispõe de autoridade formal sobre as referidas cortes[78]. Mas os elementos de persuasão, fundados na legitimidade do TEDH como modelo de proteção dos direitos humanos, entram, em grande parte, como dimensão da *ratio decidendi*, não se restringindo a *obter dicta*, tampouco constituindo uma mera referência retórica. E, em alguns casos, isso resulta da própria autovinculação constitucional da ordem jurídica às normas estrangeiras e internacionais

---

73. Slaugther, 2004, p. 80. Cf. Strydom, 2004, pp. 187 ss.
74. Slaughter, 2004, pp. 80 s.
75. Caso *Ireland v. United Kingdom* (*Application* nº 5310/71), julg. 18/01/1978. Cf. Slaugther, 2004, p. 81.
76. Slaugther, 2004, p. 81.
77. *Ibidem*.
78. *Ibidem*.

de proteção dos direitos humanos, como se observa destacadamente no já mencionado art. 39, n.º 1, alíneas *b* e *c*, da Constituição sul-africana (cf. *supra*, pp. 171 s.).

No caso brasileiro, não só a referência ao direito estrangeiro em matéria de direitos humanos é marcante (cf. *supra* pp. 179 ss.). Nos termos de um transconstitucionalismo pluridimensional, as referências às normas convencionais do direito internacional e à jurisprudência de tribunais internacionais são usuais. No acima mencionado julgamento do *Habeas Corpus* n.º 82.424/RS[79], em que o Pleno do STF caracterizou como crime de racismo a publicação de livro com conteúdo antissemítico (negação da existência do holocausto), para concluir pela sua imprescritibilidade, além da farta referência ao direito estrangeiro, foram citados inumeráveis atos e normas de direito internacional público, assim como se invocou o caso *Jersild v. Dinamarca*, julgado pelo Tribunal Europeu de Direitos Humanos em setembro de 1994[80]. Em muitos outros julgamentos, o STF apresentou indicações de sua disposição para integrar-se em um diálogo transconstitucional no sistema de níveis múltiplos, no qual diversas ordens jurídicas são articuladas concomitantemente para a solução de problemas constitucionais de direitos humanos[81]. E aqui não se trata da adoção de um simples "modelo de convergência" com base no art. 5.º, § 2.º, da Constituição Federal e, posteriormente, com fundamento nos §§ 3.º e 4.º do mesmo dispositivo, introduzidos pela Emenda Constitucional n.º 45/2004[82]. Muito menos, cabe o

---

79. HC 82.424/RS, julg. 17/11/2003, TP, DJ 19/03/2004.
80. Caso *Jersild v. Denmark* (*Application* n.º 15890/89), julg. 23/09/1994.
81. Cf. HC 82.959/SP, julg. 23/02/2006, TP, DJ 01/09/2006; e referências das notas 179 e 180 do Cap. III.
82. Por um "modelo de convergência", ver Mello, 2001; Trindade, 2003; 2000; Piovesan, 2008a, pp. 51 ss.; Mazzuoli, 2001, pp. 33 ss.; 2005; 2007, pp. 682 ss.; Galindo, 2005. Mais cuidadosos, Sarlet (2001, pp. 77-95 e 132-5; 2006; 2009) e Gomes (2008, especialmente p. 189) relativizam o "modelo de convergência", embora demonstrem propensão para esse modelo. Em posição singular, Tavares (2005, pp. 47 s.) sustenta a recepção dos tratados de direitos humanos, anteriores à Emenda Constitucional n.º 45/2004, como normas constitucionais com a entrada em vigor dessa Emenda.

regresso a um "modelo de resistência" a partir de uma interpretação paroquial desses dispositivos constitucionais[83]. O caminho mais adequado em matéria de direitos humanos parece ser o "modelo de articulação", ou melhor, de entrelaçamento transversal entre ordens jurídicas, de tal maneira que todas se apresentem capazes de reconstruírem-se permanentemente mediante o aprendizado com as experiências de ordens jurídicas interessadas concomitantemente na solução dos mesmos problemas jurídicos constitucionais de direitos fundamentais ou direitos humanos. A alternativa absoluta "convergência ou resistência" carrega, respectivamente, elementos potenciais de autodestruição da própria ordem constitucional ou de heterodestruição de outras ordens jurídicas.

Indo além da invocação de normas e precedentes de outras ordens jurídicas, especialmente estrangeiras e internacionais por cortes nacionais, destacam-se casos em que decisões de tribunais cortam transversalmente ordens jurídicas diversas em matéria de direitos fundamentais e direitos humanos, com força vinculante. A esse respeito, parece-me de uma relevância especial a decisão da Corte Interamericana de Direitos Humanos (CIDH), no julgamento dos casos *Yakye Axa vs. Paraguai* e *Sawhoyamaxa vs. Paraguai*[84], no qual se decidiu sobre o direito de propriedade sobre territórios das comunidades indígenas Yakye Axa e Sawhoyamaxa, localizadas no Paraguai. Nesses interessantes casos, a CIDH decidiu não conforme o conceito técnico-jurídico de propriedade privada definido nos termos do direito constitucional estatal, mas sim levando em conta primariamente a

---

83. Estranhamente, Dimoulis e Martins (2007) optam por um "modelo de resistência" em relação às normas internacionais de direitos humanos (pp. 40-51), mas são entusiastas de um "modelo de convergência" quando se trata do direito estrangeiro, particularmente da jurisprudência do Tribunal Constitucional Federal alemão (pp. 261 ss.). Cf. *supra* pp. 181 s.

84. Caso *Comunidad Indígena Yakye Axa vs. Paraguay*, Sentença de 17/06/2005 (para a análise desse caso, ver Ramírez, 2005); caso *Comunidad Indígena Sawhoyamaxa vs. Paraguay*, Sentença de 29/03/2006 (para resumos de ambos os casos, ver Piovesan, 2008b, pp. 71-3).

noção cultural de "propriedade ancestral" das comunidades indígenas sobre os respectivos territórios, sedimentada historicamente em suas tradições. Assim, deixando em segundo plano um direito fundamental assegurado constitucionalmente no plano *estatal*, a CIDH argumentou favoravelmente aos direitos de comunidade *local extraestatal* sobre o seu território, para assegurar direitos humanos garantidos no nível internacional. Esse entrelaçamento multiangular em torno dos direitos humanos e fundamentais não seria possível, se não houvesse uma disposição, nas diversas ordens, especialmente na estatal, para ceder às exigências das perspectivas de outras ordens normativas em relação ao significado e abrangência de direitos colidentes.

Problemas de entrelaçamento pluridimensional em torno dos direitos humanos também se apresentam nos casos das comunidades indígenas nas quais a prática de relações sexuais de adultos com menores e o homicídio de recém-nascido são legitimados, questões que já considerei no item 6 do capítulo anterior, ao tratar especialmente do transconstitucionalismo entre ordens estatais e locais extraestatais. Mas, nesse caso, é relevante a Convenção n.º 169 da OIT sobre Povos Indígenas e Tribais[85], cujo art. 8.º, n.º 2, prescreve: "Esses povos deverão ter o direito de conservar seus costumes e instituições próprias, desde que eles não sejam incompatíveis com os direitos fundamentais definidos pelo sistema jurídico nacional nem com os direitos humanos internacionalmente reconhecidos [...]." Esse dispositivo torna mais complicada a colisão das ordens locais nativas com a ordem dos direitos fundamentais estatais e dos direitos humanos internacionais. Uma interpretação literal desse dispositivo, em nome da proteção absoluta da liberdade sexual das menores e da vida dos recém-nascidos, levaria tendencialmente a um etnocídio contra as respectivas comunidades indígenas. Parece-me que os argumentos apresentados

---

85. A respeito dessa Convenção, ver a breve exposição de Wolfrum, 1999 [trad. bras. 2008].

no capítulo III, item 6 (especialmente pp. 222 ss.), não perdem o seu significado em virtude dessa referência ao direito internacional. Nesses casos, cabe não apenas uma releitura complexamente adequada tanto das normas estatais de direitos fundamentais quanto das normas internacionais de direitos humanos. Um universalismo superficial dos direitos humanos, baseado linearmente em uma certa concepção ocidental ontológica de tais direitos, é incompatível com um diálogo constitucional com ordens nativas que não correspondem a esse modelo. Ao contrário, a negação de um diálogo construtivo com as ordens indígenas em torno dessas questões delicadas é contrária aos próprios direitos humanos, pois implicaria uma "ultracriminalização"de toda a comunidade de autores e coautores dos respectivos atos, afetando-lhes indiscriminadamente corpo e mente mediante uma ingerência destrutiva. No âmbito de um transconstitucionalismo positivo impõe-se, nesses casos, uma disposição das ordens estatais e internacionais de surpreender-se em um aprendizado recíproco com a experiência do outro, o nativo em sua autocompreensão.

Cabe também observar que, muitas vezes, a articulação transconstitucional dos direitos humanos envolve as dimensões estatal, internacional e transnacional. No caso da proteção da propriedade intelectual, que carrega elementos de direito nacional, internacional e transnacional em sentido estrito[86], destaca-se o caso *Hazel Tau vs. Glaxo and Boehringer*, brilhantemente analisado do ponto de vista da teoria sistêmica por Teubner[87]. Trata-se de caso de portadores de HIV contra as empresas transnacionais, no qual se apresentou a pretensão de acesso à medicação de combate ao HIV perante a Comissão de Competição da África do Sul[88]. As ques-

---

86. Cf. Fischer-Lescano e Teubner, 2006, pp. 67 ss.
87. Teubner, 2006, com vasta referência à literatura e alusão a outros casos análogos; Fischer-Lescano e Teubner, 2006, pp. 73 ss.
88. South Africa Competition Commission, *Hazel Tau et al. vs. Glaxo-SmithKline, Boehringer Ingelheim et al.*, julg. 16/12/2003. Antes – no caso *Minister of Heath v. Treatment Action Campaign*, julg. 05/07/2002, 2002, (5) SALR 721 –,

tões envolvidas no caso eram as seguintes: A política de preço das empresas farmacêuticas multinacionais ofende os direitos humanos? Os portadores de HIV são titulares de ação para processar diretamente empresas farmacêuticas multinacionais com base no direito fundamental à vida? Há, no setor privado, um direito humano de acesso à medicação? E, de maneira geral, os direitos humanos obrigam apenas os Estados ou também imediatamente os atores privados transnacionais?[89] A decisão da Comissão de Competição sul-africana, fundada também em dispositivo de lei nacional (art. 8, *a*, do *Competition Act* 89, de 1998), foi favorável aos postulantes, considerando que "o preço excessivo dos ARVs [antirretrovirais] é diretamente responsável pelas mortes prematuras, previsíveis e evitáveis de pessoas que vivem com HIV/AIDS, incluindo tanto crianças quanto adultos"[90]. Além de levar à discussão do problema dos efeitos horizontais dos direitos fundamentais no âmbito transnacional (com "dimensões muito mais dramáticas" do que "no âmbito nacional"[91]), ultrapassando o âmbito nacional, essa discussão aponta para problemas de entrelaçamento entre ordens de regulação. O simples recurso internacionalista a uma interpretação generosa do acordo TRIPS (*Trade-Related Aspects of Intellectual Property Rights*)[92], ou a invocação exclusiva ao modelo transnacional de autorregulação ou, por fim, o argumento por uma solução estatal definitiva com

---

a Corte Constitucional sul-africana manifestara-se favorável ao direito dos portadores do HIV ao acesso à medicação respectiva. Cf. Bilchitz, 2003.

89. Teubner, 2006, p. 161.

90. *Hazel Tau vs. Glaxo and Boehringer*, § 17. Cf. Teubner, 2006, p. 162; Fischer-Lescano e Teubner, 2006, p. 76.

91. Teubner, 2006, p. 162.

92. Piovesan, 2008c, p. 149. Para a implicação problemática do Acordo TRIPS para os países em desenvolvimento, ver Bass, 2002-2003. A respeito, afirma Koskenniemi (2004, p. 206): "Em nenhuma situação, a dominação dos interesses ocidentais foi mais visível do que no Acordo sobre Aspectos dos Direitos de Propriedade Relacionados ao Comércio (TRIPS), concebido para proteger os direitos autorais, as patentes e as marcas pertencentes esmagadoramente a companhias ocidentais."

base na soberania do povo não se apresentam suficientemente complexos nesses casos. Os limites de legitimidade das respectivas ordens não podem também servir de argumento último para excluí-las do processo de busca de uma solução juridicamente consistente e socialmente adequada. Sem a *ultima ratio* presente em nenhuma das ordens, a solução transconstitucional referente aos direitos humanos, no caso mencionado, demonstra que o fundamental é restringir o caráter expansivo de certas ordens jurídicas em detrimento de outras (evitar o perigo da desdiferenciação), assim como limitar a expansão de ordens de regulação e as respectivas organizações que atuam no sentido da ampliação da exclusão e, portanto, da destruição do suporte biopsíquico da pessoa[93]. Em vez de otimização, trata-se de evitar a tendência maximizante de ordens jurídicas vinculadas ao dinheiro e ao poder, meios de comunicação cuja capacidade de expansão imperial tem-se mostrado mais acentuada na sociedade mundial do presente[94]. Mas as decisões transconstitucionais não podem levar à paralisia de uma ordem, seja ela vinculada ao dinheiro ou ao poder, pois isso reverterá, em uma sociedade supercomplexa, na desdiferenciação prejudicial a todas as esferas sociais.

Também no âmbito do direito de patente destaca-se o problema da chamada "biopirataria". Essa grave questão vai além das formas transnacionais de autorregulação econômica global, da ordem internacional e das instâncias estatais dos chamados países em desenvolvimento, atingindo também formas antropológico-jurídicas locais de populações tradicionais e, inclusive, arcaicas, especialmente de comunidades indígenas[95]. Partindo-se de uma suposta universalidade do direito de patente, tende-se a considerar sem nenhum significado jurídico e reprimir formas tradicionais de

---

93. Cf. Ladeur e Augsberg, 2008, especialmente p. 105, vinculando o perigo da desdiferenciação com a questão da inclusão/exclusão do indivíduo na sociedade mundial.

94. Cf. Fischer-Lescano e Teubner, 2006, pp. 7 e 25 ss.

95. Cf. Teubner e Fischer-Lescano, 2008.

aquisição de saber e técnica. Evidentemente, essa solução não é a mais indicada em perspectiva transconstitucional dos direitos humanos e fundamentais. Na medida em que, mediante a biopirataria, formas de vida e de regulação normativa de comunidades locais nativas são usurpadas ou destruídas, o direito de patente apresenta-se como um "antidireito". Daí por que, também nesse contexto, qualquer modelo de internacionalismo ou transnacionalismo, e inclusive de estatalismo, apresenta-se inadequado, sendo fundamental que sejam respeitados os direitos "ancestrais" consuetudinários de "propriedade intelectual" das comunidades locais extraestatais, cabendo também compensações pelos prejuízos que a exploração "moderna" das matérias-primas respectivas possam provocar às respectivas comunidades[96]. Também nesse caso, a colisão entre direitos fundamentais de propriedade intelectual "moderna" e direitos humanos referentes à propriedade intelectual "ancestral" encontra o único caminho de solução em um transconstitucionalismo que contenha a expansão das formas jurídicas acopladas ao mecanismo monetário.

Os exemplos apresentados a respeito do transconstitucionalismo pluridimensional dos direitos humanos parecem-me corroborar a ideia de que, embora não se possa afastar o direito constitucional clássico do Estado, vinculado geralmente a um texto constitucional, o constitucionalismo abre-se para esferas além do Estado, não propriamente porque surjam outras Constituições (não estatais), mas sim porque os problemas eminentemente constitucionais, especialmente os referentes aos direitos humanos, perpassam simultaneamente ordens jurídicas diversas, que atuam entrelaçadamente na busca de soluções. O transconstitucionalismo afigura-se, dessa maneira, como o direito constitucional do futuro, exigindo um maior grau de interdisciplinaridade. Nesse sentido, é fundamental a construção de uma metodologia específica para o transconstitucionalismo.

---

96. Cf. Teubner e Fischer-Lescano, 2008, p. 45.

3. Esboços de uma metodologia do transconstitucionalismo

O método do transconstitucionalismo não pode ser reduzido ao modelo de identidade de uma ordem jurídica determinada. O ponto de partida é a "dupla contingência"[97]. Em princípio, o problema da dupla contingência está presente na relação de observação recíproca entre *ego* e *alter* na interação. Mas a questão da dupla contingência não se restringe à interação, na qual os polos *ego* e *alter* remetem a (embora não se confundam com) pessoas, tendo em vista que *alter* e *ego* podem remeter também a sistemas sociais[98]. Nesse sentido, *ego* e *alter* podem ser não só o direito como sistema funcional abrangente, mas também suas organizações e ordens jurídicas (essas, a rigor, sistemas parciais na diferenciação interna do sistema jurídico, seja essa segmentária em territórios ou funcional conforme o sistema ou problema social ao qual a ordem está relacionada). Assim sendo, o transconstitucionalismo importa a questão permanente de dupla contingência entre diversas ordens jurídicas, sobretudo entre os seus tribunais.

A dupla contingência implica que *ego* conta com a possibilidade de que a ação de *alter* seja diversa daquela que ele projetou e vice-versa. Embora não possa persistir uma "pura dupla contingência" – pois há os condicionamentos da interação[99] e a "absorção da insegurança"mediante a "estabilização de expectativas"[100] –, "a tentativa de prever precisamente o outro fracassaria inevitavelmente"[101]. Isso importa a suposição mútua de "graus de liberdade"[102] (a ação de *al-*

---

97. Luhmann, 1987c, pp. 148 ss.; 1987a, pp. 32 ss.; 2002b, pp. 315 ss. O conceito de dupla contingência remonta, segundo Luhmann (1987c, p. 148; 2002b, p. 317), a Talcott Parsons e a um grupo de pesquisadores a ele vinculados. Cf. Parsons *et al.*, 1951, p. 16; Parsons, 1968, p. 436.
98. Luhmann, 1987c, pp. 152 e 155.
99. Cf. Luhmann, 1987c, pp. 168 e 185 s.
100. Luhmann, 1987c, p. 158.
101. Luhmann, 1987c, p. 156.
102. Luhmann, 1987c, p. 186.

ter pode ser bem diversa da projetada no vivenciar de *ego* e vice-versa), que converte o comportamento em ação: "O comportamento torna-se ação no espaço de liberdade de outras possibilidades de determinação."[103] E a própria dupla contingência como "autocatalisadora" dos sistemas sociais[104] supõe a liberdade recíproca na forma de "uma incerteza que se condiciona a si mesma" em um círculo autorreferencial: "Eu não me deixo determinar por ti, se tu não te deixas determinar por mim."[105] Disso decorre que a dupla contingência envolve uma combinação de não identidade e identidade: "*Ego* vivencia *alter* como *alter ego*. Ao mesmo tempo que tem a experiência com a *não identidade das perspectivas*, ego vivencia *a identidade dessa experiência* de *ambos* os lados."[106]

A dupla contingência carrega em si a questão do reconhecimento[107]. Mas pretendo aqui, dando um passo além de argumento que desenvolvi em trabalho recente[108], considerar o reconhecimento entre ordens jurídicas ou tribunais como um problema de dupla contingência. O problema (da negação) do reconhecimento põe-se precisamente quando um dos polos, na relação de observação recíproca entre *ego* e *alter*, não se dispõe a suportar a "liberdade" do outro, tan-

---

103. Luhmann, 1987c, p. 169.
104. Luhmann, 1987c, pp. 170 ss.
105. Luhmann, 1987c, p. 167.
106. Luhmann, 1987c, p. 172.
107. Cabe advertir que a dupla contingência na interação supõe observação recíproca de pessoas enquanto construções sociais ou endereços de comunicação, não se tratando de relação interpsíquica entre seres humanos. Como *black boxes*, *ego* e *alter* remetem na interação a pessoas, cujo agir e vivenciar permanecem indeterminados. Cf., em perspectiva diversa, na esteira de Mead (1962 [1934]), Honneth, 1994, pp. 114 ss., cuja teoria do reconhecimento intersubjetivo remonta à concepção hegeliana de "luta pelo reconhecimento" (1994, especialmente pp. 54 ss.; cf. Hegel, 1967 [1805-1806], especialmente pp. 200 ss.). Segundo Honneth (1994, p. 12), o modelo de uma "luta pelo reconhecimento" teria perdido o seu significado teórico na *Fenomenologia do espírito* (cf. Hegel, 1988 [1807], pp. 127 ss.; Honneth, 1994, pp. 104 s.). Para a compreensão do debate dominante sobre reconhecimento, ver Taylor, 1993; 1995, pp. 52 ss.; Fraser, 2004; Fraser e Honneth, 2003.
108. Neves, 2009c, pp. 677 ss.

to porque não considera o seu comportamento como ação (pois não poderia ser diverso do comportamento projetado por *ego*) quanto porque não leva a sério a não identidade de sua perspectiva. Quando o "também-ser-possível-de-outra-maneira"[109] do comportamento de *alter* não faz parte do vivenciar de *ego*, a perspectiva daquele é desprezada. Por fim, se consideramos que "uma das mais importantes consequências da dupla contingência é o surgimento da *confiança* ou *desconfiança*"[110], podemos afirmar que, na negação do reconhecimento do outro, a desconfiança expande-se de tal maneira que impede a construção de interações fundadas na dupla contingência.

O transconstitucionalismo depende de um método que não se concentre em uma identidade cega. Ordens jurídicas isoladas são evidentemente levadas, especialmente mediante os seus tribunais supremos ou constitucionais, a considerar em primeiro plano a sua identidade, pois, caso contrário, diluem-se como ordem sem diferença de seu ambiente. Mas, se elas estão confrontadas com problemas comuns, especialmente quando esses são de natureza jurídico-constitucional, impõe-se que seja considerada a alteridade. Caso contrário, a tendência é o bloqueio recíproco. Nesse sentido é fundamental, no plano da construção de uma metodologia do transconstitucionalismo, que se considere ser indispensável a reconstrução permanente da "identidade constitucional" por força de uma consideração permanente da alteridade[111]. Isso não significa a negação da identidade conforme um modelo inocente de pura convergência, e sim a prontidão para uma abertura não apenas cognitiva, mas também normativa para outra(s) ordem(ns) entrelaçada(s) em casos concretos. Evidentemente, permanece uma incerteza dos resultados, mas só mediante essa disposição é possível

---

109. Luhmann, 1987c, p. 184.
110. Luhmann, 1987c, p. 179.
111. Em perspectiva inteiramente diversa, partindo de pressupostos psicanalíticos, Rosenfeld (2003) associa a "identidade do sujeito constitucional" com a perspectiva do "outro".

absorver o dissenso originário. O caminho contrário leva ao bloqueio recíproco na solução de relevantes problemas constitucionais, tanto no plano dos direitos humanos e fundamentais quanto no âmbito da organização (controle e limitação) do poder.

A aplicação do modelo de ponderação orientada pelo critério da otimização, conforme a principiologia, especialmente na sua formulação por Alexy[112], parece, no caso do transconstitucionalismo, bem mais controversa do que no interior de uma determinada ordem constitucional[113]. Além de ser um paradigma que, por um lado, ao estar fortemente vinculado a posições de grupos, "concentra a atenção, tanto cognitiva quanto normativamente, sobretudo nos efeitos de curto prazo, negligenciando os de longo prazo"[114], e, por outro, não leva em conta adequadamente o problema da incomensurabilidade das perspectivas[115], é um modelo que parte de uma noção muito radical da identidade. Em primeiro lugar, parte-se da identidade dos princípios como direitos ilimitados *prima facie*, que só sofreriam restrições mediante o processo de ponderação ou "sopesamento" com outros princípios[116]. Mas, já *prima facie*, o direito de *ego*, fun-

---

112. Alexy, 1986, especialmente pp. 71 ss. [trad. bras. 2008, pp. 85 ss.], que desenvolveu o seu sofisticado modelo a partir de Dworkin, 1991, especialmente pp. 16-80. Para a recepção da principiologia jurídica de Alexy no Brasil, ver Silva, V. A., 2009b, pp. 43 ss. Sobre a discussão em torno da teoria dos princípios, cf. também, entre muitos, Ávila, 2008; Steinmetz, 2001; Barroso e Barcelos, 2005; Martins, 2008.

113. Para a crítica ao modelo do "sopesamento" ou ponderação, ver, entre muitos, Ladeur, 2007b, pp. 343 ss. (referindo-se aqui a uma "desvalorização dos direitos fundamentais mediante uma ponderação sem limites"); 2004b; Ladeur e Augsberg, 2005, pp. 158 ss.; Christensen e Fischer-Lescano, 2007, pp. 148 ss.; Schlink, 1976, pp. 127 ss.; 2001, pp. 455 ss.; Jestaedt, 1999; Müller, 1995, pp. 62 ss.; Habermas, 1992, pp. 310 ss. [trad. bras. 2003, vol. I, pp. 316 ss.].

114. Ladeur, 2007b, p. 367, que, porém, parece-me equivocado quando vincula intrinsecamente o modelo de "ponderação sem limites" ao Estado social e fixa-se muito estreitamente no paradigma liberal de sociedade (cf. especialmente p. 371).

115. Christensen e Fischer-Lescano, 2007, pp. 199 ss., com esteio em Kuhn, 1996, pp. 198 ss.

116. Cf., p. ex., Alexy, 1986, especialmente pp. 273 e 342 s. [trad. bras. 2008, pp. 302 e 377], aqui em relação ao "direito geral de liberdade".

dado em um princípio, implica uma limitação do direito de *alter*, fundado no mesmo princípio, e vice-versa (p. ex., tipicamente, o direito fundamental de liberdade). Isso importa que não há apenas colisão entre princípios, mas também colisão intraprincípios, na alteridade básica do direito. Ademais, supõe-se que essas identidades são superadas em uma identidade superior ponderadora, isto é, em um denominador comum, que otimiza os princípios em face da colisão. Em realidade, no caso de colisão, um peso maior que venha a ser dado a um princípio só pode, de início, "fazer injustiça" a um outro. Só em um modelo de alteridade, que se construa exatamente na busca de uma permanente possibilidade de alteração da identidade em face do outro, pode-se processar o paradoxo da colisão entre direitos fundamentais. Ao ser reprimido ou sublimado por uma instância de otimização, esse paradoxo tende a retornar, em outro momento, de forma bloqueante ou destrutiva[117].

Como afirmei, sendo problemática no interior de uma ordem constitucional, a aplicação do modelo da "ponderação otimizante" torna-se especialmente discutível na relação de direitos fundamentais entre ordens jurídicas, no âmbito do transconstitucionalismo. A tendência à "otimização", na relação entre "identidades constitucionais" radicalmente diversas, pode levar não apenas a ilusões, mas também à paralisação "narcisista" recíproca. O fundamental nesse caso é a construção de mecanismos que sirvam à rearticulação da identidade mediante a observação da solução oferecida pela outra ordem para um determinado problema. Antes de afirmar a otimização, cabe falar, no primeiro passo do método

---

117. Tratando dos "paradoxos da interpretação", Ladeur e Augsberg (2005) advertem que, em vez de negar ou apenas constatar esses paradoxos, impõe-se a "desparadoxização" mediante o processamento permanente dos paradoxos (pp. 150 s.), sob pena de efeitos destrutivos para o sistema jurídico. Admitir isso, no âmbito do transconstitucionalismo, significa exatamente reconhecer os limites da própria interpretação, considerando as perspectivas das outras ordens envolvidas, para, dessa maneira, reduzir o momento de violência intrínseco a toda decisão. A respeito dos paradoxos no direito, ver Teubner, 2003b.

transconstitucional, em contenção[118]. Mas essa contenção não é um fim em si mesmo. Ela se relaciona com a dupla contingência, com a capacidade de surpreender-se com os outros, na admissão de um futuro aberto, que não pode ser predefinido por nenhuma das ordens entrelaçadas no caso. É fundamental a disposição de procurar as "descobertas" normativas dos outros[119], para fortificar a própria capacidade de oferecer solução para problemas comuns.

Portanto, o método do transconstitucionalismo não pode ter como ponto de partida uma determinada ordem jurídica, muito menos as ordens dos mais poderosos, mas sim os problemas constitucionais que se apresentam enredando as diversas ordens[120]. Da desconexão inicial entre ordens presas em suas respectivas identidades, o transconstitucionalismo viabiliza a articulação recíproca de regras e princípios em face do caso. Nessa perspectiva, o desenvolvimento de um método do transconstitucionalismo abre a possibilidade de construção de uma racionalidade transversal na relação entre princípios e regras de ordens jurídicas distintas. Isso implica que se considerem três níveis de relações entre princípios e regras de ordens jurídicas diversas, cada um desses níveis entrelaçado circularmente com os outros: princípio-princípio, regra-regra, princípio-regra (havendo mais de duas ordens envolvidas, a situação torna-se ainda mais rica em possibilidades de entrelaçamentos). A compreensão dessas múltiplas interfaces pode oferecer novas luzes inclusive sobre a teoria da relação entre princípios regras[121].

---

118. Aqui cabe lembrar a tendência das diversas esferas sociais ou discursos em maximizar suas racionalidades em detrimento de outras, como vêm enfatizando Fischer-Lescano e Teubner (2006, pp. 25 ss.). Cf. também Teubner, 2008, pp. 32 s.

119. Para relembrar a contribuição de Waldron (2005), considerada no item anterior (cf. *supra* pp. 260 s.).

120. Cf. Baudenbacher, 2003, p. 523.

121. Portanto, não se propõe aqui um recuo para o modelo clássico de regras. Princípios como normas de normas são instâncias reflexivas indispensáveis do sistema jurídico, servindo ao balizamento e construção de regras no processo concretizador (sobre mecanismos reflexivos ou reflexividade, ver

Evidentemente, o modelo de ênfase na alteridade, que implica a busca constante de rearticular a identidade em face do outro, tem os seus limites no sistema jurídico mundial de níveis múltiplos. Como já foi afirmado, há ordens jurídicas que não estão dispostas ao diálogo transconstitucional. Isso não significa que elas devam ser excluídas metodologicamente do transconstitucionalismo. Principalmente em relação a elas, o transconstitucionalismo está exposto a delicado desafio. Como oferecer métodos que, por instigações recíprocas, levem a transformações internas. Excluído o simples "constitucionalismo imposto" (cf. *supra* nota 129 do Cap. III), isso implica uma certa capacidade de encontrar, dentro da ordem do outro, os elementos que possam servir para a sua autotransformação no sentido de um primeiro passo para o diálogo transconstitucional. Essa limitação inicial é problemática e, algumas vezes, não será possível sequer um início de aproximação transconstitucional.

Não obstante, em um mundo de problemas constitucionais comuns para uma pluralidade de ordens jurídicas, o método transconstitucional parece mais adequado à passagem de uma simples situação de fragmentação desestruturada para uma diferenciação construtiva entre ordens jurídicas, no plano de suas respectivas autofundamentações, do que métodos hierárquicos lineares definitivos, sejam esses internacionais, estatais, supranacionais, transnacionais ou, inclusive, jurídico-antropológicos locais. Portanto, com base em uma metodologia do transconstitucionalismo cabe rejeitar tanto um modelo metódico hierárquico quanto a simples

---

Luhmann, 1984a; 1987c, pp. 601 e 610-6). Mas não se deve confundir isso com uma relação hierárquica linear de fundamentação. O que se afirma é uma circularidade (ou "*tangled hierarchies*"): enquanto os princípios servem ao balizamento e construção de regras, estas, por sua vez, são fundamentais à aplicação daqueles no processo concretizador. Aqui, há uma relação de reflexividade no plano da estática do sistema jurídico, assim como há uma reflexividade, na dimensão dinâmica, entre Constituição e lei, como também entre ambas e a decisão judicial aplicadora. A respeito da estática e da dinâmica jurídica, ver Kelsen, 1960, pp. 72 ss., 114 ss. e 196 ss. [trad. bras. 2006, pp. 79 s., 121 ss. e 215 ss.].

constatação da fragmentação do direito, sem horizonte metodológico. Em face da fragmentação, o método transconstitucional precisa desenvolver-se na busca de construir "pontes de transição" que possibilitem um relacionamento mais construtivo (ou menos destrutivo) entre ordens jurídicas, mediante a articulação pluridimensional de seus princípios e regras em face de problemas jurídico-constitucionais comuns, dependentes de soluções suportáveis para todas as ordens envolvidas, sem uma última instância decisória. Antes do que de autoridade, o transconstitucionalismo precisa de método.

Capítulo V
Excurso: limites e possibilidades do transconstitucionalismo entre condições empíricas, exigência funcional e pretensão normativa

1. Condições empíricas: transconstitucionalismo *versus* assimetria das formas de direito

Há relevantes condições empíricas negativas à realização do transconstitucionalismo na sociedade mundial do presente. Pode-se também afirmar que o transconstitucionalismo carrega em si uma dimensão positiva, o desenvolvimento da racionalidade transversal entre ordens jurídicas, e uma dimensão negativa, as relações bloqueadoras e destrutivas entre elas. Os seus limites não são, portanto, apenas determinados a partir do exterior do sistema jurídico, mediante a sobreposição ou "colonização" de ordens jurídicas por sistemas sociais que instrumentalizam o direito[1]. Também do ponto de vista interno ao sistema jurídico, o transconstitucionalismo é autobloqueado pelas assimetrias das formas de direito, embora estas assimetrias estejam condicionadas por aqueles fatores externos.

Cabe um esclarecimento prévio sobre a utilização da expressão "formas de direito" no plural. Na tradição marxista, ao se tratar da "forma do direito" [*"Rechtsform"*], analogamente ao conceito da mercadoria como forma[2], usa-se

---
1. A respeito, ver Neves, 2009b; cf. *supra* Cap. II, especialmente pp. 77 ss., 97 s. e 112 s.
2. "A mercadoria como forma elementar da riqueza burguesa" ou "forma geral elementar do produto" (Marx, 1988b [1863-1867], pp. 24 e 27). Marx

o termo no singular[3]. Trata-se, nesse caso, de uma distância entre formas estruturais da sociedade (uma da economia, a outra do direito) e os sujeitos concretos, ou seja, formas da "alienação" ["*Entfremdung*"]. Quando me refiro a "formas jurídicas" no plural, pretendo desvincular-me, de certa maneira, dessa tradição. Considero, então, os diversos modos em que se relaciona, nas dimensões temporal, social, material e territorial, o código-diferença primário do direito (lícito/ilícito) com os programas e critérios jurídicos de decisão e solução de conflitos (particularmente normas constitucionais, legais, administrativas, sentenciais, negociais e consuetudinárias, modelos dogmáticos e precedentes judiciais). De fato, se se pretendesse uma aproximação maior com a tradição marxista, caberia falar de manifestações múltiplas da "forma do direito". Não obstante, à ênfase na pluralidade é mais adequada a expressão "formas de direito".

Mediante as assimetrias das formas de direito, o transconstitucionalismo é obstaculizado ou prejudicado em virtude do fato de que, em determinados contextos, uma delas apresenta-se demasiadamente forte em relação a uma outra, desconsiderando-lhe as pretensões e exigências. Essa maneira de sobreposição de uma forma de direito a uma outra não implica a formação de uma ordem ou organização hierárquica no sentido tradicional de uma estrutura escalonada, mas, antes, conduz a mecanismos difusos de opressão ou negação da autonomia de formas de direito por outras.

No âmbito das relações internacionais, a expansão do código do poder em detrimento do código jurídico está associada à imunização e intocabilidade das ordens jurídicas das "grandes potências"[4] perante o direito internacional pú-

---

esclarecia o seu conceito, considerando que havia mercadorias nas formações sociais pré-capitalistas: "Somente com base na produção capitalista, a mercadoria torna-se, de fato, a *forma geral elementar da riqueza*" (p. 28).

3. Cf. Buckel, 2008.

4. Refiro-me a "grande potência" não inocentemente. Com o uso dessa expressão, pretendo me referir a Estados – compreendidos aqui como organizações que constituem o centro de cada "sistema político (territorial)" (Luhmann,

blico. Um aspecto significativo reside na impotência das organizações internacionais para realizar o controle da prática jurídica dos Estados Unidos da América e impor-lhes as devidas sanções. Assim, por exemplo, o controle jurídico-internacional do armamento é rejeitado pelos Estados Unidos (também pela China e Rússia) como inaceitável, como se constituísse uma interferência ilegítima em assuntos internos. O mesmo controle de armamento é exigido – sobretudo pelos Estados Unidos – em relação aos países mais fracos na constelação internacional, sendo imposto pelos órgãos internacionais competentes. E, no concernente à competência jurisdicional, os tribunais americanos não estão dispostos a admitir um reconhecimento generalizado da competência das cortes internacionais para julgar os casos em que pretensões de direito internacional público são apresentadas contra o Estado americano e, nos casos excepcionais, contra seus órgãos, organizações ou cidadãos. A esse respeito, a prisão de Guantánamo é exemplar: o Judiciário americano impôs-se descartando qualquer possibilidade de decisão de um tribunal internacional, embora as características do litígio indiquem que o caso não envolve apenas uma questão interna de contrariedade à Constituição ou ao Estado de direito, mas também implica uma importante questão de contrariedade ao direito internacional público[5]. Assim, no interior de Estados constitucionais desenvolvem-se práticas anticonstitucionais, cuja "migração"[6] mina a realização do transconstitucionalismo.

2000a, p. 244) – que, em virtude da intensidade de seu poder, dispõem de maiores possibilidades de atuar, provocando efeitos desdiferenciantes na sociedade mundial (cf., p. ex., Luhmann, 1993a, pp. 579 s.; Koskenniemi, 2002, pp. 480 ss.; 2004, pp. 202 ss.).

    5. Cf. Wolfrum, 2003, especialmente pp. 52-62 e 77 s.; Hillgenberg, 2007; Amann, 2004; Jinks e Sloss, 2004. Ver também Siehr, 2004, considerando as implicações jurídico-internacionais da chamada "guerra contra o terrorismo internacional" no Reino Unido e nos Estados Unidos. Ver *supra* pp. 214 s.

    6. Nesse sentido, Scheppele (2006) refere-se à "migração de ideias anticonstitucionais" em relação às medidas de combate ao terrorismo tomadas depois do atentado de 11 de setembro de 2001; Roach (2006) trata da migração

A essa situação está intimamente vinculado o problema das assimetrias das formas de direito entre ordens jurídicas estatais. A esse respeito, impõe-se dar um passo além da constatação de que a autonomia operativa do direito perante o seu ambiente social só se realizou em poucos Estados constitucionais consolidados[7]. Antes, deve-se enfrentar a questão de determinar em que medida as ordens jurídicas e culturas jurídicas dos Estados fortes no contexto da sociedade mundial atuam destrutivamente em relação ao desenvolvimento de formas de direito de outros Estados. Nesse particular, destaca-se o problema da opressão "pós-colonial" ou "neocolonial" de experiências positivas com o direito nos países periféricos. Quando surgem formas desviantes de relações jurídicas concernentes ao mercado, à distribuição do poder, à identidade cultural, à educação etc., medidas de intervenção são frequentemente propostas e executadas, para que a compreensão jurídica do Estado dominante passe novamente a valer. Isso implica uma concepção marcantemente assimétrica da "soberania": enquanto essa vale de maneira quase absoluta para o portador de determinadas formas jurídicas, é demasiadamente relativizada ou inteiramente desconsiderada no caso de formas de direito que se desviam da dominante em suas experiências com o poder, o dinheiro e o saber.

Analogamente, a relação dos regimes privados para com as formas de direito dos países periféricos afasta-se, com certa regularidade, do modelo transconstitucional. A corrupção sistemática das formas de direito dos Estados frágeis mediante as autorregulações privadas no plano transnacional, em benefício das grandes empresas multinacionais, não é algo a ser considerado apenas na perspectiva de uma crítica de esquerda ao capitalismo. Essa questão deve ser levada a sério também com vista às exigências de reconhecimento

---

da lei britânica antiterrorismo de 2000 e Gross (2006) fala de "migração de anomalias".

7. Neves, 2006b; 2007b; 2009b.

ou fortificação das autonomias discursivas das esferas plurais da sociedade mundial. As ordens jurídicas privadas transnacionais, enquanto "direito como meio" da economia[8], desenvolvem um tipo de racionalidade instrumental no âmbito jurídico, conforme a qual todas as pretensões normativas emergentes das formas de direito dos países mais fracos tendem a ser julgadas como perturbações para a dinâmica de sua expansão. Daí por que aquelas ordens propendem a desprezar estas pretensões com efeitos destrutivos sobre as respectivas formas de direito. No campo da proteção do direito de patente, esse problema se apresenta no exemplo da biopirataria, que já foi acima considerado (cf. *supra* pp. 268 s.). Nesse caso, o argumento desenvolvimentista pode ser apenas a cobertura para formas de apropriação indevida de bens materiais e imateriais por grupos transnacionais, em prejuízo dos cidadãos dos respectivos Estados e também de membros das correspondentes comunidades nativas.

Em conexão com esse problema, cabe igualmente sublinhar que as instâncias centrais do Estado, frequentemente, não estão dispostas a suportar formas de direito locais e colaborar com elas. Disso resulta a opressão das pretensões jurídicas locais em nome da unidade estatal. O oposto não é raro: separatismo cego de comunidades locais que não estão dispostas a conviver com a heterogeneidade do povo e a pluralidade da esfera pública de um Estado constitucional. Muitas vezes, os efeitos destrutivos recíprocos surgem no âmbito dos conflitos entre pretensão de unidade de um Estado federal, regional ou unitário e as pretensões de autonomia de seus respectivos Estados-membros, regiões ou províncias/departamentos. Mas também no que concerne a formas de direito não oficiais tornam-se cada vez mais fortes as pretensões de autonomia jurídica, que estão associa-

---

8. Uso aqui uma expressão de Habermas (1982a, vol. 1, pp. 536 s.) sem assumir, porém, os pressupostos teóricos da distinção entre direito "como meio" e direito "como instituição", dicotomia da qual ele mesmo se afastou mais tarde (1992, p. 502, nota 47 [trad. bras. 2003, vol. II, pp. 156 s., nota 47]). A respeito, cf. Neves, 2006a, pp. 108 s.

das frequentemente a medidas opressoras por parte do Estado, assim como a conflitos inegociáveis que se originam de exigências locais de autonomia[9]. Nesse caso, cabe falar antes de entrelaçamentos negativos, porque não se deixa um espaço para um aprendizado recíproco nos termos do transconstitucionalismo. Ao contrário, a situação é dominada por conflitos de intolerância, que, por fim, não podem ser tratados ou resolvidos por meio de formas jurídicas, levando, nas últimas consequências, à solução armada de contendas violentas, avessas ao direito.

Ainda cumpre destacar as assimetrias das formas de direito em relação aos diversos âmbitos funcionais do sistema jurídico. Há formas de direito que mediante acoplamentos estruturais fortemente consolidados com outras esferas parciais da sociedade tornam-se dominantes: assim, por exemplo, o contrato e a propriedade servem como acoplamentos estruturais entre direito e economia (cf. *supra* p. 36) e constituem formas de direito fortes – se não as mais fortes – da sociedade mundial. Em outras áreas, os acoplamentos permanecem no plano operativo ou, quando se estendem para o nível estrutural, são muito fracos. Nesse sentido, podem ser caracterizados o direito ambiental, concernente à relação entre homem e natureza, e o direito social, orientado para a inclusão da pessoa. As formas de direito do contrato e da propriedade afirmam-se expansivamente contra as formas de direito do meio ambiente e da inclusão. E, no contexto dos novos desenvolvimentos da sociedade mundial, as formas do direito econômico, determinadas funcionalmente, apresentam-se cada vez mais fortes do que as

---

9. Tratando desses conflitos em relação a outro contexto, alertava Luhmann (2000a, pp. 218 s.): "Pode ser que em um futuro previsível estejamos perante conflitos de natureza inteiramente diversa: conflitos étnicos, conflitos religiosos, conflitos de identidade, conflitos sobre valores, normas e convicções não passíveis de negociação. Inumeráveis movimentos fundamentalistas, tal como vêm renascendo inesperadamente nas últimas décadas, comprovam que, assim como antes, ainda existem esses conflitos não triviais e que foi uma ilusão poder reduzir todos os conflitos, politicamente, a conflitos de interesses." Cf. Neves, 2006a, pp. 222-4.

formas do direito político do Estado constitucional, territorialmente condicionadas. Mas o direito ambiental e o direito social, dirigido à inclusão, constituem formas secundárias de direito da sociedade mundial em relação tanto às formas jurídicas referentes à economia quanto às concernentes à política estatal. Isso está associado ao fato de que, perante as formas jurídicas do poder político e da economia, também as formas jurídicas dos direitos humanos permanecem muito frágeis: na medida em que seu acoplamento com os discursos morais da inclusão da pessoa ou da exclusão do homem (cf. *supra* pp. 254-6) é bloqueado pelos discursos do mercado e do poder de modo regular e sistemático, elas continuam a pertencer a uma das formas de direito predominantemente simbólicas no plano da sociedade mundial[10].

Diante do exposto, pode-se inferir que o transconstitucionalismo é um recurso escasso da sociedade mundial. Entrelaçamentos transconstitucionais estáveis entre ordens jurídicas só ocorreram, até agora, em âmbitos muito limitados do sistema mundial de níveis múltiplos, seja do ponto de vista territorial ou funcional. E prevalecem as perspectivas desfavoráveis a desenvolvimentos positivos. Seria totalmente ilusória a ideia de que as experiências com a racionalidade transversal nos termos do transconstitucionalismo entre ordens jurídicas estão generalizadas ou em condições de generalizar-se em um curto ou médio prazo. Essas experiências fazem parte dos privilégios de alguns âmbitos jurídicos de uma sociedade mundial sensivelmente assimétrica.

Em suma: pode-se verificar que formas de direito fortes sobrepõem-se de maneira opressora a formas de direito frágeis no sistema mundial de níveis múltiplos. Assim, as formas estatais de direito das "grandes potências" permanecem intocáveis perante o direito internacional público e contra esse imunizadas. Também essas formas jurídicas comportam-se opressivamente em relação às formas de direito dos países fracos na constelação internacional. Isso é verifi-

---

10. Cf. Neves, 2005. Cf. *supra* pp. 92 s.

cável sobretudo quando esses tomam medidas desviantes na direção de transformações sociais. Da mesma maneira, as ordens jurídicas transnacionais instrumentalizadas pelas grandes empresas atuam destrutivamente sobre as formas de direito dos chamados países em desenvolvimento e das comunidades locais não estatais. Também no âmbito do conflito entre unidade estatal e autonomias locais ocorrem, com frequência, por um lado, repressão das formas de direito locais pelas centrais e, por outro, reações cegas das formas jurídicas locais contra as centrais do respectivo Estado. Por fim, as assimetrias das formas de direito conduzem à repressão das frágeis formas jurídicas do direito ambiental, do direito social e dos direitos humanos, permanentemente reprimidas pelas fortes formas de direito do contrato, da propriedade, do mercado e do poder. Para todos esses casos vale o seguinte: não há transconstitucionalismo sem uma relativa simetria das formas de direito.

O transconstitucionalismo faz parte das exigências funcionais e, correspondentemente, das pretensões normativas da sociedade mundial, conforme será considerado a seguir. Não obstante, de um ponto de vista empírico, as persistentes *explorações* dos discursos jurídicos no contexto de formas de direito assimétricas impõem-se ainda de maneira muito sólida contra essas exigências e pretensões. Essas *explorações* do direito promovem a ampliação dos setores de exclusão da sociedade mundial, incompatível com o desenvolvimento do transconstitucionalismo.

2. Exigência funcional: além de utopia constitucional e fragmentação – promoção de uma "ordem diferenciada de comunicações" (integração sistêmica)

No plano dos estudos do direito internacional público e das ordens jurídicas transnacionais, tem-se tornado lugar comum a utilização do termo "fragmentação" para designar a falta de unidade do direito na sociedade mundial do presente[11]. E, nesse contexto teórico, quando não se reconhece a fragmentação, a alternativa apresentada é a "utopia constitucional"[12]. Do ponto de vista de uma abordagem sistêmico-funcional, a simples afirmação de utopias teleológicas ou o mero reconhecimento da fragmentação não constituem alternativas, antes indicam, respectivamente, o excesso de normativismo ou de realismo na abordagem dos problemas jurídicos da sociedade mundial.

A fragmentação, em si mesma, não significa nada do ponto de vista da integração sistêmica. Os fragmentos podem permanecer sem nenhuma conexão, atuando com efeitos paralisantes ou destrutivos para os outros fragmentos. O problema que se põe é o de como integrar esses fragmentos em uma "ordem diferenciada de comunicação"[13]. Como se podem construir relações de interdependência entre os fragmentos? E é essa a questão da integração sistêmica.

Luhmann define a integração (sistêmica) "como redução dos graus de liberdade de subsistemas" ou "como limitação dos graus de liberdade para seleções"[14] e, portanto, negativamente enquanto *dependência*, sugerindo que essa noção aponta tanto para a interdependência entre sistemas quanto para a dependência de pessoas para com os sistemas funcionais[15]. Considerando a dependência das pessoas relativamente aos sistemas sociais, Luhmann afirma que a sociedade mundial é superintegrada e, portanto, precisa de desintegração[16]. Mas, em relação à interdependência entre sistemas sociais, caberia afirmar que ela aponta fortes tendências negativas à desintegração (fragmentação), que também importa um perigo de desdiferenciação. Nesse parti-

---

11. Cf. Fischer-Lescano e Teubner, 2006; 2007; Teubner, 2006, pp. 185 ss.; Fischer-Lescano, 2005, pp. 187 ss.; Koskenniemi e Päivi, 2002; Koskenniemi, 2004, pp. 205 s.; 2006a; 2006b; 2008, pp. 70 ss. Ladeur e Viellechner (2008, p. 60) esclarecem, porém, com razão, que tendências à fragmentação já se encontram no plano intraestatal.
12. Cf. Koskenniemi, 2006a.
13. Luhmann, 1965, p. 25. Ver *supra* p. 251.
14. Luhmann, 1997, t. 2, pp. 603 e 631 [trad. esp. 2007, pp. 478 e 500].
15. Luhmann, 1997, t. 2, pp. 618 ss. [trad. esp. 2007, pp. 490 ss.].
16. Luhmann, 1997, t. 2, pp. 618 e 631 s. [trad. esp. 2007, pp. 490 e 500 s.]; cf. 1993a, p. 584; 1995b, pp. 259 s. [trad. esp. 1998, pp. 190 s.].

cular, pode-se sustentar que um certo grau de desintegração intersistêmica contribui para a integração (dependência) excessiva de pessoas aos sistemas sociais. Mas, quanto ao excesso de integração de pessoas, a questão é perpassada pelo problema da "integração social" (inclusão/exclusão)[17], de tal maneira que o primário no conceito de integração é a interdependência sistêmica, sobretudo entre sistemas funcionais. Portanto, o que a sociedade mundial precisa é de uma maior integração sistêmica, para que a mera fragmentação não leve a estilhaços como restos sem sentido funcional.

Nesse particular, o transconstitucionalismo, na perspectiva do sistema jurídico, serve como *um* modelo estrutural de conexão funcional entre esferas funcionais fragmentadas da sociedade mundial. Isso porque à mera fragmentação falta estrutura[18]. Em primeiro lugar, o transconstitucionalismo, ao oferecer "pontes de transição" entre ordens jurídicas, em princípio fragmentadas, serve à estruturação do sistema jurídico, sem levar a uma unidade hierárquica última[19]. Pode apresentar-se como a estrutura reflexiva do sistema jurídico mundial de níveis múltiplos (consistência). Além disso, ele pode contribuir para a capacidade do sistema jurídico de responder aos complexos problemas da sociedade mundial, oferecendo modelos normativos para o tratamento das relações conflituosas entre os diversos sistemas sociais (complexidade adequada)[20]. Os meros frag-

---

17. "Queremos substituir o tema da integração social pela diferença inclusão/exclusão" (Luhmann, 1997, t. 2, p. 619 [trad. esp. 2007, p. 491]).

18. A respeito do conceito de estrutura, afirma Luhmann: "Estruturas fixam um fragmento do possível como expectável" (Luhmann, 1987a, p. 41). E acrescenta mais tarde: "Estruturas são, de fato, necessárias, pois elas restringem o espaço para a adequada conexão entre operações de maneira tão ampla que o desenrolar de operação para operação pode ser realizado. Elas são, poder-se-ia também dizer, necessária redução de complexidade" (Luhmann, 1997, vol. 1, p. 437 [trad. esp. 2007, p. 345]).

19. Não se trata, portanto, de buscar uma unidade (supostamente perdida ou a ser mantida) do direito internacional público, como estratégia contra o "perigo da fragmentação" (Dupuy, 1999).

20. Pressupõe-se aqui que os "conceitos jurídicos socialmente adequados" (Luhmann, 1974, pp. 49 ss.) dependem de conceitos juridicamente adequados (Neves, 1992, p. 208; cf. Luhmann, 1990e, p. 10).

mentos internos e externos ao sistema jurídico encontram no transconstitucionalismo, do ponto de vista parcial do direito, os elementos constitucionais que podem contribuir para a sua conexão estrutural, promovendo uma ordem diferenciada de comunicações.

Ao contrário de Luhmann, não me refiro à "manutenção" de uma ordem diferenciada de comunicações (cf. *supra* p. 251), pois tal formulação só vale para dimensões sociais específicas do globo terrestre[21]. A alta complexidade da sociedade mundial importa a exigência de diferenciação funcional, mas esta só se realizou de maneira limitada nessa sociedade. E esse é um dos grandes paradoxos da sociedade mundial. A sua exigência funcional básica realiza-se muito escassamente. É um problema que diz respeito tanto à corrupção sistêmica quanto à fragmentação, que, de certa maneira, atuam em conexão. A questão, portanto, é "promover" as estruturas estáveis de uma ordem diferenciada de comunicações, conectando transversalmente os fragmentos. E isso não se resolve nem com "utopias constitucionais" teleológicas, nem com ordens normativas últimas, mas com modelos que ofereçam as condições da "tecelagem" dos fragmentos. O transconstitucionalismo, ao promover diálogos entre ordens jurídicas em questões constitucionais, vinculando a identidade à alteridade na relação entre elas, é promotor de uma ordem diferenciada de comunicações, tanto para dentro quanto para fora do sistema jurídico.

3. Pretensão normativa: além de hegemonia e comunidade – promoção da inclusão ("integração social")

Embora a dimensão normativa não esteja totalmente desconectada da funcional, cabe distinguir o plano da exigência funcional (relação entre problema e solução) e o plano

---

21. Cf. Neves, 2006b, especialmente pp. 266 ss.

da pretensão normativa, que diz respeito às expectativas que são estabilizadas contrafactualmente no âmbito da sociedade mundial[22]. Disso decorrem estruturas normativas elementares relacionadas à sociedade multicêntrica e altamente complexa[23]. O transconstitucionalismo apresenta-se como um contraponto normativo básico tanto em relação à primazia expansiva das *estruturas* cognitivas da sociedade mundial (vinculadas à economia, à técnica e à ciência) quanto também a respeito da *semântica* de controle das informações (e do saber) pelos órgãos de comunicação de massas.

Uma tendência nos estudos críticos em torno da internacionalidade ou transnacionalidade jurídica é a afirmação do caráter hegemônico do direito[24]. Nesse sentido, destaca-se Koskenniemi, que apresenta o direito internacional público como uma "técnica hegemônica"[25] e aponta para a capacidade profissional de distinguir entre "narrativas hegemônicas e contra-hegemônicas"[26]. E, nesse contexto, apresenta-se a "comunidade" como a alternativa, nos seguintes termos: "Diferentemente de pretensões de privilégios e interesses, pretensões de direito constituem os pretendentes como membros de uma comunidade legal e também política."[27] Nessa perspectiva, apesar de reconhecer-se que o direito internacional constitui uma técnica hegemônica em relação ao interesses e privilégios, propõe-se uma com-

---

22. A respeito da distinção entre expectativas normativas (resistentes à realidade que as desaponta) e expectativas cognitivas (dispostas a aprender e alterar-se perante a realidade que as desaponta), ver Luhmann, 1987a, pp. 40-53; 1987c, pp. 436-43.

23. "... a abstinência cética em relação a teorias centradas na norma não significa naturalmente que se poderia imaginar que a vida social seja possível sem normas. A autovinculação em normas e valores é um aspecto que atravessa a vida social" (Luhmann, 1987c, p. 444).

24. A respeito, ver Koskenniemi, 2004; Buckel e Fischer-Lescano, 2008; *idem* (orgs.), 2007.

25. Koskenniemi, 2004, p. 198.

26. Koskenniemi, 2004, p. 202.

27. Koskenniemi, 2004, p. 214.

preensão do "mundo internacional" como uma "comunidade política"[28].

O modelo de hegemonia, que encontra sua expressão mais marcante na obra de Gramsci[29], torna-se vago se o utilizamos sem contornos específicos. A relação plural entre hegemonia/contra-hegemonia é inerente a qualquer "comunidade política". A sua superação só seria alcançada na "utopia" de uma comunidade puramente moral. Portanto, não cabe colocar hegemonia e comunidade como alternativas.

Mas, além disso, o conceito de "comunidade política", aplicado ao "mundo internacional", é inadequado, pois o conceito de comunidade implica um tipo de relação social de pertinência como membro e também de solidariedade fundada na partilha de valores comuns[30]. A noção de comunidade política serve à descrição de formas pré-modernas de sociedade[31]. Por sua vez, o conceito de membro, nas condições hodiernas de diferenciação entre sociedade e organização, refere-se à pertinência a uma organização determinada (cf. *supra* p. 8). O "mundo internacional" não é uma organização. Para a sociedade mundial, toda tentativa de utilização da retórica da comunidade é, antes, mais uma expressão retórica do discurso hegemônico. O que há são sistemas de comunicações, jogos de linguagem, grupos e pessoas diversas, numa confluência heterogênea de interesses, valores e expectativas em geral. Sem dúvida, há formações comunitárias dentro da sociedade mundial (ou do "mundo internacional") do presente, mas compreendê-la

---

28. "Liberdade e igualdade, porém, só podem ser realizadas se o mundo internacional for compreendido como uma comunidade política" (Koskenniemi, 2004, p. 215).
29. Gramsci, 2007.
30. Pode-se afirmar, com Habermas (1992, pp. 198 s. [trad. bras. 2003, vol. I, pp. 201 s.]), que a comunidade é uma unidade ética de valores coletivos como preferências sobre a "vida boa" para o respectivo grupo.
31. Nesse sentido, desenvolveu-se a distinção entre comunidade (antiga, tradicional) e sociedade (moderna) a partir de Tönnies (1979, especialmente pp. 3-6, 34, 73 ss. e 106 ss.), passando por Weber (1985, especialmente pp. 21-3). Cf. Neves, 1992, pp. 11 ss.

como "comunidade política" é um desastre tanto teórico quanto prático.

O que se exige na sociedade mundial do presente é a promoção da inclusão: a redução do crescente setor de exclusão. Nesse sentido, Luhmann alerta para o perigo da "avalanche de exclusão"em face da desmontagem do Estado social, mesmo em regiões mais desenvolvidas do globo[32]. Trata-se aqui da integração social no sentido da teoria sistêmica: "chance da consideração social de pessoas"[33]. A rigor, trata-se, na inclusão, de acesso das pessoas aos benefícios dos sistemas funcionais; na exclusão, dessa falta de acesso. Aqui há um paradoxo: a maior integração social (mais inclusão) leva à menor integração sistêmica (maior grau de liberdade em relação aos sistemas)[34]. Portanto, enquanto os setores subincluídos estão superintegrados (são hiperdependentes dos sistemas: são "necessitados", sem "liberdade"), os setores sobreincluídos, especialmente na modernidade periférica, ao terem acesso aos benefícios dos sistemas sociais, mas não dependerem de suas restrições (falta de capacidade de imputação dos respectivos sistemas sociais), atuam de maneira desintegradora. Isso importa uma relação entre a dimensão normativa da integração social e a dimensão funcional da integração sistêmica: a corrupção sistêmica, um problema moral da sociedade mundial segundo Luhmann (que implicaria a moralização em casos de patologia – cf. *supra* pp. 43 s.), pode desenvolver-se bem intensamente quando estão presentes setores de sobreinclusão e, portanto, ampliam-se os setores de exclusão ou de subinclusão (dependentes, mas sem acesso aos benefícios sistêmicos). Além do mais, a exclusão, embora paradoxalmente produzida como efeito colateral dos sistemas funcionais, mina a diferenciação funcional (cf. *supra* nota 43 do Cap. IV).

---

32. Luhmann, 2000a, pp. 427 s.
33. Luhmann, 1997, t. 2, p. 620 [trad. esp. 2007, p. 492]. Cf. *supra* nota 17 deste capítulo.
34. Luhmann, 1997, t. 2, p. 631 [trad. esp. 2007, p. 500].

A promoção da inclusão, vinculada a uma confrontação com as diversas formas da corrupção sistêmica, no plano da sociedade mundial, encontra melhores perspectivas no desenvolvimento do transconstitucionalismo no sistema jurídico de níveis múltiplos entrelaçados do que em ordens isoladas, sobretudo se essas têm pretensão de constituir comunidades. Isso porque a identidade jurídica de cada ordem vinculada à alteridade transconstitucional possibilita a universalização dos direitos, independentemente da eventualidade de ser membro ou não de uma determinada comunidade. E aqui deve estar presente uma assertiva fundamental: o que se exige, no âmbito do transconstitucionalismo, não é pertinência (qualidade de membro: *membership*) ou comunidade, mas sim uma promoção de inclusão generalizada, ou melhor, a redução da exclusão primária crescente, especialmente em relação ao direito, no contexto de uma estrutura heterogênea e diferenciada de comunicações. Nesse sentido, cabe sustentar que constituem problemas morais na sociedade mundial do presente não apenas a corrupção sistêmica, mas também, associada a ela, a exclusão de amplos setores da sociedade mundial dos benefícios elementares dos sistemas funcionais. Se a moralização, na sociedade mundial do presente, só tem significado para os sistemas funcionais em casos de patologia, então cumpre concluir: a pretensão normativa do transconstitucionalismo dirige-se a afirmar-se contrafactualmente diante de "patologias da normalidade".

OBSERVAÇÃO FINAL: O PONTO CEGO, O OUTRO PODE VER

A Constituição apresenta-se como a instância básica de autofundamentação normativa do Estado como organização político-jurídica territorial. Enquanto critério básico de autocompreensão da ordem jurídica estatal, a Constituição não deve ser posta de lado pelos intérpretes-aplicadores do ordenamento constitucional, ou melhor, por aqueles incumbidos de concretizá-lo como ordem com força normativa, especialmente pelos juízes e tribunais constitucionais. Nesse sentido, ela constitui um "nível inviolável" da ordem jurídica do Estado constitucional, no sentido de Hofstadter. Mas, ainda recorrendo a esse autor, o "nível inviolável" pode envolver-se, no dinâmico jogo constitucional, com outros níveis (entrelaçados) em um "nível superentrelaçado"[1]. Isso significa, em nosso contexto, que, embora a Constituição do Estado constitucional vincule normativamente os seus concretizadores, especialmente juízes e tribunais constitucionais, ela é reconstruída permanentemente mediante a sua interpretação e aplicação por esses mesmos concretizadores. Esse é o paradoxo das hierarquias entrelaçadas: a sentença constitucional, subordinada normativamente à Constituição, afirma, ao concretizá-la, o que é constitucional.

---

1. Cf. Hofstadter, 1979, pp. 686 ss. [trad. bras. 2001, pp. 753 ss.].

Na experiência recente do Brasil, a transformação da compreensão da posição hierárquica dos tratados sobre direitos humanos, ratificados sem as exigências procedimentais do art. 5º, § 3º, da Constituição Federal, na jurisprudência do STF, é uma demonstração clara de que a inviolabilidade da Constituição é definida dinamicamente por atos normativos subordinados a essa ordem. A jurisprudência anteriormente dominante, inclusive após a entrada em vigor da Constituição de 1988, até recentemente, era sólida no sentido de que os tratados estariam no plano hierárquico das leis ordinárias[2]. A nova jurisprudência, fixada no já citado julgamento do Recurso Extraordinário nº 46.6343/SP (junto com o *Habeas Corpus* nº 87.585/TO e o Recurso Extraordinário nº 349.703/RS), em 3 de dezembro de 2008, definiu a supralegalidade dos tratados concernentes a direitos humanos, tendo havido um expressivo número de votos de ministros (vencidos – quatro contra cinco) que pretendiam atribuir aos tratados de direitos humanos ratificados pelo Brasil o nível de norma constitucional, nenhum deles tendo admitido a manutenção da jurisprudência anterior[3]. A Constituição como "nível inviolável" foi reconstruída por níveis normativos "inferiores". Ela, que, em princípio, seria "metalinguagem" normativa em relação a atos da jurisdição constitucional, que constituiriam a respectiva "linguagem objeto", tornou-se "linguagem objeto" desses atos, que se transformaram, sob outro ângulo, em "metalinguagem"[4]. Esse caso é um indício claro de que a ordem jurídica estatal, autofundamentada constitucionalmente, importa hierarquias en-

---

2. Cf. Mendes, Coelho e Branco, 2007, pp. 659 ss., mencionando vasta jurisprudência.

3. RE 466.343/SP, RE 349.703/RS, HC 87.585/TO, julg. 03/12/2008, TP, DJe 05/06/2009 e 26/06/2009 (ver *supra* pp. 145 s.).

4. Daí por que a hierarquização de metalinguagem e linguagem objeto, nos termos da teoria dos tipos de Bertrand Russell (1994 [1908], pp. 75-80), é insustentável, ao menos – diria eu – fora da pura lógica formal ou matemática. Hosfstadter (1979, pp. 21 ss. [trad. bras. 2001, pp. 23 s.]) vai além e inclui também esses campos em sua crítica a Russell.

trelaçadas ou "voltas estranhas", envolvendo inclusive o próprio nível – em princípio – inviolável, a Constituição.

Mas o exemplo citado não apresenta nada de especial em relação a qualquer ato de jurisdição constitucional. O que ele indicia especialmente é a transformação profunda que tem ocorrido, nas condições hodiernas da sociedade mundial, no sentido da superação do constitucionalismo provinciano ou paroquial pelo transconstitucionalismo. Essa transformação, que procurei demonstrar nesse trabalho com a análise de casos diversos, deve ser levada a sério. O Estado deixou de ser um *locus* privilegiado de solução de problemas constitucionais. Embora fundamental e indispensável, é apenas um dos diversos *loci* em cooperação e concorrência na busca do tratamento desses problemas. A integração sistêmica cada vez maior da sociedade mundial levou à desterritorialização de problemas-caso jurídico-constitucionais, que, por assim dizer, emanciparam-se do Estado. Essa situação não deve levar, porém, a novas ilusões, na busca de "níveis invioláveis" definitivos: internacionalismo como *ultima ratio*, conforme uma nova hierarquização absoluta; supranacionalismo como panaceia jurídica; transnacionalismo como fragmentação libertadora das amarras do Estado; localismo como expressão de uma eticidade definitivamente inviolável.

Contra essas tendências, o transconstitucionalismo implica o reconhecimento de que as diversas ordens jurídicas entrelaçadas na solução de um problema-caso constitucional – a saber, de direitos fundamentais ou humanos e de organização legítima do poder –, que lhes seja concomitantemente relevante, devem buscar formas transversais de articulação para a solução do problema, cada uma delas observando a outra, para compreender os seus próprios limites e possibilidades de contribuir para solucioná-lo. Sua identidade é reconstruída, dessa maneira, enquanto leva a sério a alteridade, a observação do outro. Isso parece-me frutífero e enriquecedor da própria identidade porque todo observador tem um limite de visão no "ponto cego", aquele que o observador não pode ver em virtude da sua posição ou perspectiva de observação[5]. Mas, se é verdade, considerando a diversidade de perspectivas de observação de *alter* e *ego*, que "eu vejo o que tu não vês"[6], cabe acrescentar que o "ponto cego" de um observador pode ser visto pelo outro. Nesse sentido, pode-se afirmar que o transconstitucionalismo implica o reconhecimento dos limites de observação de uma determinada ordem, que admite a alternativa: *o ponto cego, o outro pode ver.*

---

5. Heinz von Foerster, 1981, pp. 288 s.
6. Luhmann, 1990g.

BIBLIOGRAFIA

ACKERMAN, Bruce (1991). *We the People 1: Foundations*. Cambridge, MA/Londres: Harvard University Press.
____ (1997). "The Rise of World Constitutionalism". *In*: *Virginia Law Review* 83. Charlottesville/VA: Virginia Law Review Association, pp. 771-97 [trad. bras.: "A ascensão do constitucionalismo mundial". *In*: Cláudio Pereira de Souza Neto e Daniel Sarmento (orgs.). *A constitucionalização do direito: Fundamentos teóricos e aplicações específicas*. Rio de Janeiro: Lumen Juris, 2007, pp. 89-111].
____ (1998). *We the People 2: Transformations*. Cambridge, MA/Londres: Harvard University Press.
ALBERT, Mathias (2005). "Politik der Weltgesellschaft und Politik der Globalisierung: Überlegungen zur Emergenz von Weltstaatlichkeit". *In*: Bettina Heintz, Richard Münch e Hartmann Tyrell (orgs.). *Weltgesellschaft: Theoretische Zugänge und empirische Problemlagen (Sonderheft der Zeitschrift für Soziologie)*. Stuttgart: Lucius & Lucius, pp. 223-38.
____ (2007). "Einleitung: Weltstaat und Weltstaatlichkeit: Neubestimmungen des Politischen in der Weltgesellschaft". *In*: Mathias Albert e Rudolf Stichweh (orgs.). *Weltstaat und Weltstaatlichkeit: Beobachtungen globaler politischer Strukturbildung*. Wiesbaden: VS Verlag, pp. 9-23.
____; SCHMALZ-BRUNS, Rainer (2009). "Antinomien der Global Governance: Mehr Weltstaatlichkeit, weniger Demokratie?". *In*: Hauke Brunkhorst (org.). *Demokratie in der Weltgesellschaft (Soziale Welt*, volume especial [*Sonderband*]) 18. Baden-Baden: Nomos, pp. 57-74.
ALEXY, Robert (1986). *Theorie der Grundrechte*. Frankfurt sobre o Meno: Suhrkamp [trad. bras.: *Teoria dos direitos fundamentais*. São Paulo: Malheiros, 2008].

ALEXY, Robert (1999). "Die Institutionalisierung der Menschenrechte im demokratischen Rechtsstaat". *In:* Stefan Gosepath e Georg Lohmann (orgs.). *Philosophie der Menschenrechte.* Frankfurt sobre o Meno: Suhrkamp, pp. 244-64.

ALMER, Josefin (2008). "Inter-Institutional Bargaining in the EU: Comitology and Financial Services". *In: Swedish Studies in European Law 2.* Oxford/Portland: Hart, pp. 105-27.

ALT, Herbert (2002). "Konzeptuelle Metaphern und gesellschaftliche Prozesse". *In: TRANS. Internet-Zeitschrift für Kulturwissenschaften,* n.º 13, setembro de 2002 (disponível em: http://www.inst.at/trans/13Nr/arlt13.htm#fn8, último acesso em: 05/09/2008).

AMANN, Diane Marie (2004). "Guantánamo". *In: Columbia Journal of Transnational Law,* vol. 42, n.º 2. Nova Iorque: The Columbia Journal of Transnational Law, pp. 263-348.

ARANGO, Rodolfo (2005). *El concepto de derechos sociales fundamentales.* Bogotá: Universidad Nacional de Bogotá/Legis.

ARENDT, Hannah (1973). *The Origins of Totalitarianism.* Nova edição com prefácios adicionados. Nova Iorque: A Harvest Book.

____ (1989). *The Human Condition.* Chicago/Londres: The University of Chicago Press [1.ª ed. 1958] [trad. bras.: *A condição humana.* 6.ª ed. Rio de Janeiro: Forense Universitária, 1993].

ARISTÓTELES (1968). *Politik.* Trad. al. org. Nelly Tsouyopoulos e Ernesto Grassi. Reinbek bei Hamburg: Rowohlt.

ATLAN, Henri (1979). *Entre le cristal et la fumée: Essai sur l'organisation du vivant.* Paris: Seuil.

ÁVILA, Humberto (2008). *Teoria dos princípios: da definição à aplicação dos princípios jurídicos.* 8.ª ed. São Paulo: Saraiva.

BANDEIRA DE MELLO, Celso Antônio (1993). *Conteúdo jurídico do princípio da igualdade.* 3.ª ed. São Paulo: Malheiros.

BARRETO, Irineu Cabral (2007). "Les effets de la jurisprudence de la Cour européenne des droits de l'homme sur l'ordre juridique et judiciaire portugais". *In: Liber Amicorum Luzius Wildhaber: Humans Rights – Strasbourg Views / Droit de l'homme – Regards de Strasbourg.* Kehl/Estrasburgo/Arlington, VA: Engel, pp. 65-89.

BARROSO, Luís Roberto (2008). "Diferentes, mas iguais: O reconhecimento jurídico das relações homoafetivas no Brasil". *In:* Daniel Sarmento, Daniela Ikawa e Flávia Piovesan (coords.). *Igualdade, diferença e direitos humanos.* Rio de Janeiro: Lumen Juris, pp. 661-93.

____; BARCELOS, Ana Paula de (2005). "O começo da história: a nova interpretação constitucional e o papel dos princípios no di-

reito brasileiro". *In*: Virgílio Afonso da Silva (org.). *Interpretação constitucional*. São Paulo: Malheiros, pp. 271-316.
BASS, Naomi A. (2002-2003). "The Implications of the TRIPS Agreement for Developing Countries: Pharmaceutical Patent Laws in Brazil and South Africa in the 21st Century". *In*: *George Washington International Law Review* 34. Washington: George Washington University, pp. 191-222.
BAUDENBACHER, Carl (2003). "Judicial Globalization: New Development or Old Wine in New Bottles". *In*: *Texas International Law Journal*, vol. 38. Austin: University of Texas at Austin School of Law Publications, pp. 505-26.
BECK, Ulrich (1997): *Was ist Globalisierung? Irrtümer des Globalismus – Antworten auf Globalisierung*. Frankfurt sobre o Meno: Suhrkamp.
____ (1999). *Schöne neue Arbeitswelt – Vision: Weltbürgergesellschaft*. Frankfurt sobre o Meno/Nova Iorque: Campus.
BERGSTRÖM, Carl Fredrik (2005). *Comitology: Delegation of Powers in the European Union and the Committee System*. Oxford: Oxford University Press.
BERLIN, Isaiah (1975). "Two Concepts of Liberty" (1958). *In:* Isaiah Berlin. *Four Essays on Liberty*. Londres/Oxford/Nova Iorque: Oxford University Press, pp. 118-72 [reimpr. da 1.ª ed. de 1969].
BERMAN, Harold J. (1983). *Law and Revolution: The Formation of the Western Legal Tradition*. Cambridge, MA/Londres: Harvard University Press [trad. bras.: *Direito e revolução: A formação da tradição jurídica ocidental*. São Leopoldo/RS: Unisinos, 2006].
BERMAN, Paul Schiff (2005). "From International Law to Law and Globalization". *In*: *Columbia Journal of Transnational Law*, vol. 43, n.º 2. Nova Iorque: The Columbia Journal of Transnational Law, pp. 485-556.
BERNSTORFF, Jochen von (2003). "Democratic Global Internet Regulation? Governance Networks, International Law and the Shadow of Hegemony". *In*: *European Law Journal*, vol. 9, n.º 4. Oxford: Blackwell, pp. 511-26.
____ (2004). "The Structural Limitations of Network Governance: ICANN as a Case in Point". *In*: Christian Joerges, Inger-Johanne Sand e Gunther Teubner (orgs.). *Transnational Governance and Constitutionalism*. Oxford/Portland: Hart, pp. 257-81.
____ (2008a). "The Changing Fortunes of the Universal Declaration of Human Rights: Genesis and Symbolic Dimensions of the Turn to Rights in International Law". *In*: *European Journal of International*

Law, vol. 19, n° 5. Oxford: Oxford University Press, pp. 903-24 (disponível em: http://ejil.oxfordjournals.org/cgi/reprint/19/5/903).

____ (2008b). "Kelsen und das Völkerrecht: Rekonstruktion einer völkerrechtlichen Berufsethik". *In*: Hauke Brunkhorst e Rüdger Voigt (orgs.). *Rechts-Staat: Staat, internationale Gemeinschaft und Völkerrecht bei Hans Kelsen*. Baden-Baden: Nomos, pp. 167-90.

BIAGGINI, Giovanni (2000). "Die Idee der Verfassung – Neuausrichtung im Zeitalter der Globalisierung?". *In*: *Zeitschrift für Schweizerisches Recht* 141 (119 da nova série). Basileia/Munique: Helbing & Lichtenhahn, pp. 445-76.

BICKEL, Alexander M. (1978). *The Supreme Court and the Idea of Progress*. New Haven/Londres: Yale University Press.

BILCHITZ, David (2003). "South Africa: Right to Health and Access to HIV/AIDS Drug Treatment". *In*: *International Journal of Constitutional Law*, vol. 1, n.° 3. Oxford: Oxford University Press/Nova Iorque: New York University School of Law, pp. 524-34.

BLANKENBURG, Erhard (1977). "Über die Unwirksamkeit von Gesetzen". *In*: *Archiv für Rechts- und Sozialphilosophie* 63. Wiesbaden: Steiner, pp. 31-58.

BLUMENBERG, Hans (1998). *Paradigmen zu einer Methaphorologie*. Frankfurt sobre o Meno: Suhrkamp.

BOBBIO, Norberto (1984). *Il futuro della democrazia: Una difesa delle regole del gioco*. Turim: Einaudi [trad. bras.: *O futuro da democracia: uma defesa das regras do jogo*. 5.ª ed. Rio de Janeiro: Paz e Terra, 1986].

____ (1989). "Il terzo assente". *In*: Norberto Bobbio. *Il terzo assente: Saggi e discorsi sulla pace e la guerra*. Turim: Sonda, pp. 215-7.

____ (1992). *A era dos direitos*. Trad. bras. Carlos Nelson Coutinho. Rio de Janeiro: Campus.

BÖCKENFÖRDE, Ernst-Wolfgang (1983). "Geschichtliche Entwicklung und Bedeutungswandel der Verfassung". *In*: *Festschrift für Rudolf Gmür*. Bielefeld: Gieseking, pp. 7-19.

BODIN, Jean (1986). *Les six Livres de la République. Livre premier*. Paris: Fayard [1.ª ed. Paris, 1576].

BOGDANDY, Armin von (2001). "Verfassungsrechtliche Dimensionen der Welthandelsorganisation – I. Teil: Entkoppelung von Recht und Politik". *In*: *Kritische Justiz* 34. Baden-Baden: Nomos, pp. 264-81.

____ (2003). "Europäische und nationale Identität: Integration durch Verfassungsrecht?". *In*: *Veröffentlichungen der Vereinigung der Deuts-*

chen Staatsrechtslehrer – VVDStRL, vol. 62. Berlim: De Gruyter, pp. 156-93.
____ (2004a). "Constitution in International Law: Comment on a Proposal from Germany". *In: Harvard International Law Journal* 47. Cambridge/MA: Publications Center – Harvard Law School, pp. 223-42.
____ (2004b). "Europäische Verfassung und europäische Identität". *In: Juristenzeitung – JZ* 59. Tübingen: Mohr Siebeck, pp. 53-61.
BOOYSEN, Hercules (2003). *Principles of International Trade Law as a Monistic System*. Pretoria: Interlegal.
BORDES, Jacqueline (1967). *Politeia dans la pensée grecque jusqu'à Aristote*. Paris: "Les Belles Lettres".
BOTERO, Esther Sánchez (2005). "Reflexiones en torno de la jurisdicción especial indígena en Colombia". *In: Revista IIDH/Instituto Interamericano de Derechos Humanos* 41. São José da Costa Rica: El Instituto, pp. 225-51.
____ (2006). *Entre el Juez Salomón y el Dios Sira. Decisiones interculturales e interés superior del niño*. Universidad de Amsterdam y Unicef, Bogotá.
BRADLEY, Kieran St C. (1997). "The European Parliament and Comitology: On the Road to Nowhere". *In: European Law Journal* 3. Oxford: Blackwell, pp. 230-54.
BROOKS, Rosa Ehrenreich (2005). "Failed States, or the State as Failures". *In: The University of Chicago Law Review*, vol. 72, n.º 4. Chicago: The University of Chicago, pp. 1159-96.
BRUNKHORST, Hauke (1999). "Heterarchie und Demokratie". *In*: Hauke Brunkhorst e Peter Niesen (orgs.). *Das Recht der Republik*. Frankfurt sobre o Meno: Suhrkamp, pp. 373-85.
____ (2002). *Solidarität: Von der Bürgerfreundschaft zur globalen Rechtsgenossenschaft*. Frankfurt sobre o Meno: Suhrkamp.
____ (2007). "Zwischen transnationaler Klassenherrschaft und egalitärer Konstitutionalisierung. Europas zweite Chance". *In*: Peter Niesen e Benjamin Herborth (orgs.). *Anarchie der kommunikativen Freiheit: Jürgen Habermas und die Theorie der internationalen der Politik*. Frankfurt sobre o Meno: Suhrkamp, pp. 321-49.
____ (2008a). "Kritik am Dualismus des internationalen Rechts – Hans Kelsen und die Völkerrechtsrevolution des 20. Jahrhunderts". *In*: Regina Kreide e Andreas Niederberger (orgs.). *Transnationale Verrechtlichung. Nationale Demokratien im Kontext globaler Politik*. Frankfurt sobre o Meno/Nova Iorque: Campus, pp. 30-62.

BRUNKHORST, Hauke (2008b). "Taking Democracy Seriously: Europe after the Failure of its Constitution". *In*: Erick Oddvar Eriksen, Christian Joerges e Florian Rödl (orgs.). *Law, Democracy and Solidarity in a Post-national Union: The Unsettled Political Order of Europe.* Londres/Nova Iorque: Routledge, pp. 213-29.

____ ; KÖHLER, Wolfgang R.; LUTZ-BACHMANN, Matthias (orgs.) (1999). *Recht auf Menschenrechte: Menschenrechte, Demokratie und internationale Politik.* Frankfurt sobre o Meno: Suhrkamp.

BUCKEL, Sonja (2007). *Subjektivierung und Kohäsion: Zur Rekonstruktion einer materialistischen Theorie des Rechts.* Frankfurt sobre o Meno: Velbrück.

____ (2008). "'Judge without a legislator' – Transnationalisierung der Rechtsform". *In*: Hauke Brunkhorst e Rüdger Voigt (orgs.). *Rechts-Staat: Staat, internationale Gemeinschaft und Völkerrecht bei Hans Kelsen.* Baden-Baden: Nomos, pp. 269-81.

____ ; FISCHER-LESCANO, Andreas (orgs.) (2007). *"Hegemonie gepanzert mit Zwang" – Zivilgesellschaft und Politik im Staatsverständnis Antonio Gramscis.* Baden-Baden: Nomos.

____ ; FISCHER-LESCANO, Andreas (2008). "Emanzipatorische Gegenhegemonie im Weltrecht". *In*: Regina Kreide e Andreas Niederberger (orgs.). *Transnationale Verrechtlichung. Nationale Demokratien im Kontext globaler Politik.* Frankfurt sobre o Meno/Nova Iorque: Campus, pp. 114-33.

BURDEAU, Georges (1949). *Traité de Science Politique.* 2.ª ed. Paris: Librairie Générale de Droit et de Jurisprudence, vol. I.

BURGORGUE-LARSEN, Laurence (2009). "El Sistema Interamericano de Protección de los Derechos Humanos: Entre clasicismo y creatividad". *In*: Armin von Bogdandy, César Landa Arroyo e Mariela Moralles Antoniazzi (orgs.). *¿Integración suramericana a través del derecho? Un análisis multidiciplinario y multifocal.* Heidelberg: Instituto Max Planck de Derecho Comparado y Derecho Público Internacional/Madri: Centro de Estudios Constitucionales, pp. 287-338.

CALLIESS, Gralf-Peter (2002). "Reflexive Transnational Law: The Privatisation of Civil Law and the Civilisation of Private Law". *In*: *Zeitschrift für Rechtssoziologie* 23. Stuttgart: Lucius & Lucius, pp. 185-216.

CANANEA, Giacinto della (2003). *L'Unione europea: Un ordinamento composito.* Roma/Bari: Laterza.

CANOTILHO, J. J. Gomes (1991). *Direito constitucional.* 5.ª ed. Coimbra: Almedina.

CANOTILHO, J. J. Gomes (2006). *"Brancosos" e interconstitucionalidade: Itinerários dos discursos sobre a historicidade constitucional*. Coimbra: Almedina.
CARBONELL, Miguel (2004). "Constitución, minorías culturales y derechos indígenas en América Latina". *In*: F. S. Migallón (coord.). *Estudios jurídicos en homenaje a Antonio Martínez Báez*. México: Porrúa/Universidad Nacional Autónoma de México, pp. 61-78.
CAROTTI, Bruno (2007). "L'Icann e la governance di Internet". *In*: *Rivista Trimestrale de Diritto Pubblico* 57. Milão: Giuffrè, pp. 681-721.
CARVALHO, Paulo de Barros (2008). *Direito tributário: linguagem e método*. São Paulo: Noeses.
CASSESE, Antonio (1985). "Modern Constitutions and International Law". *In*: *Recueil des Cours: Collected Courses of the Hague Academy of International Law* 192 (1985) III. Haia: Académie de Droit International de La Haye/Dordrecht: Nijhoff, 1986, pp. 331-475.
____ (1989). "The International Community's 'Legal' Response to Terrorism". *In*: *International Law and Comparative Law Quarterly* 38. Cambridge: Cambridge University Press, pp. 589-608.
____ (2005a). *International Law*. 2.ª ed. Oxford/Nova Iorque: Oxford University Press.
____ (2005b). *I diritti umani oggi*. Roma/Bari: Laterza.
CASSESE, Sabino (2007). "La funzione costituzionale dei giudici non statali. Dallo spazio giuridico globale all'ordine giuridico globale". *In*: *Rivista Trimestrale de Diritto Pubblico* 57. Milão: Giuffrè, pp. 609-26.
CHACON, Vamireh (1969). *Da Escola do Recife ao Código Civil (Artur Orlando e sua geração)*. Rio de Janeiro: Simões.
CHESTERMAN, Simon (2005). "Imposed Constitutions, Imposed Constitutionalism, and Ownership". *In*: *Connecticut Law Review*, vol. 37, n.º 4. Hartford: Connecticut Law Review Association, pp. 947-54.
CHOUDHRY, Sujit (2005). "Old Imperial Dilemma and the New Nation Building: Constitutive Constitutional Politics in Multinational Polities". *In*: *Connecticut Law Review*, vol. 37, n.º 4. Hartford: Connecticut Law Review Association, pp. 933-45.
____ (org.) (2006). *The Migration of Constitutional Ideas*. Cambridge: Cambridge University Press.
CHRISTENSEN, Ralph; FISCHER-LESCANO, Andreas (2007). *Das Ganze des Rechts. Vom hierarchischen zum reflexiven Verständnis deutscher und europäischer Grundrechte*. Berlim: Duncker & Humblot.
CINTRA, Geraldo de Ulhoa (1963). *De status civitatis: Alguns aspectos da cidadania romana*. São Paulo: Dissertação para concurso de livre-docência de direito romano, Faculdade de Direito da USP.

COMPARATO, Fábio Konder (1999). *A afirmação histórica dos direitos humanos*. São Paulo: Saraiva.

COPI, Irving M. (1961). *Introduction to Logic*. 2.ª ed. New York: Macmillan [trad. bras.: *Introdução à lógica*. 2.ª ed. São Paulo: Mestre Jou, 1978].

DAHL, Robert A. (1972). *Polyarchy: Participation and Opposition*. 2.ª impr. New Haven/Londres: Yale University Press [trad. bras.: *Poliarquia: participação e oposição*. 1.ª ed. 1.ª reimpr. São Paulo: Edusp, 2005].

DALLARI, Dalmo (1991). *Elementos de teoria geral do Estado*. 16.ª ed. São Paulo: Saraiva.

DAVIS, D. M. (2003). "Constitutional Borrowing: The Influence of Legal Culture and Local History in the Reconstitution of Comparative Influence: The South African Experience". In: *International Journal of Constitutional Law*, vol. 1, n.º 2. Oxford: Oxford University Press/Nova Iorque: New York University School of Law, pp. 181-95.

DE BÚRCA, Gráinne (2003). "Sovereignty and the Supremacy Doctrine of the European Court of Justice". In: Neil Walker (org.). *Sovereignty in Transition*. Oxford/Portland-Oregon: Hart, pp. 449-60.

DELEUZE, Gilles; GUATTARI, Félix (1976). *Rhizome: Introduction*. Paris: Minuit.

DELMAS-MARTY, Mireille (2006). *Les forces imaginantes du droit (II): Le pluralisme ordonné*. Paris: Seuil.

____ (2007). *Les forces imaginantes du droit (III): La refondation des pouvoirs*. Paris: Seuil.

DERRIDA, Jacques (1967). *De la Grammatologie*. Paris: Minuit.

____ (1994). *Force de loi – Le "Fondement mystique de l'autorité"*. Paris: Galilée [trad. bras.: *Força de lei: O "Fundamento místico da autoridade"*. São Paulo: Editora WMF Martins Fontes, 2007].

DE WITTE, Bruno (1998). "Sovereignty and European Integration: the Weight of Legal Tradition". In: Anne-Marie Slaughter, Alec Stone Sweet and J. H. H. Weiler (orgs.). *The European Court and National Courts – Doctrine and Jurisprudence: Legal Change in Its Social Context*. Oxford: Hart, pp. 277-304.

DEZALAY, Yves; GARTH, Bryant (1996). *Dealing in Virtue: International Commercial Arbitration and the Construction of a Transnational Legal Order*. Chicago: University of Chicago Press.

DIMOULIS, Dimitri; MARTINS, Leonardo (2007). *Teoria geral dos direitos fundamentais*. São Paulo: Revista dos Tribunais.

DORSEN, Norman (moder.) (2005). "A Conversation between U.S. Supreme Court Justices – The Relevance of Foreign Legal Material in U.S. Constitutional Cases: A Conversation between Justice Antonin Scalia and Justice Stephen Breyer". In: *International Journal of Constitutional Law* 3. Oxford: Oxford University Press/Nova Iorque: New York University School of Law, pp. 519-41.

DUCROT; Oswald; SCHAEFFER, Jean-Marie (1995). *Nouveau dictionnaire encyclopédique des sciences du langage*. Paris: Éditions du Seuil.

DUDENA, Régis Anderson (2008). *Constitucionalismo europeu: autoreprodução e hierarquias entrelaçadas no sistema constitucional europeu*. Lisboa: Dissertação de Mestrado aprovada pela Universidade Clássica de Lisboa e pela Universidade de Hanover.

DUPUY, Pierre-Marie (1997). "The Constitutional Dimension of the Charter of the United Nations Revisited". In: *Max Planck Yearbook of United Nations Law* 1. Heidelberg: Max-Planck-Institut für ausländisches öffentliches Recht und Völkerrecht, pp. 1-33.

_____ (1999). The Danger of Fragmentation or Unification of the International Legal System and The International Court of Justice. In: *New York University Journal of International Law and Politics* 31. Nova Iorque: New York University School of Law, pp. 791-807.

DWORKIN, Ronald (1991). *Taking Rights Seriously*. 6.ª ed. Londres: Duckworth [trad. bras.: *Levando os direitos a sério*. São Paulo: Martins Fontes, 2002].

EISENSTADT, S. N. (2000a). *Die Vielfalt der Moderne*. Weilerswist: Velbrück Wissenschaft.

_____ (2000b). "Multiple Modernities". In: *Daedalus*, vol. 129, n.º 1. Cambridge, MA: The MIT Press, pp. 1-29.

ENGELS, Friedrich (1988). "Die Lage Englands. II. Die englische Konstitution". In: K. Marx e F. Engels. *Werke*. 15.ª ed. Berlim: Dietz Verlag, vol. I, pp. 569-92 [originalmente in: *Vorwärts!*, n.º 75, de 18/9/1844].

EPSTEIN, Lee; KNIGHT, Jack (2003). "Constitutional Borrowing and Nonborrowing". In: *International Journal of Constitutional Law*, vol. 2, n.º 3. Oxford: Oxford University Press/Nova Iorque University School of Law, pp. 196-223.

ESKRIDGE, William N. (2004). "United States: *Lawrence v. Texas* and the Imperative of Comparative Constitutionalism". In: *International Journal of Constitutional Law*, vol. 1, n.º 2. Oxford: Oxford University Press/Nova Iorque: New York University School of Law, pp. 555-60.

ESMEIN, A. (1913). "La maxime *Princeps legibus solutus est* dans l'ancien droit public français". In: Paul Vinogradoff (org.). *Essays in Legal History*. Londres: Oxford University Press, pp. 201-14.

FASSBENDER, Bardo (1998). "The United Nations Charter as Constitution of the International Community". *In*: *Columbia Journal of Transnational Law*, vol. 36, n.º 3. Nova Iorque: The Columbia Journal of Transnational Law Association, pp. 529-619.

____ (2007). "'We the Peoples of the United Nations': Constituent Power and Constitutional Form in International Law". *In*: Martin Loughlin e Neil Walker (orgs.). *The Paradox of Constitutionalism: Constituent Power and Constitutional Form*. Oxford: Oxford University Press, pp. 269-90.

____ (2008). "Friede und Recht. Hans Kelsen und die Vereinten Nationen". *In*: Hauke Brunkhorst e Rüdger Voigt (orgs.). *RechtsStaat: Staat, internationale Gemeinschaft und Völkerrecht bei Hans Kelsen*. Baden-Baden: Nomos, pp. 127-47.

FELDMAN, Noah (2005). "Imposed Constitutionalism". *In*: *Connecticut Law Review*, vol. 37, n.º 4. Hartford: Connecticut Law Review Association, pp. 857-89.

FERRAJOLI, Luigi (2002). *A soberania no mundo moderno: nascimento e crise do Estado nacional*. Trad. bras. C. Coccioli e M. Lauria Filho. São Paulo: Martins Fontes.

FERRY, Luc; RENAUT, Alain (1992). *Philosophie politique 3 – Des droits de l'homme à l'idée républicaine*. 3.ª ed. Paris: Presses Universitaires de France [1.ª ed. 1985].

FISCHER-LESCANO, Andreas (2003). "Die Emergenz der Globalverfassung". *In*: *Zeitschrift für ausländisches öffentliches Recht und Völkerrecht* 63/3. Stuttgart: Verlag W. Kohlhammer/Heidelberg: Max-Planck-Institut für ausländisches öffentliches Recht und Völkerrecht, 2003, pp. 717-60.

____ (2005). *Globalverfassung: Die Geltungsbegründung der Menschenrechte*. Weilerswist: Velbrück.

____ ; TEUBNER, Gunther (2006). *Regime-Kollisionen: Zur Fragmentierung des globalen Rechts*. Frankfurt sobre o Meno: Suhrkamp.

____ ; TEUBNER, Gunther (2007). "Fragmentierung des Weltrechts: Vernetzung globaler Regimes statt etatischer Rechtseinheit". *In*: Mathias Albert e Rudolf Stichweh (orgs.). *Weltstaat und Weltstaatlichkeit: Beobachtungen globaler politischer Strukturbildung*. Wiesbaden: VS Verlag, pp. 37-61.

FISS, Owen (2007). "The War Against Terrorism and the Rule of Law". *In*: *Liber Amicorum Luzius Wildhaber: Humans Rights – Strasbourg Views/Droit de l'homme – Regards de Strasbourg*. Kehl/Estrasburgo/Arlington, VA: Engel, pp. 1239-63.

FOERSTER, Heinz von (1981). "On Constructing Reality". *In*: H. von Foerster. *Observing Systems*. Seaside: Intersystems Publications, pp. 288-309.

FORST, Rainer (2007). *Das Recht auf Rechtfertigung: Elemente einer konstruktivistischen Theorie der Gerechtigkeit*. Frankfurt sobre o Meno: Suhrkamp.

FOUCHARD, Philippe; GAILLARD, Emmanuel; GOLDMAN, Berthold (1996). *Traité de l'arbitrage internationale*. Paris: Litec.

FRANK, Thomas M. (2007). "United States – Hamdan v. Rumsfeld: President Power in Wartime". *In*: *International Journal of Constitutional Law*, vol. 5, n.º 2. Oxford: Oxford University Press/Nova Iorque: New York University School of Law, pp. 380-8.

FRASER, Nancy (1992). "Rethinking the Public Sphere: A Contribution to the Critique of Actually Existing Democracy". *In*: Craig Calhoun (org.). *Habermas and Public Sphere*. Cambridge, MA: The MIT Press, pp. 109-42.

____ (2004). "Institutionalizing Democratic Justice: Redistribution, Recognition, and Participation". *In*: Seyla Benhabib e Nancy Fraser (orgs.). *Pragmatism, Critique, Judgment: Essays for Richard J. Bernstein*. Cambridge, MA: The MIT Press, pp. 125-47.

____ ; HONNETH, Axel (2003). *Umverteilung oder Anerkennung? Eine politisch-philosophische Kontroverse*. Frankfurt sobre o Meno: Suhrkamp.

FRIEDMAN, Barry; SAUNDERS, Cheryl (2003). "Symposium: Constitutional Borrowing – Editor's Introduction". *In*: *International Journal of Constitutional Law*, vol. 1, n.º 2. Oxford: Oxford University Press/Nova Iorque: New York University School of Law, pp. 177-80.

FRIEDMAN, Lawrence M. (2004). "Frontiers: National and Transnational Order". *In*: Karl-Heinz Ladeur (org.). *Public Governance in the Age of Globalization*, Aldershot: Ashgate, pp. 25-50.

FROMM, Erich (1956). *The Sane Society*. London: Routledge & Kegan Paul [trad. bras.: *Psicanálise da sociedade contemporânea*. 2ª ed. Rio de Janeiro: Zahar, 1961].

FROWEIN, Jochen A. (1983). "Die Verpflichtungen erga omnes im Völkerrecht und ihre Durchsetzung". *In*: Rudolf Bernhardt *et al.* (orgs.). *Völkerrecht als Rechtsordnung – Internationale Gerichtsbarkeit – Menschenrechte: Festschrift für Hermann Mosler*. Berlim/Heidelberg/Nova Iorque: Springer-Verlag, pp. 241-62.

____ ; (1994). "Reactions by not Directly Affected States to Breaches of Public International Law". *In*: *Recueil des Cours: Collected Cour-*

ses of the Hague Academy of International Law 248 (1994) IV. Haia: Académie de Droit International de La Haye/Dordrecht: Nijhoff, 1995, pp. 345-437.

___ (2000). "Konstitutionalisierung des Völkerrechts". In: *Völkerrecht und Internationales Recht in einem sich globalisierenden internationalen System – Auswirkung der Entstaatlichung transnationaler Rechtsbeziehungen* (Berichte der Deutschen Gesellschaft für Völkerrecht, vol. 39). Heidelberg: Müller, pp. 427-45.

___ (2003). "The Incorporation of the European Convention on Human Rights into the Legal Order of Germany. In: *The International and the National: Essays in Honour of Vojin Dimitrijević*. Org. M. D. Đilas e V. Đerić. Belgrado: Belgrade Centre for Human Rights, pp. 207-14.

FUSTEL DE COULANGES, Numa Denis (1908). *La Cité antique – Étude sur le culte, le droit, les institutions de la Grèce et de Rome*. 20.ª ed. Paris: Hachette [1.ª ed. 1864] [trad. bras.: *A cidade antiga: estudos sobre o culto, o direito, as instituições da Grécia e de Roma*. São Paulo: Hemus, 1975].

GABRIEL, Ralph Henry (1951). *Die Entwicklung des demokratischen Gedankens in den Vereinigten Staaten von Amerika: Eine geistgeschichtliche Betrachtung seit 1815*. Trad. al. E. Kraske. Berlim: Ducker & Humblot [original: *The Course of American Democratic Thought. An Intellectual History since 1815*. 4.ª ed. Nova Iorque, 1946].

GAILLARD, Emmanuel (1999). "The Enforcement of Awards Set Aside in the Country of Origin". In: *ICSID Review – Foreign Investment Law Journal*, vol. 14, n.º 1. Washington: International Centre for Settlement of Investment Disputes, pp. 16-45.

___ (2001). "Transnational Law: a Legal System or a Method of Decision Making?". In: *Arbitration International*, vol. 17, n.º 1. Haia: Kluwer Law International, pp. 39-72.

GALINDO, George Rodrigo Bandeira (2005). "A reforma do judiciário como retrocesso para a proteção internacional dos direitos humanos: um estudo sobre o novo § 3.º do artigo 5.º da Constituição Federal". In: *Cena Internacional*, ano 7, n.º 1. Brasília: UnB/Funag, pp. 83-102.

GAUCHET, Marcel (1989). *La Révolution des droits de l'homme*. Paris: Gallimard.

GEISS, Robin (2004). "Failed States – Legal Aspects and Security Implications". In: *German Yearbook of International Law* 47 (2004). Berlim: Duncker & Humblot, 2005, pp. 457-501.

___ (2005). *"Failed States": Die normative Erfassung gescheiterter Staaten*. Berlim: Duncker & Humblot.

GIDDENS, Anthony (1991). *The Consequences of Modernity*. Cambridge: Polity Press.
GIEGERICH, Thomas (2003). "Einführung: Transnationale Konstitutionalisierung als Antwort auf die Globalisierung". *In*: Thomas Giegerich. *Europäische Verfassung und deutsche Verfassung im transnationalen Konstitutionalisierungsprozess: Wechselseitige Rezeption, konstitutionelle Evolution und föderale Verflechtung*. Berlim: Springer, pp. 1-13.
GINSBURG, Ruth Bader (1999). "Affirmative Action as an International Human Rights Dialogue". Artigo referente à palestra proferida na Cardozo Law School em 17/02/1999. Disponível no sítio da *American Bar Association*: http://www.abanet.org/irr/hr/summer00humanrights/ginsburg.html (último acesso em: 09/01/2009). [originariamente *in*: *Brookings Law Review*, vol. 18, n.º 1, 2000].
____ (2005a). "*Brown v. Board of Education* in International Context". *In*: *Columbia Human Rights Law Review*, vol. 36, n.º 3. Nova Iorque: Columbia Human Rights Law Review, pp. 493-511.
____ (2005b). "'A Decent Respect to the Opinions of [Human]kind': The Value of a Comparative Perspective in Constitutional Adjudication". In: *The Cambridge Law Journal*, vol. 64, n.º 3. Cambridge: Cambridge University Press, pp. 575-92.
GÖBEL, Andreas (1995). "Paradigmatische Erschöpfung. Wissenssoziologische Bemerkungen zum Fall Carl Schmitts". *In*: Andreas Göbel, Dirk van Laak e Ingeborg Villinger (orgs.). *Metamorphosen des Politischen. Grundfragen politischer Einheitsbildung seit den 20er Jahren*. Berlim: Akademie, pp. 267-86.
GOLDMAN, Berthold (1964). "Frontirères du droit et 'lex mercatoria'". *In*: *Archives de Philosophie du Droit* 9. Paris: Sirey, pp. 177-92.
GOLOVE, David (2005). "United States: The Bush Administration's 'War on Terrorism' in the Supreme Court". *In*: *International Journal of Constitutional Law*, vol. 3, n.º 1. Oxford: Oxford University Press/ Nova Iorque: New York University School of Law, pp. 128-46.
GOMES, Luís Flávio (2008). "Direito internacional dos direitos humanos: vigência, validade e operacionalidade do princípio *pro homine*. *In*: Zulmar Fachin (org.). *20 anos de Constituição Cidadã*. Rio de Janeiro: Forense/São Paulo: Método, pp. 179-90.
GORDON, Ruth (1997). "Saving Failed States: Sometimes a Neocolonialist Notion". *American University Journal of International Law & Policy*, vol. 12. Washington, DC: American University, pp. 903-74.

GRAMSCI, Antonio (2007). *Cadernos do Cárcere*. Rio de Janeiro: Civilização Brasileira, vol. 4.
GRAU, Eros Roberto (2002). *Ensaio e discurso sobre a interpretação/aplicação do direito*. São Paulo: Malheiros.
GREVEN, Michael Th. (1999). *Die politische Gesellschaft. Kontingenz und Dezision als Probleme des Regierens und der Demokratie*. Opladen: Leske & Budrich.
GRIMM, Dieter (1987). "Entstehungs- und Wirkungsbedingungen des modernen Konstitutionalismus". In: Dieter Simon (org.). *Akten des 26. Deutschen Rechtshistorikertages: Frankfurt am Main, 22. bis 26. September 1986*. Frankfurt sobre o Meno: Klostermann, pp. 45-76.
_____ (1989). "Verfassung". In: Görres-Gesellschaft (org.). *Staatslexikon: Recht • Wirtschaft • Gesellschaft*. 7.ª ed. Friburgo/Basileia/Viena: Herder, vol. V, colunas 633-43.
_____ (1995a). "Konstitution, Grundgesetz(e) von der Aufklärung bis zur Gegenwart". In: H. Mohnhaupt e D. Grimm. *Verfassung: Zur Geschichte des Begriffs von der Antike bis zur Gegenwart; zwei Studien*. Berlim: Duncker & Humblot, pp. 100-41.
_____ (1995b). *Braucht Europa eine Verfassung?* Munique: Carl Siemens Stiftung (série "Themen", vol. 62).
_____ (2004a). "Die Verfassung im Prozess der Entstaatlichung". In: Michael Brenner, Peter M. Huber e Markus Möstl (orgs.). *Der Staat des Grundgesetzes – Kontinuität und Wandel: Festschrift für Peter Badura zum siebzigen Geburtstag*. Tübingen: Mohr Siebeck, pp. 145-67.
_____ (2004b). "Integration durch Verfassung: Absichten und Aussichten im europäischen Konstitutionalisierungsprozess". In: *Leviathan: Zeitschrift für Sozialwissenschaft* 32/4. Wiesbaden: Verlag für Sozialwissenschaften, pp. 448-63.
GROSS, Oren (2006). "'Control Systems' and the Migration of Anomalies". In: Sujit Choudhry (org.). *The Migration of Constitutional Ideas*. Cambridge: Cambridge University Press, pp. 403-30.
GROTE, Raine (1999). "The Status and Rights of Indigenous Peoples in Latin America". In: *Zeitschrift für ausländisches öffentliches Recht und Völkerrecht* 59. Stuttgart: Verlag W. Kohlhammer/Heidelberg: Max-Planck-Institut für ausländisches öffentliches Recht und Völkerrecht, 1999, pp. 497-528.
GROTIUS, Hugo (1950). *Drei Bücher vom Recht des Krieges und des Frieden*. Edição alemã organizada por Walter Schätzel. Tübingen: Mohr [original: *De jure belli ac pacis – libri tres*, Paris, 1625].

GÜNTHER, Klaus (1988). *Der Sinn für Angemessenheit: Anwendungsdiskurse in Moral und Recht*. Frankfurt sobre o Meno: Suhrkamp.
____ (2001). "Rechtspluralismus und universaler Code der Legalität: Globalisierung als rechtstheoretisches Problem". *In*: Lutz Wingert e Klaus Günther (orgs.). *Die Öffentlichkeit der Vernunft und die Vernunft der Öffentlichkeit: Festschrift für Jürgen Habermas*. Frankfurt sobre o Meno: Suhrkamp, pp. 539-67.
____ ; RANDERIA, Shalini (2001). *Recht, Kultur und Gesellschaft im Prozeß der Globalisierung*. Série *Suchprozesse für Innovative Fragestellungen in der Wissenschaft*, n.º 4. Bad Homburg: Werner Reimers Stiftung.
HABERMAS, Jürgen (1982a). *Theorie des Kommunikativen Handelns*. 2.ª ed. Frankfurt sobre o Meno: Suhrkamp, 2 vols. [1.ª ed. 1981].
____ (1982b). *Zur Rekonstruktion des Historischen Materialismus*. 3.ª ed. Frankfurt sobre o Meno: Suhrkamp [1.ª ed. 1976].
____ (1992). *Faktizität und Geltung: Beiträge zur Diskurstheorie des Rechts und des demokratischen Rechtsstaats*. Frankfurt sobre o Meno: Suhrkamp [trad. bras.: *Direito e democracia: entre facticidade e validade*. 2.ª ed. Rio de Janeiro: Tempo Brasileiro, 2003, 2 vols.].
____ (1996). "Kants Idee des ewigen Friedens – aus dem historischen Abstand von 200 Jahren". *In*: J. Habermas. *Die Einbeziehung des Anderen: Studien zur politischen Theorie*. Frankfurt sobre o Meno: Suhrkamp, pp. 192-236.
____ (1998a). *Die postnationale Konstellation: Politische Essays*. Frankfurt sobre o Meno: Suhrkamp [trad. bras.: *A constelação pós-nacional: ensaios políticos*. São Paulo: Littera Mundi, 2001].
____ (1998b). Jenseits des Nationalstaats? Bemerkungen zu Folgeproblemen der wirtschaftlichen Globalisierung. *In*: Ulrich Beck (org.). *Politik der Globalisierung*. Frankfurt sobre o Meno: Suhrkamp, pp. 67-84.
____ (2000). Bestialität und Humanität: Ein Krieg an der Grenze zwischen Recht und Moral. *In*: Reinhard Merkel (org.). *Der Kosovo-Krieg und das Völkerrecht*. Frankfurt sobre o Meno: Suhrkamp, pp. 51-65.
____ (2001). "Braucht Europa eine Verfassung?". *In*: J. Habermas. *Zeit der Übergänge: Kleine Politische Schriften IX*. Frankfurt sobre o Meno: Suhrkamp, pp. 104-29.
____ (2004). "Hat die Konstitutionalisierung des Völkerrechts noch eine Chance?". *In*: J. Habermas. *Der gespaltene Westen: Kleine Politische Schriften X*. Frankfurt sobre o Meno: Suhrkamp, pp. 113-93.
____ (2005). "Eine politische Verfassung für die pluralistische Weltgesellschaft?". *In*: J. Habermas. *Zwischen Naturalismus und Reli-*

gion: Philosophische Aufsätze. Frankfurt sobre o Meno: Suhrkamp, pp. 324-65.

____ (2007). "Kommunikative Rationalität und grenzüberschreitende Politik: eine Replik". *In*: Peter Niesen e Benjamin Herborth (orgs.). *Anarchie der kommunikativen Freiheit: Jürgen Habermas und die Theorie der internationalen Politik*. Frankfurt sobre o Meno: Suhrkamp, pp. 406-59.

____ (2008). "Europapolitik in der Sachkasse: Plädoyer für eine Politik der abgestuften Integration". *In*: J. Habermas. *Ach, Europa: Kleine Politische Schriften XI*. Frankfurt sobre o Meno: Suhrkamp, pp. 96-127.

HANNIKAINEN, Lauri (1988). *Peremptory Norms (Jus Cogens) in International Law: Historical Development, Criteria, Present Status*. Helsinque: Finish Lawyers' Publishing Company.

HART, H. L. A. (1994). *The Concept of Law*. 2.ª ed. Oxford: Clarendon Press [1.ª ed. 1961] [trad. port.: *O conceito de direito*. 3.ª ed. Lisboa: Fundação Calouste Gulbenkian, 2001].

HARVARD LAW REVIEW [Comitê Editorial] (2005). "Comment: The Debate over Foreign Law in *Roper v. Simmons*. *In*: *Harvard Law Review*, vol. 119. Cambridge, MA: The Harvard Law Review Association, pp. 103-8.

HARTWIG, Matthias (2005). "Much Ado About Human Rights: The Federal Constitutional Court Confronts the European Court of Human Rights". *In*: *German Law Journal*, vol. VI, n.° 5, pp. 869-94 (disponível em: http://www.germanlawjournal.com/article.php?id=600).

HASEBE, Yasuo (2003). "Constitutional Borrowing and Political Theory". *In*: *International Journal of Constitutional Law*, vol. 1, n.° 2. Oxford: Oxford University Press/Nova Iorque: New York University School of Law, pp. 224-43.

HEDIGAN, John (2007). "The Princess, the Press and Privacy: Observations on Caroline von Hannover v. Germany". *In*: *Liber Amicorum Luzius Wildhaber: Humans Rights – Strasbourg Views/Droit de l'homme – Regards de Strasbourg*. Kehl/Estrasburgo/Arlington, VA: Engel, pp. 193-205.

HEGEL, G. W. F. (1967). *Jenaer Realphilosophie: Vorlesungsmanuskripte zur Philosophie der Natur und des Geistes von 1805-1806*. Org. Johannes Hoffmeister. Hamburg: Meiner [reimpressão inalterada da 1.ª ed., de 1931, sob o título *Jenenser Realphilosophie II*].

____ (1988). *Phänomenologie des Geistes*. Hamburgo: Meiner [1.ª ed. Bamberg/Würzburg, 1807].

HEINTZ, Bettina; MÜNCH, Richard; TYRELL, Hartmann (orgs.) (2005). *Weltgesellschaft: Theoretische Zugänge und empirische Problemlagen (Sonderheft der Zeitschrift für Soziologie)*. Stuttgart: Lucius & Lucius.
HEINTZ, Peter (1982). *Die Weltgesellschaft im Spiegel von Ereignissen*. Diessenhofen: Rüegger.
HELD, David e MCGREW, Anthony (2002). "Introduction". *In*: D. Held e A. McGrew (orgs.). *Governing Globalization: Power, Authority and Global Governance*. Cambridge: Polity Press, pp. 1-21.
HELLER, Hermann (1934). *Staatslehre*. Org. Gerhart Niemeyer. Leiden: A. W. Sijthoff [trad. bras.: *Teoria do Estado*. São Paulo: Mestre Jou, 1968].
HERDEGEN, Matthias (1996). "Der Wegfall effektiver Staatsgewalt im Völkerrecht: 'The Failed State'". *In*: *Berichte der Deutschen Gesellschaft für Völkerrecht* 34. Heidelberg: C. F. Müller, pp. 49-85.
HESPANHA, António Manuel (2007). *O caleidoscópio do direito: O direito e a justiça nos dias e no mundo de hoje*. Coimbra: Almedina.
HESSE, Konrad (1980). *Grundzüge des Verfassungsrechts der Bundesrepublik Deutschland*. 12.ª ed. Heidelberg/Karlsruhe: Müller.
HILLGENBERG, Hartmut (2005). "Incommunicado in Guantanamo". *In*: *Internationale Gemeinschaft und Menschenrechte: Festschrift für Georg Ress zum 70. Geburtstag am 21. Januar 2005*. Colônia/Berlim/Munique: Heymanns, pp. 133-40.
HOBBES, Thomas (1992). *Leviathan*. Org. Richard Tuck. Cambridge: Cambridge University Press [1.ª ed. Londres, 1651].
HÖFFE, Otfried (2002a). *Demokratie im Zeitalter der Globalisierung*. Munique: Beck.
____ (2002b). "Globalität statt Globalismus. Über eine subsidiäre und föderale Weltrepublik". *In*: Matthias Lutz-Bachmann e David Bohman (orgs.). *Weltstaat oder Staatenwelt? Für und wider die Idee einer Weltrepublik*. Frankfurt sobre o Meno: Suhrkamp, pp. 8-31.
____ (2008). "Vision Weltrepublik. Eine philosophische Antwort auf die Globalisierung". *In*: Ulfrid Neumann e Stephan Kirste (orgs.). *Rechtsphilosophie im 21. Jahrhundert*. Frankfurt sobre o Meno: Suhrkamp, pp. 380-96.
HOFFMEISTER, Frank (2006). "Germany: Status of European Convention on Human Rights in Domestic Law". *In*: *International Journal of Constitutional Law*, vol. 4, n.º 4. Oxford: Oxford University Press/Nova Iorque: New York University School of Law, pp. 722-31.
HOFMANN, Rainer (2004). "The German Federal Constitutional Court and Public International Law: New Decisions, New Approaches?" *In*. *German Yearbook of International Law* 47. Berlim: Duncker & Humblot, 2005, pp. 9-38.

HOFSTADTER, Douglas R. (1979). *Gödel, Escher, Bach: an Eternal Golden Braid*. Hassocks: The Harvester Press [trad. bras.: *Gödel, Escher, Bach: Um entrelaçamento de gênios brilhantes*. Brasília: UnB/São Paulo: Imprensa Oficial, 2001].

HOLLERBACH, Alexander (1969). "Ideologie und Verfassung". In: Werner Maihofer (org.). *Ideologie und Recht*. Frankfurt sobre o Meno: Klostermann, pp. 37-61.

HONNETH, Axel (1994). *Kampf um Anerkennung: Zur moralischen Grammatik sozialer Konflikte*. Frankfurt sobre o Meno: Suhrkamp.

HOPKINS, Terence; WALLERSTEIN, Immanuel (1979). "Grundzüge der Entwicklung des modernen Weltsystems". In: Dieter Senghaas (org.). *Kapitalistische Weltökonomie: Kontroverse über ihren Ursprung und ihre Entwicklungsdynamik*. Frankfurt sobre o Meno: Suhrkamp, pp. 151-200.

ITURRALDE G., Diego A. (2005). "Reclamo y reconocimiento del derecho indígena en América Latina". In: *Revista IIDH/Instituto Interamericano de Derechos Humanos* 41. São José da Costa Rica: El Instituto, pp. 7-47.

JACKSON, Vicki C. (2005). "Constitutional Comparisons: Convergence, Resistance, Engagement". In: *Harvard Law Review*, vol. 119. Cambridge/MA: The Harvard Law Review Association, pp. 109-28.

JAKOBS, Günther (2008). *Direito penal do inimigo*. Trad. bras. Gercélia B. de Oliveira Mendes. Org. e introd. L. Moreira e E. Pacelli de Oliveira. Rio de Janeiro: Lumen Juris.

JANIS, Mark W. (2005). "Human Rights and Imposed Constitutions". *Connecticut Law Review*, vol. 37, n.º 4. Hartford: Connecticut Law Review Association, pp. 955-61.

JELLINEK, Georg (1966). *Allgemeine Staatslehre*. Bad Homburg v. d. Höhe/Berlim/Zurique: Verlag Dr. Max Gehlen, reimpr. da 3.ª ed. [trad. esp.: *Teoría General del Estado*. Buenos Aires: Editorial Albatros, 1973].

JESTAEDT, Matthias (1999). *Grundrechtsentfaltung im Gesetz*. Tübingen: Mohr.

____ (2008). "Konkurrenz von Rechtsdeutungen statt Koexistenz von Rechtsordnungen". In: Hauke Brunkhorst e Rüdiger Voigt (orgs.). *Rechts-Staat: Staat, internationale Gemeinschaft und Völkerrecht bei Hans Kelsen*. Baden-Baden: Nomos, pp. 233-48.

JESSUP, Philip C. (1956). *Transnational Law*. New Haven: Yale University Press.

JINKS, Derek; SLOSS, David (2004). "Is the President Bound by the Geneva Conventions". In: *Cornell Law Review*, vol. 90, n.º 1. Ithaca: Cornell Law School, pp. 97-202.

JOERGES, Christian (2003). *On the Legitimacy of Europeanising Europe's Private law: Considerations on a Law of Justi(ce)-fication (Justun Facere) for the EU Multi-Level System* (EUI Working Paper: Law; 2003, 3). San Domenico (Florença): European University Institute, 48 pp.

____ (2007). "Integration through De-Legalisation: An Irritated Heckler". *European Governance Paper* (EUROGOV), n.º N-07-3, 28 pp. (disponível em: http://www.connex-network.org/eurogov/pdf/egp-newgov-N-07-03.pdf).

____; NEYER, Jürgen (1997). "From Intergovernmental Bargaining to Deliberative Political Processes: The Constitutionalisation of Comitology". *In: European Law Journal* 3. Oxford: Blackwell, pp. 273-99.

____; PETERSMANN, Ernst-Ulrich (orgs.) (2006). *Constitutionalism, Multilevel Trade Governance and Social Regulation*. Oxford/Portland: Hart.

KADELBACH, Stefan (1992). *Zwingendes Völkerrecht*. Berlim: Duncker & Humblot.

____; KLEINLEIN, Thomas (2008). "International Law – a Constitution for Mankind? An Attempt at a Re-appraisal with an Analysis of Constitutional Principles". *In: German Yearbook of International Law* 50. Berlim: Duncker & Humblot, pp. 303-47.

KANT, Immanuel (1993). "Zum ewigen Frieden: Ein Philosophischen Entwurf". *In*: Immanuel Kant. *Werkausgabe*, vol. XI: *Schriften zur Anthropologie, Geschichtsphilosophie, Politik und Pädagogik 1*. Org. Wilhelm Weischedel. 10.ª ed. Frankfurt sobre o Meno: Suhrkamp [1.ª ed. Königsberg, 1795], pp. 191-251.

KAUFMANN, Roberta Fragoso Menezes (2007). *Ações afirmativas à brasileira: Necessidade ou mito? Uma análise histórico-jurídico-comparativa do negro nos Estados Unidos da América e no Brasil*. Porto Alegre: Livraria do Advogado.

KEYSER, Philip De (2001). "Exploring WTO Dispute Settlement in US Anti-Dumping Act 1916: An Easy Case?" *Jean Monnet Working Paper* 11/01. Cambridge/MA: Harvard Law School/Jean Monnet Program, 33 pp.

KELSEN, Hans (1925). *Allgemeine Staatslehre*. Bad Hamburg v. d. Höhe/Berlim/Zurique: Gehlen [reimpr. inalterada: 1966].

____ (1931). *Wer soll der Hüter der Verfassung sein?* Berlim: Rotschild.

____ (1946). *General Theory of Law and State*. Trad. ingl. A. Wedberg. Cambridge, MA: Harvard University Press [trad. bras.: *Teoria geral do direito e do estado*. 4.ª ed. São Paulo: Martins Fontes, 2005].

KELSEN, Hans (1960). *Reine Rechtslehre*. 2ª ed. Viena: Franz Deuticke [reimpr. inalterada: 1983] [trad. bras.: *Teoria pura do direito*. 7ª ed. São Paulo: Martins Fontes, 2006].

KEMPEN, Bernhard (2005). "Artikel 59". *In*: Hermann von Mangoldt, Friedrich Klein e Christian Starck. *Kommentar zum Grundgesetz*. Munique: Franz Vahlen, vol. 2, pp. 1473-519.

KOSELLECK, Reinhart (1989). "Zur historisch-politischen Semantik asymmetrischer Gegenbegriffe". *In*: R. Koselleck. *Vergangene Zukunft: Zur Semantik geschichtlicher Zeiten*. Frankfurt sobre o Meno: Suhrkamp, pp. 211-59 [trad. bras.: "A semântica histórico-política dos conceitos antitéticos assimétricos". *In*: R. Koselleck. *Futuro passado: contribuição à semântica dos tempos históricos*. Rio de Janeiro: PUC-Rio, pp. 191-231].

____ (2006). "Begriffsgeschichtliche Probleme der Verfassungsgeschichtsbeschreibung". *In*: R. Koselleck. *Begriffsgeschichten*. Frankfurt sobre o Meno: Suhrkamp, pp. 365-401.

KOSKENNIEMI, Martti (1998). "Die Polizei im Tempel – Ordnung, Recht und die Vereinten Nationen: Eine dialektische Betrachtung". *In*: Hauke Brunkhorst (org.). *Einmischung erwünscht? Menschenrechte und bewaffnete Intervention*. Frankfurt sobre o Meno: Fischer, pp. 63-87.

____ (2002). *The Gentle Civilizer of Nations: The Rise and Fall of International Law 1870–1960*. Cambridge: Cambridge University Press.

____ (2004). "International Law and Hegemony: A Reconfiguration". *In*: *Cambridge Review of International Affairs* 17. Cambridge: Routledge, pp. 197-218.

____ (2006a). "The Fate of Public International Law: Constitutional Utopia or Fragmentation? *Chorley Lecture*. Londres: London School of Economics and Political Science, 07/06/2006, 46 pp. (disponível em: http://www.helsinki.fi/eci/Publications/MKChorley%20Text-06a. pdf, último acesso em: 04/01/2009).

____ (2006b). "International Law: between Fragmentation and Constitutionalism". Palestra. Canberra, 27/11/2006, 18 pp. (disponível em: http://www.helsinki.fi/eci/Publications/MCanberra-06c.pdf, último acesso em: 04/01/2009).

____ (2008). "Formalismus, Fragmentierung, Freiheit – Kantische Themen im heutigen Völkerrecht". *In*: Regina Kreide e Andreas Niederberger (orgs.). *Transnationale Verrechtlichung. Nationale Demokratien im Kontext globaler Politik*. Frankfurt sobre o Meno/ Nova Iorque: Campus, pp. 65-89.

KOSKENNIEMI, Martti; PÄIVI, Leino (2002). "Fragmentation of International Law? Postmodern Anxieties". *In*: *Leiden Journal of International Law* 15. Cambridge: Cambridge University Press, pp. 553-79.

KRAJEWSKI, Markus (2001). *Verfassungsperspektiven und Legitimation des Rechts der Welthandelsorganisation (WTO)*. Berlim: Duncker & Humblot.

KUHN, Thomas S. (1996). *The Structure of Scientific Revolutions*. 3ª ed. Chicago/Londres: The University of Chicago Press.

LACLAU, Ernesto (1994). "Why do Empty Signifiers Matter to Politics?". *In*: Jeffrey Weeks (org.). *The Lesser Evil and the Greater Good. The Theory and Politics of Social Diversity*. Londres: Rivers Oram Press, pp. 167-78.

LADEUR, Karl-Heinz (1986). "'Prozedurale Rationalität' – Steigerung der Legitimationsfähigkeit oder der Leistungsfähigkeit des Rechtssystems?". *In*: *Zeitschrift für Rechtssoziologie* 7. Opladen: Westdeutscher Verlag, pp. 265-74.

____ (1992). *Postmoderne Rechtstheorie: Selbstreferenz – Selbstorganisation – Prozeduralisierung*. Berlim: Duncker & Humblot.

____ (1997). "Towards a Legal Theory of Supranationality – The Viability of The Network Concept". *In*: *European Law Journal*, vol. 3, nº 1. Oxford: Blackwell, março de 1997, pp. 33-54.

____ (2000). *Negative Freiheitsrechte und gesellschaftliche Selbstorganisation: Die Erzeugung von Sozialkapital durch Institutionen*, Tübingen: Mohr.

____ (2004a). "Globalization and Conversion of Democracy to Polycentric Networks – Can Democracy Survive the End of Nation State?". *In*: Karl-Heinz Ladeur (org.). *Public Governance in the Age of Globalization*. Aldershot: Ashgate, 2004, pp. 89-118.

____ (2004b). *Kritik der Abwägung in der Grundrechtsdogmatik*. Tübingen: Mohr.

____ (2007a). "Schutz von Prominenz als Eigentum – Zur Kritik der *Caroline*-Rechtsprechung des Bundesverfassungsgerichts". *In*: Karl-Heinz Ladeur. *Das Medienrecht und die Ökonomie der Aufmerksamkeit*. Colônia: Halem, pp. 113-46.

____ (2007b). *Der Staat gegen die Gesellschaft: Zur Verteidigung der Rationalität der "Privatrechtsgesellschaft"*. Tübingen: Mohr.

____ ; AUGSBERG, Ino (2005). "Auslegungsparadoxien: Zur Theorie und Praxis juristischer Interpretation". *In*: *Rechtstheorie* 36. Berlim: Duncker & Humblot, pp. 143-84.

LADEUR, Karl-Heinz; AUGSBERG, Ino (2008). *Die Funktion der Menschenwürde im Verfassungsstaat: Humangenetik – Neurowissenschaft – Medien*. Tübingen: Siebeck.

___; VIELLECHNER, Lars (2008). "Die transnationale Expansion staatlicher Grundrechte: Zur Konstitutionalisierung globaler Privatregimes ". *In*: *Archiv des Völkerrechts* 46. Tübingen: Mohr, pp. 42-73.

LAGARDE, P. (1982). "Approche critique de la lex mercatoria". *In*: *Le droit des relations économiques internationales: études offertes à Berthold Goldman*. Paris: Librairies Techniques, pp. 125-50.

LANGER, Stefan (1995). *Grundlagen einer internationalen Wirtschaftsverfassung – Strukturprinzipien, Typik und Perspektiven anhand von Europäischer Union und Welthandelsorganisation*. Munique: Beck.

LASSALLE, Fedinand (1987). "Über Verfassungswesen" (1862). *In*: *Reden und Schriften*. Org. Hans Jürgen Friederici. Colônia: Röderberg, pp. 120-47 [trad. bras.: *Que é uma Constituição?* Porto Alegre: Editorial Villa Martha, 1980].

LATOUR, Bruno (1997). *Nous n'avons jamais été modernes: Essai d'anthropologie symétrique*. Paris: La Découverte.

LATTY, Franck (2007). *La lex sportiva: recherche sur le droit transnational*. Leiden: Nijhoff.

LAUTERPACHT, Hersch (1950). *International Law and Human Rights*. Londres: Stevens and Sons.

LAW, David S. (2008). "Globalization and the Future of Constitutional Rights". *In*: *Northwestern University Law Review*, vol. 102, n.º 3. Chicago: Northwestern University School of Law, pp. 1277-349.

LEFORT, Claude (1981). "Droit de l'homme et politique". *In*: Claude Lefort. *L'Invention Démocratique: Les limites de la domination totalitaire*. Paris: Fayard, pp. 45-83 [trad. bras.: "Direitos do homem e política". *In*: *A invenção democrática: os limites do totalitarismo*. 2ª ed. São Paulo: Brasiliense, 1987, pp. 37-69].

LEVINSON, Sanford (2005). "'Imposed Constitutionalism': Some Reflections". *In*: *Connecticut Law Review*, vol. 37, n.º 4. Hartford: Connecticut Law Review Association, pp. 921-32.

LÉVI-STRAUSS, Claude (1973). "Introduction a l'œuvre de Marcel Mauss". *In*: Marcel Mauss. *Sociologie et Anthropologie*. 5ª ed. Paris: Presses Universitaires de France, vol. I, pp. IX-LII [1ª ed. 1950] [trad. bras.: "Introdução à obra de Marcel Mauss". *In*: Marcel Mauss. *Sociologia e antropologia*. São Paulo: EPU/Edusp, 1974, vol. I, pp. 1-36].

LEWANDOWSKI, Enrique Ricardo (2004). *Globalização, regionalização e soberania*. São Paulo: Juarez de Oliveira.

L'HEUREUX-DUBÉ, Claire (1998). "The Importance of Dialogue: Globalization and the International Impact of the Rehnquist Court". *In*: *Tulsa Law Journal*, vol. 34, n.º 1. Tulsa: The University of Tulsa College of Law, pp. 15-40.

LOCKE, John (1980). *Second Treatise of Government*. Org. C. B. Macpherson. Indianapolis/Cambridge: Hackett Publishing Company [1.ª ed. 1690] [trad. bras.: *Segundo tratado sobre o governo civil*. São Paulo: Abril Cultural, 1978, col. "Os Pensadores"].

LOEWENSTEIN, Karl (1975). *Verfassungslehre*. Trad. al. Rüdiger Boerner. 3.ª ed. Tübingen: Mohr.

LOQUIN, Eric (2006). "Les règles matérielles internationales". *In*: *Recueil des Cours: Collected Courses of the Hague Academy of International Law* 322 (2006). Haia: Académie de Droit International de La Haye/Leiden: Nijhoff, 2007, pp. 9-241.

_____ (2007). "L'utilisation par les arbitres du TAS des principes généraux du droit et le développement d'une *lex sportiva*". *In*: A. Rigozzi e M. Bernasconi (orgs.). *The Proceedings before the Court Arbitration for Sport*. Berna: Weblaw/Zurique: Schulthess, pp. 85-108.

_____ (2008). "Tribunal Arbitral du Sport: 2 Chronique des sentences arbitrales". *In*: *Journal du Droit International Clunet*, n.º 1/2008. Paris: LexisNexis/JurisClasseur, pp. 233-309.

LUCAS PIRES, Francisco (1997). *Introdução ao direito constitucional europeu (seu sentido, problemas e limites)*. Coimbra: Almedina.

LUHMANN, Niklas (1965). *Grundrechte als Institution: Ein Beitrag zur politischen Soziologie*. Berlim: Duncker & Humblot.

_____ (1973a). "Politische Verfassungen im Kontext des Gesellschaftssystems". *In*: *Der Staat* 12. Berlim: Duncker & Humblot, pp. 1-22 e 165-82.

_____ (1973b). *Zweckbegriff und Systemrationalität: Über die Funktion von Zwecken in sozialen Systemen*. Frankfurt sobre o Meno: Suhrkamp.

_____ (1974). *Rechtssystem und Rechtsdogmatik*. Stuttgart: Kohlhammer.

_____ (1975). "Die Weltgesellschaft". *In*: N. Luhmann. *Soziologische Aufklärung 2: Aufsätze zur Theorie der Gesellschaft*. Opladen: Westdeutscher Verlag, pp. 51-71.

_____ (1980)."Gesellschaftliche Struktur und semantische Tradition". *In*: Niklas Luhmann. *Gesellschaftsstruktur und Semantik: Studien zur Wissenssoziologie der modernen Gesellschaft*. Frankfurt sobre o Meno: Suhrkamp, vol. 1, pp. 9-71.

_____ (1981a). *Ausdifferenzierung des Rechts: Beiträge zur Rechtssoziologie und Rechtstheorie*. Frankfurt sobre o Meno: Suhrkamp.

LUHMANN, Niklas (1981b). *Politische Theorie im Wohlfahrtsstaat*. Munique: Olzog.

____ (1981c). "Machtkreislauf und Recht in Demokratien". *In*: *Zeitschrift für Rechtssoziologie* 2. Opladen: Westdeutscher Verlag, pp. 158-67.

____ (1983a). *Legitimation durch Verfahren*. Frankfurt sobre o Meno: Suhrkamp [1.ª ed. Neuwied/Berlim: Luchterhand, 1969] [trad. bras.: *Legitimação pelo procedimento*. Brasília: UnB, 1980].

____ (1983b). "Die Einheit des Rechtssystems". *In*: *Rechtstheorie* 14. Berlim: Duncker & Humblot, pp. 129-54.

____ (1984a). "Reflexive Mechanismen". *In*: N. Luhmann. *Soziologische Aufklärung 1: Aufsätze zur Theorie sozialer Systeme*. 5.ª ed. Opladen: Westdeutscher Verlag, pp. 92-112 [originalmente em: *Soziale Welt* 17 (1966), pp. 1-23].

____ (1984b). "The Self-Reproduction of the Law and its Limits". *In*: F. A. de Miranda Rosa (org.). *Direito e mudança social*. Rio de Janeiro: OAB/RJ, pp. 107-28.

____ (1986a). "Die Codierung des Rechtssystems". *In*: *Rechtstheorie* 17. Berlim: Duncker & Humblot, pp. 171-203.

____ (1986b). "Interaktion, Organisation, Gesellschaft: Anwendungen der Systemtheorie". *In*: N. Luhmann. *Soziologische Aufklärung 2: Aufsätze zur Theorie der Gesellschaft*. 3.ª ed. Opladen: Westdeutscher Verlag, pp. 9-20.

____ (1986c). *Ökologische Kommunikation: Kann die moderne Gesellschaft sich auf ökologische Gefährdungen einstellen?* Opladen: Westdeutscher Verlag.

____ (1987a). *Rechtssoziologie*. 3.ª ed. Opladen: Westdeutscher Verlag [1.ª ed. Reinbek bei Hamburg: Rowohlt, 1972, 2 vols.].

____ (1987b). "Die Zukunft der Demokratie". *In*: N. Luhmann. *Soziologische Aufklärung 4: Beiträge zur funktionalen Differenzierung der Gesellschaft*. Opladen: Westdeutscher Verlag, pp. 126-32.

____ (1987c). *Soziale Systeme: Grundriß einer allgemeinen Theorie*. Frankfurt sobre o Meno: Suhrkamp [trad. esp.: *Sistemas sociales: lineamientos para una teoría general*. 2.ª ed. Barcelona: Anthropos/México: Universidad Iberoamericana/Santafé de Bogotá: Ceja, 1998].

____ (1988a). *Die Wirtschaft der Gesellschaft*. Frankfurt sobre o Meno: Suhrkamp.

____ (1988b). *Macht*. 2.ª ed. Stuttgart: Enke [1.ª ed. 1975] [trad. bras.: *Poder*. Brasília: UnB, 1985].

____ (1988c). "Positivität als Selbstbestimmtheit des Rechts". *In*: *Rechtstheorie* 19. Berlim: Duncker & Humblot, pp. 11-27.

LUHMANN, Niklas (1989). *Gesellschaftsstruktur und Semantik: Studien zur Wissenssoziologie der modernen Gesellschaft*. Frankfurt sobre o Meno: Suhrkamp, vol. 3.

____ (1990a). "Verfassung als evolutionäre Errungenschaft". In: *Rechtshistorisches Journal* 9. Frankfurt sobre o Meno: Löwenklau, pp. 176-220.

____ (1990b). *Liebe als Passion: Zur Codierung von Intimität*. 5.ª ed. Frankfurt sobre o Meno: Suhrkamp [trad. port.: *O amor como paixão: para a codificação da intimidade*. Lisboa: Difel/Rio de Janeiro: Bertrand Brasil, 1991].

____ (1990c). *Die Wissenschaft der Gesellschaft*. Frankfurt sobre o Meno: Suhrkamp [trad. esp.: *La Ciencia de la Sociedad*, México: Universidad Iberoamericana/ITESO/Anthropos, 1996].

____ (1990d). *Paradigma lost: Über die ethische Reflexion der Moral – Rede anläßlich der Verleihung des Hegel-Preises 1989*, incluída a "*Laudatio*" de Robert Spaemann. Frankfurt sobre o Meno: Suhrkamp.

____ (1990e). "Interesse und Interessenjurisprudenz im Spannungsfeld von Gesetzgebung und Rechtsprechung". In: *Zeitschrift für Neuere Rechtsgeschichte* 12. Viena: Manz, pp. 1-13.

____ (1990f). "Die Stellung der Gerichte im Rechtssystem". In: *Rechtstheorie* 21. Berlim: Duncker & Humblot, pp. 459-73.

____ (1990g). "Ich sehe was, was Du nicht siehst". In: N. Luhmann, *Soziologische Aufklärung 5: Konstruktivistische Perspektiven*. Opladen: Westdeutscher Verlag, pp. 228-34.

____ (1991). "Der Gleichheitssatz als Form und als Norm". In: *Archiv für Rechts- und Sozialphilosophie* 77. Stuttgart: Steiner, pp. 435-45.

____ (1993a). *Das Recht der Gesellschaft*. Frankfurt sobre o Meno: Suhrkamp [trad. esp.: *El Derecho de la Sociedad*. México: Universidad Iberoamericana, 2002].

____ (1993b). "The Code of the Moral". In: *Cardozo Law Review*, vol. 14, n.ºs 3-4. Nova Iorque: Cardozo Law School, jan. 1993, pp. 995-1009.

____ (1993c). "Das Paradox der Menschenrechte und drei Formen seiner Entfaltung". In: *Rechtsnorm und Rechtswirklichkeit: Festschrift für Werner Krawietz zum 60. Geburtstag*. Berlim: Duncker & Humblot.

____ (1994). "Europa als Problem der Weltgesellschaft". In: *Berliner Debatte INITIAL: Zeitschrift für sozialwissenschaftlichen Diskurs* 2/1994. Berlim: GSFP, pp. 3-7.

____ (1995a). *Gesellschaftsstruktur und Semantik: Studien zur Wissenssoziologie der modernen Gesellschaft*. Frankfurt sobre o Meno: Suhrkamp, vol. 4.

LUHMANN, Niklas (1995b). "Inklusion und Exklusion". *In*: N. Luhmann. *Soziologische Aufklärung 6: Die Soziologie und der Mensch*. Opladen: Westdeutscher Verlag, pp. 237-64 [trad. esp.: "Inclusión y Exclusión". *In*: Niklas Luhmann. *Complejidad y modernidad: De la unidad a la diferencia*. Madri: Trotta, 1998, pp. 167-95].

_____ (1995c). "Die Form 'Person'". *In*: N. Luhmann. *Soziologische Aufklärung 6: Die Soziologie und der Mensch*. Opladen: Westdeutscher Verlag, pp. 142-54.

_____ (1996). *Die Kunst der Gesellschaft*. 2.ª ed. Frankfurt sobre o Meno: Suhrkamp [trad. esp.: *El arte de la sociedad*, México: Herder/Universidad Iberoamericana, 2005].

_____ (1997). *Die Gesellschaft der Gesellschaft*. Frankfurt sobre o Meno: Suhrkamp, 2 tomos. [trad. esp.: *La sociedad de la sociedad*. México: Herder/Universidad Iberoamericana, 2007].

_____ (1998). "Der Staat des politischen Systems: Geschichte und Stellung in der Weltgesellschaft". *In*: Ulrich Beck (org.). *Perspektiven der Weltgesellschaft*. Frankfurt sobre o Meno: Suhrkamp, pp. 345-80.

_____ (1999). "Ethik in internationalen Beziehungen". *In*: *Soziale Welt* 50. Baden-Baden: Nomos, pp. 247-54.

_____ (2000a). *Die Politik der Gesellschaft*. Frankfurt sobre o Meno: Suhrkamp.

_____ (2000b). *Die Religion der Gesellschaft*. Frankfurt sobre o Meno: Suhrkamp.

_____ (2000c). *Organisation und Entscheidung*. Frankfurt sobre o Meno: Suhrkamp.

_____ (2000d). "Die Rückgabe des zwölften Kamels: Zum Sinn einer soziologischen Analyse des Rechts". *In*: G. Teubner (org.). *Die Rückgabe des zwölften Kamels: Niklas Luhmanns in der Diskussion über Gerechtigkeit*. Stuttgart: Lucius & Lucius, pp. 3-60 [trad. bras.: "A restituição do décimo segundo camelo: do sentido de uma análise sociológica do direito". *In*: Niklas Luhmann. *Do sistema social à sociologia jurídica*. Rio de Janeiro: Lumen Juris, 2004, pp. 33-107].

_____ (2002a). *Das Erziehungssystem der Gesellschaft*, Frankfurt sobre o Meno: Suhrkamp.

_____ (2002b). *Einführung in die Systemtheorie*. Org. Dirk Baecker. Heidelberg: Carl-Auer-Systeme [trad. esp.: *Introducción a la teoría de sistemas*. 1.ª ed. 2.ª reimpr. México: Universidad Iberoamericana/Tlaquepaque: Iteso, 2007].

_____ (2004). "Codierung und Programmierung: Bildung und Selektion im Erziehungssystem" (1986). *In*: *Schriften zur Pädagogik*. Org. Dieter Lenzen. Frankfurt sobre o Meno: Suhrkamp, pp. 23-47.

LUHMANN, Niklas (2005). *Einführung in die Theorie der Gesellschaft*. Heidelberg: Carl-Auer.
____ ; DE GIORGI, Raffaele (1992). *Teoria della società*. Milão: Franco Angeli.
LUTZ-BACHMANN, Matthias (2002). "Weltweiter Frieden durch eine Weltrepublik? Probleme internationaler Friedensicherung". *In*: Matthias Lutz-Bachmann e James Bohman (orgs.). *Weltstaat oder Staatenwelt? Für und wider die Idee einer Weltrepublik*, Frankfurt sobre o Meno: Suhrkamp, pp. 32-45.
LYOTARD, Jean-François (1979). *La condition postmoderne*. Paris: Minuit.
____ (1983). *Le différend*. Paris: Minuit.
MACDOWELL, Douglas M. (1989). "The Oikos in Athenian Law". *In*: *The Classical Quarterly*, New Series, vol. 39, n.º 1. Cambridge: Cambridge University Press, pp. 10-21.
MACPHERSON, C. B. (1990). "Berlin's Divisions of Liberty". *In*: C. B. Macpherson. *Democratic Theory: Essays in Retrieval*. 6.ª ed. Oxford: Oxford University Press/Clarendon Press, pp. 95-119.
MADDOX, Graham (1989). "Constitution". *In*: T. Ball, J. Farr e R. L. Hanson (orgs.). *Political Innovation and Conceptual Change*. Cambridge: Cambridge University Press, pp. 50-67.
MADISON, James; HAMILTON, Alexander; JAY, John (1987). *The Federalist Papers* (1788). Londres/Nova Iorque: Penguin.
MADURO, Miguel Poiares (2003). "Contrapunctual Law: Europe's Constitutional Pluralism in Action". *In*: Neil Walker (org.). *Sovereignty in Transition*. Oxford/Portland-Oregon: Hart, pp. 501-37.
____ (2006). *A Constituição plural: constitucionalismo e União Europeia*. Cascais: Principia.
MALISKA, Marcos Augusto (2006). *Estado e século XXI: A integração supranacional sob a ótica do direito constitucional*. Rio de Janeiro/São Paulo: Renovar.
MARTINS, Leonardo (2008). "Da distinção entre regras e princípios e seus problemas epistemológicos, metodológicos e teórico-jurídicos". *In*: George Salomão Leite (org.). *Dos princípios constitucionais – Considerações em torno das normas principiológicas da Constituição*. São Paulo: Método, 2008, pp. 327-50
MARX, Karl (1988a). "Zur Judenfrage". *In*: Karl Marx e Friedrich Engels. *Werke*. 15.ª ed. Berlim: Dietz Verlag, vol. I, pp. 347-77 [originalmente em: *Deutsch-Französische Jahrbücher*. Paris, 1844].
____ (1988b). *Ökonomische Manuskripte: 1863-1867: Text – Teil I*. Karl Marx e Friedrich Engels. *Gesamtausgabe (MEGA)*. Berlim: Dietz, vol. IV, parte 1.

MATURANA, Humberto R. (1982). *Erkennen: Die Organisation und Verkörperung von Wirklichkeit. Ausgewählte Arbeiten zur biologischen Epistemologie*. Trad. al. Wolfgang K. Köck. Braunschweig/ Wiesbaden: Vieweg.

_____ ; VARELA, Franscisco J. (1980). *Autopoiesis and Cognition: The Realization of the Living*. Dordrecht: D. Reidel Publishing Company.

_____ (2006). *El árbol del conocimiento: Las bases biológicas del entendimiento humano*. 18.ª ed. Santiago: Editorial Universitaria [1.ª ed. 1984] [trad. bras.: *A árvore do conhecimento: as bases biológicas da compreensão humana*. São Paulo: Palas Athena, 2001].

MAUS, Ingeborg (1989). "Justiz als gesellschaftliches Über-Ich. Zur Funktion von Rechtsprechung in der 'vaterlosen Gesellschaft'". In: Werner Faulstich e Gunter E. Grimm (orgs.). *Sturz der Götter? Vaterbilder im 20. Jahrhundert*. Frankfurt sobre o Meno: Suhrkamp, pp. 121-49 [trad. bras.: "Judiciário como superego da sociedade: o papel da atividade jurisprudencial na 'sociedade órfã'". In: *Novos Estudos CEBRAP*, n° 58. São Paulo: CEBRAP, novembro 2000, pp. 183-202].

_____ (1997). "Staatssouveränität als Volkssouveränität. Überlegungen zum Friedensprojekt Immanuel Kants". In: Wilfried Loth (org.). *Jahrbuch 1996 des Kulturwissenschaftlichen Instituts im Wissenschaftszentrum NRW*. Essen: Altes Rathaus, pp. 167-94.

MAYER, Heinz (2007). *Das österreichische Bundes-Verfassungsrecht*. 4.ª ed. Viena: Manz.

MAZZUOLI, Valério de Oliveira (2001). *Direito internacional: tratados e direitos humanos fundamentais na ordem jurídica brasileira*. Rio de Janeiro: América Jurídica.

_____ (2005). "O novo § 3.° do art. 5.° da Constituição e sua eficácia". In: *Revista da AJURIS*, ano XXXII, n.° 98. Porto Alegre: Associação dos Juízes do Rio Grande do Sul, junho 2005, pp. 303-31.

_____ (2007). *Curso de direito internacional público*. 2.ª ed. São Paulo: Revista dos Tribunais.

MCILWAIN, Charles Howard (1940). *Constitutionalism Ancient and Modern*. Ithaca, Nova Iorque: Cornell University Press.

MEAD, George Herbert (1962). *Mind, Self, & Society: from the Standpoint of a Social Behaviorist*. Org. e intr. Charles W. Morris. Chicago/Londres: The University of Chicago Press [1.ª ed. 1934].

MEIER, Heinrich (1994). *Die Lehre Carl Schmitts. Vier Kapitel zur Unterscheidung Politischer Theologie und Politischer Philosophie*. Stuttgart/Weimar: Metzler.

MELLO, Celso D. de Albuquerque (2000). *Direito constitucional internacional – Introdução*. 2.ª ed. Rio de Janeiro: Renovar.

_____ (2001). "O parágrafo 2.° do artigo 5.° da Constituição Federal".

In: Ricardo Lobo Torres (org.). *Teoria dos direitos fundamentais*. 2ª ed. Rio de Janeiro: Renovar, pp. 1-33.
MENDES, Gilmar (2009). "A justiça constitucional nos contextos supranacionais". *In*: Marcelo Neves (org.). *Em torno da transnacionalidade do direito: novas perspectivas dos conflitos entre ordens jurídicas*. São Paulo: Quartier Latin (no prelo).
____ ; COELHO, Inocêncio Mártires; BRANCO, Paulo Gustavo Gonet (2007). *Curso de direito constitucional*. São Paulo: Saraiva/Brasília: IDP.
MENDES; Rodrigo (2006). "Sentido da teoria geral do direito, globalização e harmonização do método jurídico". *In*: Paulo Borba Casella e Vera Lúcia Viegas Liquidato (orgs.). *Direito da integração*. São Paulo: Quartier Latin, 2006, pp. 87-104.
____ (2008). *Entre o global e o local: uma perspectiva de análise de conflitos ortogonais no direito transnacional – o exemplo da* lex mercatoria. São Paulo. Tese de doutorado apresentada à Faculdade de Direito da Universidade de São Paulo.
MERTENS, Hans-Joachim (1997). "*Lex Mercatoria*: A Self-Applying System Beyond National Law?". *In*: Gunther Teubner (org.). *Global Law without a State*. Aldershot: Dartmouth, pp. 31-43.
MOHNHAUPT, Heinz (1995). "Konstitution, Status, Leges fundamentales von der Antike bis zur Aufklärung". *In*: H. Mohnhaupt e D. Grimm. *Verfassung: Zur Geschichte des Begriffs von der Antike bis zur Gegenwart; zwei Studien*. Berlim: Duncker & Humblot, pp. 1-99.
MÖLLERS, Christoph (2003). "Verfassunggebende Gewalt – Verfassung – Konstitutionalisierung: Begriff der Verfassung in Europa". *In*: Armin Bogdandy (org.). Europäisches Verfassungsrecht: Theoretische und dogmatische Grundzüge. Berlim: Springer, pp. 1-57.
____ (2005a). "Netzwerk als Kategorie des Organisationsrechts – zur juristischen Beschreibung dezentraler Steuerung". *In*: Janbernd Oebbecke (org.). *Nicht-normative Steuerung in dezentralen Systemen (Nassauer Gespräche der Freiherr-Vom-Stein-Gesellschaft*, vol. 7). Stuttgart: Franz Steiner Verlag, pp. 285-302.
____ (2005b). "Transnationale Behördenkooperation: Verfassungs- und völkerrechtliche Probleme transnationaler administrativer Standardsetzung". *In*: *Zeitschrift für ausländisches öffentliches Recht und Völkerrecht*. Stuttgart: Verlag W. Kohlhammer/Heidelberg: Max-Planck-Institut für ausländisches öffentliches Recht und Völkerrecht, pp. 351-89.
MOMMSEN, Theodor (1982). *Abriss des römischen Staatsrechts*. Darmstadt: Wissenschaftliche Buchhandlung [conforme a 2ª ed. de 1907].

MONTORO, André Franco (1973). "Filosofia do direito e colonialismo cultural: transplante de institutos jurídicos inadequados à realidade brasileira". In: *Revista de Informação Legislativa*, ano X, n.º 37. Brasília: Senado Federal, pp. 3-20.

MOSLER, Hermann (1976). "Völkerrecht als Rechtsordnung". In: *Zeitschrift für ausländisches öffentliches Recht und Völkerrecht*. Heidelberg: Max-Planck-Institut für ausländisches öffentliches Recht und Völkerrecht, pp. 6-49.

____ (1980). *The International Society as a Legal Community*. Alphen aan den Rijn: Sijthoff & Noordhoff.

MÜLLER, Friedrich (1990). *Essais zur Theorie von Recht und Verfassung*. Org. Ralph Christensen. Berlim: Duncker & Humblot.

____ (1994). *Strukturierende Rechtslehre*. 2.ª ed. Berlim: Duncker & Humblot.

____ (1995). *Juristische Methodik*. 6.ª ed. Berlim: Duncker & Humblot.

____ (1997). *Wer ist das Volk? Die Grundfrage der Demokratie – Elemente einer Verfassungstheorie VI*. Berlim: Duncker & Humblot [trad. bras.: *Quem é o povo? A questão fundamental da democracia*. São Paulo: Max Limonad, 1998].

MÜNCH, Fritz (1983). "Bemerkungen zum ius cogens". In: *Völkerrecht als Rechtsordnung – Internationale Gerichtsbarkeit – Menschenrechte: Festschrift für Hermann Mosler*. Org. Rudolf Bernhardt *et al*. Berlim/Heidelberg/Nova Iorque: Springer-Verlag, pp. 617-28.

MUSTILL, Lord Justice [Michael J.] (1987). "The New Lex Mercatoria: The First Twenty-five Years". In: Maarten Bos e Ian Brownlie (orgs.). *Liber Amicorum for The Rt. Hon. Lord Wilberforce*. Oxford: Oxford University Press, pp. 149-83.

NASSEHI, Armin (2002). "Politik des Staates oder Politik der Gesellschaft? Kollektivität als Problemformel des Politischen". In: Kai-Uwe Hellmann e Rainer Schmalz-Bruns (orgs.). *Theorie der Politik: Niklas Luhmanns politische Soziologie*. Frankfurt sobre o Meno: Suhrkamp, pp. 38-59

NETTESHEIM, Martin (2001). "Von der Verhandlungsdiplomatie zur internationalen Verfassungsordnung: Zur Entwicklung der Ordnungsformen des internationalen Wirtschaftsrechts". In: Claus Dieter Classen *et al.* (orgs.). *"In einem vereintem Europa dem Frieden der Welt zu dienen...": Liber amicorum Thomas Oppermann*. Berlim: Duncker & Humblot, 2001, pp. 381-409.

NEVES, Marcelo (1992). *Verfassung und Positivität des Rechts in der peripheren Moderne: Eine theoretische Betrachtung und eine Interpretation des Falls Brasilien*. Berlim: Duncker & Humblot.

NEVES, Marcelo (1994). "Entre subintegração e sobreintegração: a cidadania inexistente". In: *DADOS – Revista de Ciências Sociais*, vol. 37, n.º 2. Rio de Janeiro: IUPERJ, pp. 253-75.

____ (1995). "Da autopoiese à alopoiese do direito". In: *Revista Brasileira de Filosofia*, vol. XLII. São Paulo: Instituto Brasileiro de Filosofia, pp. 117-41.

____ (2001). "Justiça e diferença numa sociedade global complexa". In: Jessé Souza (org.). *Democracia hoje: novos desafios para a teoria democrática contemporânea*. Brasília: Editora UnB, 2001, pp. 329-63.

____ (2005). "A força simbólica dos direitos humanos. In: *Revista Eletrônica de Direito do Estado*, n.º 4. Salvador: Instituto de Direito Público da Bahia, outubro/dezembro 2005, 35 pp. (disponível em: http//www.direitodoestado.com.br).

____ (2006a). *Entre Têmis e Leviatã: uma relação difícil – O Estado democrático de direito a partir e além de Luhmann e Habermas*. São Paulo: Martins Fontes.

____ (2006b). "Die Staaten im Zentrum und die Staaten an der Peripherie: Einige Probleme mit Niklas Luhmanns Auffassung von den Staaten der Weltgesellschaft". In: *Soziale Systeme: Zeitschrift für soziologische Theorie* 12. Stuttgart: Lucius & Lucius, pp. 247-73.

____ (2007a). *A constitucionalização simbólica*. 2.ª ed. revista e ampliada. São Paulo: Editora WMF Martins Fontes [1.ª ed. São Paulo: Acadêmica, 1994].

____ (2007b). "Grenzen der Autonomie des Rechts in einer asymmetrischen Weltgesellschaft: Von Luhmann zu Kelsen". In: *Archiv für Rechts- und Sozialphilosophie* 93/3. Stuttgart: Franz Steiner, pp. 363-95.

____ (2009a). "La concepción de Estado de derecho y su vigencia práctica en Suramérica, con especial referencia a la fuerza normativa de un derecho supranacional". In: Armin von Bogdandy, César Landa Arroyo e Mariela Moralles Antoniazzi (orgs.). *¿Integración suramericana a través del derecho? Un análisis multidiciplinario y multifocal*. Heidelberg: Instituto Max Planck de Derecho Comparado y Derecho Público Internacional/Madri: Centro de Estudios Constitucionales, pp. 51-78 (no prelo).

____ (2009b). "Transversale Verfassungen? Konstitutionalismus: Vom Staat zur Weltgesellschaft". In: Hauke Brunkhorst (org.). *Demokratie in der Weltgesellschaft* (*Soziale Welt*, volume especial [*Sonderband*]) 18. Baden-Baden: Nomos, pp. 75-97.

NEVES, Marcelo (2009c). "A Constituição e a esfera pública: entre diferenciação sistêmica, inclusão e reconhecimento". *In*: Maria Victoria de Mesquita Benevides, Gilberto Bercovici e Claudineu de Melo (orgs.). *Direitos humanos, democracia e república: homenagem a Fábio Konder Comparato*. São Paulo: Quartier Latin, pp. 653-88.

____ (2009d). "Transversale Rechtsvernetzungen und Asymmetrien der Rechtsformen in der Weltgesellschaft". *In*: Gralf-Peter Callies *et al.* (orgs.). *Soziologische Jurisprudenz: Festschrift für Gunther Teubner zum 65. Geburtstag*. Berlim: De Gruyter, pp. 841-56.

OETER, Stefan (1999). "Europäische Integration als Konstitutionalisierungsprozeß". *In*: *Zeitschrift für ausländisches öffentliches Recht und Völkerrecht – ZaöRV*, vol. 59, n.º 3. Stuttgart: Kohlhammer/ Heidelberg: Max-Planck-Institut für Völkerrecht, pp. 901-17.

____ (2007). "Ius cogens und der Schutz der Menschenrechte". *In*: *Human Rights, Democracy and the Rule of Law: Liber amicorum Luzius Wildhaber*. Zurique: Dike/Baden-Baden: Nomos, pp. 499-521.

OLIVEIRA, Márcio Luís de (coord.). *O sistema interamericano de proteção dos direitos humanos – Interface com o direito constitucional*. Belo Horizonte: Del Rey, 2007.

ÖHLINGER, Theo (2008). "Hans Kelsen – Vater der österreichischen Bundesverfassung?". *In*: *Festschrift für Wilhelm Brauneder zum 65. Geburtstag: Rechtsgeschichte mit internationaler Perspektive*. Viena: Manz, pp. 407-24.

ORTIZ, Pía Carazo (2009). "El Sistema Interamericano de Derechos Humanos: democracía y derechos humanos como factores integradores en Latinoamérica". *In*: Armin von Bogdandy, César Landa Arroyo e Mariela Moralles Antoniazzi (orgs.). *¿Integración suramericana a través del derecho? Un análisis multidiciplinario y multifocal*. Heidelberg: Instituto Max Planck de Derecho Comparado y Derecho Público Internacional/Madri: Centro de Estudios Constitucionales, pp. 231-85 (no prelo).

OSIATYNSKI, Wiktor (2003). "Paradoxes of Constitutional Borrowing". *In*: *International Journal of Constitutional Law*, vol. 1, n.º 2. Oxford: Oxford University Press/Nova Iorque: New York University School of Law, pp. 244-68.

PAINE, Thomas (1992). *Rights of Man* [1791-1792]. Ed. Gregory Claeys. Indianápolis/Cambridge: Hackett.

PANAGIOTOPOULOS, Dimitrios (2004). "Theoretical Foundation of Sports Law". *In*: D. Panagiotopoulos (org.). *Sports Law (Lex Sportiva) in the World: Regulations and Implementation*. Atenas: Sakkoulas, pp. 17-80.

PARSONS, Talcott (1968). "Interaction: Social Interaction". In: *International Encyclopedia of the Social Sciences*, vol. 7. Nova York: The Macmillan Company & The Free Press/Londres: Collier Macmillan Publishers [reimpr. 1972], pp. 429-41.
____ et al. (1951). "Some Fundamental Categories of the Theory of Action: A General Statement". In: Talcott Parsons e Edward A. Shils (orgs.). *Toward a General Theory of Action*. Cambridge, MA: Harvard University Press [6.ª impr. 1967], pp. 3-29.
PASSERIN D'ENTRÈVES, Alessandro (1962). *La Dottrina dello Stato: Elementi di Analisi e di Interpretazione*. Torino: Giappichelli.
PEDLER, Robin H.; SCHAEFER, Guenther F. (orgs.) (1996). *Shaping European Law and Policy: The Role of Committees and Comitology in the Political Process*. Maastricht: European Institute of Public Administration.
PERNICE, Ingolf (1995). "Deutschland in der Europäischen Union". In: Josef Insensee e Paul Kirschhof (orgs.). *Handbuch des Staatsrechts der Bundesrepublik Deutschland*, vol. VIII. Heidelberg: Müller, pp. 225-80.
____ (1999). "Multilevel Constitutionalism and Treaty of Amsterdam: European Constitution-Making Revisited?". In: *Common Market Law Review*, vol. 36, n.º 4. Alphen aan den Rijn: Kluwer Law International, pp. 703-50.
____ (2002). "Multilevel Constitutionalism in the European Union". In: *European Law Review* 27. Andover: Sweet & Maxwell, pp. 511-29.
____ (2006). "Artikel 24 [Übertragung und Einschränkung von Hoheitsrechten]". In: Horst Dreier (org.). *Grundgesetz-Kommentar*. 2.ª ed. Tübingen: Mohr, vol. 2, pp. 501-31.
PEROTTI, Alejandro Daniel (1998). "Los Tribunales comunitarios en los procesos de integración: El caso del Tribunal de Justicia de la Comunidad Andina". In: *Revista Jurídica del Perú*, ano XLIII, n.º 17. Lima: Comité Peruano de la Sociedad de Legislación Comparada, pp. 282-314.
____ (2002). "Tribunales supranacionales. La Corte Centroamericana de Justicia". In: *Revista Costarricense de Derecho Constitucional*, t. III. San José: Investigaciones Jurídicas, pp. 153-252.
____ (2009). "¿Quién paga los costos del incumplimiento de las sentencias del Tribunal Permanente de Revisión (MERCOSUR)? Responsabilidad del Estado por violación del Derecho de la integración". In: *El Derecho* – ED, Suplemento de Derecho Administrativo. Buenos Aires: Universidad Católica Argentina, 31 de março de 2009, pp. 1-8.

PETERS, Anne (2006). "Compensatory Constitutionalism: The Function and Potential of Fundamental International Norms and Structures". In: *Leiden Journal of International Law* 19. Cambridge: Cambridge University Press, pp. 579-610.

PETERSMANN, Ernst-Ulrich (1991). *Constitutional Functions and Constitutional Problems of International Economic Law: International and Domestic Foreign Trade Law and Foreign Trade Policy in the United States, the European Community and Switzerland*. Friburgo (Suíça): University Press Fribourg.

____ (1995). "The Transformation of the World Trading System through the 1994 Agreement Establishing the World Trade Organization." In: *European Journal of International Law* 6. Oxford: Oxford University Press, pp. 161-221 (disponível em: http://ejil.oxfordjournals.org/cgi/reprint/6/1/161).

____ (2008). "Multilevel Constitutionalism and Judicial Protection of Freedom and Justice in the International Economic Law of the EC". In: Anthony Arnull, Piet Eeckhout e Takis Tridimas (orgs.). *Continuity and Change in EU Law: Essays in Honour of Sir Francis Jacobs*. Oxford: Oxford University Press, pp. 338-53.

PINSOLLE, Philippe (2008). "The Status of Vacated Awards in France: the Cour de Cassation Decision in Putrabali". In: *Arbitration International*, vol. 24, n.º 2. Haia: Kluwer Law International, pp. 277-95.

PIOVESAN, Flávia (2008a). *Direitos humanos e o direito constitucional Internacional*. 9.ª ed. São Paulo: Saraiva.

____ (2008b). "Igualdade, diferença e direitos humanos: Perspectivas global e regional". In: Daniel Sarmento, Daniela Ikava e Flávia Piovesan (coords.). *Igualdade, diferença e direitos humanos*. Rio de Janeiro: Lumen Juris, pp. 47-76.

____ (2008c). "Direitos humanos e propriedade intelectual: proteção internacional e constitucional". In: L. L. Gomes Ribeiro e L. A. Accorsi Berardi (orgs.). *Estudos de direito constitucional em homenagem à professora Maria Garcia*. 2.ª ed. São Paulo: IOB, pp. 131-66.

PONTES DE MIRANDA, [Francisco Cavalcanti] (1960). *Comentários à Constituição de 1946*. Rio de Janeiro: Borsoi, t. I.

____ (1974). *Tratado de direito privado*. 4.ª ed. São Paulo: Revista dos Tribunais, t. 1.

POSNER, Richard A. (1988). *Law and Literature: A Misunderstood Relation*. Cambridge, MA/Londres: Harvard University Press.

PREUSS, Ulrich (1990). *Revolution, Fortschritt und Verfassung: Zu einem neuen Verfassungsverständnis*. Berlim: Wagenbach.

RADBRUCH, Gustav (2003). *Rechtsphilosophie* [1932]. Org. R. Dreier e S. L. Paulson. 2ª ed. Heidelberg: Müller.
RAGAZZI, Maurizio (1997). *The Concept of International Obligations Erga Omnes*. Oxford: Clarendon Press.
RAMÍREZ, Andrés D. (2005). "El caso de la comunidad indígena *Yakye Axa* vs. *Paraguay*". In: *Revista IIDH/Instituto Interamericano de Derechos Humanos* 41. São José da Costa Rica: El Instituto, pp. 349-64.
RAMÍREZ, Sergio García (2008). "Cuestiones de la jurisdicción interamericana de derechos humanos". In: *Anuario Mexicano de Derecho Internacional*, vol. VIII. México: Universidad Nacional Autónoma de México, pp. 187-221.
RANDERIA, Shalini (2003). "Glocalization of Law: Environmental Justice, World Bank, NGOs and the Cunning State in India". In: *Current Sociology* 51 (3/4). Londres: Sage, pp. 305-328 (disponível em: http://csi.sagepub.com/cgi/reprint/51/3-4/305).
RAWLS, John (1990). *A Theory of Justice* (1972). Oxford: Oxford University Press [trad. bras.: *Uma teoria da justiça*, 2ª ed., São Paulo: Martins Fontes, 2002].
____ (1999). *The Law of Peoples, with "The Idea of Public Reason Revisited"*. Cambridge, MA/Londres: Harvard University Press.
RAZ, Joseph (1979). *The Authority of Law: Essays on Law and Morality*. Oxford: Clarendon Press.
RIVERO, Ramiro Molina (2005). "La interculturalización de la justicia: Reflexiones en torno a Estado y derechos en Bolivia". In: *Revista IIDH/Instituto Interamericano de Derechos Humanos* 41. São José da Costa Rica: El Instituto, pp. 195-208.
ROACH, Kent (2006). "The Post-9/11 Migration of Britain's Terrorism Act 2000". In: Sujit Choudhry (org.). *The Migration of Constitutional Ideas*. Cambridge: Cambridge University Press, pp. 373-402.
ROBERTSON, Roland (1995). "Glocalization: Time-Space and Homogeneity-Heterogeneity". In: M. Featherstone, S. Lash e R. Robertson (orgs.). *Global Modernities*. Londres: Sage, 1995, pp. 25-44.
ROSENFELD, Michel (2003). *A identidade do sujeito constitucional*. Trad. bras. Menelick de Carvalho Netto. Belo Horizonte: Mandamentos.
ROSENKRANTZ, Carlos F. (2003). "Against Borrowings and other Nonauthoritative Uses of Foreign Law". In: *International Journal of Constitutional Law*, vol. 1, n° 2. Oxford: Oxford University Press/ Nova Iorque: New York University School of Law, pp. 269-95.
ROSS, Alf (1950). *Constitution of United Nations: Analysis of Structure and Function*. Copenhague: Ejnar Munksgaard.

ROUSSEAU, Jean-Jacques (1922). *Du contrat social ou principes du droit politique* [1762]. Org. e introd. Georges Beaulavon. 3ª ed. Paris: Rieder.

RUDOLF, Beate (2003). "European Court of Human Rights: Legal Status of Postoperative Transsexuals". *In: International Journal of Constitutional Law*, vol. 1, n.º 4. Oxford: Oxford University Press/ Nova Iorque: New York University School of Law, pp. 716-21.

_____ (2006). "Council of Europe: *Von Hannover v. Germany*". *In: International Journal of Constitutional Law*, vol. 4, n.º 3. Oxford: Oxford University Press/Nova Iorque: New York University School of Law, pp. 533-9.

RUSSELL, Bertrand (1994). "Mathematical Logic as based on the Theory of Types" [1908]. *In: Logic and Knowledge – Essays 1901- 1950*. Londres/Nova York: Routledge, pp. 59-102 [1.ª ed. 1956].

SABADELL, Ana Lucia; DIMOULIS, Dimitri (2009). "O Tribunal Penal Internacional em face da Constituição brasileira e a questão da ineficácia social dos direitos fundamentais". *In*: Marcelo Neves (org.). *Em torno da transnacionalidade do direito: novas perspectivas dos conflitos entre ordens jurídicas*. São Paulo: Quartier Latin (no prelo).

SALDANHA, Nelson (1978). "O chamado 'bacharelismo' brasileiro: ensaio de revisão". *In: Convivivm*, ano XVII, vol. 21. São Paulo: Convívio, pp. 477-84.

SARLET, Ingo (2001). *A eficácia dos direitos fundamentais*. 2.ª ed. Porto Alegre: Livraria dos Advogados.

_____ (2006). "A reforma do judiciário e os tratados internacionais de direitos humanos: observações sobre o § 3.º do art. 5.º da Constituição". *In: Interesse Público*, ano VIII, n.º 37. Porto Alegre: Notadez, maio/junho 2006, pp. 49-64.

_____ (2009). "Direitos fundamentais e tratados internacionais em matéria de direitos humanos: revisitando a discussão em torno dos parágrafos 2.º e 3.º do art. 5.º da Constituição Federal de 1988". *In*: Marcelo Neves (org.). *Em torno da transnacionalidade do direito: novas perspectivas dos conflitos entre ordens jurídicas*. São Paulo: Quartier Latin (no prelo).

SARMENTO, Daniel (2008). "Casamento e união estável entre pessoas do mesmo sexo: perspectivas constitucionais". *In*: Daniel Sarmento, Daniela Ikawa e Flávia Piovesan (coords.). *Igualdade, diferença e direitos humanos*. Rio de Janeiro: Lumen Juris, pp. 619-59.

SAUER, Heiko (2008). *Jurisdiktionskonflikte in Mehrebenensystem: Die Entwicklung eines Modells zur Lösung von Konflikten zwischen Gerichten in vernetzten Rechtordnungen*. Berlim/Heidelberg: Springer.

SCHARPF, Fritz W. (1994). *Community and Autonomy: Multilevel Policy-Making in the European Union* (EUI Working Paper RSC, n.º 94, 1). San Domenico (Florença): European University Institute, 32 pp.
____ (1999). *Regieren in Europa: effektiv und demokratisch?* Frankfurt sobre o Meno: Campus.
____ (2002). "Regieren im europäischen Mehrebenensystem – Ansätze zur einer Theorie". In: *Leviathan: Berliner Zeitschrift für Sozialwissenschaft* 1/2002. Wiesbaden: Westdeutscher Verlag, pp. 65-92.
SCHAUER, Frederick (2005). "On the Migration of Constitutional Ideas". In: *Connecticut Law Review*, vol. 37, n.º 4. Hartford: Connecticut Law Review Association, pp. 907-19.
SCHEPPELE, Kim Lane (2003). "Aspirational and Aversive Constitutionalism: The Case for Studying Cross-Constitutional Influence through Negative Models". In: *International Journal of Constitutional Law*, vol. 1, n.º 2. Oxford: Oxford University Press/Nova Iorque: New York University School of Law, pp. 296-324.
____ (2006). "The Migration of Anti-constitutional Ideas: the Post-9/11 Globalization of Public Law and the International State of Emergency". In: Sujit Choudhry (org.). *The Migration of Constitutional Ideas*. Cambridge: Cambridge University Press, pp. 347-73.
SCHLINK, Bernhard (1976). *Abwägung im Verfassungsrecht*. Berlim: Duncker & Humblot.
____ (2001). "Der Grundsatz der Verhältnismäßigkeit". In: Peter Badura e Horst Dreier (orgs.). *Festschrift 50 Jahre Bundesverfassungsgericht*. Tübingen: Mohr, vol. 2, pp. 445-65.
SCHLUCHTER, Wolfgang (1979). *Die Entwicklung des Okzidentalen Rationalismus*. Tübingen: Mohr.
SCHMALE, Wolfgang (1988). *Entchristianisierung, Revolution und Verfassung: Zur Mentalitätsgeschichte der Verfassung in Frankreich, 1715-1794*. Berlin: Duncker & Humblot.
SCHMITT, Carl (1931). *Der Hüter der Verfassung*. Tübingen: Mohr.
____ (1993). *Verfassungslehre*. 8.ª ed. Berlin: Duncker & Humblot. [1.ª ed. 1928].
____ (1996). *Der Begriff des Politischen: Text von 1932 mit einem Vorwort und drei Corollarien*. 6.ª ed. 4.ª reimpr. da 2.ª ed. 1963. Berlim: Duncker & Humblot.
SCHUMPETER, Joseph A. (1942). *Capitalism, Socialism, and Democracy*. Nova Iorque/Londres: Harper & Brothers.
SCHWARZ, Roberto (2008). "As ideias fora do lugar". In: R. Schwarz. *Ao vencedor as batatas: forma literária e processo social nos inícios do*

romance brasileiro. 5ª ed. 4ª reimpr. São Paulo: Duas Cidades/Editora 34, pp. 9-31 [1ª ed.: 1977].

SEGATO, Rita Laura (2003). *Uma agenda de ações afirmativas para as mulheres indígenas do Brasil*. Série Antropologia 326 (nova versão). Brasília: Departamento de Antropologia/UnB.

____ (2006). "Antropologia e direitos humanos: alteridade e ética no movimento de expansão dos direitos universais". *In*: *Mana: Estudos de antropologia social* 12(1). Rio de Janeiro: Programa de Pós-Graduação em Antropologia Social PPGAS – Museu Nacional, da Universidade Federal do Rio de Janeiro/UFRJ, pp. 207-36.

____ (2009). "Que cada pueblo teja los hilos de su historia: El pluralismo jurídico en diálogo didáctico con legisladores". *In*: Victoria Chenaut, Magdalena Gómez, Héctor Ortiz e María Teresa Sierra (coords.). *Justicia y diversidad en tiempos de globalización*. México, DF: CIESAS (no prelo). Versão *on-line* sob o título "El pluralismo jurídico en diálogo didáctico con legisladores", disponível em: http://www.cimi.org.br/?system=news&action=read&id=3594&eid=259, último acesso em: 15/01/2009).

SERRES, Michel (1997). *Le Parasite* [1980]. Paris: Hachette Littératures.

SIEDER, Rachel (2007). "The Judiciary and Indigenous Rights in Guatemala". *In*: *International Journal of Constitutional Law*, vol. 5, nº 2. Oxford: Oxford University Press/Nova Iorque: New York University School of Law, pp. 211-41.

SIEHR, Angelika (2004). "Derogation Measures under Article 4 ICCPR with Special Consideration of the 'war Against International Terrorism'". *In*: *German Yearbook of International Law* 47 (2004). Berlim: Duncker & Humblot, 2005, pp. 545-93.

SILVA, José Afonso da (2000). *Poder constituinte e poder popular (Estudos sobre a Constituição)*. São Paulo: Malheiros.

SILVA, Virgílio Afonso da (2009a). "Colisões de direitos fundamentais entre ordem nacional e ordem transnacional". *In*: Marcelo Neves (org.). *Em torno da transnacionalidade do direito: novas perspectivas dos conflitos entre ordens jurídicas*. São Paulo: Quartier Latin (no prelo).

____ (2009b). *Direitos fundamentais: conteúdo essencial, restrições e eficácia*. São Paulo: Malheiros.

SKINNER, Quentin (1989). "Language and political change". *In*: T. Ball, J. Farr e R. L. Hanson (orgs.). *Political Innovation and conceptual Change*. Cambridge: Cambridge University Press, pp. 6-23.

SLAUGHTER, Anne-Marie (2000). "Judicial Globalization". *In*: *Vir-*

ginia Journal of International Law 40. Charlottesville, VA: Virginia Journal of International Law Association, pp. 1103-24.

____ (2003). "Global Community of Courts". *In*: *Harvard International Law Journal*. Cambridge, MA: Publications Center – Harvard Law School, vol. 44, n.º 1, pp. 191-219.

____ (2004). *A New World Order*. Princeton/ Oxford: Princeton University Press.

____; BURKE-WHITE, William (2007). "The Future of International Law is Domestic (or, The European Way of Law)". *In*: Janne Nijman e André Nollkaemper (orgs.). *New Perspectives on the Divide between International and National Law*. Oxford: Oxford University Press, pp. 110-33.

SMEND, Rudolf (1968). "Verfassung und Verfassungsrecht (1928)". *In*: Rudolf Smend. *Staatsrechtliche Abhandlungen und andere Aufsätze*. 2.ª ed. Berlim: Duncker & Humblot, pp. 119-276.

SMITH, Adam M. (2006). "Making Itself at Home. Understanding Foreign Law in Domestic Jurisprudence: The Indian Case". *In*: *Berkeley Journal of International Law*, vol. 24. Berkeley: University of California at Berkeley, pp. 218-72.

SOLON, Ari Marcelo (1997). *Teoria da soberania como problema da norma jurídica e da decisão*. Porto Alegre: Fabris.

SPENCER BROWN, G. (1971). *Laws of Form*. Londres: George Allen and Unwin (reimpr. da 1.ª ed., de 1969).

STEIKER, Jordan (2006). "United States: *Roper v. Simmons*". *In*: *International Journal of Constitutional Law*, vol. 4, n.º 1. Oxford: Oxford University Press/Nova Iorque: New York University School of Law, pp. 163-71.

STEINMETZ, Wilson Antônio (2001). *Colisão de direitos fundamentais e o princípio da proporcionalidade*. Porto Alegre: Livraria do Advogado.

STICHWEH, Rudolf (2000). *Die Weltgesellschaft: Soziologische Analysen*. Frankfurt sobre o Meno: Suhrkamp.

____ (2002). "Die Entstehung einer Weltöffentlichkeit". *In*: Hartmut Kaelble, Martin Kirsch e Alexander Schmidt-Gernig (orgs.). *Transnationale Öffentlichkeiten und Identitäten im 20. Jahrhundert*. Frankfurt sobre o Meno: Campus, pp. 57-66.

____ (2007). "Dimensionen des Weltstaates im System der Weltpolitik". *In*: Mathias Albert e Rudolf Stichweh (orgs.). *Weltstaat und Weltstaatlichkeit: Beobachtungen globaler politischer Strukturbildung*. Wiesbaden: VS Verlag, pp. 25-36.

STOURZH, Gerald (1975 ou 1989). "Vom aristotelischen zum liberalen Verfassungsbegriff. Zur Entwicklung in Nordamerika im 17. und 18. Jahrhundert". *In*: F. Engel-Janosi, G. Klingenstein e H. Lutz (orgs.). *Fürst, Bürger, Mensch: Untersuchungen zu politischen und soziokulturellen Wandlungsprozessen im vorrevolutionären Europa*. Munique: R. Oldenbourg, 1975, pp. 97-122. Posteriormente, com algumas alterações: "Vom aristotelischen zum liberalen Verfassungsbegriff. Staatsformenlehre und Fundamentalgesetze in England und Nordamerika im 17. und 18. Jahrhundert". *In*: Gerald Stourzh. *Wege zur Grundrechtsdemokratie: Studien zur Begriffs- und Institutionengeschichte des liberalen Verfassungsstaates*. Viena/ Colônia: Böhlau, 1989, pp. 1-35.

STRYDOM, Hennie (2004). "South Africa and International Law – From Confrontation to Cooperation". *In*: *German Yearbook of International Law* 47. Berlim: Duncker & Humblot, 2005, pp. 160-213.

SUNDER, Madhavi (2005). "Enlightened Constitutionalism". *In*: *Connecticut Law Review*, vol. 37, n? 4. Hartford: Connecticut Law Review Association, pp. 891-905.

TAVARES, André Ramos (2005). *Reforma do judiciário no Brasil pós-88: (des)estruturando a justiça. Comentários completos à Emenda Constitucional n? 45/04*. São Paulo: Saraiva.

TAYLOR, Charles (1988). "Der Irrtum der negativen Freiheit". *In*: Charles Taylor. *Negative Freiheit? Zur Kritik des neuzeitlichen Individualismus*. Trad. al. H. Kocyba. Frankfurt sobre o Meno: Suhrkamp, pp. 118-44.

_____ (1993). *Multikulturalismus und die Politik der Anerkennung*. Trad. al. Reinhard Kaiser. Frankfurt sobre o Meno: Fischer.

_____ (1995). *Das Unbehagen an der Moderne*. Trad. al. Joachim Schulte. Frankfurt sobre o Meno: Suhrkamp.

TEUBNER, Gunther (1987a). "Hyperzyklus in Recht und Organisation. Zum Verhältnis von Selbstbeobachtung, Selbstkonstitution und Autopoiese". *In*: Hans Haferkamp e Michael Schmid (orgs.). *Sinn, Kommunikation und soziale Differenzierung: Beiträge zu Luhmanns Theorie sozialer Systeme*. Frankfurt sobre o Meno: Suhrkamp, pp. 89-128.

_____ (1987b). "Episodenverknüpfung. Zur Steigerung von Selbstreferenz im Recht". *In*: Dirk Baecker *et al.* (orgs.). *Theorie als Passion: Niklas Luhmann zum 60. Geburtstag*. Frankfurt sobre o Meno: Suhrkamp, pp. 423-46.

_____ (1988). "Gesellschaftsordnung durch Gesetzgebungslärm? Autopoietische Geschlossenheit als Problem für die Rechtssetzung".

In: D. Grimm e W. Maihofer (orgs.). *Gesetzgebungstheorie und Rechtspolitik (Jahrbuch für Rechtssoziologie und Rechtstheorie* 13). Opladen: Westdeutscher Verlag, pp. 45-64.

____ (1989). *Recht als autopoietisches System*. Frankfurt sobre o Meno: Suhrkamp [trad. port.: *O direito como sistema autopoiético*. Lisboa: Calouste Gulbenkian, 1993].

____ (1996a). "Altera Pars Audiatur: Das Recht in der Kollision anderer Universalitätsansprüche". *In*: *Archiv für Rechts- und Sozialphilosophie*, número suplementar [*Beiheft*] 65. Wiesbaden: Steiner, pp. 199-220 [trad. bras.: "*Altera pars adiatur*: o direito na colisão de discursos". *In*: Gunther Teubner *et al. Direito e cidadania na pós-modernidade*. Piracicaba: Unimep, 2002, pp. 91-129].

____ (1996b). "Globale Bukowina: Zur Emergenz eines transnationalen Rechtspluralismus". *In*: *Rechtshistorisches Journal* 15. Frankfurt sobre o Meno: Löwenklau, pp. 255-90 [trad. bras.: "A Bukovina global: sobre a emergência de um pluralismo jurídico transnacional". *In*: *Impulso: Revista de Ciências Sociais e Humanas*, vol. 14, n.º 33. Piracicaba: Unimep, jan./abr. 2003, pp. 9-31].

____ (1996c): "Des Königs viele Leiber: Die Selbstdekonstruktion der Hierarchie des Rechts". *In*: *Soziale Systeme: Zeitschrift für soziologische Theorie* 2. Opladen: Leske & Budrich, pp. 229-55.

____ (org.) (1997). *Global Law without a State*. Aldershot: Dartmouth.

____ (1998a). "Nach der Privatisierung? Diskurskonflikte im Privatrecht". *In*: *Zeitschrift für Rechtssoziologie* 19. Wiesbaden: Westdeutscher Verlag, pp. 8-36 [trad. bras.: "Após a privatização: conflitos de discursos no direito privado". *In*: Gunther Teubner. *Direito, sistema e policontexturalidade*. Piracicaba: Unimep, 2005a, pp. 233-68].

____ (1998b). "Vertragswelten: Das Recht in der Fragmentierung von *Private Governance Regimes*". *In*: *Rechtshistorisches Journal* 17. Frankfurt sobre o Meno: Löwenklau, pp. 234-65 [trad. bras.: "Mundos contratuais: o direito na fragmentação de regimes de *private governance*". *In*: Gunther Teubner, *Direito, sistema e policontexturalidade*. Piracicaba: Unimep, 2005b, pp. 269-97].

____ (2000). "Privatregimes: Neo-Spontanes Recht und duale Sozialverfassungen in der Weltgesellschaft". *In*: Dieter Simon e Manfred Weiss (orgs.). *Zur Autonomie des Individuums. Liber Amicorum Spiro Simitis*. Baden-Baden: Nomos, 2000, pp. 437-53 [trad. bras.: Regimes privados: direito neo-espontâneo e constituições dualistas na sociedade mundial. *In*: Gunther Teubner, *Direito, sistema e policontexturalidade*. Piracicaba: Unimep, 2005c, pp. 105-27].

TEUBNER, Gunther (2003a). "Globale Zivilverfassungen: Alternativen zur staatszentrierten Verfassungstheorie". In: Zeitschrift für ausländisches öffentliches Recht und Völkerrecht 63/1. Heidelberg: Max-Planck-Institut für ausländisches öffentliches Recht und Völkerrecht, pp. 1-28.

____ (2003b). "Der Umgang mit Rechtsparadoxien: Derrida, Luhmann, Wiethölter". In: Christian Joerges e Gunther Teubner (orgs.). Rechtsverfassungsrecht. Recht-Fertigung zwischen Privatrechtsdogmatik und Gesellschaftstheorie. Baden-Baden: Nomos, pp. 25-45.

____ (2006). "Die Anonyme Matrix: Zu Menschenrechtsverletzungen durch 'private' transnationale Akteure". In: Der Staat 45/2. Berlim: Duncker & Humblot, pp. 161-87.

____ (2008). "Selbstsubversive Gerechtigkeit: Kontingenz- oder Transzendenzformel des Rechts". In: Zeitschrift für Rechtssoziologie 29/1. Stuttgart: Lucius & Lucius, pp. 9-36.

____; FISCHER-LESCANO, Andreas (2008). "Cannibalizing Epistemes: Will Modern Law Protect Traditional Cultural Expressions?". In: Christoph Beat Graber e Mira Burri-Nenova (orgs.). Traditional Cultural Expressions in a Digital Environment. Cheltenham: Edward Elgar, pp. 17-45.

____ ; WILLKE, Helmut (1984). "Kontext und Autonomie: Gesellschaftliche Selbststeuerung durch reflexives Recht". In: Zeitschrift für Rechtssoziologie 6. Opladen: Westdeutscher Verlag, pp. 4-35.

THÜRER, Daniel (1996). "Der Wegfall effektiver Staatsgewalt: 'The Failed State'". In: Berichte der Deutschen Gesellschaft für Völkerrecht 34. Heidelberg: C. F. Müller, pp. 9-47.

TOLEDO, Ricardo Vigil (2009). "La contribución del Tribunal de Justicia Andina al proceso de integración suramericana". In: Armin von Bogdandy, César Landa Arroyo e Mariela Moralles Antoniazzi (orgs.). ¿Integración suramericana a través del derecho? Un análisis multidiciplinario y multifocal. Heidelberg: Instituto Max Planck de Derecho Comparado y Derecho Público Internacional/Madri: Centro de Estudios Constitucionales, pp. 397-412.

TOMUSCHAT, Christian (1995). "Die internationale Gemeinschaft". In: Archiv des Völkerrechts 33. Tübingen: Mohr, pp. 1-20.

____ (1997). "International Law as the Constitution of Mankind". In: United Nations (org.). International Law on the Eve of the Twenty-first Century: Views from the International Law Commission. Nova Iorque: United Nations, 1997, pp. 37-50.

____ (2008). The Human Rights: Between Idealism and Realism. 2ª ed. Oxford: Oxford University Press.

TÖNNIES, Ferdinand (1979). *Gemeinschaft und Gesellschaft: Grundbegriffe der reinen Soziologie*. Darmstadt: Wissenschaftliche Buchgesellschaft (reimpr. da 8.ª ed. de 1935).

TRINDADE, Antônio Augusto Cançado (2000). *A proteção internacional dos direitos humanos e o Brasil (1948-1997): as primeiras cinco décadas*. 2.ª ed. Brasília: UnB.

_____ (2003). *Tratado de direito internacional dos direitos humanos*. 2.ª ed. Porto Alegre: Fabris, vol. I.

_____ (2007). "Prefácio. A Corte Interamericana de Direitos Humanos: um testemunho para a história". In: Márcio Luís de Oliveira (coord.). *O Sistema Interamericano de Proteção dos Direitos Humanos: interface com o direito constitucional*. Belo Horizonte: Del Rey, pp. XVII-XLIII.

TUSHNET, Mark (2004). "Some Legacies of *Brown v. Board of Education*". In: *Virginia Law Review*, vol. 90, n.º 6. Charlottesville, VA: Virginia Law Review Association, pp. 1693-720.

_____ (2008). "The Inevitable Globalization of Constitutional Law". *Paper* apresentado no seminário "The Changing Role of Highest Courts in an Internationalizing World", promovido pelo *Hague Institute on International Law*, em 23-24 de outubro de 2008, 22 pp. (disponível em: http://ssrn.com/abstract=1317766).

TYRELL, Hartmann (2005). "Singular oder Plural – Einleitende Bemerkungen zu Globalisierung und Weltgesellschaft". In: Bettina Heintz, Richard Münch e Hartmann Tyrell (orgs.). *Weltgesellschaft: Theoretische Zugänge und empirische Problemlagen (Sonderheft der Zeitschrift für Soziologie)*. Stuttgart: Lucius & Lucius, pp. 1-50.

UERPMANN, Robert (2001). "Internationales Verfassungsrecht". In: *Juristenzeitung – JZ*, ano 56, n.º 11. Tübingen: Mohr Siebeck, pp. 565-73.

VENANCIO FILHO, Alberto (1977). *Das arcadas ao bacharelismo (150 anos de ensino jurídico no Brasil)*. 2.ª ed. São Paulo: Perspectiva, s.d. [1.ª ed. 1977].

VENTURA, Deisy (2003). *As assimetrias entre o Mercosul e a União Europeia: os desafios de uma associação inter-regional*. Barueri, SP: Manole.

VERDROSS, Alfred (1926). *Die Verfassung der Völkerrechtsgemeinschaft*. Viena/Berlim: Springer.

_____; SIMMA, Bruno (1984). *Universelles Völkerrecht: Theorie und Praxis*. 3.ª ed. Berlim: Duncker & Humblot.

VOLIO, Lorena González (2005). "Los Pueblos indígenas y el ejercicio de los derechos políticos de acuerdo a la Convención Americana: El Caso Yatama contra Nicaragua". In: *Revista IIDH/Instituto*

Interamericano de Derechos Humanos 41. São José da Costa Rica: El Instituto, pp. 317-45.

VORLÄNDER, Hans (1999). *Die Verfassung: Idee und Geschichte*. Munique: Beck.

VOS, Ellen (1997). "The Rise of Committees". *In*: *European Law Journal* 3. Oxford: Blackwell, pp. 210-29.

WAGNER, Markus (2003). "Die wirtschaftlichen Maßnahmen des Sicherheitsrates nach dem 11. September 2001 im völkerrechtlichen Kontext – Von Wirtschaftssanktionen zur Wirtschaftsgesetzgebung?". *In*: *Zeitschrift für ausländisches öffentliches Recht und Völkerrecht* 63. Heidelberg: Max-Planck-Institut für Ausländisches Öffentliches Recht und Völkerrecht/Stuttgart [u.a.]: Kohlhammer, pp. 879-920.

WAHL, Rainer (2002). "Konstitutionalisierung – Leitbegriff oder Allerweltsbegriff?". *In*: Carl Eugen Eberle, Martin Ibler e Dieter Lorenz (orgs.). *Der Wandel des Staates vor den Herausforderungen der Gegenwart: Festschrift für Winfried Brohm zum 70. Geburtstag*. Munique: Beck, pp. 191-207.

____ (2007). "Das Verhältnis des EMRK zum nationalen Recht – Die Relevanz unterschiedlicher Entwicklungsphase". *Human Rights, Democracy and the Rule of Law: Liber amicorum Luzius Wildhaber*. Zurique: Dike/Baden-Baden: Nomos, pp. 865-94.

WALDRON, Jeremy (2005). "Foreign Law and the Modern *Ius Gentium*". *In*: *Harvard Law Review*, vol. 119. Cambridge, MA: The Harvard Law Review Association, pp. 129-47.

WALKER, Neil (2002). "The Idea of Constitutional Pluralism". *In*: *Modern Law Review* 65. Oxford: Blackwell, pp. 317-59.

WALLERSTEIN, Immanuel (1979). "Aufstieg und künftiger Niedergang des kapitalistischen Weltsystems". *In*: Dieter Senghaas (org.). *Kapitalistische Weltökonomie: Kontroverse über ihren Ursprung und ihre Entwicklungsdynamik*. Frankfurt sobre o Meno: Suhrkamp, pp. 31-67.

____ (2006). *World-Systems Analysis: An Introduction*. 4.ª impr. Durham e Londres: Duke University Press.

WALTER, Christian (1999). "Die Europäische Menschenrechtskonvention als Konstitutionalisierungsprozeß". *In*: *Zeitschrift für ausländisches öffentliches Recht und Völkerrecht – ZaöRV*, vol. 59, n.º 4. Stuttgart: Kohlhammer/Heidelberg: Max-Planck-Institut für Völkerrecht, pp. 961-83.

____ (2000). "Die Folgen der Globalisierung für die europäische Verfassungsdiskussion". *In*: *Deutsches Verwaltungsblatt – DVBl*, ano 115, n.º 1. Colônia: Carl Heymanns Verlag, pp. 1-13.

WALZER, Michael (1983). *Spheres of Justice: A Defense of Pluralism and Equality*. Nova Iorque: Basic Books.
____ (1998). "Vorwort zur deutschen Ausgabe". Trad. al. Claus Offe. *In*: M. Walzer. *Sphären der Gerechtigkeit: Ein Plädoyer für Pluralität und Gleichheit*. Frankfurt sobre o Meno: Suhrkamp, pp. 11-4.
WATSON, Alan (1977). "Legal Transplants". *In*: A. Watson. *Society and Legal Change*. Edimburgo: Scottish Academic Press, pp. 98-114.
WEBER, Max (1985). *Wirtschaft und Gesellschaft: Grundriß der verstehenden Soziologie*. 5.ª ed. Org. Johannes Winckelmann. Tübingen: Mohr [1.ª ed. 1922] [trad. bras.: *Economia e sociedade: fundamentos da sociologia compreensiva*. Brasília: UnB/São Paulo: Imprensa Oficial, 2004, 2 vols.].
WEILER, Joseph (1999). *The Constitution of Europe: "Do the New Clothes have an Emperor?" and Other Essays on European Integration*. Cambridge: Cambridge University Press.
WELSCH, Wolfgang (1991). "Gesellschaft ohne Meta-Erzählung?". *In*: Wolfgang Zapf (org.). *Die Modernisierung moderner Gesellschaften: Verhandlungen des 25. Deutschen Soziologentages in Frankfurt am Main 1990*. Frankfurt sobre o Meno/Nova Iorque: Campus, pp. 174-84.
____ (1996). *Vernunft: Die zeitgenössische Vernunftkritik und das Konzept der transversalen Vernunft*. 2.ª ed. Frankfurt sobre o Meno: Suhrkamp.
____ (2002). *Unsere postmoderne Moderne*. 6.ª ed. Berlin: Akademie Verlag.
WILDHABER, Luzius (2005). "The Role of Comparative Law in the Case-Law of the European Court of Human Rights". *In*: *Internationale Gemeinschaft und Menschenrechte: Festschrift für Georg Ress zum 70. Geburtstag am 21. Januar 2005*. Colônia/Berlim/Munique: Heymanns, pp. 1101-7.
WILLKE, Helmut (1992). *Ironie des Staates: Grundlinien einer Staatstheorie polyzentrischer Gesellschaft*. Frankfurt sobre o Meno: Suhrkamp.
____ (1997). *Supervision des Staates*. Frankfurt sobre o Meno: Suhrkamp.
____ (2001). *Atopia: Studien zur atopischen Gesellschaft*. Frankfurt sobre o Meno: Suhrkamp.
____ (2002). *Dystopia: Studien zur Krisis des Wissens in der modernen Gesellschaft*. Frankfurt sobre o Meno: Suhrkamp.
WITTGENSTEIN, Ludwig (1997). "Philosophische Untersuchungen" [1945-1949]. *In*: Ludwig Wittgenstein. *Werkausgaben*. 11.ª ed. Frankfurt sobre o Meno: Suhrkamp, vol. 1, pp. 225-580 [trad. bras.:

Investigações filosóficas. 2.ª ed. São Paulo: Abril Cultural, 1979, col. "Os Pensadores"].

WOLFRUM, Rüdiger (1999). "The Protection of Indigenous Peoples in International Law". *In*: *Zeitschrift für ausländisches öffentliches Recht und Völkerrecht* 59. Stuttgart: Verlag W. Kohlhammer/Heidelberg: Max-Planck-Institut für ausländisches öffentliches Recht und Völkerrecht, 1999, pp. 369-82 [trad. bras.: "A proteção dos povos indígenas no direito internacional". *In*: Daniel Sarmento, Daniela Ikawa e Flávia Piovesan (orgs.). *Igualdade, diferença e direitos humanos*. Rio de Janeiro: Lumen Juris, 2008, pp. 599-614].

____ (2003). "The Attack of September 11, 2001, the Wars Against Taliban and Iraq: Is there a Need to Reconsider International Law on the Recourse to Force and the Rules in Armed Conflicts". *In*: *Max Planck Yearbook of United Nations Law*, vol. 7. Leiden: Nijhoff/Heidelberg: Max-Planck-Institut für ausländisches öffentliches Recht und Völkerrecht, pp. 1-78.

YOUNG, Ernest A. (2005). "Foreign Law and the Denominator Problem". *In*: *Harvard Law Review*, vol. 119. Cambridge, MA: The Harvard Law Review Association, pp. 148-68.

ZOLO, Danilo (1993). "Democratic Citizenship in a Post-communist Era". *In*: David Held (org.), *Prospect for Democracy: North, South, East, West*. Cambridge: Polity Press, pp. 254-68.

____ (2006). "Teoria e crítica do Estado de direito". *In*: P. Costa e D. Zolo (orgs.). *O Estado de direito: história, teoria, crítica*. Trad. bras. C. A. Dastoli. São Paulo: Martins Fontes, pp. 3-94.

ZUMBANSEN, Peer (2006). "*Transnational Law*". *In*: Jan Smits (org.). *Encyclopedia of Comparative Law*. Londres: Edward Elgar, pp. 738-54.

TABELA DE CASOS E DECISÕES

I. África do Sul
1. *Corte Constitucional*
   1.1. *S. v. Makwanyane and Another*, Caso n.º CCT/3/94, julg. 06/06/1995, 1995 (3) SALR 391; disponível em: http://www.alrc.net/doc/mainfile.php/cl_safrica/218/..   171-2, 262
   1.2. *Minister of Health v. Treatment Action Campaign*, Caso n.º CCT/8/02, julg. 05/07/2002, 2002 (5) SALR 721; disponível em: http://www.law-lib.utoronto.ca/ DIANA/TAC_case_study/ MinisterofhealthvTACconst.-court.pdf 266-7
2. *Comissão de Competição da África do Sul* (www.compcom.co.za), *Hazel Tau et al. vs. GlaxoSmithKline, Boehringer Ingelheim et al.*, julg. 16/12/2003 266-7

II. Alemanha
1. *Tribunal Constitucional Federal* (a partir de 1998, disponíveis, em alemão e inglês, no sítio oficial do Tribunal: http://www.bundesverfassungsgericht.de/entscheidungen.html; antes de 1998, disponíveis em: http://www.fallrecht.de/)
   1.1. BVerfGE, 37, 271 (1974) (caso *Solange I*) 156
   1.2. BVerfGE 73, 339, (1986) (caso *Solange II*) 156-7
   1.3. BVerfGE 74, 358 (1987) (caso "presunção de inocência" [*Unschuldsvermutung*]) 138
   1.4. BVerfGE 89, 155 (1993) (decisão *Maastricht*) 158
   1.5. BVerfGE 101, 361 (1999) (caso *Caroline de Monaco II*). 138, 177

1.6. BVerfGE 111, 307 (2004) (caso *Görgülü*) 139

2. *Tribunal de Justiça Federal*
2.1. Caso VI ZR 15/95, julg. 19/12/1995, 131 BGHZ 332 (1997) 176
2.2. Caso I ZB 20/96, julg. 10/12/1998, 140 BGHZ 193 (2000) 175
2.3. Caso X ZH 61/98, julg. 14/12/1999, 143 BGHZ 268 (2001) 176
2.4. Caso I ZB 15/98, julg. 23/11/2000 176

III. Áustria
1. *Tribunal Constitucional*
1.1. Decisão de 14/10/1987, *VfSlg.*, vol. 52, n.º 11500, 347 .. 140-2

IV. Brasil
1. *Supremo Tribunal Federal* (decisões disponíveis no sítio oficial do STF: http://www.stf.jus.br/portal/jurisprudencia/pesquisarJurisprudencia.asp#)
1.1. HC 40.910/PE, julg. 24/08/1964, TP, DJ 19/11/1964... 181
1.2. RE 80.004/SE, julg. 01/06/1977, DJ 29/12/1977......... 146
1.3. HC 82.424/RS, julg. 17/11/2003, TP, DJ 19/03/2004. 179, 180, 183, 263
1.4. ADPF 54 QO/DF, julg. 27/04/2005, TP, DJ 31/08/2007... 181
1.5. RE 390.840/MG, julg. 09/11/2005, TP, DJ 15/08/2006 181
1.6. HC 82.959/SP, julg. 23/10/2006, TP, DJ 01/09/2006. 263
1.7. HC 85.779/RJ, julg. 28/02/2007, TP, DJ 29/06/2007.. 181
1.8. ACO 633 Agr/SP, julg. 11/04/2007, TP, DJ 22/06/2007 181
1.9. ADI 3.112, julg. 02/05/2007, TP, DJ 26/10/2007........ 180
1.10. Ext. 1.069/EU – Estados Unidos da América, julg. 09/08/ 2007, TP, DJe 14/09/2007 148
1.11. Ext. 1.060/PU – Peru, julg. 15/10/2007, TP, DJe 31/10/2007 148
1.12. Ext. 1.103/EU – Estados Unidos da América, julg. 13/03/2008, TP, DJe 07/11/2008 148
1.13. HC 93.050/RJ, julg. 10/06/2008, 2.ª T, DJe 01/08/2008 181
1.14. Ext. 1.104/UK – Reino Unido da Grã-Bretanha e da Irlanda do Norte, julg. 14/11/2008, TP, DJe 25/06/2008). 148
1.15. ADI 3.510/DF, julg. 29/05/2008, TP, DJ 05/06/2008. 181

TABELA DE CASOS E DECISÕES 347

    1.16. RE 466.343/SP, RE 349.703/RS, HC 87.585/TO, julg. 03/12/2008, TP, DJe 05/06/2009 e 26/06/2009.......... 145, 296
    1.17. Petição 3.388/RR, julg. 19/03/2009, TP, DJ 31/03/2009 . 219
    1.18. ADPF 101/DF, julg. 14/08/2009, TP, DJe 21/08/2009 . 247-8

2. Juizado Federal da Seção Judiciária do Amapá
    2.1. Ação Civil Pública n.º 2004.31.00.700374-6............... 221

V. Canadá
1. Suprema Corte
    1.1. Harvard College v. Canada (Commissioner of Patents), n.º 28155, julg. 05/12/2002, [2002] 4 S.C.R. 45; disponível no sítio oficial dessa Corte: http://scc.lexum.umontreal.ca/en/2002/2002scc76/ 2002scc76.html .. 170

VI. Comunidade Andina
1. Tribunal de Justiça da Comunidade Andina
    1.1. Processo n.º 1-IP-87 (http://intranet.comunidadandina.org/Documentos/Procesos/1-IP-87.doc).......... 152
    1.2. Processo n.º 50-IP-2008 (http://intranet.comunidadandina.org/Documentos/Procesos/50-IP-2008.doc) 152
    1.3. Processo n.º 67-IP-2008 (http://intranet.comunidadandina.org/Documentos/Procesos/67-IP-2008.doc) 152

VII. Conselho da Europa
1. Tribunal Europeu de Direitos Humanos (disponíveis no sítio do Tribunal: http://cmiskp.echr.coe.int/tkp197/search.asp?skin=hudoc-en)
    1.1. Caso *Ireland v. United Kingdom* (Application n.º 5310/71), julg. 18/01/1978... 262
    1.2. Caso *Funke v. France* (Application n.º 10828/84), julg. 25/02/1993 231
    1.3. Caso *Jersild v. Denmark* (Application n.º 15890/89), julg. 23/09/1994 263
    1.4. Caso *Matthews v. the United Kingdom* (Application n.º 24833/941), julg. 18/02/1999.. 230-1
    1.5. Caso *Pellegrin v. France* (Application n.º 28541/95), julg. 8/12/1999 231
    1.6. Caso *Frydlender v. France* (Application n.º 30979/96), julg. 27/06/2000 231

1.7. Caso *Christine Goodwin v. the United Kingdom* (Application n.° 28957/95), julg. 11/07/2002 143
1.8. Caso *Görgülü v. Germany* (Application n.° 74969/01), julg. 26/02/2004 139
1.9. Caso *Leyla Sahin v. Turkey* (Application n.° 44774/98), julg. 29/06/2004 .... 142, 240
1.10. Caso *Caroline von Hanover v. Germany* (Application n.° 59320/00), julg. 24/07/2004 138-9
1.11. Caso *E.B. v. France* (Application n.° 43546/02), julg. 22/01/2008.. 143

VIII. Espanha
1. Tribunal Constitucional
1.1. STC 103/2008, de 11/09/2008, julg. Recurso de Inconstitucionalidade n.° 5707-2008, disponível no sítio oficial do Tribunal: http://www.tribunalconstitucional.es/jurisprudencia/Stc2008/STC2008-103.html ... 242-3

IX. Estados Unidos da América
1. Suprema Corte (entre 1991 e 2005, disponíveis no sítio oficial da Suprema Corte americana: http://www.supremecourtus.gov/opinions/boundvolumes.html; antes e depois desse período, disponíveis no sítio *"Find Law"*: http://www.findlaw.com/casecode/supreme.html)
1.1. *Hilton et al. v. Guyot et al.*, 159 U.S. 113 (1895) 119
1.2. *Brown et al. v. Board of Education of Topeka et al.*, 347 U.S. 483 (1954) 61
1.3. *Katz v. United States*, 389 U.S. 347 (1967) 176
1.4. *Diamond, Commissioner of Patents and Trademarks v. Chakrabarty*, 447 U.S. 303 (1980) 170
1.5. *Qualitex Co. v. Jacobson Products Co., Inc.*, 514 U.S. 159 (1995) 176
1.6. *Printz, Sheriff/Coroner, Ravalli County, Montana v. United States*, 521 U.S. 898 (1997) 168
1.7. *Quality King Distributors, Inc. v. L'Anza Research International, Inc.*, 523 U.S. 135 (1998) 174
1.8. *Knight, Aka Muhamad v. Florida*, 528 U.S. 990 (1999) . 168-9
1.9. *Wal-Mart Stores, Inc. v. Samara Brothers, Inc.*, 529 U.S. 205 (2000) 176
1.10. *Lawrence et al. vs. Texas*, 539 U.S. 558 (2003) 143-4
1.11. *Rasul et al. v. Bush, President of the United States, et al.*, 542 U.S. 466 (2004) 215

TABELA DE CASOS E DECISÕES

1.12. *Hamdi et al. v. Rumsfeld, Secretary of Defense, et al.*, 542 U.S. 507 (2004) 215
1.13. *Roper, Superintendent, Potosi Correctional Center v. Simmons*, 543 U.S. 551 (2005) 257-61
1.14. *Hamdan v. Rumsfeld, Secretary of Defense, et al.*, 548 U.S. 557 (2006) 215
1.15. *Boumediene et al. v. Bush, President of the United States, et al.*, n.º 06-1195, julg. 12/07/2008 215

X. França
1. *Conselho Constitucional* (disponíveis no sítio oficial do Conselho: http://www.conseil-constitutionnel.fr/)
   1.1. Décision n.º 92-308 DC de 09/04/1992 162
   1.2. Décision n.º 2004-496 DC de 10/06/2004 163
   1.3. Décision n.º 2004-505 DC de 19/11/2004 142
   1.4. Décision n.º 2006-540 DC de 27/072006 164
   1.5. Décision n.º 2006-543 DC de 30/11/ 2006 164-5
2. *Tribunal de Cassação*
   2.1. Arrêt [Julgamento] n.º 1021 de 29/07/2007 – Primeira Câmara Civil (caso Putrabali) – disponível no sítio oficial do Tribunal: http://www.courdecassation.fr/jurisprudence_2/premiere_chambre_civile_568/arret_no_10607.html; trad. ingl. Pinsolle, 2008, pp. 293-5) 191-4

XI. Inglaterra
1. *Corte de Apelação*
   1.1. CA, *Derbyshire County Council v. Times Newspaper Ltd. and others*, 19/01/1992, [1992] 3 All ER 65 177
2. *Casa dos Lordes*
   2.1. HL, *Derbyshire County Council v. Times Newspaper Ltd. and others*, 18/02/1993, [1993] 1 All ER 1011 177

XII. *Lex sportiva*
1. *Tribunal Arbitral de Esporte* (extratos em: Loquin, 2008)
   1.1. Sentença n.º 2006/A/1119, de 19/12/2006 198-201
   1.2. Sentenças n.º 2006/A/1149 e n.º 2007/A/1211, de 17/05/2007 201-3
   1.3. Sentença n.º 2006/A/1082&1104, de 19/01/2007 203-4

XIII. Mercosul
1. *Tribunal Permanente de Revisão* (disponíveis em: http://www.sice.oas.org/Dispute/mercosur/ind_p.asp)
   1.1. Laudo 1/2005, de 20/12/2005 247
   1.2. Laudo 1/2007, de 08/07/2007 247
   1.3. Laudo 1/2008, de 25/04/2008 247

XIV. Organização das Nações Unidas
1. *Corte Internacional de Justiça*
   1.1. Barcelona Traction, Light and Power Company, Limited (*New Application: 1962*) (*Belgium v. Spain*), *Second Phase, Judgment, I.C.J. Reports*, 1970, p. 3 (julg. 05/02/1970); disponível em: http://www.icj-cij.org/docket/files/50/5387.pdf 90

XV. Organização Mundial do Comércio
1. *Órgão de Solução de Controvérsias* (disponíveis no sítio oficial da OMC: http://www.wto.org/english/tratop_e/dispu_e/dispu_e.htm#disputes)
   1.1. *WT/DS136/AB/R, WT/DS162/AB/R*, informe do Órgão de Apelação adotado pelo OSC em 26/09/2000.. 151
   1.2. WT/DS/26/AB/R, WT/DS48/AB/R, informe do Órgão de Apelação adotado pelo OSC em 13/02/1998.. 239
   1.3. WT/DS26/ARB, informe de arbitragem, de 12/07/1999 239
   1.4. WT/DS332/R (informe do grupo especial, de 12/06/2007); WT/DS332/AB/R (informe do Órgão de Apelação, de 03/12/2007), adotado pelo OSC em 17/12/2007 246-7
   1.5. WT/DS/332/16, informe de arbitragem, de 29/08/2008 247

XVI. Portugal
1. *Tribunal Constitucional*
   1.1. Acórdão 533/99 (proc. n.º 427/97), julg. 12/10/1999 (disponível em: http://www.tribunalconstitucional.pt/tc/acordaos/ 19990533.html) 140

XVII. Sistema Interamericano de Direitos Humanos
1. *Corte Interamericana de Direitos Humanos* (disponíveis no sítio oficial da Corte: http://www.corteidh.or.cr/buscadores.cfm)

1.1. Caso *Comunidad Indígena Yakye Axa vs. Paraguay*, Sentença de 17/06/2005 264-5
1.2. Caso *Yatama vs. Nicarágua*, Sentença de 23/06/2005.. 146-7
1.3. Caso *Comunidad Indígena Sawhoyamaxa vs. Paraguay*, Sentença de 29/03/2006 264-5

XVIII. Suíça
1. Tribunal Federal (disponíveis no sítio oficial do Tribunal: http://www.bger.ch/index/juridiction/jurisdiction-inherit-template/jurisdiction-recht/jurisdiction-recht-leitentscheide1954.htm)
   1.1. BGE 117 Ib 367 (julg. 15/11/1991) 140
   1.2. BGE 124 III 121 (julg. 20/07/1998) 174
   1.3. BGE 126 III 129 (julg. 07/12/1999) 174-5
   1.4. BGE 133 III 235 (julg. 22/03/2007) 206

XIX. União Europeia
1. Tribunal de Justiça das Comunidades Europeias (disponíveis no sítio oficial do Tribunal: http://curia.europa.eu/en/content/juris/index.htm)
   1.1. C-26/62, julg. 05/02/1963, *NV Algemene Transporten Expeditie Onderneming van Gend e Loos & Netherlands Inland Revenue Administration* (European Court reports 1963, p. 3) 153
   1.2. C-6/64, julg. 15/06/1964, *Flaminio Costa v. E.N.E.* (European Court reports 1964, p. 1141) 153
   1.3. C-280/93, julg. 05/10/1994, *Alemanha v. Conselho da União Europeia* (European Court reports 1994, p. I-04973) 233
   1.4. C-415/93, julg. 15/12/1995, *Union royale belge des sociétés de football association and others v. Bosman and others* (European Court reports 1995, p. I-04921) . 243-4
   1.5. C-149/96, julg. 23/11/1999, *Portugal v. Conselho da União Europeia* (European Court reports 1999, p. I-08395) 233
   1.6. C-438/00, julg. 08/05/2003, *Deutscher Handballbund v. Maros Kolpak* (European Court reports 2003, p. I-4135).. 243-4

ÍNDICE ONOMÁSTICO

Ackerman, B. XIX, XX, 168, 61, 70, 51
Albert, M. 26, 87, 88
Alexy, R. 78, 91, 140, 250, 273
Almer, J. 103
Alt, H. 3
Amann, D. 281
Arango, R. 250
Arendt, H. 13, 249
Argüello, M. 147
Aristóteles 11-3
Atlan, H. 46
Augsberg, I. 49, 251, 268, 273, 274
Ávila, H. 273

Bandeira de Mello, C. A. 69
Barbosa, M. 221
Barcelos, A. P. de 273
Barreto, I. C. 140
Barroso, L. R. 182, 273
Bass, N. A. 267
Baudenbacher, C. 117, 132, 173, 174, 176, 178, 231, 275
Beck, U. 82
Bergström, C. F. 103
Berlin, I. 250

Berman, H. J. XXII, 16
Berman, P. S. 118, 213, 214, 245
Bernstorff, J. v. 93, 141, 207, 208, 211, 212
Biaggini, G. 4-6, 17, 54, 60, 89, 136
Bickel, A. M. 4
Blankenburg, E. 183
Blumenberg, H. 3
Bobbio, N. 93, 104, 251
Böckenförde, E.-W. 19, 120
Bodin, J. 9, 17
Bogdandy, A. v. 89, 100, 103, 105, 150
Booysen, H. 189, 196
Bordes, J. 12
Botero, E. S. 217, 226
Bradley, K. St. C. 103
Branco, P. G. 146, 296
Breyer, S. 144, 168, 169
Brooks, R. E. 80
Brunkhorst, H. VII, XV, 27, 71, 95, 96, 106, 107, 141, 249, 250, 252
Buckel, S. 47, 64, 280, 290
Burdeau, G. 54
Burgorgue-Larsen, L. 144, 145

Burke-White, W. 135
Bush, G. W. 215

Calabresi, G. 186
Calliess, G.-P. 84
Cananea, G. della 102
Canotilho, J. J. G. XIX, 54, 126
Carbonell, M. 218
Carotti, B. 207
Carvalho, P. de B. 78
Cassese, A. 92, 93, 135, 246
Cassese, S. 120
Chacon, V. 179
Chesterman, S. 167
Choudhry, S. 166, 167
Christensen, R. 155, 273
Cintra, G. de U. 15
Clinton, B. 207
Coelho, I. M. 146, 296
Comparato, F. K. 93
Copi, I. M. 1
Costa, T. M. da XVI

Dahl, R. A. 79
Dallari, D. 102
Davis, D. M. 167, 171
De Búrca, G. 153
De Giorgi, R. 8, 10, 26, 27, 35
Deleuze, G. 47
Delmas-Marty, M. 120, 142, 161, 173, 258
Derrida, J. 1, 40, 41, 65
De Witte, B. 152
Dezalay, Y. 189, 190
Dimoulis, D. 146, 148, 181, 182, 250, 264
Dorsen, N. 144

Ducrot, O. 2
Dudena, R. A. XVI, 153

Dupuy, P.-M. 89, 90, 288
Dworkin, R. 69, 273

Eisenstadt, S. N. 27
Engels, F. 54
Epstein, L. 167
Eskridge, W. N. 144
Esmein, A. 9

Fassbender, B. XX, 89, 90, 141
Feldman, N. 167
Ferrajoli, L. 86, 93
Ferry, L. 250
Fischer-Lescano, A. XV, 4, 24, 28, 33, 84, 90-2, 98, 109-11, 129, 135, 136, 155, 187, 266-9, 273, 275, 287, 290
Fiss, O. 215
Foerster, H. v. 298
Forst, R. 250
Fouchard, Ph. 189
Frank, T. M. 215
Fraser, N. 96, 271
Friedman, B. 167
Friedman, L. 84
Fromm, E. 45
Frowein, J. A. 89, 90, 138
Fustel de Coulanges, N. D. 14

Gabriel, R. H. 4
Gaillard, E. 189, 191
Galindo, G. R. B. 263
Garth, B. 189, 190
Gauchet, M. 249
Geiss, R. 80
Giddens, A. 28
Giegerich, T. 89, 90
Ginsburg, R. B. 61, 144, 169
Göbel, A. 25
Goldman, B. 189
Golove, D. 215

Gomes, L. F. 263
Gordon, R. 80
Gramsci, A. 291
Grau, E. R. 78
Greven, M. 25
Grimm, D. XV, 6, 17, 19-21, 53, 54, 70, 102, 105, 106, 150, 152, 188
Gross, O. XXIII, 282
Grote, R. 218
Grotius, H. 9
Guattari, F. 47
Günther, K. 33, 108, 125, 187, 226

Habermas, J. 8, 10, 11, 16, 17, 18, 86, 87, 96, 106, 226, 250, 273, 283, 291
Hamilton, A. 168
Hannikainen, L. 90
Hart, H. L. A. 55
Hartwig, M. 139
Hasebe, Y. 167
Hedigan, J. 139
Hegel, G. W. F. 271
Heintz, B. 26
Heintz, P. 26
Held, D. 236
Heller, H. 55, 80, 102
Herdegen, M. 80
Hespanha, A. M. 102
Hesse, K. 120
Hillgenberg, H. 281
Hobbes, Th. 17, 98
Höffe, O. 85, 86
Hoffmeister, F. 139
Hofmann, R. 139
Hofstadter, D. R. IX, 142, 237
Hollerbach, A. 120
Holmes Jr., O. W. 180
Honneth, A. 271
Hopkins, T. 28

Iturralde G., D. A. 218

Jackson, V. 257-9
Jakobs, G. 214
Janis, M. W. 167
Jay, J. 168
Jellinek, G. 11, 14, 15, 18
Jestaedt, M. 122-4, 273
Jessup, P. 84
Jinks, D. 281
Joerges, C. XV, 103, 236

Kadelbach, S. 89, 90
Kant, I. 85, 86
Kaufmann, R. F. M. 61
Keyser, Ph. De 151
Kelsen, H. 20, 54, 69, 98, 123, 124, 141, 157, 276
Kempen, B. 138
Kennedy, A. 143, 258
Kleinlein, T. 89
Knight, J. 167
Köhler, W. R. 250
Koselleck, R. 5, 54
Koskenniemi, M. 89, 95, 96, 133, 137, 149, 267, 281, 287, 290, 291
Krajewski, M. 99, 154
Kuhn, T. S. 273

Laclau, E. 2
Ladeur, K.-H. XV, 38, 49, 84, 138, 165, 187, 250, 251, 268, 273, 274, 287
Lagarde, P. 189
Langer, S. 134-6, 152
Lassalle, F. 54
Latour, B. 29
Lauterpacht, H. 93
Law, D. S. 34
Lefort, C. 23

Levinson, S. 167
Lévi-Strauss, C. 2
Lewandowski, E. R. 152
L'Heureux-Dubé, C. 171
Lima, M. XVI
Locke, J. 98
Loewenstein, K. 80
Loquin, E. 189, 197-205, 244
Lucas Pires, F. XIX
Luhmann, N. XXIII, 2, 3, 6-10, 13, 16, 19, 21-4, 26-31, 35-7, 43-5, 49, 50, 53, 55-9, 63, 66, 68, 69, 71, 73, 75-81, 91, 92, 96-8, 109, 115, 117, 120, 121, 125, 126, 128, 129, 134, 157, 166, 214, 251, 253-5, 270-2, 276, 280, 281, 284, 287-90, 292, 298
Lutz-Bachmann, M. 85, 86, 250
Lyotard, J.-F. 25, 38, 40, 41

MacDowell, D. M. 13
Macpherson, C. B. 250
Maddox, G. 12
Madison, J. 168
Maduro, M. P. XX, 4, 102, 153-5
Maliska, M. A. 148
Martins, L. 146, 181, 182, 250, 264, 273
Marx, K. 23, 249, 279, 280
Maturana, H. R. 35
Maus, I. XV, 77, 95
Mayer, H. 140
Mazzuoli, V. de O. 145, 263
McGrew, A. 236
McIlwain, Ch. H. 12
Mead, G. H. 271
Meier, H. 25
Melo, C. 145
Mello, C. D. de A. 88, 89 134, 145, 263

Mello, M. A. 183
Mendes, G. 146, 152, 296
Mendes, R. XVI, 119, 154, 189
Mertens, H.-J. 189
Mohnhaupt, H. 12
Möllers, C. 3, 76, 118, 213, 214
Mommsen, Th. 15
Montoro, A. F. 182
Mosler, H. 91, 92
Müller, F. 78, 126, 127, 273
Münch, F. 90
Münch, R. 26
Mustill, M. J. 189

Napoleone, L. XVII
Nassehi, A. 25
Nettesheim, M. 98, 150, 151, 233
Neves, M. XV, XVII, 8, 10, 21, 22, 26, 28, 29, 44, 46, 48, 57, 63, 66, 67, 69, 71, 72, 81, 82, 87, 96, 100, 101, 108, 120, 126, 166, 181-3, 225, 226, 228, 249, 251-3, 255, 256, 271, 279, 282-5, 288, 289, 291
Neyer, J. 103
Nunes, A. XVI

Obama, B. 215, 216
O'Connor, S. 167, 169
Oeter, S. 90, 103, 104
Oliveira, M. L. de 144
Öhlinger, T. 141
Ortiz, P. C. 144, 145
Osiatynski, W. 67

Paine, Th. 5, 60
Päivi, L. 287
Panagiotopoulos, D. 197
Parsons, T. 270
Passerin D'Entrèves, A. 250

ÍNDICE ONOMÁSTICO

Pedler, R. H. 103
Pernice, I. XX, 152, 154, 236
Perotti, A. D. 152, 247
Peters, A. 89
Petersmann, E.-U. 149, 150, 236
Pinsolle, Ph. 191, 193, 194, 196
Piovesan, F. 89, 93, 143, 145, 263, 264, 267
Pontes de Miranda, F. C. 146, 159
Posner, R. A. 3
Preuss, U. 4, 5

Radbruch, G. 136
Ragazzi, M. 90, 167
Ramírez, A. D. 264
Ramírez, S. G. 144
Randeria, S. 125, 235
Rawls, J. 227
Raz, J. 167
Renaut, A. 250
Ribeiro, P. H. XVI
Rivero, R. M. 217
Roach, K. XXIII, 281
Robertson, R. 235
Rosenfeld, M. 272
Rosenkrantz, C. F. 167
Ross, A. 89
Rousseau, J.-J. 59
Rudolf, B. 143
Russell, B. 296

Sabadell, A. L. 148
Saldanha, N. 179
Sarlet, I. 263
Sarmento, D. 182
Sauer, H. 236
Saunders, C. 167
Scalia, A. 144, 258
Schaefer, G. F. 103
Schaeffer, J.-M. 2
Scharpf, F. W. 71, 236

Schauer, F. 166
Scheppele, K. L. XXIII, 167, 281
Schlink, B. 273
Schluchter, W. 10
Schmale, W. 4
Schmalz-Bruns, R. 26, 87
Schmitt, C. 25, 55, 157, 250
Schumpeter, J. A. 79
Schwarz, R. 185
Segato, R. L. 218, 219, 222, 224-8
Serres, M. 76
Sieder, R. 218
Siehr, A. 281
Silva, J. A. da XVI, 102
Silva, V. A. da XVI, 139, 140, 273
Simma, B. 89
Skerst, S. v. XVI
Skinner, Q. 2
Slaughter, A.-M. 32, 34, 117-9, 132, 135, 160, 161, 167-9, 171-3, 177, 183-7, 191, 213, 231, 262
Sloss, D. 281
Smend, R. 55, 120
Smith, A. M. 172, 173
Solon, A. M. 9, 15
Souza, P. XVI
Spencer Brown, G. 46, 62
Steiker, J. 257
Steinmetz, W. A. 273
Stichweh, R. 26, 96
Stourzh, G. 12
Strydom, H. 262
Sunder, M. 167
Sutherland, G. 5

Tavares, A. R. 263
Taylor, Ch. 250, 271
Teubner, G. XV, XX, 24, 27, 28, 33, 34, 37, 38, 44, 47, 48, 62, 63, 66, 83-5, 108-13, 116, 125,

129, 130, 187, 189, 190, 195, 206, 254, 266-9, 274, 275, 287
Thürer, D. 80
Toledo, R. V. 152
Tomuschat, C. XX, 89, 93
Tönnies, F. 10, 291
Trindade, A. A. C. 93, 144, 145, 263
Tushnet, M. XIX, 34, 61, 89
Tyrell, H. 26, 27, 49

Uerpmann, R. 89-92, 98, 132, 232, 239

Varela, F. J. 35
Venancio Filho, A. 179
Ventura, D. XVI, 100, 101
Verdross, A. 88, 89, 92
Viellechner, L. 165, 187, 287
Voigt, R. XV
Volio, L. G. 147
Vorländer, H. 5, 60
Vos, E. 103

Wagner, M. 93
Wahl, R. 1, 5
Waldron, J. 257, 260, 261, 275
Walker, N. 4
Wallerstein, I. 28
Walter, C. 83, 99, 120, 138, 154, 155, 167, 231, 238
Walzer, M. 41, 66
Watson, A. 173
Weber, F. v. VII, XVII
Weber, M. 10, 54
Weiler, J. XX, 101, 102, 105, 107, 118, 154, 158-62
Welsch, W. XXII, 38-42, 45-8
Wildhaber, L. 137
Willke, H. 26
Wittgenstein, L. 3, 38
Wolfrum, R. 265, 281

Young, E. A. 257

Zolo, D. 74, 82, 93, 251
Zumbansen, P. 84